OS DESAFIOS DE UMA SUICIDA

© 2021 por Meire Campezzi Marques
© iStock.com/BraunS

Coordenadora editorial: Tânia Lins
Coordenador de comunicação: Marcio Lipari
Capa e projeto gráfico: Equipe Vida & Consciência
Preparação: Janaina Calaça
Revisão: Equipe Vida & Consciência

1ª edição — 1ª impressão
2.500 exemplares — setembro 2021
Tiragem total: 2.500 exemplares

**CIP-BRASIL — CATALOGAÇÃO NA PUBLICAÇÃO
(SINDICATO NACIONAL DOS EDITORES DE LIVROS, RJ)**

E43d

    Ellen (Espírito)
        Os desafios de uma suicida / [psicografado por] Meire Campezzi Marques ; pelo espírito Ellen. - 1. ed. - São Paulo : Vida e Consciência, 2021.
        416 p. ; 23 cm.

    ISBN 978-65-88599-08-2

    1. Romance brasileiro. 2. Obras psicografadas. I. Título.

20-68308
                          CDD: 808.8037
                          CDU: 82-97:133.9

Todos os direitos reservados. Nenhuma parte desta edição pode ser utilizada ou reproduzida, por qualquer forma ou meio, seja ele mecânico ou eletrônico, fotocópia, gravação etc., tampouco apropriada ou estocada em sistema de banco de dados, sem a expressa autorização da editora (Lei nº 5.988, de 14/12/1973).

Este livro adota as regras do novo acordo ortográfico (2009).

Vida & Consciência Editora e Distribuidora Ltda.
Rua das Oiticicas, 75 – Parque Jabaquara – São Paulo – SP – Brasil
CEP 04346-090
editora@vidaeconsciencia.com.br
www.vidaeconsciencia.com.br

OS DESAFIOS DE UMA SUICIDA

MEIRE CAMPEZZI MARQUES

Romance inspirado pelo espírito Ellen

PALAVRAS DA AUTORA

Apresento aos leitores uma amiga muito querida de Thomas, esse grande amigo espiritual que me inspirou histórias comoventes e consoladoras. O nome dela é Ellen, um espírito amoroso que tem muito para nos ensinar.

Thomas convidou-a para que me intuísse um belo romance captado por meio de minha sensibilidade mediúnica.

Ellen se apresentou, e eu senti minha lucidez se ampliar com sua presença amorosa.

Sua energia extremamente positiva trouxe alegria e felicidade para contarmos uma linda história.

Agradeço a Thomas, por me apresentá-la, e a Ellen, pelos bons momentos que passamos juntas.

Obrigada, querida Ellen, por tudo que me ensinou.

Gratidão.
Meire Campezzi Marques

CAPÍTULO 1

Rômulo pisou firme no acelerador. A cada curva da estrada, os pneus do carro cantavam com as freadas bruscas. O rapaz estava muito nervoso e pensava: "Se eu não tivesse saído em disparada, teria de tomar uma atitude que não desejava!".

Em seu íntimo, Rômulo reconhecia que não valia a pena usar de violência. Além disso, ser bruto não fazia parte de sua personalidade. Ele continuou em alta velocidade pela estrada, que estava molhada, pois caíra uma garoa fina poucos minutos antes.

Revoltado com a cena que insistia em voltar à sua mente, Rômulo não percebeu a mancha escura na pista. De repente, os pneus derraparam devido ao óleo, e o rapaz acabou perdendo a direção do veículo, que saiu desgovernado em uma curva acentuada e capotou três vezes, desaparecendo no precipício.

Um caminhão passava pelo local no exato momento em que Rômulo rodopiava com seu carro. O caminhoneiro estava seguindo na direção oposta e acabou testemunhando o acidente. A noite estava fria e chuvosa, e Jarbas, o motorista do caminhão, parou no acostamento para tentar socorrer Rômulo. O homem desceu de seu veículo e transmitiu pelo rádio amador um pedido de socorro para a polícia rodoviária, fornecendo a localização exata do terrível acidente que presenciara.

Jarbas atravessou a pista e foi até o local onde o carro desaparecera no precipício, porém, nada encontrou. Ele, então, atravessou a pista novamente, deu partida no caminhão e dirigiu lentamente, tentando marcar o local exato do acidente. O caminhoneiro seguiu até o próximo retorno da estrada e voltou ao ponto do acidente, tentando deixar os faróis do caminhão em uma posição em que pudessem iluminar parte do abismo onde o veículo desaparecera.

Ele tentou localizar o motorista e outros possíveis passageiros que talvez estivessem no veículo, mas não conseguiu enxergar nada, pois estava muito escuro ribanceira abaixo. Jarbas gritou na esperança de que o motorista respondesse ao seu chamado, contudo, não obteve resposta. O caminhoneiro pensou em descer o barranco, mas uma voz em sua mente desaprovava a ideia. Examinando a profundidade do local, o homem decidiu não se arriscar.

O caminhoneiro marcou o local com alguns galhos, abriu o triângulo do caminhão e deixou-o um pouco mais afastado na pista. Em seguida, ligou o pisca-alerta para que, desta forma, o resgate encontrasse com facilidade o local do acidente.

Jarbas estava sozinho na estrada e pensava que, se não tivesse presenciado o acidente, o motorista que caíra no precipício não seria localizado com facilidade pela polícia ou por seus familiares.

Dez minutos depois, uma viatura do resgate encostou atrás do caminhão de Jarbas, que narrou o que presenciara e os informou sobre o fato de o motorista ainda permanecer dentro do carro.

Os bombeiros conheciam bem o local e sabiam que aquela área era de difícil acesso para o resgate. Um dos homens pediu ajuda pelo rádio, e, após alguns minutos de espera, um grande caminhão do Corpo de Bombeiros chegou ao local trazendo longas cordas e iluminação adequada para a ação que seria necessária.

Naquele momento, a chuva começou a cair com maior intensidade, e Jarbas entrou na boleia do caminhão para esperar a chuva diminuir. Não desejava seguir viagem sem ter notícias do motorista. Havia nele uma esperança de que a vítima tivesse sobrevivido, mas, pelas circunstâncias somadas à sua experiência de anos rodando pelas estradas, deduziu que dificilmente alguém escaparia vivo de um capotamento violento e de uma queda em um precipício. Jarbas, contudo, era um homem que conservava sua fé e já testemunhara alguns milagres nas rodovias do país. Por essa razão, esperava que, desta vez, também pudesse ser testemunha de um milagre.

Chovia torrencialmente, e os bombeiros decidiram esperar amanhecer para descerem de rapel pelo precipício. Não havia mais nada a fazer naquele momento. Durante a tempestade, seria muito arriscado se embrenhar na escuridão.

Jarbas deu seu depoimento para a equipe dos bombeiros e, após fazer uma oração com toda a sua fé, deixou o local do acidente.

Dentro do que sobrara do carro estava o corpo de Rômulo preso nas ferragens. Os gritos do rapaz foram ouvidos em outra dimensão, o que fez espíritos socorristas chegarem ao local no mesmo instante em que Jarbas estacionou seu caminhão do outro lado da pista.

Rômulo não conseguia visualizar a equipe do socorro espiritual, pois estava vibrando em uma frequência muito baixa. Para que o rapaz ficasse mais calmo, os espíritos socorristas tiveram de baixar a frequência, e só assim ele pôde registrar a presença do grupo, percebendo, por fim, que não estava sozinho e desamparado como imaginava.

Rômulo foi retirado do local, mas ele não conseguiu registrar a presença do espírito de sua avó, que estava acompanhando a equipe socorrista. Ela acariciou os cabelos do neto amado quando ele foi colocado na maca.

Nair manteve-se em seu equilíbrio, quando foi chamada pela equipe de resgate. Ela não esperava que Rômulo desencarnasse naquele momento, pois fora informada de que o conjunto de reencarnantes familiares começaria a retornar à casa espiritual na próxima década. "Por que Rômulo está de volta antes do tempo previsto?", Nair perguntou-se.

Ela percebeu que algo estava errado com o neto. Nair sabia que todas as pessoas precisavam buscar evolução e, intimamente, tinha certeza de que o rapaz se desviara do caminho que necessitava percorrer para seu aprendizado. Naquele momento, estava ciente de que ele fora resgatado para não se complicar ainda mais.

O estado vibracional de Rômulo e o declínio de sua energia indicavam que ele seria puxado para viver em um ambiente de acordo com o que estava vibrando. Nair estava penalizada com o estado do neto e tentou ajudá-lo, lançando energias luminosas sobre o corpo do rapaz, mas o coordenador do resgate chamou a atenção dela.

— Não desperdice sua energia, pois ele não registrará o presente que está recebendo. O campo energético de Rômulo está contaminado com a negatividade densa que ele vibra.

— Desculpe, Muriel. Gostaria que Rômulo registrasse a energia positiva e pudesse seguir para a colônia Renascer. Gostaria muito de mudar a energia do meu neto.

— Sinto muito, Nair, mas Rômulo está onde se colocou. A vibração dele o tornou um polo atrativo para o mesmo campo vibracional. Ele foi retirado antes do tempo previsto para seu aprendizado. Precisamos ter paciência e esperar que ele dê um sinal de que está reagindo. Quando isso ocorrer, prometo que descerei até o local em que ele estiver para resgatá-lo.

— Sinto por Rômulo! Teria sido mais fácil se ele houvesse despertado para a simplicidade da vida e seguido com seu aprendizado, pois seria poupado de muito sofrimento.

— Não desanime, Nair. Rômulo terá outras chances para seu crescimento evolutivo. O que não poderia continuar acontecendo era complicar ainda mais a evolução dele e de Aline. Não seria nada proveitoso para o rapaz continuar nessa jornada.

— Aline não é a responsável pela decadência de Rômulo, e um dia ele reconhecerá isso. Todos são livres para escolher os caminhos a seguir.

— Não estava no aprendizado de Aline enfrentar novamente o ciúme de Rômulo. Ela está reencarnada para descobrir o valor da liberdade e curar-se de um vício repetitivo em sua jornada. Rômulo não admitiria ser derrotado e perder o amor de Aline.

— O que posso fazer para ajudá-lo? — questionou Nair.

— Espere por uma reação da parte dele, que Rômulo peça ajuda. Você conhece a lei, Nair. Não podemos invadir o outro ou forçar esse pedido de auxílio. Não carregue um peso desnecessário. Lembre-se do que aprendeu com seus professores! De que não deve invadir o outro na intenção de auxiliá-lo! Sem dúvida, toda energia negativa seria dividida entre vocês. A ajuda precisa ser eficiente, e, somente os espíritos mais sábios podem auxiliar sem causar dano ao progresso individual. Crescer não é fácil, querida Nair. Não se complique com as leis que regem o universo, pois você pode acabar perdendo tudo o que já conquistou.

— Às vezes, a benevolência atrapalha nossa evolução. Neste momento, não posso me arriscar a ser expulsa da cidade em que vivo, pois não foi fácil me tornar uma habitante daquele lugar. Desejo que Rômulo se torne um morador da colônia Renascer, Muriel. Por que travamos nosso caminho?

— Por ignorância, Nair! Não no sentido pejorativo da palavra, mas por não sabermos como funciona a evolução espiritual. A densidade vibracional do planeta encobre a mente dos encarnados, e os espíritos, então, passam a ignorar a necessidade de seguirem as leis universais.

O grupo de resgate passava acima da zona umbralina e estava a caminho da colônia Renascer. O deslocamento de Rômulo foi involuntário em direção à faixa em que ele vibrava. Nair fez menção de segui-lo, contudo, ao sentir a vibração negativa daquele campo energético, foi em frente com a equipe de resgate.

Olhando para baixo, onde o espírito de Rômulo se deslocava com rapidez, Nair despediu-se dizendo:

— Tente reagir, querido. Acorde, Rômulo. Saia desse lugar como um vencedor. Ciúme não é um sentimento positivo. Você não é dono de ninguém, e Aline não lhe pertence. Você só tem a si mesmo para continuar sua jornada pela eternidade. Reaja à negatividade deste lugar e depure seu campo energético.

— Nós vamos ajudá-lo, Nair. Em breve, ele reagirá a esse estado negativo deprimente. Ninguém que conheceu a luz se sentirá bem na escuridão. Ele voltará para casa. Acredite.

— Rômulo será novamente um morador da colônia Renascer. Essa é a vibração que farei até ele despertar e sair do umbral. É a única forma de ajudá-lo sem me envolver na energia negativa e densa na qual ele escolheu permanecer — Nair concluiu.

— Faça o mesmo por Aline. Ela também necessita do seu carinho — Muriel pediu.

— Não me esqueço de nossa querida Aline. Estou orgulhosa dela, pois, mesmo a duras penas, está aprendendo a buscar sua liberdade.

— Aline estava acostumada a permanecer ao lado de pessoas com personalidade forte e assim se deixava dominar como um fantoche. Pela primeira vez, ela fez uma escolha por si mesma. Atílio será uma companhia agradável e proveitosa para Aline.

— Aline merece ser feliz, Muriel! Você tem ajudado em vários momentos, principalmente quando os desafios chegam.

— Antes de reencarnar, Aline me pediu que a ajudasse a se recordar do que prometera a si mesma. Não entrei na vida dela sem autorização prévia.

— É bom tê-lo como protetor! Quando reencarnar, desejo que me ajude, meu querido. Não existe um ser mais sábio e amoroso que você neste universo.

— Não sou o único que evoluiu um pouco mais. Gosto de trabalhar neste setor de auxílio, pois ser útil sempre foi algo que me preencheu. Faço tudo com felicidade em meu coração.

CAPÍTULO 2

Amanheceu, e a tempestade deu lugar a uma chuva fina. Estava frio, o vento gelado cortava a estrada, e a neblina atrapalhava o trabalho da equipe de resgate. Os bombeiros trajavam casacos pesados para descerem o precipício.

Amarrados por cordas, dois homens arriscaram-se e desceram para procurar o corpo do motorista e talvez de outros possíveis passageiros que estivessem no carro.

Após descerem vinte metros de um barranco íngreme, os bombeiros não encontraram nenhum sinal do veículo ou dos ocupantes dele e solicitaram mais cordas para tentarem descer um pouco mais. Quando chegaram aos trinta e cinco metros de profundidade, finalmente avistaram parte do carro de cor prata preso em uma árvore de tronco bifurcado. A outra metade do carro estava mais abaixo totalmente despedaçada, e havia sangue em várias partes do perímetro.

Os bombeiros fotografaram os destroços do veículo para enviarem à perícia e fazerem um relatório completo do caso. Encontraram, por fim, o corpo de Rômulo preso nas ferragens, quase irreconhecível devido ao grande número de ferimentos. Acostumados com acidentes, os bombeiros não ficaram impressionados com o estado lastimável do corpo do rapaz. Procuraram por outras vítimas mais abaixo do local, contudo, não encontraram nada.

Depois de resgatarem o corpo de Rômulo e o levarem para a pista, os bombeiros vasculharam os destroços do carro procurando por documentos que identificariam a vítima.

Vasculhando um pouco mais a mata, encontraram, presa no barranco entre a vegetação, a carteira com os documentos de Rômulo.

Os bombeiros, por fim, voltaram à pista dando por terminado o resgate daquela manhã fria de inverno na BR-116, na rodovia Régis Bittencourt. O corpo de Rômulo foi levado ao IML da cidadezinha de Cajati, no Estado de São Paulo.

A polícia recebeu o relatório da equipe do Corpo de Bombeiros e ligou para um número que parecia ser do endereço da vítima, mas ninguém atendia. Dessa forma, foi obrigada a notificar a polícia do estado vizinho, o Paraná, para encontrar alguém que respondesse pelo corpo de Rômulo Alves.

A polícia rodoviária paulista fez o chamado para a polícia de Curitiba, que se responsabilizou por entrar em contato com a família da vítima. Em poucas horas, um guarda rodoviário bateu na porta do apartamento de Rômulo, contudo, não encontrou ninguém no endereço.

O policial tinha também nas mãos o endereço da noiva de Rômulo e resolveu seguir para lá. Ele estacionou a viatura em frente à casa indicada e apertou a campainha. Pouco depois, surgiu uma bela moça acompanhada de uma senhora. O policial apresentou-se cordialmente e percebeu que as duas mulheres estavam aflitas com sua visita.

Elas apresentaram-se ao guarda rodoviário, e, depois que ele perguntou se elas conheciam Rômulo Alves, Aline afirmou que era noiva dele.

As duas mulheres convidaram o policial para entrar na casa para evitar, assim, constrangimentos perante a vizinhança. Aline estava nervosa, e Laudicéia, a mãe da moça, estava com lágrimas nos olhos.

— O que está acontecendo? — perguntou Laudicéia.

— Acalme-se, senhora. Sua filha me disse que é noiva de Rômulo Alves. Não encontrei ninguém na residência dele e esperava que a família do rapaz me recebesse.

— Rômulo não tem família em Curitiba. Os pais dele moram no Mato Grosso do Sul, perto da cidade de Camapuã.

— Neste caso, preciso lhes dar uma notícia desagradável. Na noite passada, Rômulo Alves foi vítima de um grave acidente na BR-116, sentido São Paulo.

— Rômulo está bem? — perguntou a mãe de Aline muito aflita.

— Infelizmente, o acidente foi muito grave, e Rômulo não resistiu aos ferimentos. O rapaz estava em alta velocidade, e o carro dele capotou várias vezes. Segundo uma testemunha, o veículo de Rômulo derrapou em uma mancha de óleo na pista e desapareceu no precipício.

— Pobre Rômulo! Temos de avisar a família dele no Mato Grosso do Sul, filha! — comentou Laudicéia aflita.

Aline estava pálida e suas pernas não conseguiam sustentar o peso de seu corpo. Laudicéia foi rapidamente até a cozinha e trouxe um copo de água com açúcar para a filha.

O policial retirou-se da casa e, quando saiu, deparou-se com uma multidão de curiosos, que desejava saber o que estava acontecendo.

O homem foi interrogado, mas achou melhor se manter calado. Ele subiu na viatura e deixou o local rapidamente, enquanto os comentários se espalhavam. Os vizinhos queriam saber o que ocorrera com a família e aglomeraram-se em frente à casa de Aline.

Laudicéia cuidou da filha até ela ficar um pouco mais calma. Aline ficou deitada no sofá da sala. Quando se lembrou de que precisava fechar o portão, Laudicéia abriu a porta e assustou-se com a multidão. Ela perguntou:

— O que está acontecendo aqui? Por que toda essa gente está parada aí esperando uma explicação?

Renê, a vizinha e amiga de Laudicéia, perguntou em nome de todos:

— O que a polícia veio fazer aqui?

Laudicéia achou melhor acabar com a curiosidade do povo, antes que saíssem inventando inverdades, e disse:

— A polícia informou que Rômulo sofreu um acidente de carro.

— Como ele está? — perguntou Atílio entre a multidão.

— Infelizmente, Rômulo faleceu.

Laudicéia sentiu que Renê tinha ficado agitada. Ela gostava muito de Rômulo, porque o rapaz sempre fora gentil e paciente com ela, que tinha idade avançada. Atílio, conhecendo a língua caluniadora de Renê, deixou rapidamente o local, temendo que ela falasse dos sentimentos do rapaz por Aline.

Laudicéia entrou em casa atordoada, desejando saber como estava Aline. Não encontrou a filha na sala, então, a procurou na cozinha e na área de serviço, mas também não a viu lá. A mãe estava cansada para subir a escada até os quartos, por isso decidiu chamá-la. Laudicéia esperou que a filha respondesse, contudo, não obteve resposta.

    A mulher decidiu subir para ver o que a filha estava fazendo no pavimento superior do sobrado, e, ao tentar abrir a porta, descobriu que Aline se trancara no quarto. Laudicéia ficou nervosa e voltou a chamar incessantemente pela filha. Ela ficou angustiada, pois conhecia Aline bem e sabia do que ela era capaz quando estava desesperada. Não seria a primeira vez que a moça atentava contra a própria vida.

    Laudicéia ligou para o trabalho do marido. César ficou nervoso e deixou o escritório. Estacionou o carro na garagem e estranhou os olhares das pessoas, que estavam na rua conversando em grupinhos, espalhados pelos portões das casas.

    César era um homem nervoso. Quando encontrou Laudicéia chorando e sentada em frente à porta do quarto da filha, perguntou:

— O que faz aí? O que está acontecendo?!

— Rômulo morreu, e Aline não quer abrir a porta do quarto! Meu Deus! Talvez seja tarde demais para nossa filha!

— Rômulo o quê...?!

— Não temos tempo para explicações neste momento. Seu amigo está morto, e Aline pode ter cometido outra loucura novamente! Rápido, abra essa porta antes que...

César bateu na porta e também não ouviu resposta.

— Não há outro modo de tratar essa menina! Terei de derrubar essa porta! Chame nosso vizinho Claudionor. Ele tem força e me ajudará.

— Não quero dar assunto para esse povo falar de nossa filha. Eu o ajudarei! Juntos, nós colocaremos essa porta abaixo. Rápido! Antes que seja tarde demais para ela!

— Tenho medo do que encontrarei atrás dessa porta! — disse o pai de Aline, com o semblante assustado.

César e Laudicéia chutaram a porta com força várias vezes até que conseguiram danificá-la ao lado da fechadura. Os dois deram mais alguns chutes, e a porta finalmente se abriu. Aflitos, encontraram Aline deitada e desfalecida na cama. Ela não respondia aos estímulos para despertar do desmaio.

Laudicéia encontrou do outro lado da cama um vidro de calmantes que seu médico receitara para insônia. Era um desses calmantes de venda controlada, de tarja preta. O vidro estava vazio.

— Como ela encontrou esse vidro de calmantes? Eu escondi dentro da minha bolsa, que deixo no guarda-roupa de nosso quarto.

— Ligue para a emergência! Aline ainda está respirando. Nossa filha é fraca... Você deveria ter ficado ao lado dela, depois que recebeu a notícia da morte de Rômulo!

— Não me culpe! Não sabe o que se passou nessa rua hoje!

Laudicéia ligou para o resgate, e os dez minutos de espera pareceram uma eternidade para os pais de Aline. A ambulância trazendo os paramédicos chegou, eles realizaram os primeiros atendimentos. Depois, partiram apressados para o hospital.

César seguiu com seu carro atrás da ambulância. Laudicéia acompanhou a filha. O povo, que ainda estava na rua, se aglomerou para ver o que estava acontecendo e ficou penalizado ao ver o estado de Aline. A notícia de que mais uma vez a moça atentara contra a vida se espalhara rapidamente pelo bairro.

Em sua casa, Atílio estava preocupado. Conhecia bem a fraqueza de sua amada e não esperava por esse desfecho triste por um beijo roubado na noite anterior. Eles moravam na mesma rua.

Agnes, a irmã de Atílio, entrou em casa e contou ao rapaz sobre o ocorrido com Aline, a moça de que ele gostava desde a infância. Agnes percebeu que o irmão estava muito nervoso e perguntou:

— O que você tem com essa Aline? Por que essa preocupação toda? Essa moça nunca deu sinal de que corresponderia ao seu fascínio por ela. Saia dessa, meu irmão! Quer viver ao lado de quem não deseja continuar neste mundo?

— Somos apenas amigos, Agnes. Foi ela quem saiu naquela ambulância?

— Sim. Ela estava muito pálida, parecia morta! Os vizinhos comentaram que Aline tentou o suicídio novamente. Devia amar muito o noivo. Pobre moça...!

Atílio pegou a chave do carro e seguiu para a porta.

— Aonde você vai, meu irmão?

— Preciso pagar algumas contas no banco. Mamãe me pediu antes de seguir para o trabalho essa manhã.

— Quero uma carona até a casa da Lilian. De lá, iremos para a escola. Marcamos de almoçar juntas hoje.

— Mamãe deixou?

— Sim, ela até me deu dinheiro para pagar o lanche e o refrigerante.

— Então se apresse. Vou ligar o carro e a espero na garagem.

Atílio deixou Agnes na casa da amiga e seguiu para o pronto-socorro mais próximo de sua casa para procurar por Aline. Ele estava angustiado com o desfecho do flagrante da noite passada. Não esperava que Rômulo reagisse daquela forma... saindo como louco ao volante. Esperara receber um soco bem dado após o ocorrido, mas, ao contrário do que imaginara, não aconteceu uma discussão entre os três.

Atílio encontrou Aline internada na UTI. Ele não compreendia por que a moça desejara acabar com a própria vida. Estava ciente de que ela não amava Rômulo e imaginou que talvez a moça se sentira culpada em ter correspondido ao beijo roubado. "Foi muito azar o noivo aparecer na faculdade naquele momento", pensou Atílio. Desejava conversar com Aline e saber sobre os sentimentos dela a seu respeito.

Atílio estava angustiado. Não era esse o final que desejara para o sentimento de amor que nutria por Aline. Não desejou atrapalhar o casal, pois sabia que estavam noivos.

O rapaz guardara o amor que sentia por Aline desde a infância. Naquela noite, contudo, não resistiu e puxou conversa com a moça. Sentiu que havia chances de ser correspondido, de ela sucumbir aos seus desejos e tomou coragem para beijá-la nos lábios. Aline foi pega de surpresa, mas correspondeu ao beijo do rapaz no pátio da faculdade, em frente ao portão. Nesse momento, Rômulo estacionou seu carro e flagrou os dois aos beijos.

CAPÍTULO 3

Aline passou por uma lavagem estomacal para desintoxicação de seu organismo e seu caso era grave. A moça foi levada para a UTI em estado crítico. Os estímulos que os médicos usaram não foram correspondidos. Ela realmente não desejava viver, porém, os médicos não desistiriam da jovem. Fariam uso de todos os recursos na esperança de que ela reagisse.

Uma psicóloga foi chamada para conversar com a família. Atílio tentou disfarçar sua presença na sala de espera do pronto-socorro, tentando manter-se longe dos pais de Aline. César não conseguia ficar parado e andava pela sala, conturbando o ambiente. Atílio apertava o boné na cabeça e ajeitava os óculos escuros para não ser reconhecido por César e Laudicéia.

O rapaz estava ansioso para ter notícias de Aline. Os comentários entre as atendentes do balcão eram de que uma moça bonita tomara um vidro de calmante e tentara o suicídio. As recepcionistas conversavam entre si de forma discreta. A atitude de Aline deixara a equipe do pronto-socorro revoltada, pois estavam ali para ajudar a salvar vidas.

Atílio estava atento aos comentários. Os pais de Aline foram chamados à sala da psicóloga. O rapaz desejou muito ouvir a conversa, mas não foi possível.

Discretamente, Atílio entrou no elevador e chegou ao andar da UTI, conforme indicavam as placas nos corredores. O rapaz caminhou como se conhecesse o lugar e, finalmente, encontrou uma placa acima de uma porta larga. Ele passou pela porta e olhou em todos os leitos, procurando por sua amada Aline.

Uma enfermeira parou-o e perguntou:

— Está procurando por quem?

— Aline Caldense.

— É parente da moça?

— Sou o namorado dela.

— Sabe que não deve ficar aqui, rapaz. Aline está muito debilitada.

— Por favor, deixe-me vê-la. Estou muito aflito. Se não puder vê-la, terei um ataque cardíaco. Eu a amo!

— Se alguém perguntar, eu não o levei até ela, certo? É um caso de amor e não posso negar essa visita. Espero que você não tenha colaborado para que essa moça tenha chegado ao ponto de desistir da vida. Fale com ela; traga sua amada de volta.

— Certo. Os pais de Aline estão lá embaixo e não podem me ver aqui. Eles não sabem do nosso envolvimento. Aline era noiva e terminou o noivado na noite passada.

— O ex-noivo deve estar arrasado!

— Ele morreu em um acidente de carro nessa madrugada. Aline se desesperou quando soube da morte dele.

— Compreendi! Vocês tentaram fazer a coisa certa, e tudo acabou dando errado. Venha se higienizar para entrar no quarto dela. Tenho certeza de que essa moça precisa de sua presença neste momento.

Atílio fez tudo o que a enfermeira Beatriz ordenou para ficar limpo. Ela colocou-o ao lado do leito de Aline, e o rapaz, então, segurou a mão de sua amada entre as suas, beijou-a suavemente nos lábios, acariciou os cabelos dela e disse baixinho ao seu ouvido:

— Amor! Sou eu, Atílio. Acorde! Você precisa reagir. Eu a estou esperando. Teremos uma vida inteira para sermos felizes. Acorde, amor! Você não teve culpa do que aconteceu.

Atílio beijou novamente os lábios de Aline e insistiu:

— Reaja! Terminarei a faculdade de administração, e você terminará sua faculdade de pedagogia. Vejo um futuro muito bonito para nós, amor... reaja! Não me deixe aqui sozinho. Eu a amo e preciso do seu amor para ser completamente feliz.

Atílio ouviu passos se aproximando no corredor. Beatriz estava no leito ao lado, medicando um paciente. O rapaz virou-se na direção da grande vidraça e viu que os pais de Aline se aproximavam.

Para disfarçar, ele começou a mexer no soro e simulou que estava lendo os aparelhos que monitoravam Aline. Beatriz foi ao socorro do rapaz e aproximou-se do leito para aferir a pressão da paciente. Ela falou baixinho para não ser ouvida pelos pais da moça.

— Coloque a máscara no rosto e saia do quarto. Eles não perceberam que você é um intruso.

— É... acho que não me reconheceram. Obrigado! Beatriz, posso voltar amanhã para visitar minha namorada?

— Amanhã, só estarei de plantão à noite. Se aparecer na madrugada, será mais fácil colocá-lo aqui dentro. Faço isso por sentir que essa moça precisa de amor para voltar à vida. Ela está muito triste! Precisa reagir. Melhor contar aos pais dela que vocês estavam juntos.

— Não posso, Beatriz, pois essa decisão cabe somente a Aline. Não tenho o direito de invadi-la dessa forma. Iniciamos nosso namoro na noite passada, na faculdade, e foi nesse momento que o noivo dela apareceu para levá-la para casa. Eu dei um beijo nos lábios de Aline e fomos pegos em flagrante. Rômulo entrou no carro e partiu cantando pneus. Aline aceitou minha carona até a casa dela, pois moramos na mesma rua. Combinamos que ela terminaria o noivado para iniciarmos nosso namoro.

— Por quanto tempo enganaram o noivo?

— Não estávamos juntos antes desse flagrante! Sempre fui apaixonado por Aline, mas me mantinha distante. Na noite passada, contudo, eu não resisti e fui cumprimentá-la. Ela me surpreendeu sendo afável, e eu notei no olhar dela a reciprocidade de sentimentos, ou seja, não passei despercebido na vida de Aline como imaginara.

— Uma desgraça abalou essa união antes mesmo que ela se iniciasse! Você acha que conseguirá seguir em frente com esse relacionamento, mesmo carregando o peso da morte do noivo de Aline?

— Não tivemos culpa! Foi um acidente de carro!

— Não quero me intrometer, mas vocês realmente precisam ser fortes. Tem certeza de que esse amor superará o peso da culpa que Aline carrega?

— Precisaremos de ajuda... eu sei.

— Eu e minha boca grande! Mas preciso alertá-lo de que essa moça já mostrou que não é uma pessoa forte e desejou fugir da vida por vias torpes. Tem certeza de que deseja ser o companheiro dela?

— Eu a amo, Beatriz. Eu amo Aline.

— Você notou as cicatrizes nos pulsos dela?

Atílio olhou para Beatriz, sem compreender aonde ela queria chegar, e a enfermeira continuou:

— Sua namorada é uma dessas pessoas que recorrem ao suicídio, quando precisam enfrentar os desafios da vida, rapaz. Não foi a primeira vez que ela atentou contra a própria vida.

— Não pode ser! Ela não me disse nada!

— Isso não é uma coisa de que as pessoas normalmente se orgulham. As marcas não me deixam mentir. Aline precisa da ajuda profissional de um bom psicólogo ou até de um psiquiatra. Se ela sair dessa!

— Ela corre o risco de morrer?

— O estado dessa moça é grave. Ela tomou vários comprimidos de um calmante. Não foi um remedinho que a deixaria sonolenta apenas. Ela não desejou seguir em frente, e é isso que estou tentando lhe dizer. Conviver com uma pessoa fraca, que busca a solução mais fácil para as coisas, não é brincadeira. Pense bem no que deseja para sua vida. Existem tantas mulheres fortes por aí. Tenho uma filosofia que carrego em minha vida...

— Pode dizer. Realmente preciso de bons conselhos neste momento.

— Não sou psicóloga, sou enfermeira. Tenho certa idade e uma longa experiência de vida. Há vinte anos, tenho trabalhado em UTIs de grandes hospitais. Sei quando uma pessoa deseja lutar pela vida e também identifico quando uma pessoa se coloca como vítima e desiste de viver. Para um jovem apaixonado "por uma suicida", com grande potencial de conseguir êxito no que deseja, digo apenas que a vida fica melhor quando a gente simplifica tudo. Desafios sempre virão. Siga em frente com simplicidade, e lhe garanto que estará fazendo seu melhor.

— Você parece ser uma mulher sábia. Simplicidade... Certo!

— Tudo o que lhe disse é baseado no que aprendi na profissão que escolhi e na vida que decidi me dar. Quanto mais simples, melhor! Agora, pode ir embora. Os pais de Aline seguiram para a sala do médico e logo retornarão.

— Posso dar o último beijo em minha namorada?

— Não! É preciso que você deixe este quarto. Você fez sua parte, rapaz. Chamou por ela. Agora é com Aline.

— Você fala como se ela tivesse o controle sobre isso. Aline está em coma!

— E por essa razão não o está ouvindo?
— Está?!!!
— Ela pode ouvi-lo. O espírito de Aline tem o comando desse corpo físico. Se ela desejar voltar, despertará do coma! Mas, se desistir, não haverá nada neste mundo que a faça retornar para essa experiência.
— Nunca ouvi ninguém falar dessa forma! Você é...
— Espírita. Temos conceitos básicos das leis universais. Vivemos para nosso próprio bem, de acordo com as leis.
— Estou confuso...! Que leis são essas? Está se referindo às leis da Constituição brasileira?
— Não! Vamos trocar essa roupa. Tenho um tempo para tomar um café na lanchonete do hospital. Você paga, Ok?
— Ok. Estou muito curioso para descobrir o que essa religião ensina aos seus membros, espiritu...
— Espíritas.
Beatriz acompanhou Atílio até a outra sala para retirar o macacão verde, as luvas, a toca e a máscara. Jogaram tudo no lixo, e, quando já estavam deixando a UTI, Atílio ficou frente a frente com César e Laudicéia, que perguntou:
— O que faz aqui, Atílio?
— Estava visitando um tio que está doente.
— Sua mãe não me disse nada. Que tio é esse?
— A senhora não conhece, dona Laudicéia. Ele veio do Rio de Janeiro para se tratar aqui.
— Está internado na UTI? Que coisa triste! Espero que seu tio se recupere rapidamente.
— Obrigado. Soube que Aline está internada aqui. Desejo que ela fique bem.
— O que sabe sobre nossa filha, seu intrometido?! — disse César nervoso, e Laudicéia tentou acalmá-lo dizendo:
— Acalme-se, César! O rapaz não disse nada de mais. Sei que está muito nervoso, e eu também estou, mas acalme-se! Aline ficará bem. Foi a tristeza de perder o noivo em um acidente que deixou minha Aline doente.
— Ela ficará bem, dona Laudicéia. Depois que passar essa tristeza, tudo ficará bem — comentou Atílio.

O rapaz deixou o local rapidamente, antes que César fosse ríspido com ele novamente. Estava nítido no semblante do pai de Aline que ele estava muito nervoso e contrariado.

O casal entrou no quarto de Aline. Laudicéia chorava, e César, nervoso, sentiu vontade de dar uns tapas na filha.

Laudicéia segurou a mão da filha e beijou-a com carinho. César posicionou-se do outro lado da cama e acariciou o rosto pálido de Aline. Inconformado, ele perguntou para a filha:

— Por que é tão frágil, minha filha?! Por que tenta o suicídio a cada vez que um problema surge em sua vida?! Que covardia de sua parte, Aline!

— Não fale assim com a menina, César! Mesmo estando em coma, ela pode ouvi-lo.

— Deveria ter dito antes! Penso que não fui enérgico o bastante! Sabemos quantas vezes essa menina tentou o suicídio. Fui um péssimo pai! E você também não se saiu melhor do que eu como mãe.

— Não me julgue, César! Deixei minha profissão de lado para cuidar de nossa filha. Ela sempre teve a mente fraca, não suporta enfrentar os problemas. Fiz o melhor que pude, e você também fez. De nada adianta me acusar e criticar a forma como a eduquei. O que ela faz... não é nossa culpa. Foi escolha dela.

— Uma escolha covarde! Fugir não resolve nada. Essa menina puxou à sua família. Seu tio cometeu esse ato covarde! Em minha família, todos nós somos fortes e equilibrados. Não temos histórico de suicidas.

— Claro! Agora a culpa é do meu tio e de minha família! Por que tem de procurar um culpado para o que aconteceu?! Preste atenção, César. Se há alguém culpado aqui é Aline! É ela quem está nesta cama de hospital.

— Se não tivesse de tomar aqueles calmantes, ela não teria encontrado o frasco em sua bolsa.

— Novamente, você me acusa...?! Sabe que preciso de calmantes para dormir. Tenho motivos suficientes para ser medicada! Transformei nossa casa em uma fortaleza, escondendo remédios e produtos de limpeza. Tudo fica trancado em armários e seguro na edícula. Tenho de esconder a chave dos armários e cozinhar atenta aos movimentos de Aline pela casa. As facas, tesouras e todos os objetos cortantes ficam trancados em gavetas na edícula. Vivo em total vigilância com essa menina. Comprei o vidro de calmante ontem e o deixei em minha bolsa. Escondi o frasco entre as roupas dentro do guarda-roupa, e, em poucos segundos, Aline revirou meu quarto, pois precisei dar explicações para vizinhança, que se aglomerou à porta de nossa casa.

— A vizinhança deve ter pensado que Aline cometeu outro atentado contra a própria vida quando a polícia bateu em nossa porta.

— Não sei o que imaginaram, mas isso pouco importa! Acabei de lembrar que nos esquecemos de entrar em contato com os pais de Rômulo. Precisamos avisá-los sobre o acidente que o vitimou.

— Não tenho coragem de fazer essa ligação! Não quero ser o portador de uma notícia terrível como essa. Ligue você para o sítio em Camapuã.

— Não sabia que você era um covarde, César! Um covarde como sua filha! Você se vangloria de ser forte e corajoso, mas, no momento de agir... joga sobre minhas costas a responsabilidade. Estou farta de conviver com os dois!

Uma enfermeira aproximou-se do leito de Aline e ouviu parte da discussão entre César e Laudicéia. Ela pediu para os dois deixarem o quarto, dizendo:

— Precisam deixar a paciente. Aqui não é o local para discutirem... Aline precisa de paz e tranquilidade para recuperar a saúde. Saiam, por favor.

— Desculpe-me! Você tem toda a razão. Perdemos o senso discutindo nossos problemas perto de Aline. Apenas me despedirei de minha filha, e sairemos em seguida.

A enfermeira notou os olhos inchados e vermelhos de Laudicéia e afastou-se por alguns segundos.

A mãe acariciou os cabelos da filha, depositou um beijo em sua testa e disse:

— Volte para nós, Aline! Sinto por não ter sido a mãe de que você precisava para crescer forte, aprender a amar e valorizar a vida! Volte, filha! Tentarei ser melhor para compreendê-la e lhe dar novamente meu amor! Sei que meu amor não foi o suficiente para que tivesse consideração por mim. Estou aqui a esperando. Não acabou, filha. Eu a amo muito!

Laudicéia olhou para César, esperando que ele se despedisse de Aline, mas o homem estava muito zangado e não conseguiu dizer palavras doces e amorosas para a filha.

César limitou-se a beijar o rosto de Aline, acariciar seus cabelos e dizer sussurrando:

— Volte, filha! Ainda não é hora de nos deixar. Você tem muito que aprender na vida... Bem, é melhor me calar... ou sou capaz de dar a surra que você merece por cometer tamanha covardia contra seu corpo.

Laudicéia puxou César pelo braço e retirou-o do quarto. Pelo vidro da porta, os dois ficaram observando a enfermeira cuidar de Aline por mais algum tempo e em seguida desceram para a lanchonete. Ela precisava fazer uma ligação para os pais de Rômulo.

César e Laudicéia depararam-se com Atílio e com Beatriz, a enfermeira, conversando em uma das mesas e ocuparam a mesa ao lado. Ao vê-los, Atílio não ficou à vontade para continuar a conversa que lhe estava sendo muito produtiva.

Beatriz falava sobre o espiritismo e sobre as leis que regem o universo. Quando César e Laudicéia se aproximaram, a enfermeira não se importou com o olhar assustado de Atílio e continuou a conversa dizendo:

— Passarei o endereço de nosso centro espírita. Matricule-se em um dos diversos cursos que ministramos lá.

Após tomarem um café na lanchonete do hospital, Laudicéia e César retornaram para casa. A mulher, então, ligou para o número do telefone que Rômulo deixara anotado na agenda da casa de sua noiva. Ao pegar a agenda, a mãe de Aline permitiu que algumas lágrimas rolassem por sua face. Parecia que estava vendo o genro pegar a caneta e anotar o número dizendo: "É melhor deixar o número de telefone de meus pais anotado aqui. Vocês são as únicas pessoas que podem avisá-los se algo me acontecer".

Laudicéia tomou coragem e ligou, contudo, não foi fácil cumprir a tarefa de avisar a família de Rômulo sobre a morte do rapaz. Foi muito desgastante ser a portadora da triste notícia. Laudicéia caiu em um choro profundo, o que a permitiu extravasar a angústia que sentia.

CAPÍTULO 4

Inconformado com a notícia da morte do filho mais velho, Carlos Alberto, acompanhado de Ricardo, o irmão mais novo de Rômulo, apressou-se para pegar o primeiro avião que os levaria à cidadezinha de Cajati, para onde o corpo fora levado. Ricardo também estava indignado com o desencarne do irmão, pois sabia que Rômulo era sempre muito cuidadoso ao volante.

Cristina, a mãe de Rômulo, permaneceu no Mato Grosso do Sul aguardando notícias. A esperança da mulher era de que tudo não tivesse passado de um grande engano. Ela desejava que o marido encontrasse seu amado filho com plena saúde em Curitiba.

Roberta, a filha mais nova do casal, fazia companhia para a mãe. Cristina precisou ficar em observação no hospital da cidade, pois sua pressão arterial elevara-se.

Roberta estava muito triste, pois Rômulo era um irmão muito carinhoso e atencioso. Ele prometera que levaria a família para morar em Curitiba e custearia a universidade da irmã quando chegasse a hora.

Ricardo jurou para a mãe que descobriria o motivo que levara o irmão a pisar fundo no acelerador em uma estrada perigosa.

Chegando ao IML da cidade de Cajati, Ricardo informou-se com os policiais sobre quem foram os homens que participaram do resgate do corpo de seu irmão.

Quando finalmente conseguiu entrar em contato com um dos bombeiros, Ricardo recebeu das mãos dele o velocímetro do carro de Rômulo e a informação que ele estava correndo a 180 quilômetros por hora quando o medidor travou. O bombeiro ainda disse que, segundo uma testemunha, o veículo de Rômulo deslizara em uma curva da estrada, que estava molhada com uma mancha de óleo. O carro, então, capotou até cair no precipício. Por fim, ele entregou a Ricardo o laudo em que estava anotado o depoimento de Jarbas, o motorista do caminhão, e disse:

— Seu irmão provavelmente estava muito nervoso! Não é possível que um motorista em estado normal entrasse naquela curva em alta velocidade, pois se trata de um trecho muito acentuado da estrada. Isso foi como um suicídio!

— Quero descobrir o que deixou meu irmão nesse estado lastimável. O que pode ter o deixado tão nervoso?!

— O que leva um homem de bem a se exceder?! Talvez não saber lidar com uma decepção.

— Estranho! Desde que recebi a notícia da morte de meu irmão, pressinto que o motivo foi esse. Rômulo estava noivo de uma moça de Curitiba e falava dela com a voz melosa ao telefone. Pretendia levá-la para Camapuã para apresentá-la à nossa família.

Carlos Alberto aproximou-se do filho e do policial e disse:

— O corpo precisa ser reconhecido para que o liberem. Depois, teremos de esperar pelo carro da funerária.

Carlos Alberto secou o rosto molhado pelas lágrimas. Ricardo não desejava mostrar sua fraqueza diante do policial, mas, notando a dor do pai, não conteve as lágrimas. O policial levou os dois para fazerem o reconhecimento do corpo de Rômulo dentro do IML e disse:

— É preciso que tenham certeza de que se trata de Rômulo Alves. Aviso que o corpo ficou bastante ferido no acidente.

Os dois entraram na sala. Ricardo estava nervoso. Quando o policial puxou a gaveta, o rapaz ficou extremamente perplexo. Aqueles restos mortais não poderiam ser de Rômulo. O corpo estava repleto de hematomas e cortes profundos, mas uma tatuagem na perna direita afastou qualquer dúvida dos dois homens. Quando Rômulo fez a tatuagem, os pais ficaram contrariados. Cristina esfregou a tatuagem com tanta força que acabou ferindo a perna do filho. O desenho era inconfundível.

Ricardo ficou extremamente chocado e triste e desejou sair dali correndo. A mente do rapaz não aceitava a verdade que estava à sua frente. Ele pensou: "Rômulo não pode ter se transformado apenas nisso! Em um monte de carne sem vida e sem expressão! Meu irmão possuía uma forte vivacidade". Para Ricardo, faltava alguma coisa naquele corpo que ele não sabia explicar.

O policial compreendeu que Ricardo e o pai haviam reconhecido o corpo da vítima, então, cobriu o corpo e liberou-o para os funcionários da funerária, que aguardavam para iniciar os procedimentos necessários para colocar o corpo de Rômulo no caixão.

Carlos Alberto precisou amparar o filho e conduzi-lo para fora da sala. Ricardo teve uma crise compulsiva de choro.

— Tente se acalmar, meu filho! Temos de ser fortes neste momento. O pior será confirmar para sua mãe que Rômulo se foi. Que era nosso filho quem estava naquela gaveta do necrotério.

— Aquele não pode ser Rômulo, pai! Ele era forte, alegre e falante! Onde foi parar a energia que havia nele?! Aquele corpo está vazio... não há mais nada lá.

— É a primeira vez que você lida com a morte, Ricardo. O corpo físico tem prazo de validade. Você está sentindo falta do espírito de seu irmão, que preenchia aquele corpo com uma presença forte e alegre. O espírito foi para outro lugar, meu filho!

— Para onde foi? O que ele era não pode ter acabado assim! A morte não pode ser o fim de tudo! Que lugar é esse para onde os espíritos seguem, pai?

— Não sei, mas existem pessoas que podem explicar melhor o que acontece com o espírito, quando ele deixa o corpo depois da morte. Dizem que os espíritos podem se comunicar conosco por meio dos médiuns, que têm sensibilidade para se comunicar com o outro mundo. Um amigo de sua tia Ivete escreveu uma carta para ela após alguns anos de sua morte. Ela havia ido a um centro espírita e recebeu a mensagem. Sua tia disse que até a letra era parecida com a do falecido.

— Tia Ivete?! Mas ela é tão carola de igreja! Nunca pensei que tivesse coragem para entrar em um centro espírita.

— Sua tia tem fé e é curiosa para aprender mais sobre o lado espiritual. Converse com ela depois. Tenho certeza de que as palavras de Ivete o deixarão mais calmo. Minha irmã afirma que o espírito segue para um lugar melhor do que aqui.

— Qualquer lugar deve ser melhor do que aqui. Estamos rodeados de dor e sofrimento! Só vejo tristeza à minha volta, pai.

— Que pessimismo é esse, filho?! Rômulo não gostaria de vê-lo desanimado dessa forma. Lembra-se de como ele gostava de brincar com você?

— Pai, Rômulo foi o melhor irmão do mundo! Ele era incrível. Por que teve de terminar dessa forma?! Prometo que descobrirei o que levou meu irmão a perder o controle. Quero conhecer a noiva dele, saber se foi ela a responsável pelo descontrole de Rômulo.

— Talvez ela apareça no velório em nossa cidade. Dona Laudicéia afirmou que o marido seguirá para Camapuã a tempo de comparecer ao sepultamento.

— Não será desta forma que descobriremos o que aconteceu com Rômulo. Quero entrar na vida dessa moça sorrateiramente e descobrir tudo o que aconteceu com meu irmão. Também desejo, se isso realmente for possível, que Rômulo conte em uma carta o que aconteceu com ele. Vamos ver se esses espíritas estão realmente falando a verdade quanto a essa comunicação.

No fim da tarde, Carlos Alberto e Ricardo pegaram carona no carro da funerária até o aeroporto mais próximo de Cajati e seguiram para a cidade de Registro. O voo fretado partiu do aeroporto em direção a Campo Grande e durou aproximadamente uma hora e cinquenta minutos. O avião pousou, e um carro funerário levou-os até Camapuã. Duas horas depois, chegaram ao local do velório.

Não foi fácil para os familiares e amigos de Rômulo despedirem-se do rapaz. Cristina estava inconsolável.

Carlos Alberto esperou por César e sua família e já estava perdendo a esperança de conhecê-los naquele dia triste. O corpo desceria à sepultura em mais duas horas de velório.

Quando César finalmente chegou ao velório e, com grande pesar, se apresentou para a família de Rômulo, Ricardo fez questão de se afastar para não ser apresentado a ele, pois planejava viajar para Curitiba para descobrir a verdade sobre a morte do irmão.

César explicou que sua filha estava hospitalizada e que não tivera condições de comparecer ao velório e, por fim, disse que sua esposa precisara ficar cuidando de Aline.

Pouco depois, foi com grande comoção que o corpo de Rômulo foi acomodado na sepultura.

O espírito de Rômulo estava presente no velório, pois fora puxado para lá, e permaneceu ao lado da mãe e da irmã, que passaram a maior parte do tempo sentadas ao lado da urna funerária observando o carinho com que os amigos e parentes falavam do rapaz.

O espírito de Rômulo fez o que pôde para chamar a atenção de todos, mas não obteve sucesso em sua empreitada. No momento em que seu corpo físico desceu à sepultura, Rômulo tentou afastar-se e subir à superfície, contudo, não conseguiu. O rapaz, então, entrou em desespero quando percebeu que todos tinham ido embora e que ele continuava preso naquele buraco escuro.

Rômulo gritava incessantemente por ajuda até que sentiu uma mão forte puxando-o para cima e ficou com medo de quem o tirou dali. Ele tentou fugir, mas não conseguiu. Assustado, perguntou:

— O que quer comigo?

— Que pare de gritar, covarde! Vamos embora, pois seu lugar não é aqui.

Rômulo não saberia explicar como chegara a um local escuro com cheiro desagradável como aquele. Aos poucos, contudo, seus olhos foram se adaptando à escuridão.

O rapaz tentou deixar o local caminhando na lama negra e grudenta do chão, contudo, seus pés pareciam pesar uma tonelada. De repente, Rômulo sentiu seu corpo ficar ainda mais pesado e suas pálpebras insistirem em se fechar. Os olhos dele, então, se fecharam, e ele caiu exausto no chão.

CAPÍTULO 5

Rômulo não sabia por quanto tempo ficara ali. Estava consciente, mas paralisado pelo peso do seu corpo. As pálpebras do rapaz não se abriam, e ele sentia que outros espíritos estavam próximos. Alguns pisavam em seu corpo, e o barulho de gritos estridentes e dos gemidos de espíritos que agonizavam eram assustadores.

O rapaz sentia fome, sede, frio e dor em seus ferimentos e estava desolado. Às vezes, caía em um sono agitado e, assim, conseguia ouvir a voz de sua mãe implorando para que ele desse notícias. Rômulo sentia cada lamento e cada lágrima que seus familiares e amigos vertiam por ele, e o peso de seu corpo era tamanho que o deixava paralisado. Com o passar do tempo, imaginou que, à medida que sua lembrança na mente dos amigos diminuísse, a paralisia de seu corpo também desapareceria — e foi exatamente o que aconteceu.

Após seis meses, Cristina já não se desesperava mais em crises de choro chamando pelo filho. Ela estava tomando antidepressivos e foi ficando mais equilibrada. Desta forma, Rômulo conseguiu abrir os olhos, pois já não tinha de lidar com aquela energia pesada que a mãe emanava para ele. O peso foi se dissipando aos poucos e deixando-o mais consciente.

Rômulo notou que à sua volta estavam outros espíritos nas mesmas condições de paralisia e já estava ciente de que não estava mais encarnado.

O rapaz indagava-se: "Que lugar é este? O que estou fazendo aqui? Não estou morto, afinal, tenho ouvido os lamentos de minha mãe e de meus familiares. Sinto-me vivo!".

Quando finalmente conseguiu se sentar, Rômulo olhou para a lama que estava grudada em seu corpo, desejou ficar em pé e procurou os ferimentos de suas pernas. O sangue insistia em jorrar misturando-se à lama com cheiro podre. Ele passou as mãos sobre o peito, apalpou os braços, deslizou a mão até as costelas e sentiu que elas estavam quebradas. Tocou na testa e retirou de lá cacos de vidro que haviam se estilhaçado quando ele bateu violentamente a cabeça contra o para-brisa do carro, o que o deixou apavorado. Havia vermes em todos os seus ferimentos, o que provocou náuseas no rapaz.

Ele levantou-se com dificuldade e foi procurar água para se limpar em algum canto daquele lugar escuro, mas apenas encontrou poças de água suja, como se ali escoasse um esgoto. Rômulo estava com tanta sede que não resistiu e tomou a água. Depois, lavou o rosto e passou um pouco de água na cabeça. Os ferimentos arderam, e o odor fétido piorou muito.

Rômulo continuou ouvindo gritos assustadores, e, de repente, alguém o segurou pelos cabelos, puxando-o para um canto com pedras. Ele ficou muito assustado e tentou levantar-se. Não foi fácil se desvencilhar daquele ser asqueroso, e ele sabia que o sujeito estava totalmente fora de controle.

O rapaz continuou se perguntando: "O que estou fazendo neste lugar?", e ouviu acusações de que era um suicida. "Eu não sou um suicida!" Disso Rômulo tinha certeza, afinal, não desejara morrer ao volante de seu carro. Quando ouviu as acusações, reagiu afirmando: "Foi um acidente!".

As vozes não se calavam e em muitos momentos estavam dentro de sua cabeça. "Suicida!", elas gritavam sem piedade.

O medo que Rômulo sentia acabou criando seres horripilantes, que o perseguiam por todo aquele campo escuro. Rômulo não sabia que os seres eram criações de sua mente. Alguns deles tinham quatro metros de altura e tentavam esmagá-lo com seus pés gigantescos.

Rômulo não desconfiava de que era preciso administrar os pensamentos, tentar manter-se equilibrado, mas estava longe de aprender qualquer lição que aquele lugar pudesse oferecer-lhe.

Quando se recordava de Aline, o rapaz ficava furioso. Se estivesse encarnado, não sentiria essa fúria na mesma intensidade. Ele tinha muito para aprender e nem de longe imaginava que os espíritos tinham a zona do sentimento amplificada, ou seja, se amavam, amavam demais. O sentimento de raiva se transformava em ódio, e Rômulo odiava Aline com toda a sua força. Todo o amor que sentira se transformara em ódio, e ele desejava vingar-se.

E foi assim que as coisas, que já não estavam boas para Rômulo, começaram a piorar. Ele não reagia positivamente, o que o impedia de ser notado pelo grupo de espíritos socorristas, que estavam ali para resgatarem os espíritos que estivessem esgotados e se rendessem, pedindo sinceramente por ajuda.

Se não estivesse com uma vibração energética tão baixa, Rômulo talvez pudesse entrar na zona umbralina e seguir para um posto de socorro por lá.

Nair, a avó de Rômulo, esperava que o neto reagisse positivamente e deixasse aquele sanatório repleto de dementados. Na esperança de ajudá-lo a expurgar os sentimentos negativos, ela enviava energias positivas para o rapaz, mas ele não registrava a presença da energia benéfica emanada. Energia esta que seria o remédio que iniciaria a mudança em sua mente negativada.

Nair procurou por Muriel, seu professor e conselheiro, e foi até o departamento de auxílio na cidade do primeiro nível evolutivo.

— Muriel, desejo lhe falar. Estou ficando preocupada com Rômulo, pois ele está demorando muito para reagir. Gostaria que meu neto pudesse sair de lá. Preciso de sua ajuda, meu estimado conselheiro.

— Estou ciente de seus desejos, Nair, mas nosso amigo ainda não expurgou o que necessita para dar um passo para fora do sanatório. Enquanto não der um sinal de que está tentando modificar seu modo de pensar... não poderemos retirá-lo de lá. Sabe que, no estado em que se encontra, ele poderá contaminar até mesmo a câmara do subterrâneo.

— Por que não consigo alcançar Rômulo com a energia positiva que envio a ele?

— Porque vocês estão em sintonias diferentes, querida Nair. Rômulo não dá abertura para nada que seja positivo. O pensamento dele está fixo na ideia de vingar-se de Aline, e essa energia negativa está chegando até ela. Sabe como isso pode prejudicá-la?

— Sei. Então, seria melhor levarmos Rômulo para a colônia de socorro, pois, assim, também conseguiríamos ajudar Aline, afastando a energia negativa que chega até ela e a prejudica.

— Seria maravilhoso se eu pudesse colocar as coisas nos lugares corretos, pois, assim, consertaria o que imagino estar errado no universo inteiro e estaria sendo maior do que eu sou! E por ser esse ser especial como você me vê, eu estaria acima das leis e burlaria todas elas? Nair, precisamos esperar Rômulo reagir e pedir ajuda. Não quero carregar um peso que não me cabe. Você deseja que eu invada o espaço que é de seu neto, mas não posso ultrapassar o querer dele. Isso seria burlar a lei que rege o universo! Controle sua ansiedade, minha amiga. Todo sofrimento, um dia, chega ao fim. As mudanças precisam ocorrer para evoluirmos dentro das leis universais.

Mesmo desejando ajudar Rômulo, Nair baixou a cabeça e percebeu que estava errada. Entre as idas e vindas nas reencarnações, os dois tiveram experiências agradáveis juntos. Muriel continuou auxiliando-a e disse:

— Sei que você está com saudade de Rômulo, pois os sentimentos que os conectam é o amor e o querer bem, mas lhe peço que não se prejudique tentando modificá-lo. Você sabe que ninguém tem esse poder a não ser ele mesmo, contudo, sinto que você criou uma ilusão a esse respeito. Nair, você está a passos à frente dele na evolução e sabe que tudo tem um preço. Sem mérito, não é possível prosseguir. Cuide-se bem. Em pouco tempo, será sua vez de reencarnar e mostrar que realmente aprendeu. Vivendo deste lado, tudo é mais fácil. Muitos reencarnam certos de que não cometerão os mesmos erros que cometeram no pretérito, contudo, sabemos que, com o esquecimento de quem realmente somos, tudo se torna mais difícil. E, quando os desafios chegam, acabamos repetindo os mesmos erros de outrora. Conscientize-se de que você errou em diversos momentos e criou ilusões que não faziam parte de sua realidade. Menos, Nair! Não quero vê-la cair novamente! A desilusão fere fundo, e depois será preciso realizar um longo tratamento psicológico para aceitar o que não pode modificar. Deseja mesmo ficar estacionada nesta cidade, no primeiro plano evolutivo? Conhece o que vem depois, quando deixamos o ciclo reencarnatório?

— Não! Tenho curiosidade para conhecer as cidades do segundo e terceiros planos e a grande escada que retira os espíritos do ciclo das reencarnações. Sou muito curiosa.

— Tenho certeza de que é, então, coloque-se em primeiro lugar sempre e cuide-se com amor. Um dia, Rômulo despertará e, quem sabe, poderá ser um morador da mesma cidade que você e ficar ao seu lado.

— Obrigada, Muriel. Não desejo desistir de enviar a Rômulo energias positivas, mas admito que não está dando certo. Vejo toda a energia que doei a ele cair na lama e não ser absorvida naquele lugar de vibração densa.

— As energias que são doadas para esse lugar são necessárias. Mesmo sendo absorvidas pela lama, podem ajudar alguém que necessite de uma fagulha de luminosidade que a energia positiva gera. Participar do despertar de alguém que está perdido é agradável. Se desejar e se estiver lhe fazendo bem, continue enviando energias positivas.

— Doar energia positiva para aqueles que ainda não despertaram para a positividade me faz muito bem, Muriel, pois também estive por lá algumas vezes ao desencarnar e me recordo da sensação forte que me tomou, quando joguei toda a dor e todo o sofrimento fora e me rendi implorando por ajuda. No primeiro instante, a luz dos socorristas pareceu-me a chama de uma vela ao longe. Foi apenas um sinal de que ainda existia esperança em outro lugar. Eu me rastejava por não sentir força em minhas pernas para caminhar até o ponto de luminosidade que avistei. Em meu coração havia a certeza de que eles estavam à minha espera. Minha mente implorava por socorro! Meu corpo readquiriu uma fagulha de calor, que aumentou quando decidi esquecer a pobrezinha sofredora para trazer as forças de dentro do meu ser e voltar a sentir um pouco de amor-próprio.

— Você teve uma grande experiência naquele lugar. É por essa razão que está aflita? Deseja ver Rômulo despertar para si e pedir ajuda?

— Sim, é o que mais desejo! Quero que Rômulo retorne ao caminho evolutivo. Ele está sofrendo por opção. Viver ali é como ser um nada, e nós somos o contrário disso! Somos poderosos! Desejo que Rômulo descubra que existe uma energia poderosa dentro dele, que é a parte de Deus em nós!

— Está na hora de encarar outros desafios, Nair. Estamos recrutando trabalhadores para o departamento de auxílio e comunicação. Temos vaga em centros espíritas em terras brasileiras.

— Ainda não experimentei algo nessa área. Em que curso preciso me inscrever para fazer parte desse grupo?

— Aqui está a lista com os cursos. Se desejar trabalhar com desenvolvimento intelectual dentro do centro espírita, fique à vontade. Também temos vagas como auxiliar de enfermagem na área médica.

— Pensarei em sua proposta, Muriel. Ocupar-me com outros afazeres será um bálsamo. Não desejo ficar conectada ao sofrimento de Rômulo — Nair deixou a sala de seu conselheiro, examinando os papéis que descreviam os cursos com mais detalhes.

CAPÍTULO 6

    Atílio começou a frequentar o centro espírita e fortalecia-se aprendendo sobre a espiritualidade. Ele tentava ajudar Aline e desejava ver sua amada sair da forte crise depressiva que ela entrara depois de despertar do coma.

    Aline chorava compulsivamente desejando a morte e continuava internada no hospital. As enfermeiras amarravam-na ao leito, pois ela estava obcecada em cometer suicídio. A moça não suportava o peso da culpa pelo desencarne do noivo e rejeitava qualquer contato com os pais. Para a equipe de enfermagem que a atendia, ela fingia estar em estado letárgico. Quando Laudicéia e César apareciam para visitá-la, a moça agitava-se, contorcia-se e gritava, deixando-os abalados e tristes com toda aquela situação.

    O mesmo ocorria quando Atílio se aproximava de Aline. No início, ele tentava disfarçar sua presença para ficar próximo da moça. Não suportava mais vê-la naquele estado lastimável, que se agravava cada vez mais. O rapaz, então, tomou coragem e ficou esperando Laudicéia na recepção do hospital para conversar com ela. Ao vê-la entrar, ele foi rapidamente ao encontro da mulher e cumprimentou-a. Laudicéia comentou:

    — Uma das enfermeiras me informou que um rapaz tem visitado Aline, e eu fiquei curiosa para saber quem era. Ela me disse que vocês estudaram juntos, mas não imaginei que fosse você.

    — Não se recorda disso, dona Laudicéia? Aline e eu estudamos no mesmo colégio e na mesma faculdade.

— Recordo-me de que você, quando criança, era apaixonado por minha filha. Como está sua mãe?

— Bem, trabalhando muito.

— Magda e eu frequentamos o mesmo salão de cabeleireiro. Sempre a vejo. Como está sua irmã Agnes?

— Muito bem. Todos nós estamos bem em casa.

— Desculpe, Atílio, mas não estou compreendendo o que você faz aqui no hospital. Por que tem visitado minha filha?

— Aline e eu...! Eu e ela...!

— Compreendi! Então, esse novo amor realmente existia na vida de Aline! Não eram apenas comentários maldosos do povo. Era você?!

— Sim, mas me deixe explicar o que ocorreu conosco, dona Laudicéia. Nós nos apaixonamos e combinamos que Aline terminaria o noivado com Rômulo para ficar comigo. Se ele não tivesse morrido naquele acidente estúpido...

Laudicéia disse:

— É melhor manter isso em segredo. César não pode descobrir que Aline havia terminado o compromisso com o noivo e que foi esse o motivo da morte de Rômulo. Meu Deus...! Agora compreendo o desespero dela! Aline não quer mais viver por sentir culpa pela morte de Rômulo! — disse Laudicéia, horrorizada ao descobrir a verdade.

— Eu sinto muito, dona Laudicéia! Nós não desejávamos que as coisas chegassem a esse ponto. Em minha opinião, Aline e eu não temos culpa de nada! Rômulo foi imprudente ao volante e acabou desencarnando naquele acidente.

Os dois caminharam calados até chegarem ao quarto de Aline. Laudicéia abriu a porta com cuidado, olhou para a filha e disse:

— Parece que Aline está dormindo tranquilamente. Do contrário, teria me colocado para fora com seus gritos histéricos. Você fala de modo estranho. Qual religião segue?

— Sou espírita.

— Não conheço muito sobre essa religião. Só ouço falarem dela.

— Não se trata de uma religião, dona Laudicéia. É melhor descermos até a lanchonete para tomarmos um café. Explicarei tudo o que desejar saber a esse respeito. Também não desejo acordar Aline. Conheço bem a histeria dela quando me vê aqui.

Os dois deixaram o quarto, depois que Laudicéia depositou um beijo leve na testa da filha. Em seguida, a mãe da moça acompanhou Rômulo até a lanchonete, onde se acomodaram a uma das mesas. Atílio, então, começou a falar:

— Eu realmente sinto muito por tudo o que aconteceu com Rômulo, dona Laudicéia. Aline e eu estudamos na mesma faculdade e, naquela noite fatídica, nos encontramos no pátio próximo ao portão de saída. Aline abriu um sorriso lindo em minha direção, e eu não resisti! Aproximei-me e a cumprimentei cordialmente. Sorrindo, ela me contou que, no Ensino Fundamental, fui seu primeiro amor, então, não resisti e me declarei a ela. Disse que a amava e desejava ser seu namorado. Aline gostou do que ouviu, e foi aí que eu a beijei. Nesse momento, Rômulo nos flagrou e saiu cantando os pneus do carro.

— Minha filha se tornou uma desavergonhada! Como pôde trair o noivo dessa forma?

— Não a julgue dessa forma, dona Laudicéia! Não planejamos nada disso. Simplesmente aconteceu. Ninguém escolhe por quem se apaixona. Essas coisas simplesmente acontecem.

— Por que ela não nos contou o que aconteceu?

— Não houve tempo hábil para isso! Tudo aconteceu na mesma noite do acidente. Quando Rômulo saiu em disparada, ofereci uma carona para Aline voltar para casa, e acabamos conversando dentro do meu carro. Ela estava com muito medo da reação do pai e contou-me que ele e Rômulo eram grandes amigos. Aline sabia que o senhor César seria contra o término do noivado e não queria contrariá-lo.

— É verdade, Atílio. Gostávamos muito de Rômulo, mas, francamente, ela poderia ter me contado. Por que não confiou na própria mãe?

— Aline havia prometido terminar o noivado no dia seguinte e não suportava mais ser tocada pelo noivo.

— Notei que ela sempre estava buscando desculpas para não ficar sozinha com Rômulo e evitava sair sem minha companhia. Eu a questionei várias vezes por tomar essa atitude.

— E o que ela dizia?

— Que Rômulo andava muito pegajoso e queria beijá-la a todo instante. Eu estava preocupada e sentia que havia algo de errado com minha filha.

— Ela não sentia mais nada por ele. Quando Rômulo começou a notar a constante rejeição de Aline, ficou enciumado e passou a buscá-la na faculdade. Foi assim que ele acabou nos flagrando em um beijo e saiu em disparada, deixando-a em meus braços. Aline ficou nervosa, pois não esperava que eu a beijasse nos lábios. Nem deu tempo de ela se explicar para Rômulo, porque, furioso, ele arrancou com o carro! Naquela noite, eu trouxe sua filha para casa, e alguém da vizinhança deve ter nos visto e espalhado comentários maldosos a nosso respeito.

— Desde que tudo isso aconteceu, Renê, minha vizinha, acusa Aline todos os dias pela morte de Rômulo. Ela espalha sua maldade por toda a vizinhança. Tenho sofrido muito, Atílio!

— Eu sinto muito, dona Laudicéia! Também estou passando por constrangimentos em nosso bairro.

— Não se iluda, Atílio. Aline é uma moça fraca e não consegue reagir bem quando se julga culpada por algo. Não é a primeira vez que atentou contra a própria vida. Por sorte, ainda não conseguiu atingir seu objetivo, porém, o que ela mais deseja é partir deste mundo.

— Gostaria muito de ajudá-la, dona Laudicéia. Estou frequentando um centro espírita. Aprendi muito sobre espiritualidade e as leis universais. Queria muito que Aline abrisse a mente e percebesse que somos imortais. Ela não encontrará a solução dos problemas suicidando-se! Continuará viva em outra dimensão e em um estado nada agradável. Ela terá de se colocar novamente dentro da lei que rege o universo.

— Você tem serenidade em seu rosto. Foi lá que encontrou o que estava procurando?

— Sim. Recorda-se de quando nos encontramos no hospital? Eu estava na UTI, e a senhora me reconheceu.

— Eu estava tão atordoada e triste naquele dia, mas me recordo de vê-lo saindo da UTI. Você havia dito que estava visitando um parente.

— Estava visitando minha namorada, dona Laudicéia. Ela havia desistido de viver, quando descobriu que o ex-noivo havia desencarnado.

— Então, você também se decepcionou com ela! Nem sempre, as pessoas reagem como esperamos! Não compreendo minha filha. Às vezes, penso que o problema dela não surgiu nesta vida.

Imagino que venha de antes, mas, ao mesmo tempo, não acredito que já existimos antes de nascer! Não tenho provas disso.

— Eu também não acreditava, dona Laudicéia, mas uma enfermeira notou minha aflição com o que estava acontecendo com Aline e foi falar comigo. O nome dela é Beatriz, e nós conversamos bastante. Ela me falou sobre a espiritualidade e me apresentou ao estudo desta área. Fiquei curioso e comecei a frequentar o centro espírita que ela também frequenta. Se desejar, posso marcar um encontro entre as duas.

— Faça-me esse favor, Atílio, pois estou desesperada! Preciso acreditar que Aline reagirá e sairá da depressão. Ela não reage a nenhum estímulo.

— Talvez seja coincidência, mas está vendo aquela senhora tomando café em pé, ao lado do balcão? É Beatriz.

— Estávamos falando dela, e ela apareceu! Por favor, preciso ouvir uma palavra amiga desta mulher.

Atílio acenou para a enfermeira, que rapidamente o reconheceu e foi ao seu encontro. Ele apresentou Laudicéia a Beatriz, que segurou a mão da mulher entre as suas e disse:

— Fique calma. Seu coração está muito aflito! Não desvie sua atenção para outras pessoas. Neste momento, você precisa de si mesma para colocar a mente em ordem. Esqueça a culpa! Você não tem culpa de nada!

Laudicéia sentiu a energia agradável de Beatriz e registrou com carinho as palavras que saíram dos lábios da enfermeira. A mãe de Aline não conteve as lágrimas, e Beatriz sentou-se ao lado da mulher, segurando uma de suas mãos e passando energia de amor para aquela mãe que fora ferida na profundidade de seu amor materno. Laudicéia disse entre soluços:

— Ela não tinha o direito de agir daquela forma!

— Não espere demais de quem ainda não tem muito para dar. Você sabe que sua filha tem problemas sérios que a acompanham há muitas vidas. Enquanto não mostrar que é forte e superar esses problemas, Aline continuará se fragilizando e se julgando incapaz de reagir perante um desafio. A vida dispõe os desafios, quando as pessoas estão prontas para reagirem e superá-los. O problema é que Aline não acredita em si mesma e duvida de sua força. Existe uma fera adormecida dentro dela, esperando para sair e seguir um caminho melhor na vida.

— Aline tem medo de se expor! Ela sempre se escondeu do mundo, é muito tímida e contida — disse Laudicéia um pouco mais controlada.

— Não se preocupe tanto, querida. Sua filha ainda a surpreenderá positivamente. Ela precisa de uma boa terapia.

— Pode me indicar um profissional nesta área?

— Temos ótimos profissionais dentro do centro espírita. Atílio poderia levá-la até nós. O que acha? A senhora também precisa de um tratamento energético, pois está muito abalada.

Laudicéia deixou o hospital mais tranquila e combinou com Atílio uma visita ao centro espírita, pois queria ajudar Aline e a si mesma. Estava disposta a abrir a mente para aprender a se olhar de frente e desejava que a filha fizesse o mesmo. Não queria de forma alguma que César descobrisse onde ela iria, pois sabia que o marido não seria complacente com esse novo ensinamento que procurava.

CAPÍTULO 7

Rômulo seguia perdido em seus devaneios, ligado ao ódio que nutria por Aline e Atílio. Ele encontrou uma entrada no meio de um muro alto, coberto de musgo, sem saber que entrara no labirinto dos dementados. O rapaz continuava fugindo dos monstros que o perseguiam, ouvindo insultos escabrosos e sendo apontado como um suicida, e retrucava afirmando: "Não sou um suicida!".

O labirinto era o último estágio para o espírito reagir ou permanecer na loucura de uma mente sem controle. Rômulo entrou correndo e, em dado momento, parou para apalpar as paredes cobertas de musgo. O cheiro de podridão aumentou, e ele, não suportando o odor fétido, acabou vomitando. O rapaz assustou-se com aquela gosma escura, mas não teve tempo para ficar parado no mesmo local, pois temia ser capturado.

Rômulo corria e às vezes escorregava na lama negra e fétida. Em vários pontos, encontrou outros espíritos que também faziam esse percurso e que estavam no mesmo estado lamentável em que ele se encontrava.

O rapaz estava com os olhos vidrados, como se estivesse sob o efeito de ópio. Havia vermes grandes nos buracos das paredes e aranhas do tamanho de gatos adultos, que pulavam sobre ele. Rômulo gritava e tentava retirar as aranhas de cima do seu corpo, buscando a saída daquele lugar horrível. Ele estava muito debilitado e esgotado mentalmente e acabou desistindo, deixando-se ficar caído no chão lamacento. O rapaz entregara-se! Não havia mais forças para lutar contra os monstros ou encontrar a saída do labirinto. Rômulo, então, permaneceu deitado entre uma abertura e o início de outro muro, igual a todos os outros becos por onde passara. Espíritos perturbados passavam por ele sem notá-lo.

Em um segundo de lucidez, Rômulo ficou de joelhos, implorou por misericórdia e pediu ajuda a Deus. Ali estava um espírito no limite de sua força.

Enquanto trabalhava em um centro espírita, Nair sentiu o chamado de seu protegido e rapidamente se conectou mentalmente ao departamento de auxílio. Muriel respondeu-lhe dizendo:

— Rômulo está pronto, Nair. Finalmente, chegou a hora de agir.

— Desejo fazer parte desse resgate com o grupo. Tenho sua permissão?

— Sim. O veículo não partirá para a zona umbralina sem você.

— Obrigada, Muriel. Fico lhe devendo esse favor.

— Não se preocupe. Cobrarei no momento oportuno, minha querida.

Nair despediu-se da médium e partiu na velocidade de seu pensamento. Pouco tempo depois de embarcar no veículo, ela desceu até a zona umbralina.

O veículo levou-os próximo à entrada de um campo fechado e cercado por muros altos. Na fachada estava escrito com letras garrafais "Sanatório Redenção".

Nair acompanhou Muriel, que recebeu reverências de todos os soldados que faziam a guarda do local. Ele seguiu na direção de um prédio de construção antiga no estilo gótico. Em cada centímetro do lugar havia gárgulas de olhos atentos para fora dos muros altos.

Muriel e Nair foram convidados a entrar no prédio. Ela foi apresentada ao diretor do sanatório, um espírito jovem, alegre, de rara beleza, com um sorriso encantador. Seu campo energético era composto de luzes coloridas.

Muriel explicou a Nair que o amigo descera de uma dimensão elevada para trabalhar com espíritos ainda infantilizados e ignorantes.

— Seja bem-vinda, Nair. É um prazer conhecê-la.

— O prazer é meu...

— Pode me chamar de Max. Gostou deste ambiente que construí para me sentir mais próximo de casa?

— É incrível! Nunca senti uma energia tão agradável! Posso afirmar que estou muito feliz aqui. Não senti nada parecido vivendo na cidade de primeiro nível, dentro do ciclo reencarnatório.

— Querida Nair, você está tendo o privilégio de sentir a energia vibracional de uma dimensão fora do ciclo reencarnatório. Nosso amigo é habitante da cidade de nível quatro, que fica depois da escada que encerra o ciclo das reencarnações.

— É maravilhosa essa energia! Tenho vontade de cantar e pular de felicidade! Não esperava encontrar essa energia incrível dentro deste prédio sombrio.

— Não gostou da construção? — perguntou o anfitrião.

— Gosto do estilo gótico, que é rico em detalhes, mas me referi ao prédio por estar escuro do lado de fora. As figuras dos gárgulas são assustadoras, muito diferentes desse ambiente cheio de cristais e luzes brilhantes.

— Assustadoras é a palavra certa! Nair. Aqueles que ultrapassam nossos portões estão em péssimo estado mental e necessitam de proteção. As gárgulas assustam as falanges de espíritos que desejam capturar os internos para fazê-los de escravos e transformá-los em zumbis, que obedecem às suas ordens. Não permitimos esse tipo de coisa. Nossos soldados estão sempre atentos, quando um grupo de espíritos mal-intencionados se aproxima. Essas gárgulas ganham vida e perseguem esses espíritos espertalhões.

— Como ganham vida?

— Quer ver um pouco de animação?

— Sim.

— Nossas gárgulas são robotizadas. Basta apertar esse botão para que ganhem vida — Max apertou o botão e convidou Nair e Muriel para se aproximarem das janelas. As gárgulas começaram a voar e gritar, deixando o local mais sombrio. Nair sorria assustada com os gritos ensurdecedores das gárgulas e com o bater de suas asas, que faziam um barulho de lâminas cortando o ar. Ela comentou:

— São incríveis! Que mais surpresas encontrarei neste lugar?

— Existem mais defesas por aqui. Observe os muros que cercam o sanatório Redenção. Eles foram construídos para espantar os inimigos.

Max apertou outro botão em uma mesa repleta deles, e os muros, de repente, ganharam um efeito de que estavam em chamas.

Raios passaram a cortar a escuridão, e o muro tornou-se eletrizado. Parecia que uma tempestade de raios estava desabando sobre ele.

— Realmente este lugar é protegido! Os espíritos que estão aqui dentro não saem e os que estão do lado de fora não entram — disse Nair.

— Para entrar ou sair, é preciso ter autorização prévia do departamento de resgate. Aqui está a saída de Rômulo assinada e carimbada. Podem levá-lo.

— Onde ele está, Max? Continua dentro do labirinto?

— Não. Rômulo deu sinal de lucidez, quando chegou ao limite de suas forças. Ele foi resgatado por nossa equipe de socorro e está na câmara de desintoxicação.

— Onde fica essa câmara?

— No outro prédio. Depois que ultrapassarem o segundo portão, encontrarão um pronto-socorro para os casos mais urgentes. As câmaras ficam no subsolo do prédio. Os internos não suportam a presença da luz elétrica, que ilumina as salas do pronto-socorro, e por essa razão são levados para a câmara subterrânea para se desintoxicarem da energia nociva que vibraram até se renderem e pedirem ajuda.

— Por que vocês esperam os espíritos chegarem ao limite de suas forças para socorrê-los?

— Nair, de nada resolve auxiliar quem não pede ajuda! Seria dividir carga energética, e não estamos aqui para infligir a lei. Temos de esperar até pedirem ajuda sincera. Se Rômulo tivesse pedido auxílio antes, seria resgatado rapidamente. Cada espírito está onde se colocou! Ele não conseguia mais estocar dentro de seu corpo espiritual a energia nociva que vibrava, tanto que vomitou muitas vezes. No entanto, continuava se alimentando do ódio por ter sido traído pela noiva.

Nair agradeceu a demonstração que recebera e a aula que tivera com Max. Ela e Muriel, então, se despediram e ultrapassaram os portões depois de vestirem as capas[1] que impediriam a perda de energia positiva e a entrada de energias nocivas.

---

1 Essas capas de cor preta, que cobrem o corpo da cabeça até os pés, protegem os espíritos, evitando que a energia negativa e densa perturbe-os. Ao mesmo tempo, a capa impede que os espíritos que vibram em um padrão mais elevado deixem escapar a energia positiva e agradável.

Nair ficou diante de Rômulo, que não a reconheceu. O estado de lucidez do rapaz estava realmente crítico, e ele continuava vomitando. Rômulo recebia um facho de luz sobre sua cabeça e bebia um líquido luminoso no tom verde-claro. Cada vez que ele bebia o líquido, o corpo espiritual do rapaz reagia vomitando uma gosma densa e fétida.

Com a ajuda da equipe de socorro, Muriel conduziu Rômulo ao veículo, depois de cobri-lo com a mesma capa que evitaria contaminar o ambiente com a energia densa que ele vibrava. Depois, partiram em direção à próxima parada dentro da zona umbralina.

CAPÍTULO 8

Quando, finalmente, Aline recebeu alta do hospital, Laudicéia comprometeu-se com a direção do hospital e com o médico responsável pelo caso de sua filha a levar a moça a um psiquiatra.

Atílio estava com Laudicéia naquela manhã e ciente de que ela estava no limite de suas forças. O rapaz foi incansável. Laudicéia queixava-se do comportamento inadequado de Aline e do desprezo do marido. César culpava a esposa pelo comportamento da filha, e Atílio tentava animá-la dizendo:

— A vida ainda lhe trará boas surpresas, dona Laudicéia! O que a senhora está enfrentando hoje passará. Desejo me casar com Aline e cuidarei dela. Formaremos uma linda família, e sua filha nunca mais desejará a morte.

Para Laudicéia, não estava sendo fácil enfrentar os olhares acusadores e os comentários dos vizinhos e amigos. Ela pouco saía de casa e já não mais fazia compras pelo bairro.

Atílio e Laudicéia passaram a frequentar o centro espírita e assistir a aulas com professores preparados pela espiritualidade. Aqueles eram os melhores momentos da semana para Laudicéia, que também desejava levar a filha ao centro espírita. A mulher tinha certeza de que Aline seria atendida por um bom profissional.

Quando a alta de Aline foi assinada pelo médico, Atílio entrou no quarto da moça para pegar sua valise e levá-la para o carro. Quando o viu, Aline escondeu o rosto, pois culpava Atílio pelo terrível desfecho daquela noite trágica.

Aline estava pálida, e nas áreas embaixo dos olhos destacavam-se grandes manchas arroxeadas. Em um tom de voz quase sussurrante, ela disse ao ouvido da mãe:

— Não quero ficar ao lado dele. Chame um táxi para voltarmos para casa.

— Não tenho dinheiro para pagar o táxi. Seu pai não deixou dinheiro em casa para essa despesa extra, e não esperávamos que tivesse alta hoje. Se não quiser voltar no carro de Atílio, teremos de pegar dois ônibus para chegarmos em casa.

— Aline, não fique nervosa... Não conversaremos até que você esteja forte novamente. Desejo somente ajudá-la. Aceite minha carona de volta para casa.

— Ela aceitará! Não entrarei em um ônibus lotado com essa menina nesse estado. Está tão frágil que, se alguém encostar nela, pode quebrá-la como um cristal fino. Atílio tem se mostrado um bom amigo, filha! Se não fosse ele... eu estaria absolutamente sozinha nesta luta diária. Seu pai me culpa por você ser...

— Uma suicida fracassada! — disse Aline levantando a voz e continuou: — Se não tivessem me socorrido, eu não estaria aqui dando esse trabalho todo. Por que não me deixou partir em paz?! O que mais desejo é desaparecer!

— Não fale assim! Um dia, você compreenderá que não tem o direito de atentar contra a vida. Você recebeu esse corpo para que pudesse viver novas experiências nesta encarnação. Além disso, parte do Criador habita seu corpo, Aline! Você é parte dEle! Seu corpo deveria ser um templo harmônico e respeitado.

— Cale a boca! Não me venha com sermão religioso! Deus não existe! Eu tenho o direito de fazer o que desejar com meu corpo! Não quero mais existir e tenho esse direito! Não consegui desta vez, mas conseguirei da próxima.

— Vamos embora, Atílio. De nada adiantará ficar discutindo com ela. Aline enlouqueceu! Se ainda amasse Rômulo, para desejar partir... eu até compreenderia, mas não era o caso. Penso que faltou a essa menina umas boas palmadas!

Laudicéia segurou o braço de Aline e puxou-a para fora do quarto. Atílio seguiu na frente, carregando a pesada valise, e ficou triste ao perceber que sua amada estava determinada a partir desta vida. O rapaz descobriu que não era amado como esperava.

Atílio colocou a bagagem no carro, enquanto as duas mulheres se acomodavam no banco traseiro do veículo. Ele sentou-se diante do volante, e Laudicéia disse:

— Você se importaria se eu fosse no banco de trás com ela? Temo que essa maluca abra a porta e se jogue do carro em movimento.

— Posso travar todas as portas do carro daqui da frente, dona Laudicéia. Aline não conseguirá abrir a porta, pois há trava para crianças.

Aline ficou furiosa, encolheu-se no banco e virou-se de costas para a mãe. A moça desejava que a porta se abrisse e que fosse atropelada por um veículo grande.

Pouco tempo depois, Atílio estacionou em frente à casa de Laudicéia, e as vizinhas da mulher espiaram curiosas para ver quem estava no veículo. Laudicéia desceu do carro, abriu o portão e, quando ouviu risinhos maliciosos, disse em tom elevado:

— Cuidado, Atílio. As línguas estão afiadas hoje! Desvie-se do veneno que escorre na rua.

Renê e as outras vizinhas ficaram indignadas com o comentário. A velha senhora vivia ali havia muitos anos e muitas vezes ajudou a mãe de Laudicéia a tomar conta dela quando ela era criança. Renê frequentava a casa de Laudicéia como se pertencesse à família e fora apresentada a Rômulo, que a tratava com muito respeito e gostava de fazê-la sorrir com suas brincadeiras. Renê adorava a atenção que recebia do rapaz e, quando ficou sabendo da morte do amigo, acabou revoltando-se contra toda a família, pois chegara aos seus ouvidos que Aline estava traindo-o com outro rapaz. A partir disso, Renê passou a defender a memória de Rômulo e a difamar Aline pela vizinhança.

Aline cobriu a cabeça com uma blusa e entrou o mais rápido que pôde na casa, seguindo direto para o quarto. A moça ficou surpresa quando não encontrou a porta de seu quarto em seu devido lugar. César a removera, atendendo a um pedido da esposa, que seguia as recomendações de um psicólogo. Ele não sabia que a esposa procurara a ajuda de um profissional e acatara seu pedido, reconhecendo que, assim, seria mais fácil vigiar Aline.

A moça ficou furiosa, jogou-se na cama e chorou. Não queria estar de volta à casa dos pais e desejava ter conseguido êxito em deixar de existir. Ela não acreditava que, após o desencarne, continuaria viva em outra dimensão. Para Aline, a morte era o fim e a vida não tinha um propósito.

Na mente da moça, algumas pessoas nasciam para sofrer e outras para se divertir, e ela tinha certeza de que esse não era o seu caso. Aline acreditava que estava com a maioria e que nascera para sofrer. A moça não encontrava uma resposta satisfatória para o fato de estar viva.

Atílio entrou no quarto para deixar a valise e comoveu-se ao ver sua amada soluçando em um pranto triste. O rapaz aproximou-se dela e desejou passar a mão na cabeça de Aline, mas recuou, com medo da reação da moça. Ele disse em um tom baixinho, próximo ao ouvido de Aline:

— Você não tem culpa de nada, Aline. Amor, fique comigo... Eu preciso de você ao meu lado! Eu a amo!

Aline parou de soluçar, olhou nos olhos de Atílio e segurou a mão dele entre as suas, apertando-a com força. Logo depois, soltou-as sem dizer nada.

Atílio deixou o quarto de Aline. Era hora do almoço, e o rapaz sabia que César logo chegaria do trabalho e não queria que o homem o encontrasse ali. O rapaz ficou parado no corredor e sentiu uma pressão no peito. Ele, então, retornou para junto de Aline e acariciou a cabeça da amada, depositando-lhe um longo beijo na testa. Depois, desceu as escadas e passou rápido pela cozinha para se despedir de Laudicéia.

— A senhora precisa de alguma coisa? Tenho que ir. Preciso levar minha irmã ao colégio.

— Não preciso de nada, querido. Obrigada. Fique para almoçar conosco.

— Agradeço-lhe o convite, dona Laudicéia, mas não está na hora de enfrentar seu marido. Ele continua revoltado comigo e me acusa de ser o pivô do término do noivado de Aline. É melhor deixarmos para outra ocasião, quando os nervos se acalmarem.

— Tem razão. Obrigada por tudo o que tem feito para nos ajudar. Não sei o que seria de mim, se não tivesse encontrado ajuda naquele centro espírita. Tenho um longo caminho para percorrer no aprendizado, mas estou disposta a seguir até o final do curso.

— Amanhã, teremos uma aula. A senhora poderá participar das atividades?

— Não posso deixá-la sozinha em casa, querido. Aline poderia...

— Podemos levá-la conosco! Ela está precisando reequilibrar a mente e o campo energético.

— Podemos tentar levá-la. Espero que nos acompanhe por bem ou...

— Não sei se podemos levá-la à força, dona Laudicéia. A pessoa precisa seguir por vontade própria para que dê certo.

— Esse não é o caso de Aline. Ela precisa passar com um psiquiatra, Atílio. No centro espírita, há bons profissionais, que atendem gratuitamente. Não tenho dinheiro para pagar uma terapia para minha filha, e César não conseguiria arcar com essas despesas extras. Vivemos com o orçamento apertado.

— Se eu pudesse, a ajudaria, mas estou desempregado neste momento. O que recebo de mesada de minha mãe só dá para pagar a faculdade e algumas despesas com o carro.

— Agradeço sua preocupação, querido. Falei com meu psicólogo, que marcou um horário para Aline com doutor Carlos. Se for preciso, levarei essa menina pelos cabelos!

— Doutor Carlos é o dirigente do centro e é um ótimo psiquiatra! Ela se consultará com ele. Passarei aqui amanhã na parte da tarde para levá-las.

— Vá em paz, meu querido! E, mais uma vez, obrigada.

Atílio entrou no carro e percebeu que o número de mulheres em frente à casa de Renê aumentara. Usando de sarcasmo para provocar Atílio, uma delas fazia mímicas para demonstrar o suicídio fracassado de Aline.

O rapaz não se indignou com a ignorância daquele grupo de pessoas maldosas e afastou-se da casa a tempo de ver César estacionar seu carro em frente ao portão. À certa distância, Atílio ficou observando o grupo de mulheres que provocava César. O rapaz, contudo, sabia que elas provavelmente não estavam sozinhas, pois sempre havia a possibilidade de espíritos ignorantes desejarem se divertir com a situação.

César não andava com sua energia positivada. Ele estava inconformado com tudo o que acontecera nos últimos meses, e esse sentimento negativo deixava seu campo energético aberto e negativado.

As mulheres insistiam em dirigir indiretas a César, que ficou irritado e foi tirar satisfação com elas. Iniciou-se, então, uma discussão ridícula e sem sentido.

Laudicéia ouviu a confusão e saiu para ajudar o marido. Não foi fácil trazê-lo para dentro da casa. César ficou muito nervoso e acabou jogando sua ira sobre a esposa, gritando com ela e falando barbaridades sobre Aline.

Apesar de tentar, Laudicéia não conseguiu fazê-lo calar-se, e César continuou falando sobre a vergonha que sentia de Aline. Neste momento, a moça desceu as escadas e postou-se diante do pai na sala. Ela soluçava, e César ficou pálido quando viu a filha.

Aline acabou perdendo os sentidos, e César passou mal, pois sua pressão arterial se elevara. Laudicéia não sabia o que fazer.

Como estava observando a casa de Aline a distância, Atílio viu quando tudo aconteceu. Ele, então, venceu o medo e entrou na casa sem se anunciar. O rapaz tirou Aline do chão e levou-a para seu carro. Depois, amparou César até a rua e o fez entrar também no carro. Laudicéia desligou as chamas do fogão, pegou a bolsa e fechou a porta. A mulher sentou-se no banco do passageiro, ao lado de Atílio, e eles seguiram para o pronto-socorro.

CAPÍTULO 9

No pronto-socorro, César foi medicado, enquanto Aline continuava desacordada. A moça batera a cabeça no degrau da escada, e seu caso era grave. Devido ao estado depressivo em que ela se encontrava, o espírito de Aline não desejava retornar ao corpo físico e fora rapidamente sugado para o umbral. Nesse instante, ela enxergou um caminho barrento, com mato seco nas laterais, e ficou muito assustada.

Muito confusa, Aline avistou moradias de madeira colina acima e, enquanto caminhava, chorava. Uma moça de olhos grandes e cabelos presos no topo da cabeça passou por ela, e Aline perguntou:

— Onde estou? Que lugar é este?

— Você não é daqui? Precisa voltar, moça! O fio prateado prova que você ainda está encarnada. É melhor não ficar parada neste ponto, pois pode ser muito perigoso.

— Estar morta é tudo o que mais desejo! A vida realmente continua depois da morte?

— Venha comigo. Você não sabe o perigo que está correndo parada neste lugar. Meu nome é Susete. É melhor que fique em minha casa, antes que algum malandro se aproveite de você. Como são estúpidas as pessoas que aparecem neste lugar sem a menor necessidade!

Aline parecia não registrar as palavras de Susete, mas, mesmo assim, segurou a mão da mulher e a seguiu.

Susete convidou-a para se deitar em um colchão surrado, que estava largado em um canto da casa mal construída com tábuas tortas. Ela sabia que em pouco tempo o corpo físico de Aline puxaria seu espírito de volta.

Aline queixava-se dizendo que não desejava retornar ao seu corpo físico, e Susete já se mostrava impaciente com todo aquele drama. A mulher segurou a jovem pelo braço, levantou-a e abriu a tosca janela da casa, fazendo Aline olhar para o que estava lá fora. A paisagem não era nada agradável. A humilde casa de Susete localizava-se no alto de uma colina e de lá, apesar da escuridão, podia-se avistar o Vale dos Suicidas, um lugar de lamento e dor.

Susete apertou o braço de Aline, apontou na direção do vale e disse:

— Dê valor à sua vida ou será mais um espírito sofredor no Vale dos Suicidas! Quer sofrer como eles?

Aline desviou o rosto, e Susete segurou o queixo da moça com força, mostrando-lhe o vale novamente:

— Olhe, se continuar nessa posição de vítima, será uma moradora do que chamo de inferno! Está vendo aqueles espíritos gritando lá embaixo? É o que ocorrerá com você, se continuar a fugir do corpo físico. É o que deseja?

— Não! Desejo o fim do meu sofrimento! A vida não pode continuar depois da morte! Você está mentindo!

— Não estou, menina. Eu também cometi esse erro grave que você deseja cometer, mas tinha um motivo plausível para justificar meu erro. Era uma prostituta e estava com uma doença grave. Meu corpo estava irreconhecível, e, não suportando mais as dores atrozes, acabei me enforcando. Por conta disso, passei muito tempo naquele vale maldito e juro para você que me arrependi do ato que cometi. Fui fraca! Deveria ter suportado a dor até chegar o momento de meu desencarne. Deseja passar por toda a dor e por todo o sofrimento naquele vale?

— Não! Desejo apenas desaparecer do universo!

Susete caiu na risada e disse:

— Como você é tola, garota! A morte não é o fim! É apenas o retorno para casa. No seu caso e no meu, escolhemos mal o local para habitar. Moça... acorde! Trate de ser feliz para que, quando chegar a hora de retornar à casa espiritual, você possa habitar um lugar de vibração mais agradável. Não desista de enfrentar os desafios que a vida lhe apresenta. É dessa forma que evoluímos. Eu acredito nos ensinamentos dos espíritos iluminados, que palestram ocasionalmente por aqui.

Neste instante, alguns pontos luminosos começaram a brilhar no ambiente. Aline não registrou a luminosidade, mas Susete sentiu que sua vibração se modificara. Ela passou a sentir paz e perguntou-se: "O que está acontecendo aqui?". Nair, então, surgiu no ambiente, doou energia positiva para deixar o local melhor e permitir que Susete e Aline ficassem com a mente mais lúcida para compreendê-la.

— Aline, você ouviu o que nossa irmã Susete disse? — perguntou Nair.

— Sim, não quero continuar viva depois de partir daquele inferno, que é a Terra! Quero desaparecer no ar.

— Isso é impossível, querida. A morte não é o fim. Força, Aline. Você precisa crescer e aceitar o que não pode ser modificado. Faça o melhor que puder. Não seja trágica! Lembre-se de que você é a responsável por escolher tudo em sua vida. Retorne para seu corpo e mostre que é capaz de mudar sua realidade radicalmente. Faça melhores escolhas durante o percurso terreno.

Aline encarou Nair e falou:

— Tenho a impressão de que a conheço...

— Sou uma velha amiga. Percorremos juntas muitos caminhos em nosso processo de aprendizado.

— Sabe como está Rômulo? Ele continua vivo? Por que não nos encontramos?

— Rômulo está em tratamento. Não ligue sua mente à dele, pois isso não fará bem a vocês.

— Senhora, peço sua ajuda. Estou sofrendo muito neste lugar horrível e desolador. Por favor, me ajude! — disse Susete.

— Você prestou um grande serviço hoje, Susete. Saiba que possui mérito e pode modificar seu pensamento para alcançar uma vibração mais elevada, para, assim, conseguir deixar a zona umbralina e evoluir.

— Mas como posso deixar este lugar? Carrego o peso da culpa por erros que cometi no passado e não tenho mérito para viver em outro lugar.

— Não seja tão rígida em seu julgamento! Creia que, hoje, você não repetiria os mesmos erros do passado, o que indica que aprendeu a ser melhor do que foi. Força! Só depende de você deixar essa escuridão e seguir para a luz. Não se menospreze, Susete. Coloque-se em primeiro lugar. Você tem valor! Obrigada por abrigar Aline.

— Aline precisa retornar ao corpo físico.

— Ela retornará agora! — Nair segurou o braço de Aline e puxou o cordão de cor prata com força. O corpo físico da jovem reagiu ao puxão do cordão e imediatamente, como um grande ímã, atraiu o espírito para o corpo, o que fez Aline despertar atordoada e muito assustada na maca do pronto-socorro.

Atílio estava ao lado da jovem e também se assustou, quando Aline soltou um gritinho e sentou-se na maca rapidamente. Laudicéia estava acompanhando César em outro setor do pronto-socorro.

Atílio segurou a mão de sua amada e perguntou:

— Você está bem?

— Estou com medo! Não me deixe aqui sozinha! Aquela mulher vestida de preto tentou me matar! Ela e outra mulher estranha! Elas tentaram me matar!

— Acalme-se! Está tudo bem. Não chegou a hora de você desencarnar.

— Desencarnar? Que modo estranho de se referir à morte!

— Estou estudando a espiritualidade e o que acontece depois da morte. Você ficaria surpresa em saber que nós escolhemos tudo na vida.

— Essas palavras não me soam estranhas. Parece que as escutei no pesadelo que tive há pouco. Atílio, meu pai me recrimina. Ele tem me culpado pela morte de Rômulo! Quando meu pai descobrir que... eu e você fomos flagrados nos beijando e que esse foi o motivo para Rômulo sair em disparada com aquele maldito carro, seremos condenados por ele.

— Não dê tanta importância ao que seu pai diz, Aline. Ele está muito nervoso, pois as vizinhas têm o provocado.

— Como não dar importância?! Ele me culpa pela morte de Rômulo e chegou a me chamar de vagabunda!

— Não! Seu pai nunca se referiria a você com essa agressividade. Ele está nervoso, Aline! Você deve ter ouvido errado.

— Não acredita no que lhe digo? Então, pergunte à minha mãe. Ela também ouviu o que papai disse a meu respeito.

— Aline, posso lhe pedir uma coisa? Não falemos mais de coisas desagradáveis. Você precisa levar em consideração o fato de que seu pai está muito nervoso. Não o julgue ou se menospreze por ter ouvido bobagens. Você e sua família estão vivendo um momento delicado. Tudo passará, não duvide disso. Use sua força, meu amor.

— Você se recorda do dia em que nos reencontramos na faculdade? Lembro-me de como você me olhava até vir me cumprimentar. Meu coração disparou, e eu fiquei nervosa. Foi a primeira vez na vida em que me senti assim diante de um homem.

— Estou apaixonado por você, Aline! Quem ama tem um brilho no olhar. Eu consegui conquistá-la?

— Conseguiu! Observando o brilho no seu olhar e o desejo que havia nele, descobri que Rômulo nunca tinha me olhado daquela forma. Ele não me amava nem me conhecia bem. Sinto que, para ele, eu era apenas uma moça bonita e educada. Muitas vezes, ele me apresentou aos amigos como um troféu.

— Não falemos de Rômulo, meu amor. Ele está se tratando e não precisa de julgamentos duros neste momento.

Aline narrou com detalhes a Atílio as lembranças do sonho real que tivera durante o desmaio, e ele tirou suas conclusões de acordo com o que aprendera no curso do centro espírita.

No fim da tarde, Atílio finalmente pôde retornar para a casa de Aline, trazendo a família de volta. A moça estava sonolenta devido aos remédios que tomara. César estava calado e muito debilitado, e Laudicéia estava triste e cansada de toda aquela situação.

Atílio esperou os pais de Aline descerem do carro e despediu-se da moça com um beijo discreto nos lábios. As vizinhas não estavam mais no portão de Renê.

O rapaz retornou para casa e tomou um banho para ir à faculdade. Ao deixar o quarto, Atílio encontrou Agnes na sala assistindo à TV e ficou mais tranquilo quando a irmã lhe contou que voltara do colégio de carona com a mãe de uma amiga. Ele estava cansado, mas não queria faltar à aula. Naquela noite, teria uma prova importante e estudara pouco.

CAPÍTULO 10

A vibração energética na casa de Aline não era agradável. Os olhares dos vizinhos irritavam César, e Laudicéia estava ciente de que, se continuassem morando naquele imóvel, seu marido sucumbiria. O coração dele dava sinal de fraqueza, e ela desejava vender a casa e mudar de cidade. Laudicéia pensava: "Talvez, se fôssemos viver em São Paulo, nossa família tivesse mais oportunidade de emprego, de estudo e de paz".

Laudicéia amava viver no bairro em que nasceu e foi criada. Quando se casou com César, ela foi morar em uma casa alugada a duas quadras da residência de seus pais. Pouco tempo depois, no entanto, os pais de Laudicéia desencarnaram em um acidente fatal na rodovia Régis Bittencourt.

Filha única, Laudicéia herdou a casa dos pais, contudo, não se mudou para o local no primeiro ano após a morte de seus genitores, pois não tinha forças para se desfazer dos móveis e dos objetos pessoais que haviam pertencido a eles. A casa, então, ficou fechada, e, uma vez por mês, Renê fazia uma faxina no local para mantê-lo limpo e conservado.

César estava cansado de pagar aluguel e passar o resto do mês com o orçamento apertado. Nessa época, Laudicéia engravidou, e ele deu um ultimato para a esposa: "Nós vamos nos mudar para a casa que seus pais deixaram ou vamos vendê-la". Laudicéia tomou coragem e, com a ajuda de Renê, doou os móveis, as roupas e os objetos pessoais a uma instituição de caridade.

Laudicéia pediu ao padre da paróquia para abençoar a casa. No início, ela ficava triste, mas, depois do nascimento de Aline, a tristeza passou.

Quando Aline nasceu, Laudicéia contou com a ajuda de Renê, que a ensinou a cuidar da menininha. Às vezes, quando Aline sentia cólicas, era Renê quem aparecia para acalmá-la. Bastava a mulher pegar a garotinha em seus braços e colocá-la perto de seu corpo para o choro parar.

Laudicéia amparou o marido até o quarto do casal e ajeitou-o na cama para que descansasse. A mulher caminhou até a janela e ficou olhando na direção da casa de Renê, que novamente estava postada no portão e rodeada de vizinhas. Certamente, a mulher comentava sobre sua família. Laudicéia falou em voz alta:

— Aquela mulher nem parece a mesma! Em vários momentos, ela substituiu minha mãe e me ajudou a cuidar de Aline. Como pôde ter se transformado dessa forma? Ela era uma mulher maravilhosa. O que pode tê-la deixado amargurada e revoltada dessa forma? Quanta maldade há nessa língua afiada!

— Está se referindo a Renê? — perguntou César.

— Desculpe-me, querido! Pensei que estivesse dormindo. Descanse. Não dê importância ao que eu disse.

— Também estou decepcionado com ela. Não esperava que nossa velha amiga de tantos anos se tornasse uma fofoqueira maldosa.

— Será que éramos tolos a ponto de não percebermos a maldade de Renê? Talvez, nós tenhamos criado uma imagem falsa de nossa velha amiga. É triste enxergar a realidade. Renê se transformou em uma mulher amarga e dura, que faz calúnias de nossa família! — comentou Laudicéia.

— Fomos tolos! Confiamos nela durante todos esses anos. Essa mulher perdeu todo o meu respeito hoje. É uma velha asquerosa!

— Fique calmo, César. Não podemos deixar que essa situação o prejudique. Você passou mal e precisa descansar. Quer que eu lhe traga uma xícara de café com leite?

— Não tenho fome.

— Não almoçamos hoje! Você precisa comer alguma coisa. Farei uma salada de frutas. Descanse enquanto isso.

Laudicéia deixou o quarto do casal e foi ver como Aline estava. Ela perguntou:

— Como está, filha? Sente-se melhor?

— Estou bem agora, mãe. Quero dormir um pouco.

— Nada disso. Vamos descer. Preciso que me ajude na cozinha.

— Não quero! Meu corpo está pesado. Quero ficar deitada.

— Desça e deite-se no sofá. Não quero que fique sozinha. Estou com a impressão de que existem olhos me vigiando na casa. Amanhã, chamarei o padre Francisco e lhe pedirei que abençoe esta casa. Você não sente essas presenças estranhas?

— Desde que nasci, eles falam em meus ouvidos.

— Que horror! Por que não me disse isso antes?

— Eu sempre me queixei dessas presenças em nossa casa, mas a senhora nunca me ouviu.

— Realmente, eu não acreditava. Você era criança, e eu não via problemas em minha filha ter amigos imaginários. Isso é comum para qualquer criança.

— Não quero falar sobre esse assunto! Ficarei na sala para lhe fazer companhia, mas lhe peço que não ligue a TV. Desejo ficar em silêncio para pegar no sono e quem sabe não acor...

— Não termine essa frase! Chega de tristeza nesta casa! Você não vai dormir! Vamos arrumar algo agradável para fazer. Chega de depressão! Você precisa reagir, Aline.

— Eu estava tentando, quando meu pai me acusou de provocar o acidente que matou Rômulo e me chamou de vagabunda!

— Não sei o que fazer com os dois! Seu pai repetiu o que ouviu na rua. Nossa vizinha gostava muito de Rômulo e não se conforma com a morte trágica desse rapaz.

— A senhora também pensa como o papai? Acha que sou a culpada pela morte de Rômulo?

— Não, querida! Foi um acidente. Realmente acredito que Rômulo tenha sido descuidado ao volante naquela noite chuvosa. Ele foi imprudente.

— Mas, se ele não tivesse nos flagrado nos beijando, não teria arrancado com o carro daquela forma. Não teria entrado naquela rodovia, sofrido o acidente e morrido! Sinto-me culpada e carregarei esse peso até minha morte.

— Chega, Aline! É melhor não tocarmos em assuntos que nos deixam tristes! Você se livrará da culpa com uma boa análise e com o acompanhamento de um psiquiatra. É o que faremos amanhã.

— Não quero fazer análise! Acredita mesmo que conseguirei me livrar da culpa que sinto pela morte de meu noivo?

— Tenho certeza de que conseguirá enxergar por outro ângulo esse acidente trágico, filha. Você não estava naquele carro nem distraiu Rômulo para que ele perdesse a direção e caísse no abismo da estrada. Você por acaso acertou um tiro fatal em seu noivo?

— Não, mãe! Que pergunta!

— Então, como pode afirmar que foi você quem o matou?! Por acaso, o envenenou? Cravou-lhe uma faca no corpo?

— Pare com isso, mãe! Não usei esse tipo de arma para matar meu noivo. Eu o traí com outro homem e por isso sou culpada de sua morte.

— Querida, me escute! Rômulo poderia ter reagido de outra forma. Ele poderia ter partido para cima de Atílio, e os dois lutariam como dois selvagens. Ele poderia ter tirado satisfação com você, dizer impropérios sobre sua conduta, mas o que ele fez não é sua responsabilidade. Foi escolha de Rômulo pegar o carro e sair enlouquecido pela estrada. Ele sabia que o que estava fazendo era perigoso. Não se culpe, Aline! Você não pode se responsabilizar pela atitude de outra pessoa. Você errou, sim, mas tenho certeza de que estava pronta para terminar o noivado depois do beijo trocado com Atílio.

— Sim, eu estava, mãe. Durante aquele beijo, descobri que estava apaixonada por Atílio. Aquele beijo me despertou algo que eu desconhecia, algo que não experimentava com Rômulo. Não havia emoção alguma.

— Eu sentia isso quando olhava para vocês. Rômulo estava apaixonado, mas nunca vi em você o entusiasmo dos que realmente amam. Recorda-se de como foi o início do seu namoro?

— Sim. Papai convidou Rômulo para um almoço no domingo, e, depois que comemos, ele insistiu para que eu levasse o amigo para conhecer o Jardim Botânico de Curitiba. Rômulo ficou encantado com o jardim e com a grande estufa de vidro.

— Rômulo apaixonou-se por você e passou a frequentar nossa casa. Ele passou a levá-la a passeios pela cidade, e seu pai incentivava o namoro. Recordo-me de que você não desejava namorá-lo por não sentir nada por ele — comentou Laudicéia.

— Papai me pediu para dar uma chance para Rômulo. Não me recordava dessa conversa que tivemos.

— Você cedeu à vontade de seu pai. Esse namoro até durou muito! Três anos e mais alguns meses de noivado. Terminou quando?

— Quando entrei na faculdade e reencontrei Atílio, mãe. Naquele dia, descobri o que era uma paixão verdadeira.

— Não se culpe, filha. Pela primeira vez em sua vida, você fez o que desejou. O beijo de Atílio não pode ser interpretado como uma traição grave. Você tinha o direito de experimentar e escolher com quem desejava estar. Rômulo nutria por você uma paixão cega e não notou que você não sentia o mesmo por ele.

— Não queria enganá-lo, contudo, gostava dele. Ou pensava que gostava de uma forma especial. Hoje, eu sei que nunca amei Rômulo, mãe, mas me sinto culpada por ter deixado essa relação chegar ao noivado! Ele estava planejando me levar ao Mato Grosso do Sul para conhecer a família dele.

— Seu pai não permitiu essa viagem, e penso que isso foi bom.

— Mãe, por que as coisas tiveram de terminar dessa forma trágica? Penso na família dele e em como devem estar se sentindo com a morte de Rômulo.

— Não sei o motivo para as desgraças recaírem sobre as famílias, filha, contudo, acredito que Deus tenha um plano para cada um de nós. O acidente aconteceu por imprudência de Rômulo ou por outro motivo que desconhecemos. A resposta está nos desígnios de Deus.

— Será que é verdade que existe alguém lá em cima que olha por nós?

— Sou uma pessoa de fé, filha, e a criei na crença que acreditei ser a correta. No entanto, penso que faltou algo a mais para você, Aline. Quem sabe se você buscasse outra linha religiosa? O que sei é que falta Deus em seu coração, filha. Acredite que Ele nos ama e olha por todos nós.

— Mãe, como pode um único ser olhar por todos os seres que existem neste planeta? Que ser é esse que tem tanto poder?! Onde está seu Deus, mãe?

Laudicéia segurou a mão de Aline, levou-a ao peito e disse:

— Deus está aqui! É em meu coração que sinto a presença dEle. Ele também está em seu coração, minha amada. Tente encontrá-lo! Ele é onipotente e onipresente.

Aline e Laudicéia deixaram algumas lágrimas rolarem por suas faces.

CAPÍTULO 11

Rômulo estava inconsciente e deitado em uma maca. O rapaz entrara na colônia de socorro localizada na zona umbralina, e Nair acompanhava-o emocionada.

Ele foi levado à enfermaria e ocupou um leito ao lado de um espírito que aparentava estar tranquilo. Por meio de fones de ouvido, ele ouvia uma música suave, e cores em tons pastéis invadiam seu campo energético, que estava transformando-se em um tom cinza claro. Nair inevitavelmente comparou o campo energético desse espírito com o que circundava Rômulo. Ela olhou para o enfermeiro que ajudara a trocar o paciente da maca para o leito. Compreendendo as dúvidas que surgiram na mente de Nair, o rapaz respondeu:

— O campo energético do seu protegido será limpo com o tratamento que receberá.

— A diferença de cores entre os dois é gritante! O tom predominante do campo energético de Rômulo é cinza-chumbo, e nosso amigo tem um tom mais claro. Algumas cores despontam nas áreas do seu campo energético.

— Agenor está conosco há alguns meses e está entrando em um estágio mais elevado de vibração. A energia dele tem melhorado, trazendo cores para o campo energético à sua volta. O humor também melhorou muito, e ele parou de gesticular e agitar os braços no ar. A mente de Agenor está um pouco mais lúcida, e, se Rômulo colaborar com o tratamento, o mesmo acontecerá com ele.

— No caso de Rômulo, a lucidez pode trazer sofrimento? Pode reativar as lembranças fortes na parte da memória que ele deseja esquecer.

— No caso de seu protegido, o início do tratamento o remeteria ao momento trágico em que ele escolheu deixar a Terra, mas temos psicólogos experientes para esses casos de suicídio.

— Rômulo não cometeu suicídio! — afirmou Nair.

— Desculpe-me falar dessa forma, no entanto, é isso que está gravado na ficha do paciente: "Ele causou o desencarne". O nome disso é suicídio, e Rômulo está na lista de devedores diante da lei que regem os espíritos.

— Foi um acidente!

— Se prefere acreditar nessa hipótese, fique à vontade, mas lhe peço que veja o que foi anotado no prontuário dele.

Nair olhou as anotações no prontuário de Rômulo, e ele realmente estava marcado como um suicida. Ela leu duas vezes para ter certeza de que o rapaz estava marcado como suicida.

— Não fique triste! Seu protegido terá de entrar em alinhamento com a lei que ele transgrediu.

— A pena neste caso é muito grave? — perguntou Nair com o olhar triste.

— Nair, entenda que, em um momento de desequilíbrio, Rômulo infringiu uma lei universal. Ele não respeitou a chama da vida que habitava seu corpo físico, e essa chama é uma fagulha de Deus em nós. Seja lá em que dimensão estivermos, nós somos parte do Criador. Por essa razão, Rômulo é tratado como um suicida.

— Compreendo. Rômulo não se preservou em um momento de contrariedade e se expôs a um acidente que o levou ao desencarne. Temos algo muito especial que compõe nossa matéria. O amor-próprio é primordial para estar dentro da lei do amor. Deus está em nós e em tudo que tem vida.

O enfermeiro deu um sorrisinho para Nair, que disse:

— Depois do meu último desencarne, fiquei depurando a negatividade que vibrava na zona umbralina, mas não fui uma suicida! Depois de um período, fui socorrida e levada para a colônia Renascer. Quando deixei a colônia, fui viver na cidade de primeiro nível evolutivo. Nunca havia estado em uma cidade tão bela! A vibração era diferente da colônia Renascer. Sou considerada uma moradora devido a méritos conquistados. Senti-me lúcida! Você tem um campo de energia com diversas tonalidades! De onde você vem? Tenho certeza de que você não é daqui!

— Também passei por diversas experiências, Nair. Venho de uma cidade de fora do ciclo das reencarnações. A lucidez de quem vive no primeiro nível evolutivo é ínfima diante da lucidez de quem deixa o ciclo reencarnatório. A cada conquista, nos tornamos mais plenos e felizes. Gostaria que você pudesse conhecer a plenitude dos espíritos mais elevados. A felicidade nos invade e a leveza que sentimos é incrível.

— Nem sequer consigo imaginar como é viver com essa lucidez e com felicidade plena. Esse conjunto de estado vibracional me parece invencionice de sua parte. Estou satisfeita com o que conquistei no lugar de onde venho.

— Nair, é bom sermos gratos pelo que conquistamos, contudo, não é aconselhável estacionarmos em um patamar no processo evolutivo. Você tem muito para conquistar à frente, e seu protegido também.

— Você tem razão. Quero percorrer meu caminho sempre evoluindo, mas, no momento, desejo acompanhar Rômulo. Desejo muito que ele percorra esse caminho ao meu lado. Quero que ele seja transferido para a colônia Renascer.

— Ele será, se conseguir ficar lúcido e fizer escolhas melhores dos que as que tem feito. As pessoas não sabem que são responsáveis por suas escolhas e desconhecem a Lei do universo! Lei de ação e reação.

Rômulo movimentou-se no leito e despertou, sentando-se rapidamente. O rapaz virou a cabeça para o lado de fora do leito e vomitou. O odor era insuportável. Nair assustou-se e abordou Muriel, que acabara de entrar na enfermaria e aproximar-se do leito de Rômulo.

— Que lama podre é essa que Rômulo está colocando para fora de seu corpo? O que fizeram com ele no sanatório?

— Acalme-se, Nair! Não fizeram nada com Rômulo. Nosso amigo, o enfermeiro, acabou de citar a Lei de ação e reação. Lembre-se de que seu neto insistiu em vibrar na faixa densa do ódio. Essa massa escura que ele está eliminando é parte da energia negativa densa de baixa vibração. Ele sentiu ódio de Aline e de Atílio e desejou vingança. Todos esses sentimentos são nocivos e contrários à lucidez do espírito, assim, Rômulo criou essa massa fétida e a está colocando para fora do corpo. Isso faz parte do tratamento. Seu neto precisa voltar ao equilíbrio, ficar algumas gotas mais lúcido.

— Algumas gotas?

— Modo de falar, Nair. Rômulo continua sendo um espírito infantil, que ignora a realidade dos espíritos.

— Compreendo. Também sou ignorante em muitos aspectos sobre a vida espiritual. Desde que desencarnei, não procurei entender por que estive na Terra. Qual é meu papel em meu processo evolutivo? — comentou Nair.

— Pura ideologia em busca de papéis que representamos. Nair, você tentou ser nada?

— Nada?!

— Não procure por papéis. Você apenas é.

— Sou o quê?

— Você é! Este "é" abrange tudo o que pode ser e já é. Você é um ser especial! Todos nós somos especiais para o Criador. Nair, eu sou e você é! Simplicidade, leveza e alegria! Não queira ser importante, porque você já é. Todos nós somos.

— Estranho... Senti uma felicidade e uma leveza indescritíveis neste instante em que você falou. Parece que me conectei com algo muito especial.

— Quem sabe não é a parte do Criador se manifestando em você?

— Muriel, você é incrível! Mas esse cheiro está me deixando enjoada. Poderíamos deixar a enfermaria? Gostaria de conhecer melhor a colônia em que estamos. Não sabia que existia este lugar no umbral.

— Vamos. Rômulo está bem amparado pelos enfermeiros à sua volta.

— Você também trabalha em uma colônia de vibração densa?

— Em meus momentos de folga, gosto de me sentir útil. Se ficasse na cidade que habito, não teria como me sentir útil. Todos por lá estão felizes. Aqui me sinto útil.

— Se alguém me contasse, não acreditaria que você está aqui limpando a sujeira de espíritos resgatados do sanatório. Você é um ser de grande nobreza e inestimável conduta, Muriel.

— Não me coloque num pedestal, Nair! Não desejo ser elogiado por um trabalho que realizo com carinho. Aqui, eu me sinto útil. Existem muitos espíritos evoluídos que trabalham na zona umbralina, e nosso amigo enfermeiro é um deles. É aqui que necessitam de nosso amor. Para nós, os espíritos deste nível vibracional são como crianças. Eles precisam de ajuda.

— É difícil vê-los como crianças. Não sou tão evoluída assim.

Muriel e Nair caminhavam para fora da enfermaria, deixando o prédio de paredes amareladas. Não havia um jardim na frente do prédio ou qualquer tipo de decoração que remetesse à beleza do lugar. Nair olhou à sua volta e comentou:

— Vejo os espíritos que sofrem e em grande carência afetiva.

— São crianças que desconhecem o poder que têm. A carência que vê nos rostos desses espíritos nada mais é que a distância que estão de si mesmos. Eles se abandonaram, não sabem se amar — disse Muriel.

CAPÍTULO 12

Depois de algum tempo decorrido, tudo continuava igual na casa de Laudicéia. Aline não reagia aos medicamentos ou ao tratamento com o psicólogo e não aceitou ser tratada pelo terapeuta do centro espírita, pois, por mais que Laudicéia insistisse, a moça negava-se a entrar no local. César também era contra, então, preferiu pagar um psicólogo particular. Aline frequentava as sessões, mas não reagia ou dava sinal de melhora. Todas as vezes em que colocava os pés para fora de casa, encontrava-se com as vizinhas, que não hesitavam em lhe dizer impropérios. Renê não cansava de apontar o dedo e julgar a moça e sua família.

Laudicéia tentou conversar com a amiga de tantos anos, mas não conseguia fazê-la mudar de atitude. Renê continuava indignada com a morte de Rômulo, então, a mãe de Aline decidiu ignorar as bobagens que a vizinha dizia.

Aline continuava em depressão profunda, e seu desejo não se modificou. A moça continuava buscando a morte. Ela não sentia vontade de retornar às aulas na faculdade, então, Laudicéia decidiu ir até a instituição de ensino para explicar o caso ao reitor, que sugeriu que Aline trancasse a matrícula para não perder a vaga. Os dois esperavam que, com o tratamento psicológico, a moça conseguisse retornar aos estudos.

Aline gostou da decisão da mãe de trancar a matrícula na faculdade, pois assim não precisaria sair de casa e ouvir os insultos de Renê e das outras vizinhas. A moça desistiu do tratamento psicológico e fechou-se de vez em casa. Não saía mais da cama e, às vezes, ligava a TV do quarto, sem, contudo, prestar atenção nas cenas.

César pouco parava em casa e, por essa razão, não percebia o estado lastimável da filha. Laudicéia não sabia mais o que fazer. A mulher ligou várias vezes para as amigas da filha, que haviam estudado com a moça no Ensino Médio, e chegou a implorar para que elas visitassem Aline.

Em um sábado chuvoso, as moças do bairro foram visitar Aline e tentaram de tudo para alegrá-la, mas nada conseguiram. Elas reuniram-se no quarto da moça e começaram a conversar animadamente. Aline, por sua vez, respondia esporadicamente às perguntas que lhe faziam. Elas repetiram as visitas por mais duas vezes, mas depois desistiram de tentar animar a amiga.

Não sabendo mais o que fazer para ajudar a filha, Laudicéia pediu para Atílio acompanhá-la até o centro espírita. O rapaz parou o carro na frente da casa de Aline e tocou a campainha. Rapidamente, Renê surgiu no portão da casa vizinha e esticou o pescoço para ver quem havia chegado. Quando identificou que era Atílio quem tocava a campainha, Renê partiu para o ritual costumeiro de ofensas aos supostos inimigos de Rômulo.

Laudicéia abriu o portão, e os dois entraram sem dar importância para as bobagens que Renê dizia.

César estava em casa, e Laudicéia avisou ao marido que sairia com Atílio. O homem, então, ficou furioso com a esposa, pois não desejava ficar cuidando da filha, que vegetava na cama, sem ter coragem de reagir.

— Eu volto em três horas, César. O café da tarde está pronto sobre a mesa. Leve uma xícara de café com leite e um pedaço de bolo para Aline.

— Ela pode se levantar e se servir na cozinha. Não darei nada a ela! Aline não está doente! É só uma moça preguiçosa e vagabunda! Você mimou essa menina e a deixou assim. A culpa é sua, que foi uma péssima mãe!

Parada à porta da sala, Laudicéia colocou as mãos nas orelhas para não ouvir o que César falava do alto da escada. Ela bateu a porta e saiu apressada na companhia de Atílio. No caminho até o carro, os dois ouviram os impropérios de Renê e de duas vizinhas, que se uniram ao coro da mulher ao portão.

Atílio deu partida no carro e seguiu o caminho do centro espírita. Ele respirou fundo e disse:

— A senhora realmente precisa de ajuda! Deve ser muito difícil viver sendo agredida dentro e fora de casa!

— Está muito difícil conviver com as pessoas à minha volta, Atílio. Preciso encontrar uma solução para melhorar a vida de minha família. Às vezes, penso que nunca mais voltaremos a ser como éramos antes de tudo isso acontecer em nossas vidas.

— Não perca a esperança. Aline ficará bem, e seu marido ficará mais calmo.

— Assim espero, Atílio. Eu queria tanto que Aline continuasse o tratamento psicológico. Ela afirmou que não gostou do psicólogo.

— Se não gostou, não há como continuar fazendo análise com ele. Quando chegarmos ao centro, podemos verificar se abriu uma vaga com um dos psicólogos que atendem por lá. São profissionais que conhecem a espiritualidade, e eu tenho certeza de que Aline também precisa de um tratamento espiritual. A energia dela anda muito densa. É uma pena que ela não tenha aceitado fazer análise com o doutor Carlos.

— Nem me fale! Fiquei constrangida quando tive que dispensar o doutor Carlos! Tenho a impressão de que estou cercada de sombras que se movimentam por minha casa. César notou uma sombra saindo do quarto de Aline. Será que há espíritos acompanhando minha filha?

— Tenha certeza de que estão por lá. Aline baixou o padrão vibracional e deixou a porta aberta para espíritos pouco evoluídos se aproximarem e se aproveitarem de todos que vivem na casa.

— Se fosse somente com Aline, eu até me conformaria com o que anda acontecendo com minha família. César anda muito nervoso! Quando ele entra em casa é para brigar comigo e dizer bobagens para nossa filha. Ele não está ajudando em nada!

— Talvez não seja ele quem esteja insultando Aline. Sinto que seu marido está sendo manipulado por espíritos.

— César seria capaz de se deixar manipular a esse ponto? Não creio nisso, Atílio! Ele está muito magoado com Aline por ela ter perdido uma oportunidade de casar-se. Meu marido arranjou esse namoro e não se conforma com a morte de seu grande amigo e companheiro de trabalho.

— César gostava de Rômulo... e eu não tenho a menor chance de conquistar a amizade dele. Além disso, Aline também tem me rejeitado...

— Você precisa ter um pouco mais de paciência com ela, Atílio. Por favor, não abandone minha filha neste momento. Ela precisa muito de você! Sei que não é fácil ficar próximo de alguém que está deprimido, mas lhe peço que não a abandone. Aline sofrerá muito se terminar esse namoro. Ela pode tentar novamente o suicídio.

— Acalme-se, minha sogra, está tudo bem. Estarei ao lado dela para tudo o que precisar. Eu amo sua filha.

Atílio estacionou o carro na proximidade do centro espírita. Quando ultrapassou a porta de entrada, Laudicéia sentiu uma vibração acolhedora e agradável no lugar, e os dois tomaram seus lugares na plateia.

Laudicéia afirmava que as palavras do dirigente foram todas dirigidas a ela, pois resumiam o que estava sentindo e a aconselhavam a despertar para seguir com uma vida melhor.

Depois que a palestra chegou ao fim, Atílio levou a sogra a uma pequena fila para que ela pudesse falar com o dirigente do centro e seguiu para sua aula na sala ao lado.

Diante do dirigente, Laudicéia ficou constrangida para falar sobre sua intimidade. Ciente dos fatos que ocorriam com aquela família, Carlos encorajou-a a desabafar. Enquanto falava, a mulher debulhava-se em lágrimas, mostrando que estava a ponto de explodir.

Carlos fez algumas anotações em um caderno e depois se colocou de pé diante de Laudicéia, aplicando nela energias positivas que a deixaram mais calma. Ele levou-a até a sala de cristais e colocou-a na posição de meditação. Depois, orientou-a a respirar e controlar com delicadeza seus pensamentos.

Laudicéia passou rapidamente os olhos pela sala e admirou os cristais coloridos espalhados por todos os cantos. Na elegante sala bem decorada, havia tapetes de pelos altos e muitas almofadas coloridas, que convidavam as pessoas ao descanso mental.

Passaram-se vinte minutos, e Laudicéia não alcançava o estado meditativo, brigando com seus pensamentos, mas, por fim, conseguiu acalmar um pouco sua mente.

Os nomes de César e Aline foram anotados em um caderno de orações, que servia de guia para os espíritos que trabalhavam nos casos.

Nair foi chamada para o trabalho no centro espírita. Ela fazia parte do grupo de espíritos que colaborava para o restabelecimento de pessoas que buscavam ajuda espiritual.

Nair entrou na sala do departamento de auxílio, e uma tela iluminou-se com a imagem de Carlos, o dirigente do centro espírita. Ela fora designada para cuidar do caso de Laudicéia e de sua família e informada de que um amigo a ensinaria o que era preciso fazer para ajudar a família e a não se comprometer com a carga que os humanos conspurcavam na energia e na vibração baixa.

Para dar início ao seu trabalho com a família, surgiu na tela a casa de Laudicéia. Com a força do pensamento, Nair movimentou a imagem na tela no departamento de auxílio. Ela foi até o quarto de Aline e constatou que a moça não andava em boa companhia. Havia dois espíritos femininos e um masculino ao lado de Aline, que se apresentavam com aspectos joviais e estavam em péssimo estado.

Os espíritos femininos choravam solidarizando-se com toda a desgraça que se abatera sobre Aline. O espírito de aparência jovem estava revoltado e desejava vingar-se da moça e de sua família.

Ele contaminaria a todos. O espírito masculino desejava retirar Aline de seu corpo físico para cumprir o que um amigo lhe pedira. Ele, então, a insuflava a cometer o suicídio.

Nair percebeu que estava com um grande problema nas mãos, pois conhecia a maior fraqueza de Aline, que, para fugir dos problemas da forma mais covarde, buscava sempre o suicídio. A moça era reincidente. Nas duas últimas reencarnações, recorrera à fuga com essa forma abrupta.

Nair precisava convencer o rapazote a deixar Aline em paz. Depois, teria ainda de afastar as mulheres que se uniam a ela por afinidade de problemas. Ela deixou o quarto de Aline e andou pela casa procurando por César e suas companhias espirituais. A tela mostrou o patriarca na edícula, limpando uma velha garrucha que herdara de seu pai. Laudicéia guardava os materiais de limpeza e os remédios na edícula para que ficassem longe do alcance de Aline, e o local era mantido trancado.

César vasculhou uma gaveta no grande armário da lavanderia e encontrou a chave. Ele entrou na edícula, achou sua velha garrucha e decidiu desmontá-la e limpar peça por peça.

Quando viu a velha arma na mão de César, Nair ficou preocupada e tentou ligar sua mente aos pensamentos dele para descobrir o que se passava na cabeça do patriarca a respeito daquela arma antiga.

Nair estava em uma pequena sala, onde ficava a tela individual do departamento de auxílio, e levou um grande susto quando tentou se ligar à mente de César, pois foi como se um choque de alta tensão a atingisse. Ela escorregou da cadeira e caiu no chão completamente atordoada.

Quando caiu, ela acabou abrindo a porta da saleta, e, imediatamente, um membro da segurança do departamento veio ao seu socorro. Ele tentou levantá-la, mas a mulher ainda estava atordoada com o choque e não conciliava os movimentos e os pensamentos. O segurança usou sua força, colocou-a sentada na cadeira e, por meio do pensamento, chamou um membro mais experiente do departamento para orientá-la.

Muriel atendeu ao chamado do segurança e dispensou-o depois de agradecer-lhe a ajuda. O homem olhou para Nair e sorriu dizendo:

— Esperava mais esperteza de sua parte! Novata!

— Você também trabalha aqui, Muriel?

— Gosto de ser útil! Estou à disposição em qualquer lugar onde precisam de mim. O que aconteceu? Quem a deixou nesse estado lastimável?

— Eu estava analisando um caso. Laudicéia foi pedir ajuda no centro espírita.

— Finalmente, ela pediu ajuda espiritual! Por acaso, você tentou entrar na mente dela?

— Não, tentei descobrir o que César estava pensando, enquanto limpava a garrucha. Que choque terrível eu tomei, Muriel!

— Novata! Não se deve entrar na mente de um encarnado dessa forma, pois eles têm uma energia forte e podem colocá-la em um estado de demência! Se isso ocorresse, eu teria de levá-la ao sanatório no umbral para que reagisse.

— Que horror! Faria isso comigo, Muriel?

— Esse é o procedimento, Nair. Você seria sugada imediatamente para o sanatório, localizado na zona densa umbralina. Não conhece as regras? Sua vibração baixou, e você quase contaminou toda a cidade. Essa energia densa negativa precisa ser contida, minha amiga.

— Não quero mais trabalhar neste lugar. Não desejo parar naquele sanatório horrível. Desisto!

— Não é bem assim, Nair. Você não pode deixar um trabalho por um motivo fútil. Se começou, termine. Estou aqui para orientá-la. Você precisa meditar diante da fonte de água, que desce dos níveis mais altos. Venha. Precisa recuperar seu equilíbrio e a lucidez de sua mente. É necessário vibrar no mesmo nível que a cidade vibra. Não sei como não soou a campainha lhe dando o primeiro aviso, afinal, você estava fora do padrão vibracional exigido na cidade.

— Isso realmente ocorre na cidade de primeiro nível?

— Ocorre em todas as cidades e em qualquer nível evolutivo, até mesmo fora do ciclo! Vou lhe explicar: quando o primeiro toque da campainha soa, você recebe uma advertência. Se insistir em vibrar fora do padrão que a cidade exige, o segundo toque da campainha soará, e você receberá uma advertência verbal. Depois disso, seu superior virá conversar para saber o que está acontecendo. Ao terceiro toque da campainha, você será imediatamente transferida para o nível que insiste em vibrar. Isso ocorre em qualquer cidade espiritual.

— Quando fala "transferida imediatamente", quer dizer o quê? Não terei tempo de me despedir dos amigos?

— Digo "imediatamente", como se o chão se abrisse aos seus pés, e você escorregasse para o nível compatível com seu estado vibracional. Você não terá tempo de fazer mais nada. Meu conselho é: todas as vezes em que deixar o departamento de auxílio, passe um tempo diante da fonte que purifica sua vibração, medite e limpe seu campo energético e vibracional.

— Farei isso imediatamente. Obrigada, Muriel.

CAPÍTULO 13

Nair sentou-se no gramado diante da fonte. A água que jorrava dela era colorida e formava as cores do arco-íris, que não se misturavam. Ela colocou as mãos na grama verde, retirou as sandálias, e seus pés ficaram em contato com o gramado. Nair usou todos os recursos da natureza para se limpar. A fonte devolvia-lhe a energia positiva que ela buscava.

Nair permaneceu na posição meditativa até sentir que sua mente estava lúcida e equilibrada e voltou para sua pequena sala na companhia de Muriel. Ela perguntou:

— Muriel, como posso ajudar essa família? Não quero receber novamente essa carga de negatividade.

— É simples, Nair. Primeiro passo: alguém foi pedir ajuda?

— Sim, Laudicéia. Ela está no centro espírita pedindo ajuda para sua família.

— Segundo passo: identifique o problema para elaborar ajuda eficiente e eficaz.

— Eu estava seguindo as orientações que recebi no curso rápido que o departamento de auxílio ofereceu. Entrei na casa da família analisando o caso. Por lá existem espíritos que habitam a zona umbralina e que estão perturbando todo o ambiente familiar.

— Encontrou algum espírito que busca vingança?

— Sim. Há um rapaz que tem insuflado a maior fraqueza de Aline. Ele deseja levá-la ao suicídio.

— Esses são perigosos. Você entrou em contato com o espírito de Aline?

— Não! Não me ensinaram esse passo no curso.

— Você decidiu participar do curso rápido. Para ajudar alguém, é preciso ter conhecimento, Nair.

— Então, como poderei ser útil e ajudar a família de Aline?

— Eu a instruirei. Me aceita como seu instrutor?

— Será um prazer, Muriel. Você é o melhor.

— Não seja aduladora, mocinha. Quer saber como resolver esse caso?

— Sim.

— Então, olhe para a tela e me diga o que vê.

— Aline está deitada no leito, muito abatida e debilitada. Ela espera pelo desencarne.

— O que mais está vendo?

— Duas mulheres ao lado da cama de Aline. As duas estão sempre se lastimando e afirmando que viveram o mesmo problema que Aline. Parece-me que se afinaram à história e à vibração densa da moça.

— Continue observando.

— No grupo, o rapaz tem a pior energia. Ele é denso e tem o campo enérgico escuro. Ele sente ódio de Aline.

— Quem precisa mais de ajuda nesse quadro que você pintou? Aline, que deseja a morte? As mulheres que vibram na mesma sintonia densa da moça? Ou o rapaz que tem o corpo espiritual deformado e vibra em total negatividade?

— Muriel, eu me propus a ajudar a família, então, acredito que tenha de ajudar Aline primeiramente. Ela está encarnada e a ponto de cometer o suicídio!

— Todos esses espíritos fazem parte dessa história, Nair. Eles estão ali, todos juntos. Quem ajudará primeiro?

— Não sei ainda. Talvez devesse começar ajudando César? Ele ofende a filha e a deixa em pior estado.

— Localize César na tela e preste atenção no que vê.

Nair obedeceu e ficou surpresa ao notar um espectro diferente ao lado de César. Ela perguntou:

— Quem é aquele ser fantasmagórico ao lado de César? Se parece com Rômulo!

— É Rômulo ou uma criação mental dele. César se sente culpado pelo amigo ter desencarnado de uma forma estúpida naquele acidente. César desejava muito ter conseguido evitar a morte do amigo.

— Ele não estava lá! Como poderia evitar esse acidente?

— Na mente de César, ele poderia ter ajudado o amigo se tivesse prestado atenção em Aline. Ele acredita que a teria impedido de se envolver com Atílio, e, assim, não haveria traição ou flagrante.

— Essa forma de pensar é equivocada, Muriel! César está querendo ser maior do que é. Ele não conhece a modéstia; está fora da realidade.

— Não o julgue com esse rigor. Lembre-se de que todos nós temos telhado de vidro. César sente-se impotente por não ter conseguido evitar o desencarne de Rômulo. Ele gostava muito do rapaz e o estimava a ponto de considerá-lo um membro da família. Foi com essa intenção que ele o apresentou para Aline.

— Desculpe-me. Não quero julgar ninguém. Pode me explicar como uma parte de Rômulo está ao lado de César?

— César deixou que sua dor extrapolasse. Esse Rômulo que estamos observando ao lado dele está meio apagado como uma forma fantasmagórica. É a forma-pensamento que César criou. Naturalmente, essa fantasia tem ligação direta com Rômulo, que está em seu leito.

— Isso pode prejudicar a recuperação de Rômulo?

— Sim, pois ele fica com uma parte perdida na densidade da energia terrena. Com uma parte mental aqui, é como se Rômulo estivesse em um sonho confuso, e a recuperação de seu equilíbrio acaba ficando prejudicada.

— O que temos de fazer para acabar com essa ligação entre os dois?

— César teria de parar de pensar em Rômulo para que, aos poucos, essa forma-pensamento se dissolvesse e a ligação mental entre os dois terminasse.

— O que faremos para mudar o pensamento de César?

— Podemos distraí-lo com um problema que o tire dessa sintonia obsessiva — comentou Muriel.

— Podemos trazer casos urgentes para serem resolvidos no escritório, e, assim, ele não terá tempo livre para ficar pensando em Rômulo — disse Nair.

— Muito bem! Essa pode ser uma solução paliativa. Como sabe, a mente humana precisa de tempo para esquecer o sentimento que o luto causou. A empresa terá problemas, pois descobrirão algumas falcatruas que fizeram. Levaremos fiscais do governo para fazer uma auditoria na empresa.

— Pense bem, Muriel. Nesta empresa trabalham muitos pais de famílias. Não queremos prejudicar ninguém.

— Não vamos prejudicar ninguém, Nair. César precisa ficar ocupado no trabalho e sem tempo para alimentar pensamentos nocivos que o prejudiquem e afetem Rômulo. Existe outro método mais eficaz de acalmar a pessoa que está nesse estado de fúria, mas não lhe revelarei. Quero que mantenha sua atenção em César nos próximos dias. E qual será o próximo passo nesse caso? Afastar o garoto revoltado e furioso? Você analisou o caso e olhou bem para aquele rapaz, Nair?

— Sim. Tenho certeza de que ele é um espírito! Não se trata de uma forma-pensamento.

— O que faria para retirar esse garoto irritado da casa de Aline?

— Chamarei os soldados que trabalham para a justiça. Eles podem agir levando esse espírito para o lugar em que deveria estar na zona umbralina. O rapaz deveria estar preso no Vale dos Suicidas. Lá é o lugar dele.

— Querida Nair, você quer tirá-lo usando a força! Preste bem atenção nesse espírito. Apesar de ter essa aparência rude e dura, o rapaz tem ferimentos no pescoço devido à forma como escolheu suicidar-se. Não consegue perceber quando uma criança está pedindo socorro?

— Não analiso esse rapaz dessa forma, Muriel. Vejo-o como um inimigo que precisa ser afastado desta casa.

— Pois eu afirmo que, se você o retirar à força, ele voltará ainda mais furioso e vingativo.

— Por quê?

— Porque ele precisa de ajuda, Nair. Observe melhor e veja quem colocou esse garoto ao lado de Aline.

A imagem na tela modificou-se, e Nair não acreditou no que estava vendo: o espírito de Aline fora o responsável por trazer para junto de seu corpo físico o obsessor.

— Ela mesma trouxe o obsessor para perto de si! Deve haver um motivo muito forte para o espírito de Aline ter colocado esse jovem ao lado de seu corpo físico. O que ela pretende com essa loucura?!

— O espírito de Aline quer tirar de uma vez por todas a ideia de suicídio da mente humana da moça.

— Como isso é possível?

— Você trata Aline-espírito e Aline-matéria como se não fossem uma pessoa só.

— O espírito e o corpo físico possuem mentes distintas e individuais, Nair. O dever do espírito é orientar a mente física, e a intuição é a forma mais comum por meio da qual essa comunicação ocorre. O espírito passa por muitas experiências e por muitos desafios nas inúmeras encarnações, e assim ele segue no caminho da evolução, mas existe o livre-arbítrio, Nair. Não estamos falando de marionetes, que são manipuladas conforme a necessidade do espírito. Estou falando de seres que têm escolhas particulares e que podem, sim, desviar-se do caminho para o qual o espírito deseja conduzi-lo.

— Compreendo — disse Nair.

— O espírito de Aline atraiu esse jovem para testá-la e saber até onde chega a vontade da moça de deixar a vida terrena. Se tirarmos esse espírito do lado dela, o espírito de Aline o trará de volta. É a lição que ele quer ensinar para a mente. Ele quer orientá-la por intuição e fazê-la descobrir que a vida continua após o desencarne. O espírito de Aline deseja que ela supere essa fraqueza que vem de experiências de vidas passadas — explicou Muriel.

— Compreendi! Isso é realmente algo inusitado. Não aprendi essas particularidades nos cursos.

— Nair, você já ouviu falar de vício repetitivo? É o caso dos suicidas. Estando encarnado, quem chegou a esse extremo uma vez passará por testes em todas as outras experiências. Esses testes são necessários para que se tenha a certeza de que a lição foi aprendida e que a pessoa não cometerá o mesmo erro novamente.

— Isso leva muitas pessoas novamente ao suicídio, Muriel?

— Se a pessoa não superou e fez disso um vício, ela cairá novamente no mesmo erro, mas não se preocupe, Nair. Todos os reencarnantes passam por testes para terem certeza de que aprenderam. Esse é o objetivo das reencarnações. Quem vence retorna vitorioso, vê as portas dos níveis superiores se abrindo para si. Trata-se de uma vitória por mérito. É dessa forma que evoluímos, querida Nair.

CAPÍTULO 14

Rômulo terminou seu tratamento e despertou dos pesadelos intermináveis que se apossaram de sua mente. Ele continuou ocupando o leito na enfermaria da pequena colônia de socorro localizada na zona umbralina. Nair foi fazer uma visita ao seu protegido.

Para ser reconhecida por Rômulo, Nair modificou a aparência de seu corpo espiritual e voltou a se apresentar como uma senhora que aparentava ter 70 anos, como a avó que Rômulo adorava e respeitava.

Nair entrou na enfermaria, e os olhos de Rômulo encheram-se de lágrimas ao revê-la. Ela aproximou-se, abraçou o rapaz demoradamente e sentiu que seu amado neto ficara mais sereno.

— Que falta a senhora fez, minha avó! Sofri muito quando nos deixou.

— Pude sentir isso, meu querido. Você me chamava insistentemente.

— Atrapalhei seu descanso?

— Precisei de um longo tratamento para me equilibrar, mas não foi fácil! E vejo que não tem sido fácil para você se restabelecer.

— Não tem sido mesmo, vovó. Sinto dores em meu corpo, e é como se ainda tivesse meu corpo físico. Nada mudou! Continuo vivo?!

— Claro que continua vivo, Rômulo. Tenho uma novidade para lhe contar, querido... Nós não morremos, quando nosso espírito é desligado do corpo físico. Continuamos vivos, mas isso é um segredo!

Não conte para ninguém — Nair e Rômulo riram com a brincadeira, e os pacientes que ocupavam os outros leitos também riram.

— Vovó, a senhora sempre foi espirituosa em suas brincadeiras! Senti falta dessas suas tiradas engraçadas.

— Estou aqui, e podemos nos divertir muito, mas é preciso que use sua inteligência e se esqueça do que passou. Sua vida começa neste instante! Seja bem-vindo à verdadeira vida, Rômulo!

— Obrigado, vovó, mas como poderei me esquecer do que Aline me fez? Eu amava aquela garota e fui covardemente traído.

— Não compreendeu o que eu lhe disse? Esqueça o que passou, querido. Você não pode mudar o passado. Vida nova, teimoso!

— Compreendo que deseja me ajudar, vovó, mas ainda tenho muita raiva de Aline e daquele rapaz.

— Consegue ficar de pé e caminhar?

— Não sei, vovó. Ainda não me levantei desta cama, mas tentarei ficar de pé. Quero caminhar nem que seja lentamente.

— Não se preocupe, querido. Eu também caminho lentamente. Tenho idade avançada! Vamos dar uma volta na colônia — brincou Nair.

Rômulo colocou os pés no chão e sentiu a leveza de seu corpo espiritual. Ele ficou admirado por não sentir o peso dos ossos e da matéria que constituía seu antigo corpo carnal. Por fim, perguntou para Nair:

— Este corpo é composto de quê? Fibra de carbono? É muito leve!

— É composto de luz, querido. Quanto mais luz tiver, mais leve e mais evoluído ficará.

— Eu sou luz, vovó?

— Todos nós somos luz e brilhamos, Rômulo. Você quer conhecer minha verdadeira aparência?

— Verdadeira aparência?! Não compreendo o que está dizendo, dona Nair. A senhora é minha avó e sempre teve essa aparência linda.

Nair modificou a aparência diante de Rômulo e ficou jovem. Sua pele tornou-se viçosa e sutilmente iluminada.

— Que coisa estranha! Você não é minha avó?! É um truque de mágica? Para onde foi minha avó?

— Não é mágica, Rômulo. Estamos em outra dimensão e distantes da matéria que usávamos como veículo corporal, que é perecível. Nesta dimensão, o corpo espiritual não envelhece ou adoece. Eu sou jovem, querido.

Os dois deixaram a enfermaria, e os pacientes ficaram impressionados com a breve aula que Nair lhes oferecera.

Rômulo seguiu pelo corredor desconfiado de que aquela moça bonita não era sua avó Nair, pois ela aparentava ter apenas 18 anos. Nair ouviu o pensamento de seu protegido e resolveu tirar as dúvidas dele. Ela parou na frente do rapaz e transformou-se novamente na velhinha de 70 anos que ele conhecia. Rômulo esfregou os olhos para certificar-se de que realmente vira o que acontecera diante dele.

Os dois, então, continuaram caminhando pelo corredor, e, quando chegaram à porta, Nair novamente mudou sua aparência, voltando a ficar jovem como gostava. Rômulo assustou-se com as transformações da avó.

— Chega, vovó! Compreendi que, deste lado da vida, podemos ter a aparência que desejamos. Posso ser um urso pardo?

— Não! Cuidado com seu pensamento, Rômulo! Aqui, o que você pensar surgirá em sua frente! Você precisa se matricular no curso de aprendiz no mundo espiritual.

— Curso?

— Querido, aqui há muitos cursos que nos ensinam a viver a verdadeira vida. Tudo aqui é mais fácil, simples e agradável. As doenças não existem, e as dores ficam distantes do corpo espiritual.

— Não senti essa facilidade toda, moça! Além disso, não me sinto bem! Como pode afirmar que não existem doenças aqui?! Tenho ferimentos por quase todo o meu corpo e sinto muitas dores!

— É isso que vê? Pois afirmo que, forçosamente, você está causando essa dor e esses ferimentos em seu corpo espiritual. Eu lhe disse que tomasse cuidado com seus pensamentos.

— Está me acusando de ter sido o responsável pelo acidente que sofri, vó?

— Não sou juiz para julgar ninguém, querido! Você estava dirigindo um carro em alta velocidade e em uma madrugada chuvosa...

— Também acha que sou um suicida?

— Você foi imprudente, Rômulo! Admita! Você tinha consciência de que poderia sofrer um acidente.

— Não sou suicida, vó! Por que todos afirmam que sou?

— Acalme-se, Rômulo! No local em que você estava, no sanatório, era natural que ocorressem essas acusações. Aponte alguém que cuidou de seu corpo físico como deveria. Tomamos remédios para nos curarmos de pequenos e grandes males. Males que nós mesmos atraímos para nossa vida.

— Atraímos?

— Querido, nós somos os responsáveis por tudo o que acontece em nossa vida, seja deste lado espiritual ou na Terra. Somos polos atrativos. Atraímos coisas de acordo com o que acreditamos e pensamos.

— Que coisa estranha de se dizer! Onde estamos, vó? Este lugar é estranho! Não há uma só árvore neste pátio... não vejo nada verde à nossa volta, e as pessoas não me parecem cordiais.

— Cada um está absorvido por seus próprios problemas, querido. Estamos em uma colônia de socorro, dentro da zona umbralina.

— Zona umbralina?

— Você tem tanto para aprender, meu querido! Digamos que você está em um local aonde a luz solar não chega, e, por essa razão, não existem plantas aqui. Elas não sobrevivem sem luz solar.

— Não vai amanhecer, vó?

— De forma alguma. O umbral é uma zona escura, que se localiza aonde a luz do sol não chega. Aqui é sempre noite.

— Por que estou aqui? A senhora sabe que gosto da luz do sol. Não quero viver em um local onde é sempre noite.

— Rômulo, você está aqui devido à forma como vibrou e vibra, ou seja, você precisa estudar para aprender a viver deste lado. O controle do pensamento e o equilíbrio da mente são essenciais. Quero retirá-lo daqui, mas, para isso, você precisa esquecer a raiva e colocar amor dentro de si. Deixe a luz entrar! Você não sabe como é agradável viver em lugares belos e iluminados. Podemos ser felizes, Rômulo.

— Não estou me sentindo bem, vó. Preciso voltar para meu leito, pois estou enjoado. Por que não paro de vomitar?

— Isso é um bom sinal, querido, pois mostra que você está limpando seu corpo da massa densa e negativa que vibrou no sanatório. Deixe toda essa sujeira sair. É como uma intoxicação que precisa ser depurada para que você consiga se livrar do peso e seguir para uma colônia de nível mais elevado, fora da zona umbralina.

Nair levou Rômulo de volta à enfermaria, e o rapaz recebeu um cálice de um líquido verde brilhante. Assim que tomou alguns goles, ele começou a vomitar uma massa escura de odor pútrido.

Não suportando ficar ao lado de Rômulo na enfermaria, Nair esperou o veículo ir buscá-la na sala do diretor da colônia. Dentro da sala, todo o ambiente estava preparado com vibração de energia positiva. Nair sentiu-se bem na vibração mais elevada e, enquanto conversava com o diretor, descobriu que ele era um habitante de fora do ciclo das encarnações. Nair sorria, e esse sorriso tão espontâneo não lhe saía dos lábios. Ela respirava fundo, deixando o ar entrar. Estava feliz e não sentia vontade de deixar aquela sala. Quando tirou a capa de segurança, sentiu um forte calor tomar conta de seu corpo e rapidamente tornou a vestir a peça para não se queimar nesta energia deliciosa e quente.

— O que está acontecendo, Nair? — perguntou Walter, o diretor.

— Essa energia é quente demais para meu corpo. Queima! Mas me sinto tão feliz e leve. Poderia dançar sobre sua mesa, agora.

— Não faça isso! Eu tenho papéis importantes sobre a mesa. Papéis que preciso despachar! Você está experimentando a vibração energética do sexto plano, depois do ciclo. É deliciosa, não é verdade?

— Muito agradável, mas não sou merecedora de estar nessa vibração forte. Meu corpo queimou, quando retirei a capa protetora. Sou habitante do primeiro plano. É o que posso suportar da força energética vibracional.

— Isso não é verdade, Nair. Você pode subir até o terceiro plano evolutivo. É lá onde se localiza a escada para deixar o ciclo das encarnações. Ainda não excursionou para conhecer a escada?

— Não. Faz pouco tempo que deixei a colônia Renascer e me tornei uma moradora da cidade do primeiro plano. Não estou pronta para fazer essa excursão. Não aprendi o suficiente para ter esse privilégio.

— Estude, Nair. Vale a pena conhecer a cidade do terceiro plano e a escada que a levará para o quarto plano. Para a liberdade! O início de uma vida mais feliz.

— O que quer dizer com mais feliz, Walter?

— As portas se abrirão, e seu corpo se modificará, como se modificou quando você deixou seu corpo físico. Você terá leveza e luz, alegria e plenitude a cada passo fora do ciclo. Quando ultrapassar essa fase, verá como é bom viver ciente de quem você é e de tudo o que é capaz de realizar. Nós podemos tudo, Nair.

— Será que um dia eu chegarei a esse patamar de evolução?

— Se não se perder no caminho, chegará. Basta manter o foco em seu objetivo, deixando a criança que existe em você aflorar em sua mente.

— Voltamos a ser crianças?

— Voltamos a ter a pureza de uma criança. Nós voltamos à primeira infância e recebemos uma vida nova! O veículo de transporte chegou, Nair.

— Como sabe? Estamos presos nesta sala sem janelas.

— Enviaram-me uma mensagem por meio de telepatia. Estão nos esperando no pátio da colônia. Seja rápida, pois não queremos criar tumulto com os espíritos que vivem fora da colônia. Quando um veículo chega, eles ficam agitados e tentam se apossar dele... como se isso fosse possível.

— Contaminariam o veículo com a energia negativa que vibram! Foi um prazer conhecê-lo, Walter. Agradeço-lhe o cuidado que tem com Rômulo. Obrigada.

— Ele está reagindo bem e não ficará muito tempo como interno em nossa colônia. Quando for transferido para a colônia Renascer, mandarei avisá-la.

— Obrigada.

Nair usou a força do pensamento para entrar no veículo.

CAPÍTULO 15

Na casa dos pais de Rômulo, a família continuava muito abalada. Cristina, a mãe do rapaz, continuava inconsolável, pois depositara todos os seus sonhos em seu filho mais velho. Ela tinha certeza de que Rômulo venceria em Curitiba e levaria toda a família para viver lá. Era sua esperança para deixar o trabalho árduo no campo. Cristina não gostava de viver no sítio e desejava o agito da cidade. Ela sonhava em passear nos *shoppings* da cidade e ter roupas bonitas e modernas. Desejava se divertir em festas e ir ao cinema. Todos os seus sonhos, no entanto, acabaram, quando recebeu a notícia da morte do seu filho amado. A mãe de Rômulo fechou-se em seu quarto, não se levantava da cama e acabou caindo em uma profunda depressão.

Ricardo, o filho do meio do casal, não acreditou na narrativa de César e começou a preparar sua partida para investigar a morte do irmão. Ricardo precisava descobrir por que Rômulo estava em alta velocidade naquela madrugada. O rapaz sentia que o pai de Aline não contara toda a história. Ele conhecia bem o irmão e sabia que Rômulo não gostava de viajar à noite e não apreciava dirigir em alta velocidade. Ricardo estava muito desconfiado e perguntava-se: "Por que não havia bagagens nos destroços do carro? Rômulo não viajaria sem levar uma mala com suas roupas".

Ricardo olhava para a mãe, que, deitada na cama, não reagia aos estímulos. Toda a família tentava animá-la e, enquanto acariciava os cabelos de Cristina, contou-lhe seu plano de investigação.

Cristina gostou da ideia. Ricardo seguiria para Curitiba e viveria lá. Ela fez o filho prometer-lhe que, depois de estabelecido na cidade, o rapaz voltaria para buscá-la.

— Prometo que a levarei comigo, mãe. Descobrirei quem foi o culpado pela morte de Rômulo e a levarei comigo para olhar nos olhos desse criminoso.

— Faça isso, meu filho! Também desejo saber quem causou a morte de Rômulo. Pegue um saquinho na gavetinha da cômoda.

Ricardo abriu a gaveta e retirou de lá um saquinho de tecido com estampa floral e entregou-o nas mãos de Cristina.

— Leve esse dinheiro para pagar a viagem e para sua investigação.

— Quanto dinheiro, mãe! Como conseguiu juntar tudo isso?

— Todos os meses, Rômulo enviava uma boa quantia para ajudar nossa família. Eu guardava uma parte desse dinheiro. Não conte a seu pai que tenho essa quantia. Faça uma boa viagem e siga com Deus, Ricardinho.

Ricardo beijou a mãe e deixou o quarto. O rapaz pegou sua mochila e partiu antes que a irmã e o pai retornassem do trabalho com o gado e da pequena plantação de feijão, milho e mandioca que a família cultivava.

O rapaz caminhou até a rodovia e pegou um ônibus que seguiria para a cidade de Camapuã. Depois, desceu na rodoviária da cidadezinha e comprou uma passagem para Campo Grande. De lá seguiria direto para Curitiba.

Na carteira, Ricardo levava o cartão de visitas que César entregara ao seu pai. No cartão havia apenas o número do telefone do escritório onde César trabalhava.

Ricardo ligou para a empresa onde César trabalhava e deu uma desculpa para a recepcionista para conseguir o número de telefone da casa de César. Depois, o rapaz ligou para a casa da ex-noiva do irmão e, com facilidade, obteve o endereço da residência. Laudicéia caíra na conversa de Ricardo, que se apresentou como um vendedor de assinatura de TV via satélite.

Amanhecia, quando o ônibus chegou a Curitiba. Ricardo acordou de um sonho agitado. Cansado da viagem, o rapaz foi até o banheiro da rodoviária e jogou um pouco de água no rosto para despertar de vez.

O rapaz pegou um táxi, que o deixou próximo à casa de César. Ele pediu ao motorista que não parasse na frente da residência, pois não queria chamar a atenção para sua presença naquela rua. Ele observou a fachada da velha casa para gravá-la em sua mente e desejava encontrar algum lugar para se hospedar ali perto.

Na frente da casa havia uma padaria. Ricardo entrou e informou-se com o atendente do balcão sobre locais onde pudesse se hospedar, e o rapaz respondeu-lhe que havia uma pensão para rapazes naquela rua.

De posse do endereço, Ricardo chegou a uma casa e tocou a campainha. Pouco depois, foi recebido por uma senhora de idade avançada.

— O que deseja, rapazinho?

— Disseram na padaria que a senhora aluga quartos para rapazes. Eu preciso de um quarto.

— Tem referência?

— O balconista da padaria me indicou sua casa.

— O Zé! Ele é um bom rapaz, trabalhador e honesto. Foi ele quem indicou minha modesta pensão? Por quanto tempo pretende ficar hospedado aqui?

— Se for possível, por alguns meses.

— Que bom! Prefiro alugar para jovens que ficam mais tempo. Sabe como é... tenho uma garantia de que receberei meu dinheiro por um período mais longo. Entre, rapazinho. O Zé lhe explicou como funciona minha pensão?

— Ele me disse que todas as refeições e o fornecimento de lençóis e toalhas de banho estão inclusos no valor.

— Ele lhe informou errado! Pelo preço da hospedagem, sirvo somente o café da manhã. Os lençóis e as toalhas ficam por conta do hóspede.

— Não foi isso o que o Zé me disse. A senhora anda fazendo propaganda enganosa? Isso pode dar cadeia!

— Bem... se ele disse que eu forneceria as refeições e os lençóis, tudo bem... No entanto, não tenho como lhe oferecer toalhas de banho. As minhas toalhas estão velhas e gastas.

— Então, comprarei duas toalhas de banho. Na pensão, há lugar para lavar as roupas?

— Se me pagar mais dez por cento do valor da pensão, terá suas roupas lavadas e passadas.

— Fechado, dona Celina!
— Seu nome é?
— É... Rui... Campo Grande, a seu dispor.

Celina levou Ricardo até o quarto que ele dividiria com outro hóspede, mas ele não gostou de saber que teria um colega de quarto e queixou-se.

— O Zé disse que os quartos são para apenas um hóspede. Não quero dividir meu espaço.

— Esse Zé anda falando demais! Filho, deixe-me explicar uma coisa. Eu preciso do dinheiro do aluguel dos quartos para viver! Meu velho morreu e me deixou somente esta casa, que transformei em uma pensão para rapazes. O que recebo como pensionista do governo não dá para me alimentar e comprar meus remédios. Se aparecer outro hóspede, alugarei este leito, e não discutiremos mais sobre esse assunto. O banheiro fica no corredor. É a primeira porta à esquerda. A cozinha fica lá no fundo, e eu desligo a TV da sala às 23 horas em ponto.

Ricardo ficou com pena da velha viúva e não tentou negociar mais com ela. O rapaz arrumou suas roupas dentro do armário, trancou o móvel com a chave que estava pendurada na porta e informou-se com Celina onde havia uma loja em que pudesse comprar toalhas de banho. Ela informou que no bairro havia um *shopping center* a algumas quadras dali e anotou o número do ônibus que o levaria para ao centro de compras e o que o traria de volta à pensão. A mulher anotou também o número de telefone da pensão.

Ricardo seguiu ao ponto de ônibus e, enquanto aguardava a condução, ficou observando o movimento na casa de César. O rapaz viu quando ele saiu de casa dirigindo seu carro e deduziu que o homem estava indo para o trabalho.

César passou por Ricardo no ponto de ônibus, mas não o reconheceu, o que deixou o rapaz aliviado. Durante o enterro de Rômulo, Ricardo fez questão de ficar distante dos pais, evitando ser apresentado ao sogro do irmão. Quando soube da morte do irmão, algo o impeliu a conhecer os detalhes e os porquês do acidente.

Ricardo entrou no ônibus e ficou admirando a beleza da cidade. Era a primeira vez que ele entrava em um *shopping*, cuja bela construção e cujas vitrines elegantes e bem decoradas o deixaram admirado. Passado o encantamento inicial, ele pôs-se a procurar a loja que Celina indicara, onde encontraria toalhas de banho mais baratas e de boa qualidade.

O rapaz comprou toalhas, algumas camisetas, duas calças jeans, um par de sapatos e dois pares de tênis, que estavam em promoção. Depois, entrou em uma sorveteria para refrescar-se um pouco e saiu do *shopping* carregando várias sacolas.

Enquanto esperava a condução para retornar à pensão, Ricardo ficou admirando a beleza das moças que passavam por ele e compreendeu por que Rômulo não desejava voltar para casa. Naquele momento, o sítio pareceu-lhe muito distante daquela realidade. Era como se ele tivesse vivido lá em outra existência.

O rapaz entrou no ônibus e gostou quando as moças que ele observava entraram atrás dele. Eram três jovens que sorriam e conversavam animadas. Uma delas olhava insistentemente para Ricardo.

Quando o rapaz chegou ao seu destino, uma das moças desceu no mesmo ponto que ele. Carregado de sacolas, Ricardo deixou uma cair no chão. Agnes pegou a sacola e bateu nas costas do rapaz para entregá-la.

— Moço, você deixou cair essa sacola.

— Obrigado! Não percebi que uma sacola havia se soltado da minha mão.

— Quer ajuda? Parece que estamos seguindo na mesma direção. Posso levar algumas para você.

— Agradeço-lhe novamente. Estou seguindo para a pensão de dona Celina. Meu nome é Rui.

— Que coincidência! Eu moro na casa da frente da pensão. Sou Agnes. Você tem um sotaque diferente. Não é daqui, não é mesmo?

— Não. Venho do Mato Grosso do Sul. Você conhece?

— Não, nunca saí de Curitiba. Se não me engano, conheci alguém que era do Mato Grosso do Sul... Ah! Era o noivo de Aline, um cara muito bonito! Eu e minhas amigas ficávamos encantadas com a beleza dele. Olhando bem... você se parece com ele.

— Então, me achou bonito?

— Sim, você é bonito! Mas espero que não tenha o mesmo destino que o noivo de Aline.

— O que aconteceu com ele?

— Sofreu um acidente de carro e morreu. Fiquei triste quando soube! Ele era tão jovem e bonito! Não deveria dirigir em alta velocidade.

— Sinto por seu amigo!

— Ele não era meu amigo; era noivo de Aline, a moça que mora a duas quadras daqui. Você não conhece ninguém que mora nesta rua?

— Conheço! Agnes e dona Celina. Cheguei hoje de São Paulo.

— Você não havia dito que era do Mato Grosso do Sul?

— Eu nasci lá, mas estava vivendo em São Paulo e terminando meus estudos. Morava com uma tia por lá.

— Seja bem-vindo, Rui. Está procurando emprego na cidade? Espero que fique morando em Curitiba.

— Ficarei. Sabe de alguma colocação de trabalho para me indicar?

— Posso ver seu currículo?

— Não tenho. Preciso de um?

— Se deseja conseguir um emprego, é melhor fazer um currículo. Posso ajudá-lo com isso. Depois do almoço, toque a campainha da casa 318 e leve seus documentos para montarmos seu currículo.

— Ah! Muito obrigado por sua ajuda. Até mais tarde, Agnes.

— Vou ficar esperando-o. Só não o convido para almoçar lá em casa, porque não avisei meu irmão. Ele deve estar em casa e anda irritado ultimamente.

— Não precisa se incomodar. Dona Celina está me esperando para o almoço.

Ricardo ficou observando Agnes entrar em casa. A moça era muito bonita e muito jovem, e o rapaz ficou receoso de aventurar-se amorosamente com ela. Ele acabara de completar 18 anos, e ela aparentava ter 14 ou 15 anos.

CAPÍTULO 16

Ricardo almoçou e apressou-se em tocar a campainha da casa de número 318. O irmão de Agnes atendeu ao chamado do portão e, quando ficou diante de Ricardo, empalideceu de repente. Por alguns segundos, teve a certeza de que estava diante de Rômulo, entretanto, o rapaz à sua frente era alguns anos mais jovem que o ex-noivo de Aline. Por um instante, Atílio imaginou que pudesse estar diante do espírito de Rômulo e, em um impulso, disse sem medir as palavras:

— O que está fazendo aqui?! Não adianta vir me perturbar, pois aqui não é seu lugar! Não tenho culpa do que aconteceu com você naquela estrada!

Atílio estava trêmulo e não notou quando Agnes se aproximou deles e falou com Ricardo.

— Que bom que você veio. Deixe-me lhe apresentar meu irmão. Este é Atílio.

A moça voltou-se para Atílio e disse:

— Atílio, este é Rui. Ele precisa de ajuda para montar um currículo, e eu me ofereci para ajudá-lo.

— Prazer em conhecê-lo, Atílio. Aparentemente, você me confundiu com um fantasma!

— Atílio, você pensou que Rui fosse o noivo de Aline?! Ficou louco, meu irmão?! Rômulo está morto. Rui apenas se parece com ele.

— Desculpe, eu realmente estou ficando maluco! Entre, Rui. Desculpe-me pelas bobagens que lhe disse. Você não poderia ser Rômulo. O espírito dele está em tratamento em outra dimensão. Foi o que me informaram no centro espírita.

Ricardo olhou para Atílio com indignação e muito surpreso. Ele tentou se conter, mas acabou perguntando:

— Você crê que quem morreu possa se comunicar conosco? Acredita que essa comunicação possa ser real?

— Sim, acredito. Eu não acreditava em nada relacionado à vida após a morte, mas ultimamente ando tendo provas de que a vida não termina depois da morte do corpo físico. Somos mais que carne, ossos e sangue. Somos espíritos, antes de nos tornarmos carne. Desculpe-me novamente pelo meu descontrole. Entre, Rui. Ajudarei vocês a montarem o currículo.

Ricardo entrou na casa de Agnes e teve certeza de que Atílio estava com a consciência pesada pela morte de Rômulo. Ele imaginou que seria difícil e demorado descobrir o que realmente acontecera com o irmão naquela noite fatídica, mas pensava que estava com sorte por ter conhecido Agnes e Atílio.

Agnes e Ricardo sentaram-se a uma mesinha, onde havia um computador. Como vinha do campo, o rapaz estranhou o fato de aquela família ter um computador na residência. Magda, a mãe de Atílio e Agnes, comprara aquele equipamento na empresa em que trabalhava.

Ricardo entregou os documentos para Agnes começar a redigir o currículo, e Atílio ofereceu-se para ajudá-los.

— Coloque apenas os dados principais na primeira página.

Agnes olhou o documento de Ricardo e disse:

— Por que você mentiu?! Seu nome não é Rui!

— Desculpe-me, Agnes! Fiquei com medo de dar meu nome. Quando nos conhecemos na rua, você era uma pessoa estranha, não? Bem, vou me apresentar novamente. Me chamo Ricardo Avelar e nasci no Mato Grosso do Sul.

— Quando vocês se conheceram? — Atílio perguntou:

— Há três horas, no ponto de ônibus em frente ao *shopping*. Pegamos o mesmo ônibus. Rui, ou melhor, Ricardo, está hospedado na pensão de dona Celina.

— Dona Celina é uma ótima pessoa e cozinha muito bem. Me desculpe por ter mentido sobre meu nome. Me chamo Ricardo e não

Rui, sabe como é... Estou acostumado com as pessoas do interior e fiquei ressabiado de dar meu nome correto para uma moça esperta da cidade grande.

— Não precisava mentir, Ricardo. Na cidade também existem pessoas boas e solidárias. Mas você me disse que morava em São Paulo! Então, como pode sentir medo das pessoas em Curitiba?! Mentiu sobre isso também?

— Nunca estive em São Paulo, Agnes. Nasci em uma cidadezinha localizada no interior do Mato Grosso do Sul.

— Tem certeza de que não conheceu Rômulo? — perguntou Atílio desconfiado.

— Qual é o sobrenome dele? Talvez, eu conheça a família.

— Desconheço o sobrenome de Rômulo.

— Aline é sua namorada? Ela foi namorada desse Rômulo?

— Desde a infância, sou apaixonado por Aline, mas ela era noiva de Rômulo.

— Meu irmão sempre foi apaixonado por Aline, mas, depois da morte do noivo da amada, Atílio anda com os nervos à flor da pele! Ele até foi procurar ajuda num centro espírita! Quando a mamãe souber... — disse Agnes com uma expressão preocupada.

— O que será que muda em nós depois que morremos? Você, que está estudando esse assunto, descobriu algo a respeito? — perguntou Ricardo a Atílio.

— Ainda não tenho muitas informações. Apenas sei que a comunicação entre o mundo dos mortos e dos vivos é real. No centro espírita, há médiuns que psicografam cartas para pessoas que buscam esse tipo de comunicação com entes queridos. Estudamos alguns casos, e existem nas cartas provas notórias de que os espíritos realmente transmitem informações para os parentes.

— Sério?! Eles dão provas de que são eles mesmos? Gostaria de conversar com meu irmão falecido. Será que isso seria possível?

— Sim, escreva o nome de seu irmão em um pedaço de papel para que eu entregue no centro espírita. Vamos ver se ele escreve uma carta para você.

— Quero conhecer esse lugar. Pode me levar até lá?

— Claro. Terei uma aula na sexta-feira. Se não tiver outro compromisso durante a tarde, venha comigo.

— Ainda não tenho nada em vista de trabalho, então, meus dias estão livres por enquanto. Combinado! Na sexta-feira, iremos ao centro buscar respostas.

Ricardo estava curioso e queria aproximar-se de Atílio para descobrir mais sobre ele. O rapaz sentia que esse novo amigo tinha muito a lhe contar sobre o descontrole de Rômulo. Ricardo estava convencido de que tirara a sorte grande, quando encontrou Agnes e se aproximou dela. A investigação estava acelerada.

Depois que o currículo ficou pronto, Agnes convidou seu novo amigo para tomarem o café da tarde. Enquanto Atílio digitava os dados de Ricardo no computador, a moça preparou um bolo de maçã com canela, cujo cheiro gostoso tomou conta da sala. Os dois rapazes não resistiram ao aroma agradável do doce e foram para a cozinha, depois que Atílio imprimiu algumas cópias do currículo de Ricardo e lhe entregou dizendo:

— Aqui está. Com isso, você terá mais chances de encontrar uma colocação no mercado de trabalho. Em que área deseja trabalhar?

— Na que me der uma oportunidade, Atílio. Não estou em condições de escolher. Preciso me manter na cidade ou terei de voltar para casa.

— Na padaria da esquina estão precisando de balconista. Você pode levar seu currículo para eles avaliarem, mas pagam pouco — disse Agnes.

— Ótima ideia. Trabalhar perto de onde moro seria muito bom. Vou entregar meu currículo agora mesmo na padaria. Muito obrigado pela ajuda.

— Agora não, Ricardo. Vamos comer um pedaço de bolo e tomar uma xícara de café fresquinho que acabei de fazer.

— Você está prendada hoje, hein, Agnes?! Ricardo, você precisa nos visitar mais vezes para esta casa ter café fresquinho à tarde.

— Não se acostumem, pois não é sempre que estou disposta a ficar na cozinha. Mamãe não gosta muito da bagunça que deixo depois que cozinho.

— Ricardo e eu limparemos toda essa sujeira. Você me ajuda?

— Claro. Eu lavo a louça, e você guarda tudo no armário.

— Não! Atílio não sabe colocar as coisas nos devidos lugares. Mamãe ficará nervosa, quando chegar do trabalho e for preparar o jantar. Eu guardarei a louça. Atílio, você limpa o fogão e seca os pratos e talheres.

Depois de organizarem a cozinha, Agnes levou Ricardo até a padaria, e os dois jovens entregaram o currículo ao dono da padaria, que olhou para Ricardo e perguntou:

— Você não tem experiência, rapaz! É o seu primeiro emprego?

— Sim. Eu trabalhava com meus pais no sítio da família. Tenho experiência em ordenhar vacas e apartar os bezerros delas.

— Isso é experiência para campo! Aqui o leite da vaca vem na caixinha ou no saquinho — brincou o dono da padaria, que continuou: — Você tem boa aparência para ficar no balcão. O emprego é seu. Veja bem... estou lhe dando um voto de confiança somente porque apareceu aqui ao lado de Agnes, que é uma boa menina. Eu a conheço desde o berço.

— Obrigada, seu Gaspar! Ricardo será um ótimo atendente! Tenho certeza disso — comentou Agnes.

— Ele começará amanhã e terá folga às sextas-feiras. Ficamos abertos até tarde para atender aos fregueses aos sábados e domingos. Não quero reclamações pelos horários de trabalho. Tenho outro aviso importante: não espalhe os comentários que rolam na vizinhança. Escute o que os clientes falam, mas não repasse o que ouviu. Não quero confusão com os fregueses. O salário é o mínimo, mas pode ficar com as gorjetas que receber quando servir as mesas.

Ricardo e Agnes deixaram a padaria animados. Ela sempre desejou trabalhar ali, mas sabia que sua mãe não permitiria. Magda queria que os filhos se dedicassem aos estudos para depois encontrarem uma boa colocação no mercado de trabalho. Depois que se separou do marido, ela passou a cuidar sozinha de Atílio e de Agnes. Era advogada de uma grande empresa e dedicava-se exclusivamente ao trabalho e aos filhos.

— Gostaria muito de trabalhar aqui com você — Agnes comentou.

— Por que não entrega seu currículo ao seu Gaspar?

— Não posso, Ricardo. Mamãe não me deixaria trabalhar em uma padaria. Ela é rígida, quando se trata de formação profissional. Não quer que meu irmão e eu trabalhemos antes de nos formar.

— Ahhh, como eu queria que meu pai pensasse dessa forma! Lá em casa, temos de ir para o campo antes de o sol nascer. Crescemos embaixo das árvores frutíferas do sítio, enquanto minha mãe cuidava da horta e dos bezerros. Assim que aprendemos a andar, começamos a ajudar nas tarefas do sítio.

— Que horror! A criança fica exposta a insetos e a outros perigos embaixo dessas árvores!

— Não é tão ruim assim, Agnes. Temos contato com a natureza e crescemos fortes.

— Essa não foi minha realidade. As crianças aqui da cidade são tratadas como príncipes e princesas. Minha mãe, no entanto, não teve tempo de mimar a mim e ao meu irmão. Foi a babá quem cumpriu esse papel. Tive muita sorte de nossa babá nos tratar com carinho.

— Princesinha Agnes, todas as meninas desta rua foram tratadas desta forma? Aposto que ficaram todas mimadas.

— Só posso falar das meninas que conheço. Não conheço todos que vivem nesta rua.

— E a moça que mora naquela casa, por exemplo? Você diria que ela é mimada? — Ricardo apontou para a casa de Aline, tentando descobrir um pouco mais sobre a ex-noiva do irmão.

— Aline?! Ah, ela é uma pessoa fraca! Não tem força para reagir aos problemas e fazer o que deseja. É uma moça que aceita com facilidade o que desejam que ela faça. Deseja saber se Aline é mimada? É a mais mimada das moças deste bairro. Filha única, teve de tudo! Só não aprendeu a dar valor à vida.

— O que quer dizer com isso?

— Nada, deixa para lá. Quer conhecer meus amigos do colégio? Eles estão jogando vôlei na quadra da escola. Vamos até lá! Vou lhe apresentar à turma toda.

— Ótimo! Assim, farei muitos amigos!

CAPÍTULO 17

Era tarde da noite, quando Atílio retornou da faculdade e encontrou Ricardo saindo da padaria. Os dois atravessaram a rua juntos, conversando, e pararam diante da casa de Aline.

Renê ouviu vozes na rua e apareceu no portão da casa ao lado. Como estava escuro e sua visão já se mostrava um tanto precária, ela não notou a semelhança entre Ricardo e seu grande amigo Rômulo. Notando que se tratava de Atílio, ela deu início a um de seus discursos em defesa do estimado amigo desencarnado:

— Você deveria ter vergonha na cara e não passar mais diante desta casa, Atílio! Conscientize-se de que desgraçou a vida dessa família! Eu não esperava isso de você, rapaz!

— A senhora está ultrapassando todos os limites, dona Renê! Eu não tive, nem tenho culpa de nada!

— Queria ver se estivesse diante da família de Rômulo! Tenho certeza de que não juraria inocência, como faz comigo. Você não me engana, Atílio. Teve culpa na morte de Rômulo, sim!

— Vamos embora! Essa mulher é louca! — comentou Atílio com Ricardo. Em seguida, o rapaz olhou nos olhos da velha senhora e disse: — Cuide de sua vida, dona Renê!

A mulher retornou ao interior da casa, falando alto e afirmando que Atílio era um assassino. Ricardo estava curioso para descobrir o que Renê sabia sobre o acidente do irmão e decidiu que, na manhã seguinte, ele puxaria conversa com a mulher, quando ela fosse à padaria.

Ricardo acompanhou Atílio e perguntou:

— Atílio, você realmente teve culpa no acidente desse Rômulo?

— Claro que não, Ricardo! Não sou culpado pela morte do noivo de Aline! Um dia, eu lhe contarei o que aconteceu, mas hoje estou precisando descansar. Tive uma prova difícil na faculdade, não fui bem, e minha cabeça está cheia. Meu carro quebrou e o deixei na oficina. E, para completar o dia... essa mulher, que era maluca por Rômulo, me acusa de tê-lo matado!

— Essa velha e Rômulo tinham...

— Não sei. Mas ela ficou de um jeito quando ele morreu! Tudo indica que essa doida amava o noivo de Aline.

— Será que Rômulo e ela tiveram alguma coisa?

— Não creio que ele tenha dado atenção à dona Renê nesse sentido, mas acredito que essa velha maluca tenha fantasiado algo com ele. Ela tem a língua e a mente cheias de veneno. É uma pessoa que ainda precisa evoluir muito!

— Que modo estranho de ofender alguém!

— Estou nervoso! Não disse isso na intenção de ofendê-la, Ricardo. Só afirmei que ela está atrasada no caminho evolutivo.

Quando os dois chegaram à frente da casa de Atílio, Ricardo despediu-se, atravessou a rua e entrou na pensão.

O rapaz tomou um banho rápido e deitou-se. A mente de Ricardo estava agitada com os acontecimentos daquele dia, e ele apenas desejava descobrir se Renê estava realmente dizendo a verdade. Ele queria muito conhecer Aline, mas Agnes contou-lhe que, desde o acidente, a moça se trancara em casa e não conseguia retomar sua rotina.

Ricardo perguntava-se: "Por que Aline não retornou à sua rotina?". Ele deduziu que a moça sentia o peso da culpa por ter levado o noivo à morte. "Tenho certeza de que ela é culpada!". Ricardo acreditava que Aline traíra Rômulo e só pensava em vingar-se da moça. "Vou reduzi-la a pó! Ela nunca mais estragará a vida de alguém!". Ricardo deu dois socos no travesseiro para extravasar um pouco a raiva que estava sentindo, virou para o lado e tentou dormir.

Quando amanheceu, o rapaz pulou da cama, vestiu-se e apressou-se para chegar ao trabalho no horário. Ele tomou o café da manhã entre um freguês e outro, que entravam e saíam levando consigo pães quentinhos. Ele estava ansioso para ver Renê entrar na padaria, pois queria obter informações dela.

O tempo passava, mas Renê não aparecia. Ricardo foi limpar algumas mesas que ficavam do lado de fora da padaria e avistou a velha senhora dizendo impropérios para a mãe de Aline.

Laudicéia deixou sua casa, atravessou a rua e seguiu para a padaria. Ao vê-la, Ricardo correu para o balcão para atendê-la. Depois do costumeiro bom-dia, ele perguntou:

— Como a senhora suporta essa vizinha ofendendo sua família?!

— Tenho muita pena de Renê, pois ela era uma mulher maravilhosa. Me ajudou muito quando precisei. Ela pode falar o que quiser. Não dou importância. Apenas estou triste por ter perdido minha velha amiga. Renê era vizinha de minha mãe e me viu crescer. Ela mora naquela casa há muitos, muitos anos. Não sei por que se virou contra nós.

— Deve ter acontecido algo grave para ficar tão amarga.

— Desde a morte do noivo de minha filha, Renê ficou assim. Rômulo era muito atencioso e prestativo com ela. Era ele quem trocava o botijão de gás da casa dela.

— Ele frequentava a casa dessa senhora?

— Somente quando ela precisava de algum favor. Renê o tratava com carinho e com uma intimidade estranha. Coisa de gente de mais idade. Creio que seja carência afetiva. Ela vive sozinha e, quando encontrou alguém que lhe deu atenção, acabou se apegando.

— Ela deve ter sentido muito a morte de seu genro.

— Isso é verdade! Nunca havia visto Renê chorar tanto! Nem quando o irmão dela morreu, eu a vi ficar tão triste! E olha que esse irmão era o único parente que ela tinha. Pobre Renê! Bem, tenho que voltar para casa! Foi um prazer, rapaz. Nossa... você se parece muito com meu falecido genro, o Rômulo! Fique longe de Renê, pois ela pode pensar que você é ele e...

— Não brinque com isso! Não sou esse rapaz!

Depois que Laudicéia deixou a padaria, Ricardo voltou para a porta do estabelecimento e ficou observando o comportamento das duas mulheres. Ele tentou ouvir as bobagens provocativas de Renê, contudo, não conseguiu. O barulho dos carros que passavam pela rua impedia que ele as escutasse.

Depois que a mãe de Aline entrou em casa, Renê decidiu atravessar a rua para comprar pão.

Ricardo voltou para trás do balcão para atendê-la e puxou conversa.

— Bom dia. A senhora está muito bem essa manhã! Estava conversando com sua vizinha?

— Não! Que ideia! Não sou mais amiga dela. Aquela família cometeu um ato muito grave.

— O que de tão grave eles fizeram?

— De todos, Laudicéia tem a menor culpa nessa sujeira toda. Você quer saber sobre toda essa podridão? Eu lhe contarei tudo o que sei. Conhece a filha do casal?

— Não tive o prazer de conhecê-la, mas ouvi dizer que é uma moça muito bonita.

— Ora! Quem vê beleza não vê índole ou caráter! Essa moça é uma vadia! Ela traiu o noivo, um moço bonito e muito educado... Nossa! Olhando bem para você, saiba que se parece um pouco com Rômulo! Por acaso, você é parente dele?

— Não! Não conheci esse rapaz, dona Renê.

— Você realmente se parece muito com meu querido amigo! Mas, como dizia, aquela vadia da Aline traiu o noivo com um molecote aqui da rua: O Atílio! Você o conhece?

— Sim. Sou amigo de Agnes, a irmã dele.

— É melhor que acabe com essa amizade. Essa menina é uma alcoviteira.

Renê ficou mais de meia hora contando a história enviesada para Ricardo e comentou, por fim, que adorava Rômulo e que ele não merecia uma traição.

Um mês após sua chegada a Curitiba, Ricardo finalmente descobriu tudo sobre a morte de Rômulo — ou imaginou ter descoberto. Ele, então, começou a elaborar um plano para se vingar de Aline, mas esbarrava-se no fato de que ela não saía de casa. O rapaz ouvia Renê afirmar aos brados que a moça estava de cama por se sentir culpada, e aquilo alimentava ainda mais sua raiva.

Naquela noite, Ricardo retornou mais cedo para a pensão e ficou esperando Atílio chegar da faculdade. Era por ele que o rapaz iniciaria sua vingança, pois estava a cada dia mais convencido de que Atílio fora um dos responsáveis pela morte de Rômulo.

Antes, contudo, de dar início ao seu plano, Ricardo queria ter uma prova de que a vida continuava após a morte. O rapaz desejava veementemente receber uma carta do irmão, mas não poderia dar o nome de Rômulo Avelar para Atílio entregar no centro espírita, pois ele descobriria que eles eram irmãos. Apesar da forte semelhança entre Ricardo e Rômulo, Atílio não desconfiava de que o novo amigo era irmão do falecido noivo de Aline.

Ricardo precisava dar um jeito de conhecer Aline e, para isso, começou a aproximar-se de Laudicéia e conquistar aos poucos a confiança da vizinha.

O rapaz viu Atílio aproximar-se de sua casa e decidiu interpelá-lo no caminho. Ele disse:

— Você precisa fazer alguma coisa.

— Boa noite, Ricardo. Preciso fazer alguma coisa a respeito de quê?

— Aline. A mãe dela me disse que essa moça não está nada bem e se nega a sair de casa para ir ao médico.

— O caso dela não é para médicos, Ricardo, e sim para médiuns — respondeu Atílio.

— Você realmente acredita que isso possa resolver o problema de Aline?

— Os médiuns são as mãos e as palavras dos espíritos. Não tenho dúvidas de que Aline precisa de ajuda, mas não posso fazer nada! Ela não deseja me ver nem aceita minha ajuda! Estou fazendo preces por ela no centro.

— Isso não é o bastante! Aline está a um passo do suicídio!

— Ela sempre esteve, Ricardo. Isso não é novidade. Aline é uma pessoa fraca, e a forma que ela encontrou de fugir dos problemas foi atentando contra a própria vida.

— Eu não sabia disso! Ela tentou cometer o suicídio em outras ocasiões?

— Desde a adolescência... Aline já tentou suicidar-se várias vezes. Dona Laudicéia sofre muito e está sempre atenta aos movimentos da filha. O pai de Aline chegou a retirar a porta do quarto dela para que Aline não se trancasse lá e tentasse tirar a própria vida. Os dois escondem todas as facas, tesouras e qualquer objeto cortante na edícula, onde guardam os materiais de limpeza e os remédios.

— Pobre mãe! Eu não sabia! Quando dona Laudicéia me disse que Aline estava a ponto de se perder na depressão, eu tirei minhas conclusões... — disse Ricardo.

— Você presumiu que Aline tentaria cometer suicídio? Acertou. Foi exatamente o que dona Laudicéia tentou lhe dizer.

— Não fazia ideia de que essa moça tivesse coragem de cometer tal loucura. Veja só do que aquele noivo se livrou!

— Rômulo talvez não suportasse se casar com uma pessoa tão fraca como Aline.

— Ele se livrou de um tormento, isso sim! Mas está morto, por se envolver com a pessoa errada!

— Não julgue Aline dessa forma dura, Ricardo. Você não a conhece. Ela precisa de apoio e carinho. Se olhar para Aline, terá vontade de protegê-la, ampará-la. Ela é uma moça doce e amável e, quando sorri, o que é raro, ilumina tudo à sua volta. Pena que, ultimamente, não encontre motivos para isso.

— Você a ama?

— Desde os meus sete anos. Estudei com Aline na infância, me encantei com o sorriso dela e, desde então, tenho vivido um amor platônico. Quando finalmente consegui me aproximar dela na faculdade, soube que Aline estava noiva. Eu não sabia que o compromisso deles era sério... Em uma noite de luar, próximo ao portão de saída da faculdade, criei coragem e me declarei a ela, que ficou surpresa com essa revelação. Naquela noite, Aline acabou me revelando que também havia se apaixonado por mim na infância e afirmou que eu era o eleito de seu coração. Nesse momento, tomei coragem, a abracei e a beijei! E foi aí que Rômulo apareceu na porta da faculdade e assistiu a essa cena. Eu não queria feri-lo, e ela também nunca desejou traí-lo. Foi nessa noite que ele pegou o carro e, infelizmente, sofreu o acidente que o matou. Aline não se perdoou por isso, caiu em depressão e novamente tentou o suicídio.

— Vocês nunca mais ficaram juntos?

— Não. Foi apenas um beijo! Aline sente culpa pela morte do ex-noivo e me confidenciou que não o amava. César, o pai dela, trabalhava com Rômulo e insistiu para que os dois namorassem. Como sempre foi uma pessoa fraca, Aline não enfrentou o pai e acabou concordando em namorar esse rapaz. Os dois chegaram a noivar, e tudo deu errado.

— Você acha que Aline conseguirá se recuperar?

— Difícil. Ela não reage! Aline entregou-se à depressão e não aceita a ajuda de médicos nem de médiuns. Os espíritos afins encontraram a porta aberta e têm se somado à fraqueza dela. Temo que, desta vez, ela consiga o que deseja.

Ricardo estava boquiaberto com o que descobrira sobre a fraqueza de Aline. O rapaz pensou em desistir da vingança, pois estava penalizado com o que escutara de Atílio.

— É melhor descansarmos essa noite. Aline talvez reaja! Quem sabe um dia ela se levante daquela cama... — disse Atílio com o semblante triste.

— Boa noite. Também fiquei triste com o que me contou. Ela precisa de ajuda, não de vingança.

— Vingança?!

— Eu disse vingança?! Você deve ter ouvido errado. Boa noite.

Ricardo atravessou a rua e entrou rápido na pensão. Quando se deitou para dormir, não conseguiu conciliar o sono. Não tirava as palavras de Atílio da mente, pois ficara realmente mexido com o que descobrira sobre Aline. Precisava conhecê-la para tirar suas próprias conclusões. O rapaz, então, decidiu se aproximar de Laudicéia para conseguir entrar na casa e olhar nos olhos de Aline.

CAPÍTULO 18

Rômulo finalmente concluiu o curso na colônia umbralina e estava melhor. O rapaz aprendera a controlar seus pensamentos e a vibrar positivamente na medida do possível. Quando a lembrança de Aline surgia na mente de Rômulo, ele trocava a imagem dela pela de sua mãe e, assim, evitava pensar na moça e na traição que sofrera.

Após a última aula do curso, Rômulo regressou para seu leito na enfermaria. Diariamente, ele era submetido a ondas de energias positivas, e sua aparência estava mais jovial. Ele voltou a ser um rapaz bonito e começou a despertar a curiosidade de algumas mulheres da colônia, que faziam de tudo para chamar sua atenção. Rômulo, no entanto, não aceitava a presença feminina ao seu lado. Quando ouvia vozes femininas, ficava extremamente irritado. O rapaz não compreendia o que estava acontecendo consigo, mas sentia que essa irritação não era normal. Intrigado, Rômulo contou o que estava acontecendo ao seu orientador, que decidiu encaminhá-lo a um psicólogo.

Rômulo passou a frequentar as sessões de terapia, e o psicólogo, em posse das informações que levantara, concluiu que a traição que o rapaz ferira seu ego masculino. Rômulo nunca imaginara que seria traído por uma mulher, e, indagado pelo psicólogo sobre Aline, respondeu:

— Não desejo falar sobre Aline! Quero esquecer que um dia amei... aquela ordinária!

— Impedir sua mente de pensar em Aline não resolverá o problema, Rômulo. Quer se livrar do problema? Quer voltar a ouvir uma voz feminina sem se irritar? A escolha é sua.

— Não desejo ficar sozinho pela eternidade! Eu sempre amei a companhia das mulheres! O que preciso fazer, doutor?

— Limpar de uma vez por todas o sentimento de ódio que nutre por Aline. Rômulo, gostaria de convidá-lo a conhecer seu passado e descobrir por que foi atraído por sua noiva. Nada do que vivemos acontece por mero acaso, rapaz.

— Aline é uma vagabunda, traidora, ordinária!

— Não é prudente julgá-la! Você não conhece os motivos que o levaram até ela, Rômulo! Gostaria que controlasse sua mente e seus sentimentos e que não criasse energias densas dentro desta sala. Não suje o ambiente que preparei para atender àqueles que precisam de minha ajuda.

— Tentarei me controlar. Desculpe-me. Preciso me curar dessa doença estranha.

— Acomode-se no divã, Rômulo, e relaxe o corpo e a mente. Sinta que está seguro, e vamos começar nossa viagem ao passado. Você teve experiências desagradáveis nas últimas encarnações e não aprendeu a aceitar a realidade: as mulheres têm direito à escolha. Para que o amor ocorra e haja um convívio agradável e proveitoso com o parceiro escolhido, é preciso que o amor nasça no coração de ambos! Não basta apenas uma pessoa sentir o amor pela outra. Ninguém pertence a ninguém.

— Esse foi meu caso?!

— Quero lhe mostrar cenas do passado para despertar seu inconsciente e resolver essa pendência de uma vez. Olhe para a tela que colocarei diante de seus olhos, Rômulo.

O rapaz ajeitou-se no divã, respirou fundo e reconheceu-se na tela. À sua frente, Rômulo via-se com roupas do século XVII e cavalgando no meio de uma floresta. Ele estava procurando alguém e parecia muito nervoso.

De repente, ele encontrou pegadas no solo que terminavam dentro de uma gruta. Sem fazer barulho, Rômulo entrou na formação rochosa, e lá estava ela nos braços de outro. Os dois estavam adormecidos, e Rômulo, sem piedade, atravessou sua espada no peito do rival. A moça acordou banhada com o sangue do amante e foi colocada sobre o dorso do cavalo. Rômulo, então, levou-a para casa, trancou a esposa no quarto e nunca mais a deixou sair de lá.

Rômulo reconheceu a esposa do passado. Era Aline... e o amante era Atílio. Ele falou indignado:

— Aparentemente, os dois gostaram de me trair! Não foi a primeira vez que isso aconteceu!

— Rômulo, observe o que aconteceu com Aline depois de alguns anos trancada no quarto.

Rômulo voltou novamente os olhos para a tela, e, enquanto a cena se desenrolava, o psicólogo comentou:

— Aline conseguiu pegar a adaga que estava escondida em sua bota, e, na última vez em que você esteve com ela para saciar sua sede de um corpo feminino, ela conseguiu cravar a adaga no próprio peito e perfurar o coração.

Rômulo continuou assistindo às cenas que se desenrolavam diante de si.

Quando Rômulo retornou ao quarto, Aline jazia coberta de sangue. Ele a amava, e, após o sepultamento da esposa, a vida do rapaz perdeu o sentido. O tempo passou, e Rômulo casou-se novamente. Sua segunda esposa deu-lhe um filho, mas os dois não conseguiam se entender.

Rômulo viveu mais alguns anos ruminando sua triste história e acabou sendo consumido pela culpa, desencarnando e seguindo para o umbral.

Na encarnação seguinte, que ocorreu por volta do século XIX, Rômulo reencarnou primeiro e tornou-se pai de Aline. Ele tinha grande apreço por essa filha, uma moça alegre e tímida.

O encontro de Aline com Atílio foi inevitável, e o amor que existia entre eles retornou forte. Os jovens enamorados mantiveram essa paixão em segredo, e, quando Rômulo descobriu que sua amada filha se encontrava com o rapaz às escondidas, ficou furioso. Ele, então, afastou Aline de Madrid e internou-a em um colégio na Suíça. Muitos anos se passaram, e Atílio continuava esperando o regresso de Aline. Rômulo, contudo, impediu que a filha retornasse solteira e a obrigou a se casar com um nobre suíço.

Quando retornou a Madrid com o marido, Aline acabou se encontrando com Atílio, e os dois logo perceberam que o amor entre eles continuava forte. O pai vigiava a filha para que ela não saísse de casa sem a companhia do marido, e Aline, então, foi ficando triste e novamente encontrou na morte o caminho ilusório da libertação. Dessa vez, a moça tomou um veneno forte, e Rômulo, mais uma vez, sofreu devido à culpa que sentia pelo suicídio da filha.

A tela parou de exibir as imagens do passado, e Rômulo começou a chorar, sentindo que Aline estava se suicidando naquele instante.

— Eu fui o culpado!

— Não, Rômulo! Aline tem essa fraqueza. Ela não sabe enfrentar os desafios que a vida lhe impõe, não quer crescer, evoluir! Aline escolhe sempre o caminho da fuga no suicídio. Ela precisa despertar para a própria força e reagir quando for colocada à prova.

— Mas por que a colocaram à prova?!

— Meu caro Rômulo, não existe evolução sem superação! No caso de Aline, ela precisa dizer não ao suicídio e usar a própria força para vencer esse desafio!

— Eu estou penalizado por ela, mas desejo ficar longe de Aline. O que preciso fazer para me livrar desse asco de ouvir uma voz feminina?

— Perdoar Aline e ajudá-la.

— Eu?! Mas como poderei ajudar Aline? Ela é fraca e traidora!

— Rômulo, Aline ama Atílio! E ele a ela! Eles se escolheram, e nada que você fizer poderá modificar essa situação! Quer se ajudar?

— Quero.

— Então, ajude o casal a se unir novamente. Mostre que você mudou, unindo o que você insiste em separar! Mostre que é generoso e compreende o amor.

— Você deve estar brincando! Quer que eu ajude os dois a ficarem juntos?! Quero ficar longe daqueles dois traidores!

— O perdão o libertará, Rômulo. Deseja permanecer no umbral por quantos séculos ainda? Sem amor... não existe a menor possibilidade de evolução para você. Existem tantos lugares maravilhosos para se viver! Todas as vezes em que você desencarnou, acabou indo para o umbral e vivendo próximo a essa colônia. Não lhe bastou passar por tantas necessidades?! Deseja permanecer estacionado? Sem aprendizado? Quer continuar vivendo deste lado, sem dar um passo no caminho de sua evolução? Chega de ser um pedinte, Rômulo! Você pode se transformar e seguir seu caminho sem peso desnecessário para carregar. Liberte-se! Perdoe definitivamente Aline e Atílio.

Rômulo levantou-se do divã e caminhou nervoso pela sala. O psicólogo insistiu:

— Mantenha seu equilíbrio e reconheça que nunca será amado da forma como deseja por Aline. Existem milhões de mulheres que adorariam ser amadas por você. O que sente por essa moça não é amor, é posse. Liberte-a, Rômulo. Perdoe Aline.

— Eu gostaria muito de me libertar desse sentimento, mas sinto algo muito forte quando penso em Aline. Eu a desejo.

— Para que exista amor verdadeiro entre duas pessoas, é preciso que ambas amem na mesma intensidade, o que não é o caso de vocês. Esqueça esse amor. Transforme-o em um amor fraternal. Dê um passo na direção de sua evolução, senão ficará estacionado neste lugar sem luz! Até quando agirá assim?

— Você tem razão! Não quero mais sofrer pelo amor de uma mulher que não me ama! EU DESISTO! Quero ser feliz! Ajude-me a perdoar Aline e Atílio. Não quero mais carregar o peso do ódio. Me ensine o que fazer para limpar esses sentimentos contraditórios em mim.

— Você tomou a decisão correta, Rômulo. Agora, poderemos dar início ao seu tratamento. Despeça-se de seus amigos. Você será transferido para a colônia Renascer. Tenho certeza de que vai gostar do lugar. Lá existe a luz do sol, que banhará seu corpo.

— Obrigado. Desejo conhecer outros lugares além desta colônia de socorro.

— Rômulo, você é o único responsável pelas portas que se abrirão em seu caminho evolutivo. Será uma viagem fascinante, meu amigo. Chega de sofrimento! Existem belos lugares esperando-o para que você consiga expandir seus conhecimentos. Tenho certeza de que encontrará diversão no aprendizado, que o nutrirá para uma nova vida. Limpe esse sentimento de ódio e frustração de si. Como dizem na Terra, "a fila anda".

Rômulo sorriu pela forma simples com que seu psicólogo tratava seu caso. O rapaz reconhecia que seria difícil deixar de amar Aline, mas tentaria com todas as suas forças.

CAPÍTULO 19

Laudicéia entrou na padaria para comprar pães, mas haviam acabado. Uma nova fornada estava assando e em vinte minutos estaria pronta.

— Ricardinho, eu preciso dos pãezinhos agora. Não terei tempo de vir apanhá-los mais tarde. César precisa ir para o trabalho, e não posso deixar minha filha sozinha.

— Posso levar os pães para a senhora quando ficarem prontos, dona Laudicéia. Deixe-os pagos no caixa, e, assim que estiverem prontos, tocarei a campainha de sua casa.

— Você é muito gentil, Ricardo. Vou aceitar sua ajuda.

Ele sorriu e, para não ser ouvido por outro balconista, disse baixinho:

— Desta forma, posso descansar um pouco e tomar um cafezinho com uma amiga!

— Compreendi. O cafezinho o estará esperando em vinte minutos.

Laudicéia se foi, e Ricardo ficou observando a rua e o movimento dos carros. Ele esperou César sair de casa para entregar o pão para Laudicéia e, assim que o homem partiu, tocou a campainha.

Laudicéia surgiu na janela do segundo andar e pediu a Ricardo que entrasse. Ela avisou ao rapaz que o portão estava aberto e que a porta da frente também estava destrancada.

O rapaz entrou e fechou o portão ao passar. Já dentro da casa, os olhos de Ricardo começaram a registrar todos os detalhes.

Parado à porta de entrada, ele ficou esperando Laudicéia entrar. A mulher desceu rápido e levou-o para a cozinha.

A mesa estava posta para o café da manhã, e Laudicéia disse:

— Sente-se. Quero que prove o bolo que acabei de tirar do forno. Aline adora! Quase todas as manhãs, preparo um bolo para ver se ela desce para tomar café comigo.

— Penso que, desta vez, deu certo! Estou ouvindo passos descendo a escadas.

— Será que deu certo?

Os dois ficaram em silêncio por alguns segundos na expectativa de Aline entrar na cozinha.

Minutos antes, Aline ouviu a campainha soar e Laudicéia pedir para uma pessoa entrar na casa. Nesse momento, o espírito que estava ao lado da moça a incentivou a descer as escadas e ver quem estava visitando Laudicéia. Aline, então, vestiu o roupão rapidamente e passou a mão pelos cabelos, ajeitando-os. Foi ao banheiro, escovou os dentes, lavou o rosto e desceu com dificuldade as escadas. Como passava muito tempo deitada na cama, ela sentia a musculatura de seu corpo rígida.

Aline parou perto da entrada da cozinha e, quando viu Ricardo, teve a certeza de que estava diante de Rômulo. Sentado à mesa, o rapaz educadamente tomava o café da manhã e, quando a viu, levantou-se para se apresentar. Aline não conseguia desviar os olhos do rosto de Ricardo.

— Bom dia, senhorita. Sou Ricardo, amigo de sua mãe.

— Bom dia, sou Aline — ela respondeu em um tom pouco audível.

— Venha, filha. Tome café conosco.

Aline aceitou a mão que Ricardo estendia a ela. O rapaz conduziu-a até a cadeira que Laudicéia puxara.

Laudicéia estava muito feliz em ver a filha deixar o quarto depois de meses. Ela pegou a xícara que Aline gostava, colocou leite quente com um pouco de achocolatado e perguntou:

— Quer comer pão ou prefere bolo de banana? Eu o preparei especialmente para você, querida.

— Quero o bolo, mamãe. Você se parece muito com Rômulo, Ricardo. Não é, mamãe?

— É verdade. Ricardo se parece com Rômulo. Os olhos, os lábios finos, os cabelos.

— Você conheceu Rômulo?

— Não. Me mudei para Curitiba há pouco tempo.
— Onde morava antes?
— Em São Paulo.
— O que o trouxe para Curitiba?
— Curiosidade. Gosto de conhecer lugares e a cultura de outras cidades. Em São Paulo, morei no bairro do Bixiga. Fazem belas festas italianas lá — Ricardo não conhecia São Paulo, mas mentia para impressionar Aline e Laudicéia. Ele mostrou-se divertido e gentil com elas.
— Conhece São Paulo, Aline?
— Não, dificilmente deixo meu quarto. Não gosto de barulho e odeio ouvir os comentários desagradáveis da vizinhança. Prefiro ficar quieta em meu canto.
— Mas o sol não entra no seu quarto. Deveria tomar um pouco de sol, sair, se divertir com os amigos.
— Não tenho amigos.
— Se você permitir, eu poderia ser seu amigo. O que acha de passearmos um pouco por Curitiba? Ainda não tive tempo de conhecer os pontos turísticos da cidade. Dizem que o Jardim Botânico é lindo...

Aline olhou para Ricardo e ficou ainda mais pálida. Ela levantou-se e deu alguns passos em direção à porta, mas, como estava fraca, perdeu os sentidos. Ricardo foi rápido e, antes que a moça batesse a cabeça no chão, amparou-a.

Assustada, Laudicéia não conseguia se levantar. Ele pegou Aline em seus braços e perguntou:

— Eu disse alguma coisa errada?
— Não! É que ela e o noivo costumavam passear no Jardim Botânico. Penso que seu convite a fez se recordar dos passeios com Rômulo.
— Não tive a intenção de provocar um desmaio em sua filha. Desejei ajudá-la, tirá-la um pouco de casa...
— Leve-a para o sofá da sala. Vou pegar o vinagre para ela cheirar e acordar desse desmaio.

Ricardo ficou ao lado de Aline olhando para o rosto pálido e belo da jovem. O coração do rapaz batia descompassado, e ele sentiu vontade de beijar os lábios da moça. Aline era tão frágil e bela. Laudicéia demorou alguns minutos para voltar, e ele controlou-se. A jovem despertara nele a proteção masculina diante da fragilidade.

Laudicéia retornou com um frasco de vinagre nas mãos. Ricardo esfregou os punhos de Aline, como viu fazerem nos filmes. Ele olhou para os pulsos da moça, notou as grandes cicatrizes e teve certeza de que Atílio falara a verdade sobre as diversas tentativas de suicídio de Aline.

Laudicéia tirou os braços de Aline das mãos de Ricardo e disse:

— Quando era pequena, Aline sofreu um acidente nos vidros da janela. Cortaram fundo, e por pouco não perdemos nossa riqueza. Não conte a ninguém do bairro sobre essas cicatrizes, por favor.

— Fique tranquila, dona Laudicéia. Eu nada direi. Será nosso segredo.

Aline acordou com o cheiro de vinagre e desculpou-se dizendo:

— Desculpe. Não tenho boas lembranças do Jardim Botânico, Ricardo. Se quiser, poderíamos passear no *shopping*. O que acha?

— Será um prazer, Aline. Mas você disse que não gostava de barulho, e lá tem muito barulho.

— Podemos assistir a um filme.

— Boa ideia! Gosta de comédia ou...?

— Comédia! Estou precisando rir um pouco.

— Combinado. À noite, iremos ao cinema para assistir a uma comédia.

— Hoje, eu não posso. Não estou forte o suficiente para deixar esta casa. Que tal sábado? Preciso tomar umas vitaminas para tentar recuperar minhas energias.

Ricardo amparou Aline até o quarto e retornou ao trabalho no balcão da padaria. Ele não compreendia por que a moça aceitara seu convite para sair, e nem ela, deitada em seu quarto, conseguia explicar por que aceitara o convite do rapaz. Dois espíritos femininos que estavam ao lado da moça eram responsáveis por aquele encontro, por a incentivarem a sair com Ricardo.

Laudicéia ficou feliz em notar que a filha estava reagindo. A mulher desceu à cozinha, preparou uma vitamina reforçada para Aline e obrigou-a a beber um pouco. A moça queixou-se e disse:

— Não consigo beber tudo, mãe. Meu estômago está pesado. Se eu tomar mais um gole, vomitarei.

— Então, tome mais dois goles para o copo ficar pela metade. Assim, você me deixará feliz.

— Não posso. Mais tarde, beberei um pouco mais. Sabe que não sou de comer muito.

— Eu sei. Você está muito magra e pálida... Então, filha, gostou de Ricardo?

— Ele se parece tanto com Rômulo!

— Talvez quando Rômulo tinha uns 18 anos. Ricardo deve ter essa idade.

— Ele tem um lindo sorriso! Como o de Rômulo.

— Você aceitou sair com o rapaz somente porque ele se parece com Rômulo?

— Não sei por que aceitei sair com ele, mãe! Talvez esse seja o motivo. Queria muito que Rômulo estivesse vivo, para que eu pudesse me explicar. Atílio jamais poderia ter me beijado na faculdade. Eu fui surpreendida! Não queria trair meu noivo, mas sempre fui apaixonada por Atílio! Ele foi meu primeiro amor. Queria terminar meu noivado como uma adulta. Ter tido uma conversa franca e definitiva.

— Eu sinto muito, querida!

— Também sinto muito, mãe. Por que as coisas tiveram de ser assim?! Um beijo acabou destruindo a vida de duas pessoas. A família de Rômulo também tem sofrido com a morte dele. Queria muito consolar a mãe dele, mas não tenho coragem de falar com ela. Não consigo encarar a família de meu ex-noivo! Me sinto culpada. Até papai me acusa!

— Isso não é verdade, querida. Seu pai a ama e quer vê-la bem.

— Pode até ser verdade, mamãe, mas não consigo mais olhar nos olhos dele.

— Pela primeira vez, você está falando comigo sobre esse assunto. Aline, quero que saiba que Rômulo está bem em outra dimensão. Estive com Atílio em um centro espírita, um lugar adorável de energia deliciosa. Também precisei de ajuda e foi no centro que consegui encontrar forças para enfrentar a situação.

— Compreendi aonde deseja chegar com essa conversa, mamãe. A senhora quer que eu a acompanhe até esse centro para conversar com os espíritos. Tenho medo... Podemos pular essa parte?

— Não, filha. Eu continuarei insistindo para que busque ajuda com pessoas que sabem como auxiliá-la.

— O que podem fazer para que eu volte a ficar bem? Não sou tão ignorante a ponto de não saber que sou a única que tem o poder de me deixar bem. Atílio vive dizendo isso: "Você é a única que pode encontrar forças para seguir em frente". Perdoe-me, mãezinha! Eu... não tenho vontade de viver!

— Não fale assim, querida. Você sabe que eu sofreria se você me deixasse sozinha... Os filhos têm que viver mais que os pais! Isso deveria ser uma lei!

— Acalme-se! Estou tentando reagir... pela senhora, mas não por minha vontade.

— Obrigada, filha. Eu lhe peço que não me deixe. Eu a amo tanto! Não sabe como fico destruída quando sinto que está desistindo da vida. Não desista, Aline. Seja forte. Venha comigo ao centro espírita. Eu lhe imploro, por favor. Vamos buscar ajuda. Lá, você certamente aprenderá a viver com leveza, apesar dos problemas que enfrenta.

— Me dê mais um tempo, mamãe. Ainda não estou pronta para frequentar um lugar desses. Juro que não atentarei contra minha vida. Fique tranquila e tranquilize o papai. Não gosto quando ele fica atento aos meus movimentos. Preciso de um pouco de liberdade.

— Ainda não estamos prontos para lhe dar essa liberdade, Aline. Você terá de conquistá-la novamente. Seu pai e eu nos desdobraremos em plantão nesta casa para não deixá-la sozinha um só segundo.

— Isso não está certo! Eu tenho direito à liberdade.

— Quando provar que desistiu de suicidar-se, conversaremos a respeito. Até lá... não adianta pedir.

— Isso é um absurdo! Já aceitei sair com seu amigo. Não é o bastante para provar que estou reagindo? Quero um pouco de liberdade e tenho esse direito!

Laudicéia percebeu as verdadeiras intenções da filha, ficou furiosa e disse:

— Então, foi por isso que aceitou o convite de ir ao cinema com Ricardo? Pois saiba que também estarei presente nessa sessão.

— O que o rapaz pensará ao ver a senhora no cinema, mãe?! Isso é ridículo!

— Você não me engana! Ridículo é se aproveitar de um convite para tentar se suicidar! Você não pensa em ninguém, Aline! É egoísta! Esta noite, todos nós iremos ao centro espírita pedir ajuda.

— Eu não irei!

— Eu a levarei, nem que seja amarrada! Desta vez, você não me escapa, Aline! Tentei ser carinhosa e compreensiva, mas tudo o que você queria era me enganar! Se não ama sua vida, saiba que eu e seu pai amamos. Você não nos deixará, enquanto estivermos vivos! Compreendeu bem, Aline?! Serei sua sombra! Se quiser morrer, que morra em vida! De outro jeito, não conseguirá.

    Laudicéia deixou o quarto desapontada com a filha e chorou pelo resto do dia.

CAPÍTULO 20

Naquela tarde, Atílio ligou para a casa de Laudicéia para ter notícias de Aline e, ao ouvir a voz da mãe da moça, logo percebeu que as coisas não estavam bem.

— A senhora está chorando, dona Laudicéia?

— É você, Atílio?

— Sim. Liguei para ter notícias de Aline. Como ela está?

— Na mesma, querido. Continua insistindo no suicídio. Não sei mais o que fazer! Estou a ponto de fazer uma besteira! Quero desaparecer desta casa.

— Não faça isso, dona Laudicéia! Aline precisa da senhora! Ela está precisando de energia positiva para ter forças para continuar em sua batalha. Vamos ao centro?

— Não posso deixar Aline sozinha. Desejo entrar naquela sala novamente e receber a força daqueles cristais, mas como poderei fazer isso? Aquela desmiolada não pode ficar sozinha.

— Posso ficar com ela esta tarde para que a senhora consiga ir ao centro.

— Seria arriscado, Atílio. César pode chegar e vê-lo em nossa casa. Meu marido anda muito nervoso! Me parece que as coisas não andam bem no escritório. Perderam uma causa importante, os clientes estão desaparecendo, e o dinheiro não entra. César está muito preocupado e os sócios também estão.

— No centro, explicaram que, quando uma pessoa está sofrendo uma obsessão espiritual, a primeira coisa que desaparece é o dinheiro.

— Isso está acontecendo com nossa família, Atílio. Não sei mais o que fazer! Estou ficando doente e tenho sentido dores no corpo. César também sente dores, e o dinheiro não tem sido suficiente para cobrir as despesas normais de uma casa.

— Vocês precisam de ajuda urgente. Tente convencer seu marido a visitar o centro espírita ou receber em sua casa alguém de lá, que pode ajudá-los.

— Eles fazem visitas em casa?

— Quando o caso é muito grave, e a pessoa que está precisando de ajuda não consegue se locomover, seja por limitações físicas ou devido a casos como o seu, fazem visitas onde são solicitados.

— Eu preciso de ajuda, Atílio. Por favor, converse com o dirigente do centro.

— Se César aceitar, falarei com a direção do centro e pedirei ajuda.

— César jamais permitiria essa visita. Pensei que os trabalhadores pudessem vir até aqui quando ele não estivesse em casa. O caso de minha família é muito grave! Você acredita que Aline aceitou o convite de Ricardo para irem ao cinema?

Atílio foi pego de surpresa e não sabia o que dizer. Amava Aline e ficou chocado ao ouvir que ela aceitara sair com outro.

— Ricardo e Aline? — indagou Atílio.

— Deixe-me explicar...

Laudicéia contou o que acontecera durante a manhã em sua casa e terminou dizendo:

— Tudo o que ela queria era sair de casa para concretizar o que mais deseja: encontrar a morte.

— Tem certeza disso?

— Tenho sim. Encostei-a contra a parede, e ela admitiu sua intenção de usar Ricardo para ficar longe de casa e terminar o que começou.

— O caso é mais grave do que imaginávamos, dona Laudicéia! Tire de casa qualquer coisa que ela possa usar para cometer o suicídio. Cinto, lençol, toalha de banho. Qualquer coisa que ela possa utilizar como corda para se enforcar.

— Eu fiz isso há muito tempo. Deixo tudo bem trancado na edícula. Não uso lençóis na cama dela. Não sei mais o que fazer para demovê-la dessa ideia! Aline está obcecada em cometer suicídio. Não suporto mais ver minha filha agindo dessa maneira. Tenho lutado todos os dias contra isso, porém, estou perdendo as forças, Atílio.

— Não se entregue! A senhora não está sozinha. Venceremos essa luta! Deseja que eu fale com César?

— Não. Deixe que eu mesma tente me entender com ele. Depois, lhe mandarei notícias. Obrigada por se mostrar solidário com meu desespero. Por favor, fale com o dirigente do centro, pois preciso de ajuda urgente.

— Se a senhora precisar de alguma coisa, tem o número de meu telefone. Pode me ligar a qualquer hora. Tenha força, dona Laudicéia.

Laudicéia desligou o telefone e subiu para ver como Aline estava. Quando entrou no quarto da filha, ficou admirada com o que viu. A moça tomara banho e estava arrumada, maquiada e perfumada. Ao ver a mãe, Aline abriu um sorriso e disse:

— Estou pronta, mãe. Rômulo chegou? Ele me convidou para um passeio especial! Vamos a um jantar com o reitor da faculdade. Depois do jantar, haverá um baile! Estou bonita, mamãe?

— Está linda, filha, mas não faça isso comigo! Você sabe que Rômulo morreu naquele acidente na estrada.

— Isso foi boato da velha Renê. Rômulo esteve aqui hoje e me convidou para sairmos. Teremos uma noite especial.

Laudicéia não sabia o que responder para a filha e naquele momento teve a certeza de que Aline perdera o equilíbrio de suas faculdades mentais. A mulher, então, ligou para César, pedindo que ele retornasse para casa com urgência. Ele não questionava mais os motivos para a esposa chamá-lo naquele tom. Tinha certeza de que a emergência se tratava de Aline.

Nervoso, César desligou o telefone e avisou à secretária que teria de se ausentar do escritório. Ele seguiu para o carro que deixara no estacionamento e, de repente, sentiu uma forte pontada no peito. Respirando fundo para tentar amenizar a dor que vinha sentindo havia alguns dias, acelerou o carro e partiu. No caminho, a pontada no peito veio mais forte, e César por pouco não bateu no veículo da frente. O motorista do outro automóvel freou bruscamente, desceu e foi tirar satisfação com ele.

— O senhor não sabe dirigir?! Por pouco não atropelou as crianças que atravessavam a rua! Não notou que parei para que elas passassem?

O homem olhou para César e percebeu que ele estava passando mal. Mais calmo, disse:

— O senhor não está bem! Sou médico e posso ajudá-lo. O que está sentindo?

— Uma dor forte no peito — César falou.

O médico afrouxou a gravata de César, inclinou o banco do carro para deitá-lo e deixá-lo o mais confortável possível até a chegada da ambulância, que ele chamou com urgência.

— Fique calmo, senhor. Em breve, estará no hospital. O senhor tem plano de saúde?

César retirou a carteira do bolso e entregou-a ao médico. Uma viatura da polícia estava passando pelo local, e dois policiais desceram do veículo para entender o que estava acontecendo. O médico explicou a situação, e um dos policiais prontificou-se a dirigir o carro de César até o hospital, assim que a ambulância chegasse para resgatá-lo.

Após uma breve espera, que pareceu longa para César, uma ambulância levou-o para um hospital próximo, onde o médico que o atendera trabalhava. Um dos policiais dirigiu o carro de César até o estacionamento do hospital e deixou a chave na recepção.

Como César estava consciente, o médico pediu-lhe que fornecesse um telefone de algum familiar ou amigo. A recepcionista do hospital, então, ligou para a casa de Laudicéia e informou-lhe que César estava na emergência, pois passara mal no trânsito e fora socorrido. Ela também pediu que alguém da família comparecesse ao hospital para assinar a papelada, pois ele seria submetido a uma cirurgia de emergência.

Laudicéia não sabia o que fazer, pois precisava ir ao hospital, mas não podia deixar Aline sozinha em casa. Ela pensou em chamar Renê, mas recordou-se de que a velha amiga de sua mãe não estava em condições de fazer-lhe esse favor. Só havia uma pessoa que poderia cuidar de Aline: Atílio.

Ela, então, ligou para o rapaz para pedir-lhe ajuda, e, prontamente, Atílio apressou-se em seguir para a casa de Laudicéia. Ela estava aflita esperando-o no portão. Da padaria, Ricardo notou o nervosismo da mãe de Aline e foi até lá para saber o que estava acontecendo.

— Agora não tenho tempo para conversar, Ricardo. Estou esperando Atílio para cuidar de Aline. César está mal no hospital.

— O que ele tem?

— A recepcionista do hospital disse que César precisa passar por uma cirurgia urgente. Deve ser o coração! Ele andava se queixando de uma dor no peito. Eu disse ao meu marido para procurar um médico, mas César é teimoso e não foi.

— Fique calma! Posso ficar com sua filha até Atílio chegar. A senhora pode correr para lá.

— Melhor não, Ricardo. Aline não está bem.

— O que ela tem?

— Ficou confusa com seu convite. Se ela não estiver mentindo, acredito que Aline surtou.

Renê apareceu no portão e ouviu o que Laudicéia dissera. Sem pestanejar, a mulher falou alto para toda a vizinhança ouvir.

— Agora, Aline está se fazendo de louca! Isso é a culpa corroendo os neurônios dela! Culpa por ter matado o noivo! Vagabunda é o que ela é!

Laudicéia perdeu o controle e, furiosa, foi para cima de Renê, acertando um forte soco na boca da velha senhora. Rapidamente, Ricardo segurou Laudicéia, ou ela teria dado uma grande surra na vizinha idosa.

— Não faça isso! A senhora perdeu a razão, dona Laudicéia! Não pode agredi-la dessa forma.

Laudicéia tremia e começou a chorar. Os nervos da mulher estavam à flor da pele. Depois do soco, Renê entrou na casa o mais rápido que pôde, levando a mão à boca, que sangrava.

Atílio estacionou o carro na frente da casa de Aline e assustou-se com o estado de Laudicéia.

— A senhora não está em condições de ir ao hospital sozinha. É melhor que chame um parente para acompanhá-la até lá.

— Não tenho parentes vivos, Atílio, e a família de César mora em São Paulo.

— Ricardo, acompanhe nossa amiga até o hospital — pediu Atílio.

— Claro! Mas ela não está em condições de seguir de ônibus pela cidade. Você poderia levá-la em seu carro.

— Não! Atílio precisa ficar cuidando de Aline, Ricardo! Eu conseguirei ir de ônibus ao hospital! Se tivesse dinheiro, pegaria um táxi.

— Há uma forma de resolvermos esse assunto! — disse Atílio entrando na casa de Laudicéia. Rapidamente, ele ligou para o colégio de Agnes e, com poucas palavras, explicou o que estava acontecendo. Como já estava na última aula, a jovem prontificou-se a acompanhá-los até o hospital. Atílio, então, correu para pegar a irmã no colégio, enquanto Laudicéia trazia Aline para a sala da casa.

Laudicéia decidiu que seria melhor levar a filha com eles, e, dez minutos depois, todos estavam no carro de Atílio. A mulher estava um pouco mais calma e pediu a Agnes que cuidasse de Aline e não a deixasse sozinha um minuto sequer. A moça estranhou o pedido, mas se calou quando Atílio piscou para ela pelo espelho retrovisor.

Sentado ao lado de Atílio, Ricardo não compreendia o que estava acontecendo com Aline e perguntava-se: "Por que ela está vestida com um vestido de festa e bem maquiada?".

Aline tocou nas costas de Ricardo e disse:

— Pena que nosso encontro não está acontecendo conforme planejamos. Um encontro para nós dois, Rômulo. Haverá outras oportunidades de ficarmos juntos. Por que não comentou nada sobre minha roupa? Estou bonita, meu noivo?

No carro, o silêncio foi geral, e todos perceberam que Aline não estava bem. Atílio disse baixinho para Ricardo.

— Concorde com ela. Diga que você é o noivo dela.

— Você está linda. Será a moça mais bonita do lugar.

— Gostou da cor do vestido?

— Sim. Ficou muito bem em você.

Atílio estacionou na frente do hospital, e Aline segurou Ricardo pelo braço, impedindo-o de deixá-la na companhia de Atílio e Agnes.

CAPÍTULO 21

Aline sorria estranhamente para Ricardo, e Agnes, assustada, perguntou:

— O que ela tem?

— Não sei. Parece-me que está tendo alucinações — respondeu Atílio.

— Será que está drogada?

— Não! Mas que ideia, Agnes! Aline não usa drogas!

— Não sei não! O comportamento dela está muito estranho. Na cabeça dela, Ricardo é Rômulo! Não seria melhor que um médico a examinasse? Isso me parece efeito de drogas.

— Como sabe? Já usou drogas, por acaso?

— Não uso e nunca usarei! Mas em qualquer esquina deste planeta, você encontrará um usuário. Eles ficam num estado mental muito parecido com o de Aline e criam um mundo que não existe. Estou ficando assustada com essa situação. Será que ela ficará agressiva?

— Aline nunca foi agressiva. Não existe nada nela que remeta à violência.

— Olhe para ela, Atílio! Ela também nunca foi doida, mas agora parece estar. Não está vendo Aline querendo dançar com Ricardo no meio da sala de espera do pronto-socorro? Faça alguma coisa para evitar esse escândalo!

Atílio aproximou-se de Aline e pediu para cheirar a boca da moça, que se negou e procurou ajuda com Ricardo.

— Ele não foi convidado para nosso baile, Rômulo! Não quero esse cara por perto. Querido, retire-o imediatamente do salão! Chame o segurança!

Aline movimentava os braços e chamava o segurança do pronto-socorro, que estava parado à porta. O segurança aproximou-se e perguntou:

— O que deseja, senhorita?

— Esse sujeito está sendo inconveniente. Retire-o do salão, por favor. Quero dançar com meu noivo a noite toda.

— O que ela tem? Está drogada?

— Ela... não está bem.

— Já fizeram a ficha para passar com um médico?

— Não.

— Entregue os documentos dela no balcão de atendimento. Hoje, o movimento está fraco, e ainda é cedo. Não perca tempo. Mais tarde, o lugar ficará lotado.

O segurança acompanhou Atílio e Agnes até o balcão de atendimento. A moça segurava a bolsa de Aline e fez a ficha para que ela fosse atendida.

— O que estão fazendo? Não estamos aqui para isso! Dona Laudicéia não disse para passar Aline no médico — disse Ricardo, quando, finalmente, conseguiu se desvencilhar dos braços da moça e correr até o balcão de atendimento, deixando-a sentada na cadeira.

— Não percebeu o estado em que Aline está? Ela deve ter se drogado! — Agnes voltou-se para Atílio e disse: — Assine logo essa ficha, meu irmão! Ela deve ter tomado algo para se matar no quarto ou no banheiro!

— Não conseguiria. Todos os produtos de limpeza e os remédios da casa ficam trancados na edícula — disse Atílio.

— Os xampus e os perfumes também?

— Acho que não.

— Ela tomou alguma coisa. Assine logo essa ficha médica, e vamos passar essa doida em uma consulta! Não quero que ela morra ao meu lado.

Atílio assinou a ficha, e Agnes ficou mais tranquila. A moça sentou-se ao lado de Aline e disse para Ricardo:

— Consegui fazer meu irmão passar essa doida em uma consulta. Quando chamarem o nome dela, convide-a para dançar lá dentro.

Aline perguntou para Agnes:

— Quem é você, garota?

— Sou a garçonete. Aceita um copo de água, senhorita?

— Não, obrigada. Poderia nos dar licença? Gostaria de ficar à vontade com meu noivo.

— Quem mandou você ser parecido com Rômulo? Entrou na confusão da maluca. Ficarei próxima à entrada para deixar o "casalzinho" sozinho.

— Fique aqui, Agnes! Não quero ficar sozinho com ela.

— Melhor não contrariá-la. Fique aí e represente seu papel. Pelo que estou notando, o enganado foi meu irmão. Aparentemente, ela gostava muito de Rômulo.

Vinte minutos depois, o médico chamou Aline. Ricardo levantou-se da cadeira e convidou:

— Vamos? Estão nos chamando.

— Para onde vamos?

— Para um local reservado.

— Você sempre galante e safadinho. Vamos.

Atílio e Agnes entraram na sala do médico antes de Aline entrar e rapidamente explicaram o que estava acontecendo com a moça. Quando ela entrou no consultório, o médico examinou as pupilas de Aline e não teve dúvida: ela ingerira alguma substância alucinógena. Ele aferiu a temperatura e ficou preocupado ao ver que o termômetro marcara 39°C. Além da temperatura corporal elevada, a pressão arterial de Aline estava baixa.

— Vocês a trouxeram a tempo. Não sei o que ela ingeriu, mas o estado dessa moça é preocupante. Além de estar sofrendo com alucinações, está febril e com a pressão baixa. A substância tóxica que ela tomou se espalhou; não deve estar mais no estômago. Precisamos saber o que essa moça tomou para indicar o tratamento correto. Voltem para a casa dela e vasculhem o lugar. Procurem algum recipiente que esteja vazio.

O médico encaminhou Aline para o hospital localizado ao lado do pronto-socorro, e Atílio, Ricardo e Agnes não sabiam como informar Laudicéia de que Aline também fora internada.

Os três foram ao outro prédio procurar Laudicéia e souberam na recepção que César estava no centro cirúrgico. Eles, então, seguiram para a sala de espera para encontrar a mãe de Aline. No caminho, Atílio encontrou Beatriz, a enfermeira que se tornara sua amiga.

— O que faz aqui, Atílio?

— Que bom que a encontrei, Beatriz. Eu preciso achar a sala de espera próxima ao centro cirúrgico.

— Algum parente está na sala de cirurgia?

— O pai de Aline está lá. Recorda-se dela?

— A moça que tentou se suicidar? Claro. Venha comigo.

Atílio contou a Beatriz o que estava acontecendo com aquela família, e, sem floreios, ela disse:

— Essa moça acabará perdendo todos à sua volta e terminará seus dias em um sanatório, no meio de doentes metais, Atílio. Isso normalmente acontece com esse tipo de pessoa!

— Final tenso, hein? — comentou Agnes com Ricardo. — Será que ela está certa? Será que Aline terá um fim trágico, se não conseguir se matar?

— Esse é um castigo drástico para quem é inocente da morte do noivo. Ainda acha que Aline não gostava dele? — perguntou Ricardo.

— Pela demonstração de carinho e sedução que presenciei, penso que Aline era louca de amor por Rômulo! Meu irmão é o verdadeiro trouxa nessa história. Aline só faltou tirar a roupa e...

— Agnes, não foi bem assim!

— Não foi porque estávamos em público! Se você estivesse sozinho com Aline, seria uma loucura! — brincou Agnes.

Beatriz levou os três para a sala de espera, onde estava Laudicéia. Com um terço nas mãos, ela orava para que a cirurgia de César ocorresse bem.

Ao ver os três entrando na sala, Laudicéia procurou Aline entre eles, mas não a encontrou. Ela ficou pálida e, aflita, questionou:

— Onde está minha filha, Atílio? Por que ela não veio com vocês?

— Aline foi internada. Ela está com a pressão baixa e com febre.

— Ela estava bem quando a deixei.

— Aline não estava bem, dona Laudicéia! Ela parecia estar drogada — disse Agnes.

Atílio beliscou o braço de Agnes para que ela não fizesse aqueles comentários diante de Laudicéia. A jovem pulou de dor e soltou um sonoro "ai".

— Não agrida sua irmã, Atílio! Ela disse a verdade. Aline não estava em seu juízo perfeito. O que será que ela fez dessa vez? Meu

Deus, eu tirei de casa tudo o que ela pudesse usar para se matar! Onde foi que eu errei?!

— A senhora não deve se sentir culpada pelos atos de sua filha. Tenho certeza de que tem feito tudo para demovê-la dessa situação. A equipe médica está esperando uma resposta sobre a substância que Aline ingeriu para medicá-la corretamente — disse Beatriz.

— Não queria deixar César sozinho no hospital, meu Deus! Essa menina é meu calvário!

— Se a senhora permitir, poderíamos verificar sua casa, dona Laudicéia. O que acha? — sugeriu Agnes.

Laudicéia entregou a chave da casa e disse:

— Olhem no banheiro do quarto de Aline e no banheiro do meu quarto. Talvez ela tenha ingerido alguma coisa que esqueci lá. Mas quem ficará de olho em Aline? Ela não pode ficar sozinha em um hospital.

— Eu cuidarei dela. Não se preocupe, dona Laudicéia. Mandarei notícias por meio das outras enfermeiras. Continue orando. Tenha fé de que o melhor acontecerá para todos os envolvidos — disse Beatriz.

Os três deixaram o hospital e correram para a casa de Laudicéia. Agnes olhou a cômoda de Aline e notou que todos os frascos de perfume estavam vazios. A jovem, então, pediu a Ricardo que procurasse uma sacola na cozinha, e, quando ele retornou, ela a encheu com todos os fracos vazios que encontrara nos quartos e nos banheiros.

— Vamos retornar ao hospital. Os médicos precisam saber disso.

Quando saíram, notaram que havia uma viatura da polícia diante da casa de Renê. A velha senhora fizera uma denúncia de agressão contra Laudicéia e continuava a lançar impropérios contra a família e os amigos de Aline. Ao vê-los, ela ofendeu-os ferozmente.

Muito nervoso, Atílio respondeu:

— Vou processar a senhora por calúnia e difamação, dona Renê!

Renê assustou-se e perguntou ao policial se isso poderia acontecer, enquanto os três entravam no carro de Atílio e seguiam para o hospital.

O policial percebeu que a velha Renê não era inocente como afirmava e disse:

— Se esse rapaz processá-la, a senhora terá de indenizar todas as pessoas a quem ofendeu, e eu serei testemunha no caso. Dona Renê, a senhora caluniou os três.

Renê assustou-se e dispensou as vizinhas que correram para frente de sua casa. Depois, temerosa do que pudesse acontecer, trancou-se na residência.

Atílio retornou ao hospital, e Agnes apressou-se a entregar à equipe médica o que encontrara na casa de Aline.

— Está tudo aqui, doutor. Aline ingeriu alguns desses produtos. Achei estranho o fato de todas as embalagens de xampu também estarem vazias. Tomar xampu pode matar uma pessoa?

— Não creio que tenha sido o xampu, pois causaria vômito à paciente, e ela não vomitou. Além disso, não havia vestígio de espuma no estômago de Aline. Definitivamente, não foi o xampu, mas temos aqui frascos de perfume e cosméticos vazios. Essa moça não morreu, pois vocês a trouxeram a tempo ao hospital.

— Sim! Se desejar falar com a mãe da paciente, ela está no hospital. Neste momento, o pai de Aline está passando por uma cirurgia no coração.

— Vamos até a sala de espera onde a mãe está. Preciso saber qual é o histórico de Aline, pois tudo indica que essa moça precisará de uma intervenção. Por lei, Aline é uma pessoa que se prejudica e não tem condições de ficar livre. Talvez, ela precise ser internada em uma clínica psiquiátrica. Os três entreolharam-se assustados. Intervenção não era um bom sinal para Aline.

CAPÍTULO 22

Laudicéia assustou-se quando o médico entrou na sala de espera acompanhado de Atílio, Agnes e Ricardo.

— A senhora é dona Laudicéia Silva Caldense?

— Sim, sou eu. O que está acontecendo, doutor?

— Aline, sua filha, está passando por uma intervenção neste momento. Tudo indica que ela tentou se matar. A senhora está ciente disso?

— Intervenção?! Não estou entendendo! O que o senhor quer dizer com isso?

— Encontrei a ficha de sua filha neste hospital e há registros de pelo menos cinco tentativas frustradas de suicídio. Veja bem, dona Laudicéia... essa menina precisa de um tratamento psiquiátrico urgente. Aline acabou de passar por uma avaliação de um profissional competente, que assinou um laudo afirmando que sua filha está com distúrbios mentais.

— Isso não é verdade! Aline é uma moça mentalmente saudável. Vocês não podem emitir um diagnóstico desses! Ela está sob efeito de produtos químicos. Produtos que ela ingeriu!

— Dona Laudicéia, o caso de sua filha é psiquiátrico. Vi na ficha de Aline que ela atentou contra a própria vida cinco vezes e que, em todas elas, os médicos que a atenderam a encaminharam ao psiquiatra. É nítido que sua filha tem um distúrbio mental. Eu sinto muito, mas Aline não voltará para casa desta vez. Ela seguirá do hospital direto para uma clínica especializada em pessoas com distúrbios mentais. Aline é um caso grave e uma ameaça para si mesma!

— Vocês não podem levar minha filha a uma clínica de loucos! Ela não é louca!

— A senhora é capaz de afirmar que Aline pode ter uma vida normal? Trabalhar e estudar?

— Não. Ela não pode ficar sozinha sem ser vigiada. Deus sabe da minha luta para manter minha filha viva durante todos esses anos. Qualquer acontecimento desagradável é motivo para ela atentar contra a própria vida.

— Aline não é louca, dona Laudicéia, mas precisa de cuidados. Ela passará um tempo na clínica, onde estará segura. Sua filha precisa estar em um ambiente controlado, livre de objetos que possam ser usados como arma contra ela mesma. Além disso, Aline será cuidada por profissionais maravilhosos, por bons psiquiatras e psicólogos, que a ajudarão a voltar a viver em sociedade. Por favor, assine o termo de internação de sua filha.

— Não! Neste momento, não tenho condições de avaliar o que esse termo representa. Preciso conhecer essa clínica primeiro e conversar com os médicos de Aline. Não posso interná-la em um lugar sem conhecê-lo primeiro. Essa instituição é mantida pelo governo?

— Trata-se de uma clínica mantida com doações empresariais e por uma instituição religiosa. Os profissionais da área são todos voluntários.

— Não quero internar minha Aline. Estou de olho nela sempre. Sei como cuidar dela.

— Desculpe-me dizer isso, dona Laudicéia, mas se realmente soubesse... ela não teria atentado contra a vida cinco vezes.

— Sim, doutor... o senhor está certo. Não tenho como rebater esse argumento. Fiz o melhor que pude para cuidar de Aline.

— Dona Laudicéia, noto nitidamente que a senhora está cansada. Não vê que está na hora de mudar o quadro triste em que tem vivido? Sua filha precisa de ajuda, antes que consiga realizar o que deseja e que a senhora chore a morte de sua menina. Deixe-me ajudá-la.

— Doutor, preciso falar com meu marido antes de assinar essa autorização. Neste momento, ele está passando por uma cirurgia cardíaca. Precisamos esperá-lo acordar.

— Quer um conselho médico?

— Sim, doutor.

— Não leve esse problema para seu marido, pois ele nem está em condições de cuidar de si mesmo sozinho. Estou lhe oferecendo ajuda, senhora. Aceite, pois não encontrará outra clínica para internar sua filha, sem que precise desembolsar uma vultosa quantia. Prometo que Aline será bem tratada. Assim que ela estiver melhor, a senhora e os amigos que a estimam poderão visitá-la. Naturalmente, se ela assim o desejar.

— Posso dar minha opinião, dona Laudicéia? — Agnes questionou.

— Pode falar, Agnes.

— Eu estive há pouco em sua casa e, enquanto procurava os frascos que pudessem nos dar uma pista do que Aline havia ingerido, me senti triste. Isso foi algo muito pesado de se fazer. Dona Laudicéia, a senhora e seu marido têm passado por isso há muito tempo e devem estar cansados! A doença cardíaca de seu César deve ser consequência de toda essa pressão! Interne Aline. Descanse um pouco, cuide de si. Experimente sair de casa sem ter medo de voltar e encontrar sua filha sem vida. Ela precisa de ajuda, e, admita que, mantendo-a presa em casa, não terá como ajudá-la. Essa é a minha opinião.

— Sábias palavras, menina. Mesmo tão jovem, ela lhe deu sábios conselhos. Quer saber a opinião dos outros jovens aqui presentes? — perguntou o médico.

— Deseja dizer alguma coisa, Atílio? Você e Aline são tão próximos... Concorda com Agnes? Devo interná-la nesta clínica?

— Concordo com o que minha irmã disse, dona Laudicéia. Aline realmente precisa de ajuda. Ela não aceitou ajuda espiritual nem se tratar com um psicólogo. Prometeu muitas vezes que iria, mas acabou nos enrolando. Infelizmente, não vejo outra saída senão a internação. Creio que ela terá ajuda de bons profissionais e tenho fé de que possa novamente amar a vida e ser grata por estar viva! Essa é minha opinião, dona Laudicéia — disse Atílio.

— Ricardo, sei que nos conhecemos há pouco meses, mas gostaria de saber o que pensa sobre isso. Pelo que presenciou do comportamento de Aline, o que tem a dizer? Devo ressaltar que ela aceitou sair com você para conseguir suicidar-se longe de nossa casa. Aline me confessou isso essa manhã.

— Não tenho muito a dizer sobre Aline, dona Laudicéia. Ela é uma moça bonita e tem um sorriso encantador. Se não soubesse de sua história... pensaria que estava apenas triste. Quando a convidei para um passeio, desejei apenas ajudá-la.

— Sinto muito em lhe dizer que minha filha pretendia usá-lo para tentar o suicídio. É a mais pura verdade. Depois que você se foi, eu tive uma conversa dura com Aline. Desconfiei da intenção dela, e ela acabou confessando. Quando eu disse que iria junto com vocês ao cinema, Aline ficou brava. Eu disse algumas verdades e fui atender ao telefone... Aline acabou com os perfumes da casa. Seja sincero... o que decidiria se estivesse em meu lugar?!

Naquele momento, Ricardo esqueceu-se de seu plano de vingança e disse:

— Interne Aline, dona Laudicéia. Ela precisa de ajuda urgente.

Ao lado de Laudicéia estava um espírito que a amava e a apoiava. Tratava-se de um espírito que lhe era familiar: Iolanda, mãe de Laudicéia. Ela dava forças à filha e dizia ao seu ouvido com carinho: "Interne-a, antes que seja tarde".

Laudicéia não registrou as palavras ditas ao seu ouvido, mas sentiu-se mais segura para afirmar:

— Assinarei a papelada. Espero que o senhor esteja certo, doutor.

— Prometo passar todos os dias na clínica, onde também sou voluntário, para analisar a evolução de sua filha. Aline estará em excelentes mãos. Somos profissionais competentes. Talvez, vocês possam visitá-la na próxima semana. Pedimos um prazo para elaborar o tratamento mais adequado à paciente.

— Levarão Aline ainda hoje para a clínica?

— Sim, eu acompanharei a ambulância. Peço que arrumem uma mala com roupas e objetos pessoais de Aline, para que ela fique mais confortável na clínica. Leve tudo para lá e entregue nas mãos de Beatriz.

— Beatriz? A enfermeira que trabalha na UTI deste hospital?

— Sim, ela mesma. Vocês a conhecem? É uma excelente enfermeira e faz um belíssimo trabalho voluntário na clínica.

— Beatriz também é voluntária na escola do centro espírita que frequento. É uma ótima pessoa — disse Atílio.

— Você encontrará mais voluntários do centro trabalhando na clínica, principalmente os médicos e doutor Carlos, o dirigente.

— Aline não aceitou ser atendida pelo psiquiatra do centro espírita. Que ironia do destino... agora será atendida por ele na clínica. Doutor Carlos é um excelente profissional.

— Ironia do destino ou mera coincidência? Não sabemos. Os pacientes mais graves que passam pelo centro são encaminhados para a clínica. Esse seria o caminho de Aline, se ela tivesse aceitado se tratar com nossos profissionais no centro espírita.

— Isso é incrível! Não sabia que ainda frequenta o centro espírita, Atílio! Se mamãe descobrir... — disse Agnes.

— Não conte para ela, Agnes. Eu levarei vocês da próxima vez em que for.

Após concluir a cirurgia de César, o médico entrou na sala de espera. O outro médico certificou-se de que Laudicéia assinara todos os papéis e deixou a sala rapidamente. O cirurgião afirmou que o procedimento fora um sucesso e disse:

— O paciente será levado para a UTI. Dependendo da evolução do seu marido, creio que amanhã mesmo ele será transferido para o quarto e poderá receber visitas.

O médico deixou a sala, e Laudicéia viu dois enfermeiros levando César numa maca pelo corredor. A mulher correu para a porta, e o enfermeiro parou por um momento:

— Está tudo bem com ele, senhora. Só lhe peço que não toque no paciente para não contaminá-lo.

— Compreendo. Não tocarei nele. Só queria me certificar de que meu marido está bem.

Laudicéia ficou olhando para César até que o enfermeiro notou que o médico deixara o centro cirúrgico e vinha em sua direção. O homem, então, empurrou a maca para a UTI, e Laudicéia ficou olhando os dois desaparecerem no corredor.

— Podemos ir, dona Laudicéia? — perguntou Atílio.

— Sim. Apenas gostaria de me despedir de Aline lá embaixo. Será que já a levaram?

— Podemos verificar. Também gostaria de me despedir dela.

Quando chegaram ao térreo, a ambulância já levara Aline para a clínica, e Laudicéia entristeceu-se por não poder se despedir da filha.

Atílio amparou Laudicéia até o carro com a ajuda de Agnes e Ricardo. O rapaz dirigiu devagar pela cidade, e, quando chegaram à frente da casa de Laudicéia, ela estava chorando muito. Os três desceram do carro e entraram na casa com ela.

Atílio foi para a cozinha e preparou um café forte para todos. Agnes sentou-se com Laudicéia no sofá da sala e acarinhou os cabelos da mulher dizendo:

— Não se desespere, dona Laudicéia! A senhora não está sozinha. Se permitir, ficarei alguns dias em sua casa até seu marido voltar.

— Posso vir dormir aqui depois que a padaria fechar, se permitir, é claro — propôs Ricardo.

— Vocês são jovens maravilhosos! Aceito o carinho de todos, mas não quero atrapalhar a rotina de vocês.

— Não nos atrapalhará, dona Laudicéia. Amanhã, passarei aqui à tarde para levá-la ao hospital. Agora, precisamos arrumar a mala de Aline para deixarmos na clínica. Agnes, ajude dona Laudicéia com isso — falou Atílio.

— Você me levará até a clínica, Atílio?

— Claro que sim, dona Laudicéia! Passarei em casa para tomar um banho e pegar meus cadernos para seguir para a faculdade. Volto mais tarde.

— Obrigada por tudo o que tem feito por nossa família.

Atílio serviu o café para Laudicéia e saiu. Ricardo fez o mesmo, pois precisava voltar ao trabalho na padaria. Não queria ter o dia inteiro descontado de seu salário.

Agnes subiu com Laudicéia para fazer as malas de Aline. A moça sentia arrepios pelo corpo e que a casa estava imersa em uma atmosfera pesada, contudo, decidiu não comentar nada com sua anfitriã.

CAPÍTULO 23

Muriel e Nair acompanhavam Rômulo no veículo, e o rapaz comentou:

— A viagem foi muito curta! Estava gostando desta poltrona confortável! Que pena ter de deixá-la!

— Os veículos que circulam entre a zona umbralina e as colônias são muito requisitados para fazerem os resgates dos espíritos que estão prontos para deixar o umbral. O percurso entre as duas colônias é curto. Nós poderíamos fazê-lo apenas com a força do pensamento — respondeu Muriel.

— É possível viajar somente com a força do pensamento? Isso é possível para um espírito como eu?

— Sim, é possível. Tudo é possível, quando se está fora da Terra. Como lhe disse, Rômulo, tenha cuidado com o que você pensa. Pensou, criou! Viajar sem um veículo nesta zona é muito arriscado. Os espíritos ficam vulneráveis a ataques de falanges, que desejam se aproveitar deles e escravizá-los.

— Prestou atenção no que acabou de ouvir, Rômulo? É perigoso se aventurar fora dos portões das colônias e das cidades nos níveis acima. Existem grupos de espíritos aproveitadores esperando os desavisados para escravizá-los. Cuidado! — disse Nair.

— Eu compreendi! Prometi que seria obediente e serei.

— Gostaria que vocês concentrassem suas mentes ali... no portão da colônia. Pensem que estamos lá, pois assim deixaremos o veículo continuar seu curso.

Rômulo e Nair olharam para o portão e imediatamente foram transportados para lá. Nair mentalizou o lado de dentro, e Rômulo, o lado de fora. Muriel, então, ficou com ele até que o portão fosse aberto.

Nair sorriu ao ver que os dois estavam do lado de fora e ela não.

— Desculpe. É que tenho entrada livre na colônia Renascer. Deveria ter ficado do lado de fora com vocês.

— Está tudo bem, Nair. Você não infringiu as regras da colônia — afirmou Muriel.

— Não está nada bem! É melhor os dois entrarem... e rápido! Há espíritos querendo invadir a colônia.

Os guardas abriram o portão rapidamente e, depois que Muriel e Rômulo passaram, usaram suas armas na direção do grupo de invasores. Alguns espíritos correram assustados, mas alguns foram atingidos pelo raio de energia positiva.

Após atravessar o portão, Rômulo ficou com a vista embaçada e não conseguiu ver a beleza do jardim florido. Telepaticamente, Muriel pediu uma maca para levá-lo ao subsolo. O rapaz estava vestido com uma capa que o protegia da contaminação do ambiente.

Pouco depois, dois enfermeiros, que também vestiam capas, pois trabalhavam atendendo aos espíritos recém-chegados da zona umbralina, trouxeram a maca e fizeram Rômulo deitar-se. O estômago do rapaz estava revirado e sua visão continuava desfocada. Todo esse mal-estar estava acontecendo porque Rômulo não estava preparado para a vibração positiva da colônia. Os enfermeiros levaram-no para a câmara depuradora de energia densa, em que o rapaz passaria por um banho de imersão prolongado até toda a viscosidade negativa deixar seu espírito. Assim, ele seria purificado para conseguir dar os primeiros passos na colônia Renascer.

Muriel acompanhou Rômulo até a entrada da câmara subterrânea, e Nair preferiu apreciar o jardim. Nostálgica por estar de volta à colônia, ela olhava para as flores e recordava-se do primeiro dia que pôde caminhar pelo jardim após um longo tratamento para sua purificação. Muriel aproximou-se e caminhou em silêncio ao lado de Nair, que disse:

— Quando passei por aquela porta, deixando a câmara subterrânea, meus olhos viram este canteiro de flores. Naquele momento, eu chorei! Chorei por enxergar as cores em tonalidades que nunca vira na Terra. Lembro-me de que caí de joelhos diante desse canteiro e agradeci ao Criador por poder enxergar tamanha beleza! Desejo que muitos outros internos tenham a mesma reação feliz que tive. Foi a primeira vez em que chorei de felicidade!

— Conheço essa sensação deliciosa, Nair. Chorar por gratidão e alegria! Você me remeteu a um tempo de que não me recordava mais! Obrigado.

— Não tem que me agradecer, Muriel. Eu que o agradeço por todo o bem que tem me feito e pelo bem que tem feito às pessoas que amo.

— Por falar de pessoas que têm seu apreço, me informaram que Aline está internada numa clínica e receberá ajuda dos espíritos que trabalham no centro ao lado de Carlos.

— Aquele espírito suicida precisa ser afastado.

— Ele está muito assustado e não consegue se afastar de Aline. Lembre-se de que o espírito dela o colocou ali para que a moça tomasse uma atitude.

— Aline precisa reagir ao assédio pesado desse espírito. Sabe o que aconteceu? Ela reagiu positivamente? — questionou Nair.

— Não, Aline tentou suicidar-se novamente e teve de ser internada forçosamente para que não incidisse no mesmo erro.

— Pobre Laudicéia! Você sabe se ela está bem?

— Laudicéia é uma mulher forte, mas está abalada como qualquer mãe estaria em seu lugar.

— Posso me aproximar para ajudá-la?

— Melhor não, Nair. Envie energias positivas para ela, mas não se aproxime da Terra, pois você sabe como é difícil suportar a vibração sem controle na qual eles vivem.

— Tem razão. A Terra não é lugar para os espíritos, principalmente para os que estão no mesmo estágio de aprendizado que eu.

— Prepare-se, Nair. Em breve, você auxiliará Rômulo para que ele dê o perdão de que Aline tanto precisa e que ele também necessita.

— É mesmo necessário que ele se aproxime dela?

— Essa aproximação se dará por meio de uma tela na sala do departamento de auxílio. Você sabe como funciona, Nair. Não tenha ciúmes de seu amado!

— Estou me controlando, mas sei que Rômulo ainda é apaixonado por Aline. Bem... vamos mudar de assunto. Então, foi por essa razão que me tornei uma aprendiz no centro espírita?

— Está gostando do seu trabalho por lá?

— Sim. Faço a coligação de espíritos com as pessoas que desejam obter notícias de seus entes queridos. Eu oriento os espíritos a escreverem algumas palavras que façam as pessoas terem a certeza da veracidade da comunicação.

— Em breve, seu trabalho será muito proveitoso para as pessoas que você ama e deseja ajudar, mas não se esqueça de que tudo tem um tempo de maturação. Aline e Laudicéia estão sendo "maturadas" para mudarem de comportamento. Além disso, César também tem enfrentado seus desafios.

— Todos os envolvidos estão enfrentando desafios. Percebi que Ricardo está mais humanizado em comparação à experiência anterior.

— É verdade. Ricardo saiu da cidade onde vivia buscando vingar-se de Aline e dos prováveis envolvidos na morte de seu irmão, contudo, acabou descobrindo toda a verdade e ficou penalizado com o estado da moça.

— Creio que ele tenha se apaixonado por Aline... — completou Nair.

— O passado se repete para que tudo volte ao seu devido lugar. É preciso substituir o ódio que um dia ele sentiu por amor.

— Será que esse grupo está preparado para dar esse passo na vibração do amor? Será que estão prontos para se libertarem das mágoas que os feriram no passado?

— Estamos trabalhando para isso, Nair. Você não está pensando positivamente! Essa será sempre a melhor forma de enfrentar as situações desafiadoras.

— Tem razão! É necessário olhar os desafios com amor e enfrentá-los com sabedoria, mesmo sabendo que as coisas podem não acontecer como planejamos ou esperamos. Positivismo e discernimento!

— Aprendeu isso no curso? — perguntou Muriel.

— Não, um amigo me ensinou no momento em que eu estava desacreditada de minhas forças.

— Ensinei-lhe apenas o básico, Nair. Não existe outra saída a não ser o amor. Você percebeu como o grupo que auxiliamos tem a necessidade de transmutar a energia densa e pesada em energia leve e agradável? Isso é feito para que todos encontrem seus lugares dentro da vibração do amor. Não é possível evoluir ou deixar o ciclo das encarnações carregando máculas acopladas ao campo energético, pois isso impede que os espíritos progridam e deixem o ciclo reencarnatório.

— Compreendo. Temos de subir a famosa escada, puros como as crianças.

— "Bem-aventurados os puros de coração."[2] O amor é primordial para a vida em dimensões mais elevadas. Purifique-se e ame.

Muriel despediu-se de Nair e desapareceu em uma esfera de luz. Nair fez o mesmo, colocando sua casa em seu pensamento.

---

2 Mt 5,8.

CAPÍTULO 24

Uma semana depois da cirurgia, César voltou para casa. Durante o período de internação do marido, Laudicéia tentou visitar Aline várias vezes, mas não permitiram sua entrada, pois a moça estava em tratamento na clínica. As visitas a Aline ainda estavam proibidas, mas Laudicéia recebeu o relatório médico nas três vezes em que esteve por lá com Atílio.

O médico tentava acalmá-la afirmando que o período em que Aline fosse mantida isolada da família e dos amigos seria essencial para a moça encontrar forças para enfrentar a situação.

Enquanto esteve no hospital, César não foi informado sobre a internação de Aline e, por essa razão, assim que chegou a casa, foi procurar a filha em seu quarto. Chegando lá, ele encontrou Agnes arrumando seus pertences para deixar a casa. A moça passara aquela semana fazendo companhia para Laudicéia e estava colocando suas roupas na mala. César assustou-se ao vê-la e perguntou:

— O que faz aqui, menina?

— Como está, senhor César?

— O que faz aqui, Agnes? Você é a filha da Magda, não é? O que faz no quarto de minha filha?

— Passei esses dias hospedada em sua casa para fazer companhia à dona Laudicéia. Ela não queria ficar sozinha, enquanto o senhor estivesse no hospital e Aline...

— Onde está minha filha? O que aconteceu com ela?

— Pergunte para sua esposa, senhor. Apenas posso lhe informar que Aline está bem.

— Laudicéia foi até a padaria comprar leite. Diga logo onde está minha filha, menina! Ela novamente tentou se...?

— Não queria tratar desse assunto com o senhor, mas percebo que, se não falar, sua saúde correrá perigo, então, lá vai. Sente-se nessa poltrona. Vou lhe contar o que aconteceu.

César sentou-se lentamente na poltrona do quarto de Aline, enquanto Agnes terminava de arrumar a mala.

— Aline tentou o suicídio novamente, mas, felizmente, não conseguiu! Senhor César, esta casa se tornou uma fortaleza. Dona Laudicéia escondeu tudo o que Aline pudesse usar contra si... no entanto, sua filha resolveu tomar todos os perfumes que encontrou nos cômodos da casa.

— Aquela desmiolada fez isso?!

— Sim e...

Agnes contou com detalhes como tudo acontecera e falou da internação de Aline numa clínica psiquiátrica. Enquanto ouvia as palavras da jovem, César tentava ficar calmo e, quando ela parou de falar, ele disse:

— Você e Atílio ajudaram muito minha família durante o tempo em que estive internado naquele hospital. Queria que Aline fosse uma moça normal como você. Apesar de ser muito jovem, você me parece muito mais ajuizada que minha filha. Deus que me perdoe por dizer isso, mas preciso ser sincero... Aline tem sido um tormento em nossas vidas! Devo ter feito algo muito grave para merecer esse castigo de Deus!

— Não fale assim, senhor César. Aline tem problemas e está recebendo ajuda para superá-los.

— Sei que minhas palavras soaram como algo terrível para um pai dizer, mas preciso externar o que estou sentindo de verdade. Uma enfermeira me disse que não podemos guardar os ressentimentos no peito, pois o coração se recente, e acabamos desenvolvendo problemas cardíacos. Resolvi externar o que preciso dizer, mesmo que isso fira quem escutar minhas palavras. Aline transformou nossas vidas em um verdadeiro inferno! Sempre desejei viajar com minha família nas férias, pegar um avião e conhecer o Nordeste, por exemplo, mas minha filha não podia deixar esta casa, pois, se fosse para qualquer outro lugar, poderia encontrar uma faca e atentar contra a própria vida! Ora! O lugar desse utensílio é na cozinha, e em nossa casa nunca pudemos deixar uma faca na gaveta da pia. Tudo sempre foi escondido e trancado na edícula. Às vezes, eu passava horas lá dentro, porque não podia mostrar um cerrote, uma furadeira, para minha filha, afinal, ela poderia usar algum desses objetos para se matar. Quer saber, menina? Isso não é vida para dois velhos como eu e Laudicéia. Não sei como minha esposa ainda não adoeceu!

— Ela é mãe, senhor César! E as mães são duras na queda!

Laudicéia retornou da padaria e, enquanto entrava no quarto, acabou ouvindo o que Agnes dissera. Ela respondeu:

— Não é bem assim, Agnes. Também estou muito cansada de lutar pela vida de minha filha. Aline não tem ideia da preocupação que nos causa. Essa tentativa de suicídio foi a gota d'água!

— Está cansada, minha velha?

— Não sabe o quanto! E você não ajudou, não colaborou para que ela ficasse mais tranquila.

— Estava no meu limite, Laudicéia! Não me culpe por falar algumas verdades para Aline! Nós mimamos demais nossa filha, e eu estava cansado de me culpar! Passei vinte anos me perguntando onde foi que errei!

— Vocês não podem se sentir culpados! Aline tem problemas, e vocês não erraram, pelo contrário! Fizeram tudo o que podiam para ajudá-la e conseguiram.

— Não conseguimos, Agnes! Aline está internada em um sanatório! Desculpe, César, não tínhamos mais como ajudá-la. Escondi a verdade de você, pois não queria preocupá-lo ainda mais. Seu médico me disse que você precisava de sossego.

— Agnes me contou. Estou triste pela situação e ao mesmo tempo aliviado por saber que Aline está recebendo um tratamento especializado.

— Que bom que pensa dessa forma, pois não queria preocupá-lo. O senhor queria saber onde Aline estava, e eu não poderia esconder algo assim — disse Agnes.

— Fez bem em contar a César com seu jeito especial, Agnes. Essa menina me ajudou muito, querido — disse Laudicéia.

— Agnes me disse que lhe fez companhia para que não ficasse sozinha em nossa casa. Tenho que lhe agradecer por isso, menina. Muito obrigado por tudo o que fez. Gostaria de lhe pedir também que faça este agradecimento chegar até seu irmão. Eu era contra o namoro de Aline com Atílio, mas hoje não tenho nada contra ele. Se seu irmão suportar conviver ao lado de alguém que deseja morrer vinte e quatro horas por dia, tem minha bênção.

— Essa fase passará, senhor César! Aline encontrará motivos para viver. A morte de Rômulo a abalou muito.

— A morte do noivo de que ela não gostava! A verdade é que tudo sempre foi motivo para Aline atentar contra a própria vida, Agnes. Penso que falta Deus no coração de nossa filha — disse César.

— Existe um lugar onde todos nós podemos encontrar Deus, senhor César — comentou Agnes.

— Na igreja? — perguntou César.

— Não. Quando digo encontrar Deus, me refiro a encontrar conhecimento. Penso que, conhecendo a nós mesmos, compreendemos melhor os desafios que a vida nos impõe.

— Para você, onde Deus está, Agnes? — perguntou César.

— Em meu coração. Essa semana, estivemos no centro espírita. Eu, mamãe e Ricardo acompanhamos meu irmão. Percebi que ele está se transformando com o que vem aprendendo por lá. Atílio tem uma forma especial de ver a vida agora. A energia do lugar é deliciosa! Me senti muito bem. Senhor César, gostaria de convidá-lo para conhecer o lugar e reequilibrar suas forças. Creio que isso fará muito bem para sua saúde. Minha mãe também gostou e começou a frequentar o centro!

— Sua mãe encontra tempo para ir ao centro?

— Atílio falou tanto desse lugar que acabou a deixando curiosa. Mesmo trabalhando tanto, tirou um tempinho para revitalizar as energias.

— E por que sua mãe trabalha tanto? Seu pai faz o quê?

— Meu pai se separou de minha mãe quando éramos pequenos. Desde então, ela tem lutado sozinha para nos criar.

— Magda fez um bom trabalho! Você e Atílio são ótimas pessoas! Agora, vamos descer! Coloquei a mesa para o café da tarde. Você consegue descer as escadas, César?

— Lentamente, eu consigo. Quero saber mais sobre esse centro espírita de que Agnes falou.

— Contarei o que sei, senhor César, mas quero que aceite o convite para conhecer o lugar e tirar suas conclusões.

Os três continuaram conversando sobre os atendimentos e os cursos oferecidos no centro. César estava ficando curioso, e Laudicéia estava feliz, pois percebera que Agnes falava com entusiasmo do lugar.

Duas horas mais tarde, Atílio tocou a campainha da casa de Laudicéia, e Renê correu para o portão para fazer seu discurso moralista e acusador. Cansado dos escândalos da vizinha, o rapaz aproximou-se da velha Renê e questionou:

— Esqueceu-se do que lhe disse na semana passada, dona Renê? Saiba que eu não estava brincando. Vou processá-la por calúnia e difamação, e saiba que pagará caro pelas ofensas que tem feito à família de Aline e para quem entra nesta casa. O que a senhora recebe de aposentadoria será pouco para pagar esse processo por suas calúnias.

— Prometo que não direi mais nada! Não faça a denúncia, por favor!

— Pensarei no seu caso, dona Renê! Se ouvir mais uma queixa de dona Laudicéia ou do senhor César, a senhora será chamada a prestar esclarecimentos na polícia.

Atílio voltou para o portão da casa de César e tocou novamente a campainha. Laudicéia abriu o portão e olhou para Renê, que baixou a cabeça e não disse mais nada.

Os dois entraram, e Laudicéia perguntou:

— O que você fez para que ela ficasse muda de repente?

— Ameacei denunciá-la.

— Ótima ideia!

— Acho que ela nunca mais ofenderá esta família.

— Assim espero, Atílio. Estava preocupada com César. Renê tem deixado meu marido muito irritado com essas acusações esdrúxulas.

Laudicéia contou a Atílio que Agnes convencera César a conhecer o centro espírita. Quando o rapaz entrou na casa, foi bem recebido por César, e todos ficaram conversando até a hora do jantar.

CAPÍTULO 25

Rômulo deixou a câmara subterrânea, encerrando, assim, o tratamento de purificação. Ele ocuparia um leito no hospital da colônia e continuaria seu tratamento energético e educacional nas dependências do local.

Nair foi avisada da chegada do rapaz e pediu dispensa do trabalho no departamento de auxílio para dar-lhe as boas-vindas. Pouco depois, avisaram a Rômulo que havia uma visita esperando-o no jardim. O rapaz, então, deixou o terceiro andar, chegou ao jardim o mais rápido que pôde e avistou uma senhora de idade avançada sentada em um banco do jardim. Ele aproximou-se, e Nair levantou-se sorrindo. Rômulo estava revigorado e com a aparência mais jovial. Duas covinhas formaram-se em seu rosto, e ele abriu um sorriso e abraçou Nair. O rapaz disse:

— Que bom vê-la, minha querida! Mas não precisa voltar à aparência que tinha quando desencarnou. Compreendi a explicação que me deu, quando entrei na outra colônia de tratamento, no umbral.

— Sendo assim... — Nair passou a mão na face e, usando a força do pensamento, voltou a ser jovem. Ela comentou: — Realmente! Não me sinto à vontade permanecendo com essa aparência de idosa. Como está, Rômulo?

— Estou muito bem. Tenho a impressão de que nasci de novo. Sinto-me muito vivo! Minha doce avó é uma moça muito bonita.

— Obrigada, querido. Sua resposta ao tratamento foi proveitosa. Existem espíritos que ficam na câmara subterrânea por um longo período para se purificarem e voltarem à lucidez.

— Esse não foi meu caso. Explicaram-me o motivo pelo qual tive alta rapidamente. Me administraram um tratamento forte na colônia umbralina.

— Que bom! Você conhece o jardim ao redor do hospital?

— Não. Essa foi a primeira vez que me deixaram sair da enfermaria.

— Você ficou na enfermaria junto com outros espíritos em tratamento?

— Sim.

— Pedi a Muriel para colocá-lo em um quarto particular. Disse que daria meus bônus para que seu tratamento fosse o melhor possível.

— Não compreendi bem. Dar bônus?

— Aqui, trabalhamos e recebemos bônus-horas, que são créditos por trabalhos prestados. Não é como na Terra, pois não se trata de um pagamento. É mais um incentivo para o trabalho. Queria que você ficasse o mais confortável possível.

— Eu estou bem, vó! Não se preocupe comigo. Fiz alguns amigos na enfermaria. Tínhamos muitos assuntos para conversar.

— Cuidado com essas conversas. Não se queixe ou terá de deixar a colônia.

— Compreendo. Um enfermeiro me explicou como funcionam as coisas aqui. Não pretendo me fazer de vítima.

— Continue pensando dessa forma. Você passou pela sala dos espelhos?

— Estive lá para conhecer o lugar. Estou assustado com o que terei de enfrentar ali dentro. No hospital umbralino, tive contato com meu passado com a ajuda de um psicólogo.

— Não tema, querido! Vamos dar uma volta pelo jardim. Lembre-se de que o passado não se modificará. O que nos resta é aceitá-lo. Compreende?

— Esse conceito tem lógica, vó. Observei que alguns amigos enfrentaram esse espelho, e os que retornaram ao leito estavam transtornados! Alguns voltaram para o tratamento na câmara subterrânea. Outros tiveram de passar por tratamentos com psicólogos e por tratamentos energéticos para se reequilibrarem. Alguns, no entanto, desapareceram da colônia! Sabe para onde foram?

— Eu desconfio de onde foram parar. Deixe-me explicar. O espelho permite que a emoção volte como se tudo estivesse acontecendo naquele momento. Nesse processo, alguns espíritos revoltam-se e jogam a culpa naqueles que caminharam ao lado deles naquela jornada terrena. Eles não assumem que simplesmente erraram, contudo, todos nós erramos.

— Não quero sentir a dor de ser traído por Aline novamente! Sofri demais e...

Nair levou seu dedo aos lábios de Rômulo e disse:

— Sem queixas, Rômulo! Existe uma explicação para tudo isso. Lucidez, meu querido netinho! Assista a tudo primeiro e espere que os fatos se definam e os motivos apareçam, pois, aí sim, você poderá analisar a questão sem fazer julgamentos cruéis e apressados. Seja brando consigo e faça uso de sua compaixão.

— Compreendo... mas não quero ficar chamando-a de vovó. Você não se parece nada com uma avó agora. Posso chamá-la de Nair?

— Prefiro ser chamada pelo meu nome. Você ainda descobrirá que tivemos várias experiências juntos e que fomos parentes de diversas formas. Fomos primos e irmãos consanguíneos. Temos uma ligação de amor familiar.

Rômulo parou de caminhar e olhou fixamente para Nair sem, no entanto, dizer nada. Ela sorriu e perguntou:

— Recorda-se de alguns desses momentos em que estivemos juntos na Terra?

— Tenho certeza de que a conheço. Seu rosto bonito não me é estranho, no entanto, não me recordo do momento em que esteve em minha vida.

— Fui sua avó, querido!

— Não foi como avó que me recordei de nós dois juntos.

— Deixe o passado para depois. Não force sua mente neste momento. Como já lhe disse, estivemos juntos em várias ocasiões, colhendo experiências. Fazemos parte de um grupo familiar de reencarnantes.

— Sempre tivemos um parentesco? — questionou Rômulo.

— Quando me refiro a grupo familiar, não quero dizer que necessariamente tivemos o mesmo sobrenome. Refiro-me a estarmos sempre perto um do outro. Fomos amigos, vizinhos... Bem, você compreenderá melhor depois que enfrentar a sala dos espelhos. Lá, lhe mostrarão toda a sua trajetória terrena, seus erros e acertos.

— Tenho medo do que encontrarei naquela sala. Eu vi em que estado as pessoas deixam aquele lugar.

— Não deve se referir aos espíritos como pessoas, Rômulo. São espíritos.

— Tenho muito a aprender ainda, Nair. Como devo me referir a eles?

— Como seres. Somos seres espirituais. É o que somos na verdade. Estou feliz por você mostrar interesse em aprender. Quando nos tornamos seres espirituais, o aprendizado é fundamental para nós! O conhecimento traz a lucidez, que vem de luz. E assim, conforme aprendemos, absorvemos mais conhecimento e nos alimentamos de luz. Percebeu como o corpo dos espíritos mais evoluídos é luminoso e brilha? Notou isso no diretor da colônia?

— Assistimos a um vídeo, no qual o diretor dava boas-vindas aos recém-chegados. Notei um brilho diferente nele, mas imaginei que vinha da luz do estúdio de gravação.

— Isso não existe aqui, querido. Basta ficar diante do aparelho transmissor, e a imagem se espalhará para os outros aparelhos que estão sintonizados na mesma frequência. Funciona como as TVs da Terra. Lá, sim, é preciso iludir as pessoas com cenários e maquiagem. Aqui não! O brilho que notou no dirigente da colônia é parte da luz que ele adquiriu por mérito. É dessa forma que evoluímos e nos tornamos mais brilhantes, lúcidos e felizes: habitando mundos de vibrações mais elevadas até chegarmos aos mundos felizes.

— Mundos felizes? O que quer dizer com isso, Nair?

— Para que note a diferença, me responda: como você se sentia dentro do sanatório umbralino e como se sente aqui?

— Lá, eu estava enlouquecendo! Sentia-me péssimo, triste, doente e louco ao extremo! Aqui, em minha lucidez, tenho a plena certeza de quem sou. Sinto-me muito bem e não tenho dores. Os ferimentos desapareceram do meu corpo. Minha saúde está revigorada.

— Notou a diferença de vibração de um lugar para o outro? Quanto mais evoluímos, mais lúcidos, sábios, iluminados e felizes nós ficamos! Compreendeu? — perguntou Nair.

— Sim, compreendi. Então, você vive em um lugar iluminado e feliz?

— Não, eu vivo no primeiro plano, dentro do ciclo reencarnatório. É o próximo nível depois que deixamos as colônias de socorro.

— Não compreendi. O que você quer dizer com ciclo reencarnatório?

— Está na hora de você saber como as coisas funcionam nesta dimensão. Rômulo, existem níveis dentro do ciclo em que todos estão sujeitos a retornarem à Terra para colherem experiências e...

Nair passou um longo período tentando explicar a Rômulo como aquela engrenagem funcionava e respondendo a todas as questões do rapaz de uma forma mais simples.

Completamente envolvida com a conversa, Nair acabou esquecendo-se de que Rômulo precisava voltar ao leito da enfermaria para tomar as doses diárias de energia. Um enfermeiro foi até eles para convidar o rapaz a retornar ao tratamento, e ela teve de deixá-lo e retornar à sua cidade.

Assim que chegou à sua cidade, Nair recebeu um comunicado do departamento de auxílio. Ela nem entrou em casa para descansar e prontamente usou o poder da mente para se deslocar até o prédio do departamento de auxílio.

Ao tomar assento, Nair sintonizou o centro espírita. O salão de palestra estava repleto de pessoas, e entre elas estavam presentes Atílio, Agnes, Ricardo, Laudicéia e César, que olhava para todos os lados com um ar desconfiado e assustado.

Nair gostou de encontrar todos reunidos ali e sintonizou-se com o grupo com alegria, despejando sobre César energias positivas para deixá-lo mais calmo. Depois de todos se acomodarem, a palestra, cujo tema era as diversas faces do amor, finalmente, teve início.

César emocionou-se muitas vezes com as palavras do palestrante. Ele pensava em Aline e em como influenciara a filha a iniciar um relacionamento com Rômulo. César sempre achou que a filha fosse uma moça sem muita expressão, muito dependente da mãe e muito tímida e, por isso, desejava que ela encontrasse alguém para expandir sua jovialidade e a alegria que eram comuns às jovens de sua idade. Ele notava em Aline certa melancolia e fez questão de apresentá-la a Rômulo, seu colega de trabalho, um rapaz com um futuro promissor.

O palestrante disse que o amor que sentimos por uma pessoa não nos torna donos dela, citou o caminho evolutivo e afirmou que não temos o direito de impor nada a ninguém com a desculpa de querermos vê-lo feliz. César, então, percebeu que fora tirano com a filha, praticamente forçando-a a noivar com Rômulo.

Ao final da palestra, a sala cristal foi aberta para pequenos grupos captarem as boas vibrações do ambiente. Os sensitivos que trabalhavam na casa a prepararam com energia positiva de alta frequência, e, ao entrarem lá, César, Ricardo e Agnes logo sentiram a leveza e a alegria do local.

Algo impressionou César, e Atílio aproximou-se perguntando:

— O senhor está se sentindo bem?

— Estou muito bem, Atílio. Não sinto mais dores no peito, e o peso nas costas se foi! Estou bem, como há muito tempo não me sentia. O que há nesta sala? Parece ser mágica! Entrei me sentindo triste e saí renovado. Sinto como se tivesse vinte anos novamente. Estou feliz, me sinto leve.

— O senhor é uma pessoa receptiva. Muitas pessoas não sentem a mudança de vibração na sala de cristais. Podemos voltar para casa, se desejarem — disse Atílio.

Laudicéia aproximou-se e comentou:

— Atílio, o médico de Aline deseja falar conosco. Você pode esperar um pouco mais?

— Sem problemas, dona Laudicéia. Vou esperá-los na biblioteca. Quero mostrar alguns livros para Ricardo.

Laudicéia e César foram para a sala do doutor Carlos, que disse:

— Vejo que vocês estão com a energia renovada. Observei a reação de seu marido. O senhor saiu muito bem da sala de cristais.

— É verdade, doutor Carlos. Estou me sentindo bem. As dores nos pontos da cirurgia desapareceram. Obrigado.

— Não tem que agradecer, César. Esse é um recurso que veio do alto. Atendi a um pedido do meu mentor e as orientações dele para montar a sala de cristais. A maioria das pessoas que passa por ela sai muito bem, contudo, outras, por não serem tão receptivas, não captam a vibração positiva e não sentem nada ao deixarem a sala.

— Isso é interessante. Tem alguma explicação para não sentirem nada?

— Descrença, falta de fé e depressão. Se estiver interessado, posso indicar alguns livros sobre o assunto. Pedi que viessem ao meu consultório para dar notícias de Aline.

— Como ela está, doutor? Estou aflita para ter notícias de minha filha. Estive diversas vezes na clínica e não me deixaram vê-la.

— Aline está reagindo ao tratamento. As sessões com a psicóloga estão começando a surtir efeito na mente dela.

— Doutor, Aline ainda pensa em suicídio? — perguntou César.

— Não quero iludi-los, mas Aline ainda mantém a ideia fixa de que esse é o único caminho para encontrar a paz. Tenho certeza de que o espírito sofre muito depois de cometer esse ato. Vocês ouviram falar do Vale dos Suicidas?

— Sim! Eu assisti à novela *A Viagem,* de Ivani Ribeiro. Vi algumas cenas que mostravam como deve ser o Vale dos Suicidas. Um dos personagens seguiu para lá depois de cometer o suicídio. São cenas fortes de um lugar escuro e horrível.

— Dona Laudicéia, o espírito que entra nesse vale revive seu ato incessantemente e se torna um devedor perante a justiça divina. É preciso que o suicida expurgue toda a energia densa e negativa para voltar a ter um fio de lucidez.

— E minha menina deseja seguir para esse lugar horrível?! O que ela tem na cabeça?! Eu não compreendo!

— Espero que vocês mantenham a mente aberta para compreenderem o que tenho a dizer a respeito de Aline.

— Pode falar, doutor. Não precisa nos poupar — disse César.

— César, não estamos aqui brincando com a mente das pessoas. Nosso trabalho é sério. Trabalhamos junto com a espiritualidade, e nossos mestres nos respondem com lucidez e sabedoria. Meu mentor me auxilia em todos os casos que assumo como psiquiatra. Ele também foi psiquiatra quando esteve encarnado. Eu trabalho com regressão de vidas passadas e pretendo usar essa técnica para ajudar Aline.

Deixando claro que não acreditava no que estava ouvindo, César franziu a testa e perguntou:

— O doutor é um homem estudado! Acredita mesmo que vivemos outras vidas?

— Tenho isso como uma verdade absoluta. Um dia, também duvidei disso, pedi provas e as obtive, mas minhas certezas não podem substituir as provas que a espiritualidade lhe dará. Questione e aguarde. A resposta chegará.

— Doutor Carlos, não dê importância para o que meu marido pensa. Diga-me... o que descobriu sobre Aline? Por que essa ideia fixa na morte?

— No passado, Aline foi uma suicida e trouxe consigo a necessidade de superar essa falha de conduta. Quando ela estava entre os espíritos que retornariam para este plano, prometeu a si mesma que superaria esse ato falho. Aline passa por provas fortes e precisa provar para si mesma que tem força para superar o trauma que está gravado em seu inconsciente.

— Sabe o motivo que a levou a cometer o suicídio no passado?

— Não me cabe revelar a intimidade de minha paciente, dona Laudicéia. O que posso lhe afirmar é que ela, um dia, escolheu fugir dos problemas usando esse artifício e que, hoje, precisa se livrar do peso que carrega. Aline se culpa e se coloca como vítima, mas precisa superar essa falha grave.

— Isso não será possível, doutor! Aline não pode ficar sozinha, pois sempre procura uma forma de se suicidar. Passei os últimos anos protegendo-a dela mesma e não suporto mais isso — comentou Laudicéia.

— Aline me disse que aos dez anos de idade sentiu vontade de morrer e tentou o suicídio.

— Foi depois desse triste dia... que nossas vidas se transformaram em um calvário. Nunca mais tivemos paz.

— Sinto muito, Laudicéia! Também sofri durante todos esses anos. Doutor Carlos, fui obrigado a ficar atento a pequenos detalhes, como uma lâmina de barbear. Uma vez, esqueci uma no banheiro, e o resultado foi terrível. Laudicéia encontrou Aline sangrando muito com os punhos cortados. Foi horrível! Ajude-a! Ela é uma moça tão bonita e jovem! É triste saber que deseja morrer.

— Não nos recordemos de fatos tristes. Quero que pensem em Aline, quando ela sorria e estava bem.

— Quer dizer... pensar nela quando era criança ainda?

— Sim. Mantenham essa imagem na mente, e enviemos juntos energias positivas para ela. Aline receberá a energia e sentirá o carinho de vocês. Ela não precisa de críticas ou xingamentos neste momento.

— Sei que perdi a cabeça muitas vezes, doutor, mas não sou de ferro! Tenho sangue nas veias. Aline me decepcionou muito — comentou César.

— César nunca teve muita paciência com nossa filha, doutor! Principalmente depois que Rômulo morreu naquele acidente na estrada — falou Laudicéia.

— Rômulo era meu amigo e noivo dela. Não sabe como foi difícil para mim chegar à cidade em que ele vivia com a família e enterrar o corpo do meu amigo! Me senti muito culpado por essa morte! Minha filha traiu o noivo, e ele descobriu, pegou o carro e encontrou a morte em uma curva na estrada.

— O senhor a culpa por esse acidente? — perguntou Carlos.

— A quem mais eu poderia culpar, doutor?

— Ouviu a palestra dessa noite com atenção, César?

— Sim! Conscientizei-me de que também tive minha parcela de culpa por ter forçado um compromisso entre eles.

— Não se culpe, pois ninguém tem culpa de nada! Não carregue esse peso nos ombros. Cada um faz o que pode. Não queira ser maior do que é. Você é orgulhoso e desta forma mostra superioridade. Você é o que pode ser, do tamanho exato que precisa ser. Aceite isso e viverá com mais leveza. Não comprometa sua saúde e não a julgue. Aline tem o direito de sentir atração por outro rapaz.

— Tem razão, doutor. Às vezes, sou arrogante e me sinto senhor da verdade! É um defeito da minha profissão, pois sou advogado. Tenho que defender meu ponto de vista. Aline era muito apática! Vivia colada na saia da mãe. Desejei apenas que ela encontrasse um amor e dei uma forcinha para que isso ocorresse.

— Espero que compreenda agora o que venho dizendo há muito tempo, César. — E, voltando-se para doutor Carlos, disse: — Ele julgou Atílio com esse mesmo rigor, doutor Carlos. Sabe como conseguimos chegar ao centro essa noite? Foi Atílio quem nos trouxe. César não pode dirigir até os pontos cicatrizarem — explicou Laudicéia.

— Doutor, ela não compreende que sou um homem nervoso!

— Muito nervoso! A ponto de prejudicar as artérias com toda essa irritação. Convido-o a fazer um curso em nossa casa. Um curso de equilíbrio da mente. Está na hora de começar a meditar e tomar conta de seus pensamentos. Para a senhora também recomendo este curso e tratamento psicológico, que levarão os dois ao autoconhecimento — recomendou Carlos.

— Eu me conheço, doutor! — disse César já ficando irritado.

— O autoconhecimento é fator primordial para dar início à mudança de comportamentos repetitivos e automatizados. Mudar padrões de comportamento não é fácil. Temos cursos em nossa casa que auxiliam as pessoas a chegarem a esse ponto de mudança. É essa técnica que estou usando com Aline. Quando ela tiver alta da clínica, vocês terão de aprender a entrar no mesmo patamar de vibração para recebê-la. Sua filha não deve ficar em um ambiente de energia negativa e densa.

— Se é para ajudar minha filha, vou me matricular agora mesmo! — César levantou-se do sofá para se despedir do médico.

— Eu também estou disposta a tudo para voltar a viver com um pouco de paz.

Laudicéia despediu-se do médico, César abraçou-o, agradeceu-lhe a ajuda e deixou a sala.

CAPÍTULO 26

Na clínica psiquiátrica, Aline entrou em contato com diversos internos, entre eles Mércia, uma adolescente que nascera com Síndrome de Rett. A jovem tinha problemas cerebrais, dificuldade de comunicação e descontrole no equilíbrio do corpo.

Apesar de tantos problemas, Mércia atingira a idade de 16 anos. Os pais da jovem deixaram-na na clínica quando ela era ainda uma criança de cinco anos. Na época em que as maiores dificuldades surgiram, os médicos e os outros trabalhadores da clínica cuidavam dela com carinho, tentando aliviar os sintomas agudos da síndrome.

Mércia sempre estava em sua cadeira de rodas e era colocada ao lado de pacientes que precisavam notar algo especial nela. Foi assim que chegou a vez de Aline ter a menina como companhia.

Quando levaram Mércia para o quarto de Aline para que as duas dividissem o cômodo, a moça não gostou de ter como companhia uma menina doente e foi queixar-se na administração da clínica:

— Não quero aquela menina em meu quarto. Ela faz sons estranhos, e não consigo dormir.

— Sinto muito, Aline. Mércia não tem outro quarto onde ficar. Você terá de se acostumar com a presença dela.

— Isso é um absurdo! Vocês pregam que as pessoas precisam ficar em paz, mas me tiram a paz que eu tinha em meu quarto! Por favor, leve a menina para outra ala!

— Encaminharei seu pedido ao doutor Carlos.

Aline deixou a sala da administração, percorreu alguns corredores e voltou para o quarto. Quando olhou para Mércia, teve vontade de desaparecer dali. A jovem sorria de um modo que o descontrole de seus músculos permitia e olhava para o chão, onde estava jogada uma boneca com os cabelos arrancados. Mércia encarava a boneca e voltava os olhos para Aline, que estava parada à porta do quarto.

— Compreendi! Você quer que eu pegue sua boneca. Tudo bem, eu pego.

Aline entregou a boneca na mão de Mércia, que a deixou escapar novamente. Aline abaixou-se e pegou o brinquedo, mas desta vez a prendeu debaixo do braço de Mércia.

— Se deixar cair essa boneca feia e careca, não a pegarei mais.

Mércia sorriu e mexeu o braço com tremendo esforço, deixando a boneca cair no chão. A jovem soltou um som agudo entre os movimentos involuntários que fazia com seu corpo, e Aline, mais uma vez, pegou a boneca e prendeu-a no braço de Mércia dizendo:

— Agora chega! Não pegarei mais essa coisa feia, que um dia deve ter sido uma boneca!

Contrariada com aquela situação, Aline voltou para cama e olhou bem para Mércia, que estava sentada na cadeira de rodas entre as duas camas. Ela disse:

— Você realmente sente vontade de continuar vivendo?! Olhe seu estado! Está com uma sonda enfiada na garganta e não consegue andar ou falar! Você pode me ouvir? Acho que me escuta. Se realmente existisse um Deus, Ele deixaria nascer uma pessoa com tantos problemas de saúde, como você? Minha mãe sempre me diz que Deus é perfeito e não erra, mas, francamente, penso que em seu caso Ele errou. Ou você é um dos casos de suicídio de vidas passadas e nasceu assim para acertar as contas de seus erros? Como disse doutor Carlos, são tantas as possibilidades de voltarmos com doenças degenerativas. Você acredita que tivemos outra vida antes desta?

Mércia soltou um gemidinho. Aline tentou interpretar o que ela dizia e continuou:

— Acredita em toda essa tolice que o doutor Carlos ensina? Não sei... Acredita que nascemos e morremos muitas vezes? Isso seria bom para você. Já imaginou ter outro corpo e se ver livre da doença? Posso estar falando bobagens, afinal, quem sou eu para afirmar que quem nasce com uma doença foi um suicida em vidas passadas? Doutor Carlos me disse que tudo tem um motivo e que nada acontece por acaso. Quem sabe... você escolheu nascer e ficar assim sem controle de seus nervos e músculos. Mas por quê? Não, você não consegue responder a essa pergunta. Gostaria de saber o que veio buscar neste planeta, vivendo em um corpo sobre o qual não tem controle e com problemas mentais. Sinto muito, garota, mas o doutor afirmou que cada um é dono de suas escolhas, e parece-me que você escolheu errado, assim como eu também escolhi. Não tenho vontade de viver... ao contrário de você, que está presa nessa cadeira e me parece feliz.

Uma enfermeira entrou no quarto e respondeu:

— Mércia é uma menina feliz, que dá muito valor à vida.

— Não sei como! Ela está em uma situação de fazer chorar.

— Não sinta pena dela, Aline. Mércia vive conosco desde que era uma criancinha, e posso assegurá-la de que ela é feliz. Há diversos pais entre todos os trabalhadores da clínica.

— Ela é órfã?

— Sim, ela foi deixada aqui pelos pais, que não tiveram como cuidar dela. Mércia é um exemplo para pessoas como você, que não valorizam o corpo belo e perfeito que recebeu do Criador. Aline, eu lhe garanto que você não encontrará o que procura ao desencarnar da forma como deseja. Dor e sofrimento a esperam do outro lado da vida.

— Quem lhe garante que será assim?! Que a vida continua depois da morte?

— Você ainda não se convenceu de que a morte não é o fim, mas o retorno para casa, não é mesmo? Desafie a vida para que ela lhe dê provas da continuação da vida após a morte. Questione!

— Vou parecer uma louca falando com a vida! Você sabe onde posso encontrá-la? — Aline tentou brincar com a enfermeira.

— Diante do espelho. A vida está em você, Aline. Proponho-lhe que faça um exercício para obter a prova de que precisa e para ter suas certezas. Nós temos nossas certezas, e isso inclui Mércia. Não é, querida?

Mércia soltou outro gemidinho e balançou a cabeça e o tronco para frente, como se confirmasse com esse gesto o que a enfermeira Rosa dissera.

— Esse é o jeito de Mércia se comunicar conosco. Um gemidinho quer dizer sim, dois quer dizer não. Essa garota sabe muito mais que nós duas juntas, Aline. Doutor Carlos instruiu nossa menina com conceitos extremamente amorosos.

— Ela é especial para todos vocês, mas pode levá-la para outro quarto e depois volte para me ensinar esse exercício de ficar na frente do espelho.

— Eu lhe ensinarei. Venha! Fique diante do espelho e não critique a imagem que vê. Olhe direto para seus olhos e faça diversas vezes a mesma pergunta: "Existe vida após a morte?". Repita o exercício com seriedade e terá sua resposta de uma forma inusitada. Não tenha medo da resposta forte que virá em sua mente. Ela pode demorar, mas chegará um dia. E pode ter certeza de que será seu espírito falando com você.

— Você já fez esse exercício, Rosa?

— Sim, algumas vezes. A resposta veio como uma voz forte dentro de minha cabeça.

— Que medo!

— Não senti medo, pois era meu espírito respondendo com clareza à pergunta que eu lhe fizera.

— Uma voz dentro da cabeça... isso é coisa de pessoas que têm sensibilidade para conversar com espíritos.

— Eu não tenho sensibilidade mediúnica aflorada como os médiuns, mas ouvi com clareza a resposta. Faça o exercício e terá suas dúvidas sanadas. Garanto-lhe que não somos apenas feitos de carne e ossos. Nós temos um espírito que tenta nos guiar, mas, infelizmente, seu espírito está desistindo de você, e isso é péssimo, Aline! Se seu espírito se afastar, você ficará desamparada. Já viu uma casa abandonada pelo dono? Ela é invadida e qualquer um pode tomar o controle dela!

— Que horror! Não basta ficar ouvindo mentalmente que tenho que morrer e que essa vida é uma droga?

— Você falou sobre isso com o doutor Carlos?

— Não, pois ele pensará que sou louca. Já não basta estar internada em uma clínica psiquiátrica?

— Não tenha medo de falar sobre esses assuntos com seu psiquiatra, Aline. Além disso, ele é o dirigente do centro espírita e da clínica.

— Ele é como os sensitivos que conversam com os espíritos? — perguntou Aline.

— Sim. Desde criança, doutor Carlos pode vê-los e ouvi-los. Se tem alguém que entende desse assunto é ele.

Mércia soltou um gemidinho confirmando o que Rosa dissera.

— Ela também concorda com o que digo, não é, Mércia? Agora, fiquem aqui conversando. Tenho que seguir com meu trabalho nos outros quartos.

— Não me deixe aqui com ela! E se Mércia precisar de auxílio de uma enfermeira? Não sei o que fazer para ajudá-la.

— Não se preocupe. Mércia se acostumará com sua presença e cuidará bem de você.

Rosa afastou-se, e Aline olhou para Mércia. Ela perguntou:

— Tem certeza de que deseja ficar ao meu lado?

Mércia confirmou com um resmungo, e Aline ligou a TV, sintonizando o aparelho em um canal de desenhos. A jovem agitou-se na cadeira de rodas demostrando que ficara feliz, e as duas começaram a assistir juntas a desenhos engraçados. Depois de alguns minutos, Aline sorriu esquecida de sua tristeza. Muitas vezes, Mércia provocava essa reação nas pessoas. A jovem contagiava todos à sua volta, pois trazia em si uma energia agradável e pura.

Rosa retornou ao quarto de Aline ao meio-dia, pois era hora de alimentar Mércia por meio da sonda.

— Por que ela não consegue comer como qualquer outra pessoa?

— Nossa menina teve problemas e precisou colocar uma sonda, que leva a alimentação líquida para seu estômago.

— Meu Deus! Por que ela suporta toda essa situação?

— Acha que ela deveria fugir como você? Mércia ama viver, Aline! Ela sabe que o suicídio não é um caminho suave do outro lado da vida. Apenas os Senhores do Carma sabem o tempo certo que devemos viver aqui.

— Só me faltava essa! Você acredita que temos de pagar por erros do passado, do presente e pelos erros que cometeremos no futuro?!

— Aline, você ajudou a planejar grande parte de sua jornada na Terra e programou os desafios que enfrentaria. Os espíritos sábios estavam ao seu lado nesta programação e impediram que você exagerasse nos desafios, pois tudo é mais fácil quando estamos do outro lado. Nós temos certeza de que conseguiremos ultrapassar todos os obstáculos. Eu chamo esses seres especiais e sábios de Senhores do Carma.

— Existe algum livro que explique isso? Penso que esse foi meu caso. Exagerei nos desafios que enfrentaria nesta vida e, se o que me disse for realmente verdade, acho que escolhi mal.

— Fique tranquila. Tudo será esclarecido em suas sessões de terapia. Você pode fazer todas as perguntas ao doutor Carlos, que responderá melhor que eu a essas questões. Agora, é melhor que siga para o refeitório ou perderá o horário do almoço.

— Estou faminta. Mércia, se quiser, podemos continuar a assistir aos desenhos.

Mércia não respondeu e manteve-se relativamente calma, enquanto foi alimentada.

— Ela não se manifestou. Será que isso foi um não?

— Mércia tenta ficar quietinha enquanto é alimentada para que não corra o risco de a sonda entupir ou para que nenhum outro acidente aconteça nesse momento.

— Pobre menina! Queria poder dar minha vitalidade para ela se tornar uma pessoa normal.

— Aline, não fale bobagens. A síndrome não tem cura, e Mércia é feliz do jeito que é. Ela já teve dias ruins em sua vidinha. Vá almoçar. Você está se tornando uma pessoa solidária, e isso é um bom sinal. Não é tão egoísta quanto imaginei.

— Não sou egoísta. Nunca fui!

— Você é egoísta e egocêntrica, pois não pensa em como ficariam as pessoas que a amam se cometesse o suicídio. Você não tem pensado no sofrimento de sua mãe, de seu pai e até do seu namorado, o Atílio.

Aline não respondeu e caminhou até o refeitório pensando no que acabara de ouvir de Rosa. A moça ocupou uma mesa mais afastada dos outros internos e, depois do almoço, voltou para o quarto, no qual ficou assistindo à TV ao lado de Mércia até a hora do jantar. À noite, após o jantar, as duas pegaram no sono e dormiram tranquilamente.

CAPÍTULO 27

No dia seguinte, doutor Carlos chegou à clínica bem cedo, organizou a papelada no escritório e foi atender aos pacientes que faziam terapia com ele. Aline era a terceira em sua lista e foi convidada a entrar. A moça deitou-se no divã e, mais relaxada, comentou que estava impressionada com Mércia. Ela disse:

— Mércia parece ser tão feliz! Não compreendo... por que ela sorri o dia todo? Tem tantos problemas físicos, mas está sempre sorrindo.

— Mércia é nosso talismã, Aline. Você ficou impressionada com a vontade de viver dela. Com algo que você perdeu.

— Se é que algum dia eu tive essa vontade, doutor. Eu realmente não encontro motivos para continuar vivendo. Desejo muito deixar a vida.

— Consulte seu inconsciente, Aline. Ele lhe dirá qual é o motivo pelo qual deseja dar fim à sua existência.

— Tentei fazer o exercício que Rosa me ensinou. O exercício diante do espelho. No entanto, não obtive nenhum resultado. A resposta não veio.

— O que perguntou? Posso saber?

— Se existe vida após a morte.

— Não se preocupe. A resposta virá. Continue fazendo o exercício diante do espelho, mas tenho outra proposta para seu caso. Você aceita realizar uma sessão de regressão a vidas passadas?

— Não acredito que a vida continue depois da morte, doutor. Essa terapia me ajudará em quê?

— Chegou a hora de descobrir sua verdade, Aline. O que tem a perder?

— Minha sanidade, doutor Carlos!

— Tem certeza de que é uma pessoa sã?!

— Tenho ciência de quem sou, do que desejo.

— Você não tem sanidade, Aline, e garanto-lhe que não se conhece. Seu desejo realmente deixa qualquer pessoa desapontada. Tenha um pouquinho de compaixão de seus pais, pare de pensar em suicídio. Pare de dar força a essa fraqueza estúpida.

— Não vejo isso como fraqueza, doutor! Desistir de viver é um direito meu! Trata-se da minha vida!

— Você é muito mimada! A pobrezinha da Aline quer morrer, porque seus caprichos não foram atendidos como ela desejava! Percebeu como é mimada e orgulhosa?

— Tenho esse direito, doutor!

— Você tem esse direito? Vou lhe dar uma arma, então! Pegue-a e termine com seu pseudossofrimento.

— Faria isso, doutor?

— É seu direito! E é direito meu não perder tempo com quem não deseja realizar um tratamento para consertar o que está errado na cabeça dura. Sou um psiquiatra, psicólogo, parapsicólogo e terapeuta, e você veio para esta clínica para tratar-se. No entanto, Aline, vejo que nem sequer deseja me ouvir. Seu orgulho e sua vaidade gritam mais alto que seu amor-próprio.

— Perdoe-me, doutor, mas realmente quero morrer. Não tenho motivos para viver. O doutor quer me dar um motivo?

— Quero que desperte para a vida, menina! O que está fazendo consigo não é bom. Gostaria que encontrasse o que Mércia encontrou, mesmo enfrentando a síndrome que se abateu sobre seu corpo: a vontade de viver! A alegria de estar aqui e agora! Essa é sua chance de modificar seu destino. Não jogue pela janela esta oportunidade de tratamento. Acorde, Aline! Você pode muito mais do que imagina, pois é um ser muito amado pelo Criador e por todas as pessoas ao seu redor. Não desista da vida! Eu posso ajudá-la. Quero que descubra o que a está levando para esse abismo. Aceite fazer regressão. Precisamos chegar ao cerne da questão: o que a levou ao seu primeiro ato equivocado de tentativa de suicídio.

— O senhor me convenceu, doutor. Façamos essa regressão, então. Há algum risco de eu ficar perdida no tempo e não retornar lúcida para o aqui e o agora?

— Teme perder o pouco de sanidade que lhe resta, não é? Não se preocupe. Eu a trarei de volta ao corpo físico lúcida. Uso técnicas rigorosas de regressão com meus pacientes. Se desejar ter provas de que a vida continua, esse é o caminho.

Aline estava nervosa, mas tentou relaxar no divã, enquanto Carlos dava início à sessão. Ele fechou as cortinas, acendeu uma luminária ao seu lado e ensinou a Aline a forma correta de respirar. O psiquiatra deu os comandos, e imediatamente o espírito e a mente da moça se uniram em uma viagem ao inconsciente de Aline.

Doutor Carlos levou Aline ao útero materno e seguiu para a vida anterior a esta, dizendo:

— Me diga em que século está. Pode descrever em que tempo se encontra? Qual é o seu nome?

— Estou no século XIX. Estou trancada e muito triste. Meu nome é Alice, e meu pai não permite que eu me case com o homem que amo. Meu amado desapareceu, e temo por sua vida. Papai deve ter dado ordens para matá-lo. Tenho medo! Papai se aproxima... ele nos flagrou nos beijando. Agora, entrou em meu quarto e está me batendo...

— Mantenha a calma e respire profundamente. Você está apenas relembrando o que aconteceu. É uma espectadora. Não reviva intensamente suas lembranças. O que aconteceu depois da surra que levou de seu pai?

— Fiquei desacordada. Dias depois, papai me enviou para a Suíça, para estudar em um colégio interno.

— O tempo passou rápido, e você se formou. O que aconteceu depois?

— Fui obrigada a me casar com um homem violento. Ele é rico como minha família. Eu quero morrer, pois não suporto a presença dele.

— Você está diante de seu marido. O reconhece desta vida?

— Ele é Ricardo, mas o homem que eu amava era Atílio. Meu pai era Rômulo.

— Prossiga. O que está vendo. O que aconteceu?

— Está escuro lá fora. Tenho que sair daqui! Meu corpo dói muito! Estou ferida, o chicote de meu marido é feroz. Estou seguindo para a baia dos cavalos. Está frio, e meu sangue escorre pelos ferimentos que o chicote causou. Cheguei à baia de meu cavalo. Tenho de encontrar... onde está o frasco?

— O que procura?

— O veneno que usamos para matar ratos aqui nas baias dos cavalos e no celeiro. Encontrei e coloquei uma dose grande na boca e...

— Onde está agora?

— Num lugar escuro. O cheiro é de carne podre! Eles querem me pegar...

— Quem quer pegá-la?

— Os espíritos vestidos com farrapos. Entrei em um lugar de loucos! Quero voltar para casa!

— Tente novamente se lembrar de outras passagens. Onde está agora?

— Sou criança, e meu pai está me ensinando a montar a cavalo. Gosto do pelo desse animalzinho. Ele parece um pônei. Papai disse que é um cavalinho que crescerá junto comigo.

— Tente ir agora para outra experiência terrena. Quem é você? Em que século está?

— Estou no século XVII e meu nome é Samira. Tenho um prometido, mas não quero me casar com esse homem, pois amo outro. Nós vamos fugir, assim que distrairmos meu noivo. Quero ser feliz ao lado do meu amado.

— Seu prometido tem alguma semelhança com alguém que você conheça na vida presente?

— Sim. Eu reconheço meu prometido. É Rômulo. E o homem que amo é Atílio.

— Vamos um pouco mais para frente. Conte-me o que aconteceu com você.

— Estou em um quarto escuro, cujas janelas foram lacradas com tábuas grossas. Não consigo arrancá-las e quero sair. Meu marido prendeu-me no quarto. Esse desgraçado matou meu amado naquela gruta. Preciso sair daqui.

— Há quanto tempo está presa nesse quarto?

— Há dois anos. Não suporto mais essa vida! Estou enlouquecendo... desisto, quero morrer!

— Quantos anos você tem, Samira?

— Vinte anos, e não quero mais viver! Todos me desprezam pela fuga frustrada com meu amado. Quero morrer para ficar junto dele. Roubei a adaga que meu marido usa escondida na bota, e ele não percebeu. Depois de terminar o contato físico asqueroso, ele deixará o quarto, e eu serei livre!

— Não gosta de ter contato físico com seu marido?

— Eu o odeio! Tenho nojo do meu corpo. Conseguirei fazer o que desejo. O tormento vai acabar.

— O que está fazendo?

— Encaixando a adaga entre dois móveis do quarto. Me lançarei contra ela. Quero que perfure meu coração. Aaaaaaa....

— Onde está depois do ato que cometeu?

— Em um lugar escuro, com cheiro de carne podre. Parece que todos estão loucos aqui! Tenho que correr! Meu peito dói!

— Aline, contarei até três, e você despertará trazendo as lembranças dessas experiências. Um, dois, três. Desperte, Aline.

A moça abriu os olhos atordoada e disse:

— Não quero voltar para aquele lugar horrível! Nunca mais! Que lugar era aquele?

— Nós o chamamos de Vale dos Suicidas.

— É horrível! Não quero voltar para lá, doutor.

— Fique calma. Você não retornará... Se despertar para a vida e superar seus traumas do passado, não voltará. Quantos anos você tem, Aline?

— Vinte anos. Por que a pergunta?

— Recorda-se de quantos anos tinha quando cometeu o primeiro suicídio? Quando era Samira.

— Vinte anos. Na segunda vez, eu também estava com vinte. O que isso quer dizer, doutor?

— Que nesta idade você desistiu de viver. Isso aconteceu por duas vezes.

— Você precisa deixar o passado no passado, Aline. Não é mais uma mocinha desamparada e sozinha! Os tempos são outros para as mulheres. Você tem liberdade de escolha e, principalmente, e escolher a quem amar.

— Doutor, a imagem que ficou em minha mente é de Rômulo. Ele foi o marido traído. Quanto a Atílio, ele foi o homem que eu amei nessas duas experiências passadas. Eles estavam ao meu lado!

Isso não tem fim? O passado voltou para que eu prestasse conta de meus erros? Novamente, fiquei entre os dois...

— É assim que a vida age, Aline: colocando-a no lugar correto para superar o que precisa ser superado. Continua odiando Rômulo?

— Eu não odiava Rômulo, doutor! Apenas não o amava como ele desejava. Sinto-me responsável pela morte dele.

— Não queira ser maior do que você é, Aline. Rômulo precisou retornar à casa espiritual. Sei que não acreditará no que direi, mas meu mentor me revelou que Rômulo ainda sente amor por você. O passado deixou nele a culpa por seu suicídio. Ele teve de sair de cena para não manipulá-la. Rômulo sempre teve uma personalidade forte, e você precisava aprender a fazer escolhas por si. Compreende? Você não tem culpa de nada, Aline.

— Rômulo deve estar me odiando!

— Não acredite nessa tolice. Tenho informações de que ele está bem.

— O senhor estava certo, doutor! Essa experiência foi realmente forte. Era como se eu estivesse lá, vivendo tudo aquilo novamente. Não consigo negar que estive lá de alguma forma. Preciso estudar sobre espiritualidade e regressão.

— Não tem mais dúvida de que viveu outras vidas?

— Admito que essa experiência foi reveladora e não quero voltar ao Vale dos Suicidas! Tive provas de que a vida continua e de que a morte não é o fim. Ensine-me a viver, doutor Carlos!

— Este é meu trabalho, Aline. Daqui para frente, a mudança começará a acontecer em sua vida. Está pronta para uma mudança radical de comportamento?

— Estou! A Aline triste, que desiste de tudo na vida, não existe mais.

— Ainda deseja uma arma de fogo?

— Não. Fale a verdade, doutor... o senhor tem mesmo um revólver?

— Não! Sou contra armas de qualquer espécie. A vida é preciosa demais para andarmos armados por aí. Não sou policial e tampouco bandido. Sou um cidadão de bem, que luta para ajudar as pessoas a superarem seus traumas.

— Realmente, o senhor me ajudou! Nós faremos mais regressões no decorrer da terapia?

— Não vejo essa necessidade. A terapia continua, mas sem regressões. Ou deseja visitar o passado mais à frente?

— Não. A sensação que ficou em minha mente é muito forte. Ainda me sinto um pouco Samira e Alice. Estou tentando me conscientizar de que meu nome é Aline e... que não estou trancada em um quarto, desejando a morte. Quero minha liberdade. Desejo viver ao lado de Atílio. Sei que ele era o homem que amei no passado. Doutor, posso deixar a clínica?

— Sente-se forte para resistir à tentação em sua casa? Lembre-se de que seus pais não confiarão em você, Aline, pois precisam ter certeza de que não deseja se suicidar. Eles a cobrarão pelo histórico que deixou nesse passado recente. Quantas vezes você atentou contra sua vida?

— Perdi a conta, doutor... A morte era uma ideia fixa em minha mente. Eu era menina, estava com dez anos quando tentei pela primeira vez. Sentia-me presa, acuada, desrespeitada, e apelei para esse ato covarde que não resolve nada. Hoje, sei que o lugar que vem a seguir é pior do que a tristeza que estou vivendo. O Vale dos Suicidas é um verdadeiro inferno.

— Não pense mais nisso. Não precisa se sintonizar com a energia densa e negativa daquele lugar. Em nossa próxima sessão, a levarei para uma colônia cheia de luz! Prepare-se para ver a beleza de quem evolui. As cidades espirituais são bem planejadas e belíssimas.

— Desejo ter mais experiência nesse sentido. Ver lugares belos deve ser muito agradável. Doutor, terminou meu horário. Seu paciente está inquieto andando de um lado para outro na sala de espera. Posso ouvi-lo daqui.

Aline levantou-se do divã e abraçou Carlos com carinho.

— Obrigada, doutor. Sinto que o senhor puxou o véu que cobria meus olhos. Não sei o poder que o senhor tem, mas hoje me ajudou muito. Obrigada.

— Passarei mais tarde em seu quarto para ver como está reagindo. Tomou direitinho a medicação que lhe passei?

— Sim. Rosa não me deixa esquecer os remédios.

O paciente que estava do lado de fora bateu na porta, e Aline apressou-se a sair.

CAPÍTULO 28

Aline entrou em seu quarto na clínica e sorriu ao ver Mércia, que, feliz, assistia a desenhos infantis na TV. A moça disse:

— Você realmente gosta desses desenhos. Eu também gostava deles, quando era pequena. Hoje, tive uma experiência reveladora, Mércia. Conheci um pouco o que vivi em duas de minhas vidas passadas e compreendi o que me levava a desejar a morte.

Neste momento, Rosa entrou no quarto trazendo um comprimido para Aline tomar e um brinquedinho para Mércia.

— Não é justo. Ela ganha brinquedo, e eu tenho de tomar um comprimido.

Mércia esticou o braço com dificuldade e ofereceu o brinquedo para Aline.

— Obrigada, querida, mas esse é seu. Rosa, da próxima vez, traga dois brinquedinhos.

— Vamos ver se você merece esse brinquedinho, mocinha. Descobriu o motivo pelo qual desejava fugir da vida?

— Foi maravilhoso, Rosa! Doutor Carlos me levou para uma viagem no tempo! As imagens apareciam em minha mente como se eu estivesse lá, tudo acontecendo no tempo presente! Experimentei coisas estranhas, sentimentos fortes, raiva, tristeza profunda, dor, felicidade em momentos que revivi a infância. Foi libertador.

— Vejo que ficou animada! Isso é um bom sinal, Aline. Como se sente depois dessa experiência? Ainda duvida de que exista vida após a morte?

— Foi uma experiência reveladora! Sinto que existe algo além desta vida, mas ainda quero buscar mais provas disso. Mergulhei em um mar de informações e tenho certeza de que existe mais por vir.

— Que bom que ficou interessada em buscar mais informações. Essa é uma fase gostosa de viver. Quanto mais informações buscar com interesse de aprendizado, mais a espiritualidade enviará as provas que você deseja. Comigo foi assim que ocorreu. Tive sonhos reveladores, encontros com amigos que vivem do outro lado, passeios em lugares belos. Quando despertava, me sentia calma e feliz. Bons tempos em que vivia buscando provas de que a vida não terminava com a morte. Uma vez, vi meu corpo deitado na cama. Eu estava em pé ao lado de meu corpo físico.

— Sério?! Que medo!

— Não tive medo. Pensei que estava morta, mas ouvi meu corpo físico roncar na cama, e o medo logo passou.

— Se tivesse uma experiência como essa, ficaria apavorada! Quero ouvir meu espírito falar em minha mente. Continuarei com o exercício do espelho que me ensinou. A experiência que tive hoje foi forte e de certo modo me trouxe alegria. Foi como se um peso tivesse saído de meu corpo. Não penso mais em... não quero falar alto para Mércia não ouvir. Fico envergonhada diante da alegria dela. Fui fraca e ridícula, Rosa.

— Não se julgue com tanto rigor, Aline. Você errou, mas sei que sairá desta clínica vitoriosa. Tenho certeza disso! Com doutor Carlos, ninguém consegue chegar ao ponto final, se é que me entende.

— Compreendi. Esse homem parece inofensivo, mas, quando começa a falar, convence até uma pedra! O que fez comigo hoje foi inexplicável! Gostaria que meu pai fizesse uma regressão dessas com o doutor Carlos, pois talvez assim deixasse de ser tão exigente e rigoroso comigo e com minha mãe. Ele nos julga e usa palavras duras conosco.

— Não guarde mágoa de seu pai, pois ele é o que pode ser. Não se iluda imaginando que conseguirá modificá-lo. Simplesmente aceite e não dê importância ao que ele faz ou diz. Ele é e o que pode ser e não o que desejam que ele seja.

— É triste pensar que meu pai me odeia e me acusa de ter causado a morte de meu noivo.

— Como ele morreu?

— Em um acidente de carro na estrada, mas eu...

— Não tem "mas eu", Aline. Você estava dirigindo aquele carro?

— Não, mas causei...

— Entenda que você não causou nada. Seu noivo fez a escolha de dirigir e acabou sofrendo o acidente. Apenas isso! Você não tem responsabilidade sobre as decisões de terceiros. Compreendeu?

— Sim, mamãe me disse isso. Ela começou a frequentar o centro espírita e afirma que não conseguimos entrar na mente das pessoas e fazê-las mudar de ideia. Ainda penso que tenho certa culpa no acidente de Rômulo.

— Não pague esse preço, Aline, pois é muito alto. A culpa traz peso para sua energia. Peso negativo e denso, que faz tudo que deseja começar a dar errado. Há pessoas que lutam a vida inteira para conseguir prosperar, contudo, não conseguem, pois para essas pessoas tudo é dificuldade. É o peso denso negativo que as impede de prosperar. Você não tem culpa de nada. Conscientize-se de que não é menor que ninguém. Somos todos do mesmo tamanho, buscando evoluir.

— Dessa forma, as coisas ficam mais leves. Tenho muito para aprender, Rosa.

— Sugiro que entre em nossa biblioteca e procure os livros pelos títulos que mais a agradarem. Leia. Tenho certeza de que gostará da leitura.

— Boa ideia. Não sabia que havia uma biblioteca aqui. Posso ir agora? Vamos, Mércia.

— Ainda faltam duas horas para o almoço. Leve-a. Há um cantinho para as crianças se divertirem com as historinhas infantis. Ela gosta de ficar por lá.

— Tem alguém que lê as historinhas para ela?

— Às vezes, um dos internos presta esse serviço na biblioteca.

— Então, chegou minha vez de ler para Mércia — Aline deixou o quarto empurrando a cadeira de rodas de sua nova amiga.

Quando chegou à biblioteca, Aline ficou impressionada com a quantidade de livros dispostos nas prateleiras. A moça pediu ajuda à atendente, que mostrou a seção de tema espírita. Entre os títulos, um romance chamou a atenção de Aline. O espírito de Nair induzia a moça a pegá-lo. Ela retirou o volume da prateleira e leu o título:

— *Memórias de um suicida*, de Yvonne A. Pereira. Este livro foi escrito para que eu o lesse. Achei o que precisava. Agora, Mércia, vamos procurar uma leitura de que você goste.

Aline percorreu os corredores da biblioteca e encontrou a seção de livros infantis. Ela mostrava os títulos a Mércia, e a jovem fazia gestos estranhos que Aline não compreendia. A atendente veio socorrê-la dizendo:

— Às vezes, Mércia consegue enxergar espíritos. Quando fica agitada dessa forma é porque ela está vendo. Sinto a presença de um espírito feminino ao lado dela.

Cristiane, a atendente da biblioteca, concentrou-se e perguntou para Aline:

— Conheceu alguém com o nome de Nair?

— Não que eu me lembre. Como ela é?

— Não consigo ver os espíritos como Mércia vê. Apenas sinto a presença deles. Esse nome veio à minha mente com insistência. Nair quer deixar uma mensagem para você.

— Pode dizer.

— Ela disse que você conseguirá superar o desafio que a vida colocará em seu caminho e pediu que seja forte para seguir em frente.

— Que coisa estranha! Quem é essa Nair? Perguntarei para minha mãe. Quem sabe ela tenha conhecido alguém com esse nome. Agradeça a ela, por favor.

— O importante não é o nome do espírito, mas a mensagem que foi passada. Nair foi embora e lhe pediu que lesse o livro com atenção. Foi ela quem indicou a obra.

— Sugestivo esse nome. Acho que é disso mesmo que estava precisando: de conhecimento sobre pessoas que abandonam a vida e cometem suicídio.

— Leve o livro para seu quarto. Se tiver alta da clínica, poderá levá-lo para casa. Termine de ler e depois traga de volta para que outros usufruam dessa leitura.

Aline ficou lendo para Mércia na biblioteca e, às vezes, fazia vozes diferentes para representar alguns personagens do livro de fadas, que escolhera para agradar a nova amiga.

Mércia ficou animada, e Aline mostrou as gravuras do livro com cores fortes. A animação da jovem, que estava sentada na cadeira de rodas, deixou Rosa emocionada, que entrara na biblioteca para chamar Aline ao refeitório e para alimentar Mércia.

Aline marcou a página do livro para continuar a leitura mais tarde, e Mércia, a contragosto, foi levada por Rosa.

Depois do almoço, Aline foi para o jardim da clínica, abriu o livro e arrepiou-se logo nas primeiras páginas. Ela entregou-se à leitura, esquecendo-se de que prometera terminar de ler o livro infantil para Mércia.

Rosa procurou Aline em quase toda a clínica e encontrou-a sentada em um banco do jardim na ala oposta à dos internos, completamente absorvida pela leitura.

— O que faz aqui?

— Estou lendo em um lugar sossegado. Só isso.

— Mércia não quer descansar hoje. Tenho certeza de que você prometeu terminar de ler a historinha para ela. Você não pode deixar a clínica sem autorização médica, Aline.

— Não estou na clínica?

— Não. Você está na parte do centro espírita.

— Quando eu tiver alta, quero frequentar este lugar. Desculpe-me, Rosa. Não sabia que estava fora da clínica. Espero não ter lhe causado transtorno por estar sentada aqui. Quero ler para Mércia e depois retornar para a leitura deste livro.

As duas caminharam pelo jardim, ultrapassaram um portãozinho que o jardineiro esqueceu aberto e chegaram à biblioteca, onde Mércia já estava agitada. Quando Aline pegou o livro e começou a ler, a garota, por fim, acalmou-se.

CAPÍTULO 29

Atílio entrou de férias na faculdade; era verão, e o clima deixava as pessoas mais animadas pelas ruas da cidade. O rapaz passava horas como voluntário no centro espírita, e, sempre que podiam, Ricardo e Agnes também se apresentavam como voluntários. César sentia-se bem frequentando o centro e, aos poucos, começou a compreender mais o plano espiritual. Laudicéia aproveitava o tempo livre para estudar e frequentava os cursos que a escola espírita oferecia.

Nair adorava vê-los reunidos ali, principalmente Ricardo. Quando o rapaz chegou a Curitiba, estava revoltado e tinha como objetivo descobrir a verdade sobre a morte do irmão e vingar-se. Nair estava feliz por ver que o neto reagira de forma pacífica. Quando ele descobriu o que acontecera, teve o ímpeto de se vingar de Atílio e Aline, mas, na primeira oportunidade em que ficou diante da moça, suas pernas bambearam e seu corpo estremeceu em um choque estranho.

Ricardo ficou penalizado com o estado de fragilidade de Aline, desistiu da vingança e procurou compreender o que acontecera com o irmão. O rapaz deixou de ligar para a mãe, o que a deixou preocupada. Ele não havia revelado para Cristina seu endereço na cidade, e, todos os dias, a mulher queixava-se ao marido e pedia-lhe que procurasse Ricardo em Curitiba, mas a única pessoa que Carlos Alberto conhecia na cidade era César.

Carlos Alberto não estava à vontade para perturbar César com o desaparecimento do filho, então, Roberta, a irmã de Rômulo e Ricardo, chegou a arrumar as malas para seguir para Curitiba.

Carlos Alberto, no entanto, impediu-a duas vezes de viajar, prometendo que, assim que o verão chegasse, deixariam o sítio para procurar Ricardo no Paraná.

Cristina continuava depressiva, e os familiares e amigos esperavam que, com o passar do tempo, ela superasse a dor e reagisse. Essa espera, contudo, estava se tornando longa demais, e os amigos e familiares começaram a evitá-la, pois a presença depressiva da mulher passou a incomodá-los.

Depois que Ricardo partiu para se vingar, eram os telefonemas do rapaz que consolavam Cristina. Na última vez em que ele ligou para a mãe, ela, contudo, ficou furiosa com a forma como o filho se referiu a Aline e a Atílio e percebeu que Ricardo agora se penalizava da situação da moça e desenvolvera uma amizade com o algoz de seu filho. Como a mãe insistia na vingança, Ricardo passou a não ligar mais para casa, não informou para Cristina o endereço da pensão ou sua localização, pois temia que ela surgisse no bairro, fizesse um escândalo e o envergonhasse. Com a ausência de notícias, a mulher entrou em desespero imaginando que também perdera Ricardo para a morte e entrou em um nível crítico de insanidade, atraindo, assim, espíritos perturbados para perto de si.

Carlos Alberto e Roberta tentavam de tudo para trazer Cristina ao equilíbrio novamente, mas não conseguiam. Quando ficou sabendo das crises estranhas de Cristina, Odete, a vizinha, foi até o sítio com seu rosário de contas para benzer a mulher.

Após uma semana de orações, Odete sentiu a presença de espíritos iluminados, pois Roberta e Carlos Alberto estavam orando por Cristina. Os dois tinham esperança de que a matriarca da família reagisse ao tratamento da benzedeira, pois todos os tratamentos médicos não haviam dado resultado. Cristina tomava medicamentos fortes e viciara-se em antidepressivos.

Enquanto Roberta e Carlos Alberto oravam de olhos fechados ao lado da cama, Odete mantinha-se próxima à cabeceira e entoava orações. A benzedeira assustou-se quando dois espíritos iluminados entraram no quarto e recolheram dos cantos escuros os obsessores que acompanhavam Cristina.

Mesmo de olhos fechados, Odete conseguiu ver a ação deles no quarto de Cristina. O corpo de Odete vertia suor abundantemente, e a benzedeira arrepiou-se quando um deles se aproximou da vizinha, o que a fez temer que ele levasse o espírito da amiga. O espírito, contudo, passou a mão sobre o corpo de Cristina, tirou dele uma gosma escura e limpou o campo energético da mulher. Ele lançou sobre ela um facho de luz, transmitindo positividade ao campo energético. Neste momento, Cristina sentiu que as dores de seu corpo cessaram e que toda a aflição que sentia desaparecera.

O outro espírito lançou luz ao ambiente e às pessoas que estavam presentes. Odete continuou orando com toda a sua fé e sentiu quando os dois espíritos de luz se foram. Cristina, então, abriu os olhos, olhou para todos e esboçou um leve sorriso. Por fim, perguntou:

— Vocês viram os espíritos iluminados?!

— Eu não vi nada — respondeu o marido.

— Eu senti um forte calor em minhas mãos — disse Roberta olhando para Odete, que continuava de olhos fechados, desejando que aquele momento não terminasse. Ela estava maravilhada com que o vira e disse:

— Que pena! Eles se foram!

— Você viu os espíritos, Odete?

— Sim! Nós fomos agraciados com a presença de dois espíritos de luz.

— Alguma coisa estranha aconteceu neste quarto. Não duvido disso! Mas as duas afirmarem que tivemos aqui a presença de espíritos brilhantes? Isso é demais! Melhor voltar à lida com meus bezerros no curral. Cristina, você está melhor? — perguntou Carlos Alberto.

— Estou ótima! Parece que tiraram um peso enorme do meu corpo. Não sinto mais dor em lugar algum. Estou com fome! Vocês me deixaram sem comer?

— Graças a Deus! Mamãe, você voltou!

— Alguém pode me explicar o que aconteceu aqui?

— Melhor não procurar explicações, mamãe. O que importa é que finalmente a senhora reagiu.

— Vamos agradecer a Deus pela intercessão que recebemos. Libertamos Cristina dos espíritos perturbados.

Odete orou novamente, e as duas repetiram suas palavras na prece de agradecimento. Roberta estava com a mente repleta de perguntas para fazer à benzedeira, mas não sabia explicar o que realmente acontecera ali. Cristina não parava de dizer que os espíritos iluminados estiveram ali e a curaram.

— Melhor não espalhar pela vizinhança o que aconteceu aqui — pediu Odete.

— Mas por quê? As pessoas precisam saber que suas orações são poderosas! Odete, não se faça de rogada. Você tem poder, mulher! — comentou Cristina.

— Eu tenho fé! O poder vem de Deus. Não precisarei continuar a benzê-la. Você ficará bem, Cristina.

Odete saiu, e Roberta acompanhou-a até a porta. A jovem desejava fazer algumas perguntas à benzedeira, mas, ao mesmo tempo, sentia que Odete estava emocionada e não queria comentar nada a respeito. Roberta também estava emocionada com tudo o que sentira.

A jovem retornou ao quarto da mãe, levando uma xícara de café com leite e um bom pedaço de pão com queijo.

— Coma, mamãe. Vou preparar uma canja leve para o jantar. Continue deitada.

— Filha, não aguento mais ficar deitada nesta cama. Vou para a cozinha acompanhá-la. Tem notícias de Ricardo? Ele ligou?

— Ligou! Ele está bem, mãe.

— Sabia que você pisca quando mente, Roberta?

— Não estou mentindo!

— Menina, eu a conheço desde bebê. Pensa que pode mentir para sua mãe? Ricardo não ligou. Ele continua nos ignorando. Agora que estou bem, nós iremos para Curitiba para procurar seu irmão. Aquela mulherzinha safada não conseguirá fazer com Ricardo o que fez com Rômulo. Não permitirei!

— Pelo que me contou... a senhora está desconfiada de que Ricardo se apaixonou por Aline, não é mesmo? Mãe, como a senhora fará para demovê-lo de uma paixão?

— Não conhece o poder que as mães têm?!

— Mãe, desculpe, mas a senhora não tem todo esse poder! Ricardo é um homem adulto e não obedecerá mais às suas ordens.

— É o que veremos! Depois deste milagre que ocorreu comigo, quero ver quem me segura! Deus está ao meu lado, e nada poderá impedir uma mãe de trazer um filho à razão! Se ele estiver arrastando asa para aquela assassina vagabunda, darei um jeito nos dois.

— Seu julgamento é feroz, mãe. A senhora acusa essa moça, sem ter certeza de que ela realmente foi culpada pela morte de Rômulo. Aline não estava dirigindo o carro em alta velocidade!

— Não defenda essa vagabunda, Roberta! Não fique contra sua mãe! Ricardo me contou tudo o que descobriu a respeito desse crime! Meu amado Rômulo foi a vítima! Acabarei com essa Aline e com o namoradinho traidor dela. Eles me pagarão caro pelo que fizeram com meu filho!

— A vingança não a levará a nada, mãe, e só fará todos sofrerem. Para quê causar mais sofrimento? Aline tem mãe e pai, e esse moço também deve ter quem o ame. Quer causar a mesma dor que sentiu em outras mães?! Não acredito que pense dessa forma dura e fria. Não a minha mãe, que sempre foi amável e cordata com todos. Não deixe a morte de Rômulo amargurá-la dessa forma! A senhora vivenciou um milagre hoje. Eu imaginava que não conseguiria sair daquela situação triste e depressiva.

— Não sou dura e fria, Roberta! Continuo sendo uma pessoa cordata, mas não deixarei impunes os assassinos de meu filho. Para uma mãe, não é pedir muito. Quero que a justiça seja feita.

As palavras de Cristina, cheias de ódio e vingança, chegaram aos ouvidos de Rômulo, que, naquele momento, usava uma cabine dentro da biblioteca na colônia. Imediatamente, o rapaz chamou Nair por meio de telepatia, pois precisava falar urgentemente com ela. Nair, então, apareceu na velocidade do pensamento.

— O que aconteceu, querido?

— Estava aqui estudando e de repente ouvi a voz de minha mãe. Ela estava acusando Aline e afirmando que se vingará dela. Minha mãe a culpa por meu desencarne.

— Por que esse fato lhe causou estranheza?

— Não sei... de repente, me dei conta de que minha mãe sofreu muito quando parti, mas ela não tem o direito de se vingar de Aline!

— Você ainda busca por vingança?

— Não! Sei que também errei muito com Aline e Atílio. Desejo que minha mãe não se vingue, pois isso complicaria o compromisso dela com a vida e prejudicaria a própria evolução. Ela seria um polo atrativo para espíritos vingativos e atrairia para si desafios fortes pela Lei de Ação e Reação. É uma péssima escolha.

— Agora, você compreende um pouco de nossas leis, contudo, não tem toda a verdade das experiências passadas. Certos fatos lhe foram mostrados, porém, existem alguns detalhes de que não se recorda. Desejo que você descubra toda a verdade, Atílio, e para isso é preciso que leve alguns fatos do passado em consideração. Vamos ao quarto andar do prédio. Está na hora de enfrentar a sala dos espelhos. Pronto para se encontrar no linear do tempo?

— Sim... Havia me esquecido de que precisava passar por isso. Corro algum risco de voltar ao sanatório no umbral?

— Se não controlar suas emoções, será lá sua parada. Controle-se! Estou ciente de que terminou o curso que o ensinou a purificar os pensamentos das energias nocivas. Está pronto para descobrir a verdade?

— Por que está agitada, Nair?

— Você compreenderá depois que acessar suas lembranças.

Nair acomodou-se em uma cadeira ao lado de Rômulo, e uma tela abriu-se imediatamente. Rômulo reconheceu-se como um homem do século XVII, que era casado com uma bela mulher com os traços parecidos com os de Aline. Sem querer reconhecê-la naquela figura, ele comentou com Nair.

— Que bela esposa eu tive! Sinto a falta dela. Onde posso encontrá-la, Nair? — brincou Rômulo.

— Fique calado! Não percebeu que ela foi uma das reencarnações de Aline?

— Era Aline?! Tenho a impressão de que você ficou nervosa, Nair!

— Não quero ficar discutindo com você, Rômulo. Preste atenção nas imagens. Quer ou não quer desvendar toda a sua história?

Rômulo calou-se diante da força das palavras de Nair e ligou-se na tela. O subconsciente do rapaz, então, trouxe o passado de volta, e ele começou a chorar, inconformado com as imagens que a tela mostrava. Ele pediu para Nair:

— Pare esse filme, Nair. Não precisa mais prosseguir com essa história. Aline cometeu o suicídio, e eu me sinto culpado por isso. Eu já sabia. Depois de anos, me casei novamente com uma bela jovem e tivemos um filho que me odiava. Era ele...?

— Está me perguntando se esse filho que teve no segundo casamento foi o amante de sua primeira esposa? O rapaz que você matou na gruta?

— Por favor, Nair... nunca tive essa certeza! Ele era o meu filho?

— Sim, era Atílio. Ele reencarnou para perdoá-lo, mas não encontrou um campo favorável para se aproximar do pai. Você vivia amargurado pela morte da mulher que amou e acabou desprezando sua segunda esposa e seu filho.

— Meu filho não suportava minha presença, Nair! Depois que desencarnamos, ele não permitiu que eu me aproximasse dele. Era o garoto da gruta, cuja vida eu ceifei!

— Atílio encantou-se com Aline! E ela com ele! Eles se amam, Rômulo! Os dois fugiriam para se casarem, quando ela foi obrigada a se casar com você.

— Você está me acusando, Nair?

— Não estou o acusando de nada, querido. Quero apenas que se concentre nos fatos. Eram tempos de homens rústicos e de mulheres sem direito à decisão. Podemos seguir para a próxima vida, na qual todos nós nos encontramos?

— Podemos.

Nair ligou novamente a tela, e surgiram imagens de pessoas caminhando em uma rua elegante da Europa do século XIX. Um casal deixava a igreja após a cerimônia de casamento, e os dois tinham largos sorrisos impressos no rosto. Pareciam apaixonados.

— Conheço essa mulher, mas não me recordo de onde... — comentou Rômulo.

— Não se concentre nesse ponto. É melhor eu acelerar as imagens que nos interessam.

Rômulo foi pai de duas lindas meninas e desejava o melhor para elas. Quando a filha mais velha completou 15 anos, ele obrigou-a a casar-se com um homem que ele escolhera, mas a moça estava apaixonada por um rapaz que trabalhava na propriedade.

— Compreendi! Aline e Atílio! Novamente os dois! — disse Rômulo.

— Recorda-se de como esse romance terminou?

— Obriguei minha filha a se casar com um homem de posses na Suíça. Ele se parecia muito com meu irmão Ricardo! Aline estava infeliz e acabou se envenenando! Perdi minha garotinha, me senti culpado e fui acusado por minha esposa pelo suicídio de minha filha.

— Eu não o acusei, querido!

— Basta, Nair. Não quero ver mais nada! Tenho todas as lembranças em minha mente. Errei com Aline, com você, com Atílio e até com Ricardo! Por que Aline tinha de ser tão fraca?!

— Nossa filha era o que conseguia ser!

— Você... você era minha esposa! Nós nos casamos em duas encarnações! Nair... era você o tempo todo?! É claro que eu a conhecia de algum lugar do passado. Era você!

— Eu disse que fazia parte do grupo de reencarnantes, Rômulo.

— Você está linda, Nair!

— Precisou de um choque de realidade para recordar desta sua amiga, não?

— Desculpe-me! Sou um paspalho por não ter me recordado de minha querida companheira — Rômulo fez menção de beijar os lábios de Nair, mas ela repreendeu-o dizendo:

— Espere! O passado ficou longe no tempo, Rômulo. Não temos compromisso algum aqui. É melhor ir com calma. Não estamos na Terra para termos relacionamentos esporádicos. Aqui é diferente.

— Desculpe-me. Eu me empolguei ao me recordar de nós dois e... Nair, me responda com toda sinceridade... tenho alguma chance com você?

— De termos um compromisso aqui?

— Sim. Tenho chance? Recordar o passado me deixou sem fôlego! Lembrei como foi ardente nosso relacionamento. Você foi minha segunda mulher na vida anterior, e eu fui um idiota por sofrer por quem nunca me amou. Você me amou e suportou meu péssimo humor até o fim.

— Você me deu um filho amoroso e muito educado. Atílio foi minha alegria, depois que você nos deixou. Ele cuidou de mim, da mãe amada, até o fim. Eu estava com a idade avançada, e ele nunca me abandonou.

— Você ama Atílio? — perguntou Rômulo.

— Amo muito.

— Então, você espera por ele?

— Sim, como espero por Aline, Ricardo, Laudicéia, César, Cristina, Roberta, Agnes, Carlos Alberto e outros amigos queridos que tenho em meu coração.

— Estou em sua lista de amigos especiais?

— Sempre esteve de uma forma especial. Guardo os momentos de êxtase que vivemos.

— Sinto meu corpo arder de desejo por você, Nair! Como não a reconheci?! Eu a quero! Você é minha amada. Deixe-me ficar ao seu lado!

— Sempre que pudermos, estaremos juntos, mas você precisa tomar algumas decisões sobre as quais não me cabe opinar.

— Não quero me vingar de Aline. Ela foi minha filha, e eu fui um pai desastroso.

— Ainda ama Aline?

— Amo todos que me cercaram dentro do grupo do qual fazemos parte no aprendizado. Eu a amo, Nair! Você quer namorar comigo? Não tenho nada a lhe oferecer... a não ser meu amor.

— Aceito seu amor com uma condição: que me ajude a colaborar com nossos amigos na Terra. Aline passou por momentos de grande provação e ainda se sente culpada por sua morte. E você sabe como ela é fraca quando se sente acuada. Não vamos deixar Cristina perturbar os momentos de paz que Aline conseguiu conquistar na clínica.

— Farei o que estiver ao meu alcance. Aline está em uma clínica psiquiátrica? Por quê?

— Porque ela ainda tenta incessantemente cometer o suicídio. Olhe para a tela e analise o que nossa menina passou para conseguir superar a crise depressiva na qual entrou após seu desencarne.

Rômulo segurou a mão de Nair e beijou-a, assistindo às cenas tristes de Aline após o acidente que o vitimou. Ao final das imagens, ele perguntou:

— Você tem alguma ideia em mente? Como podemos ajudar esse grupo de amigos?

— Com cartas.

— Não compreendi.

— Você escreverá uma carta para Cristina e colocará tudo nos devidos lugares.

— Isso é possível?

— Novato! Temos carteiros esperando pela correspondência.

— Que interessante! Imaginava que isso não seria possível. Então, é verdade que esse tipo de comunicação é possível!

— Temos vários métodos de comunicação com nossos amigos encarnados, e um deles é a psicografia.

— E quais são os outros?

— Telepatia por meio da mediunidade, e as mais comuns são as comunicações por meio dos sonhos. A mais forte e rara de ocorrer é a que acontece quando, durante o sono das pessoas, as tiramos e as trazemos para cá em viagens astrais para que conversem com os espíritos.

— Mesmo que a pessoa esteja encarnada, isso é possível?

— Claro que sim.

— Mas como?

— Deixamos esse tipo de comunicação para os espíritos mais elevados.

— Ainda tenho tanto a aprender, minha namorada.

— Eu não disse que aceitei sua corte!

— Não percebe o desejo que me invadiu quando me recordei do nosso envolvimento? Eu a quero, Nair.

— Até o momento, essa lembrança estava presa em seu inconsciente. Agora que trouxe as lembranças de volta, me faz a corte com desejo no olhar.

— Você sente o mesmo! Sei disso! Você não me engana, Nair. Diga que também me ama! Meu amor estava contido em minha mente, como você mesma brincou. Sou novato por aqui! Quer ser minha namorada? Os espíritos podem namorar?

— Podem, novato. Eu aceito seu pedido, Rômulo, mas tem que me prometer que estudará muito e que se esforçará para deixar esta colônia para viver ao meu lado na cidade acima.

— Mostre-me como posso evoluir, e chegarei até você o mais rápido que puder.

Nair e Rômulo deixaram a sala dos espelhos e caminharam pelo jardim em busca de um lugar reservado onde pudessem trocar juras de amor.

CAPÍTULO 30

Cristina implorava para Carlos Alberto custear sua viagem até Curitiba e novamente se deprimia por não ter notícias de Ricardo. Roberta cobrava do pai o que ele prometera:

— Paizinho, o senhor nos disse que, quando o verão chegasse, iríamos para Curitiba procurar Ricardo. Mamãe e eu precisamos saber onde ele está. Você prometeu, papai!

— Eu e minha boca grande! Você está certa de me cobrar, afinal, promessas precisam ser cumpridas. Vendi os novilhos essa manhã. Nós ficaremos quinze dias em Curitiba. Assim como vocês, também quero encontrar Ricardo.

— Obrigada, papai! Quero saber por que ele parou de ligar para a mamãe.

— Esse menino deveria estar aqui me ajudando com as tarefas do sítio. Quero trazê-lo de volta antes que se encante com alguma mulher e não queira mais voltar para casa.

— Papai, acho que nós dois somos os únicos que gostam da vida no campo. Rômulo encontrou um meio de deixar o sítio para trabalhar em Curitiba e ficou por lá. Creio que ele não tinha a intenção de voltar para Camapuã, se não tivesse ocorrido aquele acidente... Ricardo deixou o sítio com a desculpa de procurar a verdade sobre a morte de Rômulo e desapareceu! Tenho certeza de que ele não voltará mais para o campo, pai. Além disso, mamãe não gosta de morar no sítio e sempre desejou viver em uma cidade grande.

— Aonde você quer chegar com essa conversa, filha?

— Desejo que analise a possibilidade de vendermos o sítio e de nos mudarmos para Curitiba, pai. Talvez lá, possamos ficar unidos novamente. Tenho certeza de que a depressão de mamãe teria um fim, se ela pudesse viver onde desejasse.

— Está me pedindo para fazer algo que não desejo, filha! Nasci neste sítio que meu pai me deixou de herança. Esta é minha casa, sempre foi.

— Papai, eu também amo este lugar. Gosto do cheiro da grama, quando passo o cortador, e adoro o cheiro de terra que sobe até meu nariz, quando chove. Fico encantada quando uma de nossas vacas dá cria e eu posso brincar com o bezerrinho, mas, se continuarmos no sítio, mamãe sucumbirá. Não quero que ela morra! Vamos embora daqui, papai. É nossa vez de fazer alguma coisa para ela ser feliz.

— Não quero vender o sítio, filha. O que farei para ter dinheiro na cidade grande? Tudo que sei fazer é cuidar de bezerros e cultivar a terra.

— Não sei como nos sustentaremos em Curitiba, mas temos de tentar antes que seja tarde demais para ela. Por que não aluga o sítio? Com o dinheiro do aluguel, poderemos pagar o aluguel de uma casinha por lá.

— Pensarei em sua proposta, querida. Então, vamos para Curitiba. Ligarei para César. Tenho certeza de que ele nos receberá na rodoviária da cidade. Pedirei que ele nos indique uma pensão barata para ficarmos hospedados. Se eu encontrar trabalho nesses quinze dias, talvez fiquemos por lá.

Cristina ouvia a conversa entre pai e filha na cozinha e deu pulinhos de alegria quando o marido concordou com a possibilidade de se mudarem para Curitiba.

Roberta e Carlos Alberto ouviram o barulho que vinha de trás da porta e sorriram. Ele falou em um tom mais alto:

— Pode sair de trás da porta, amor. Sei que ouviu nossa conversa. Veja bem, Cristina, eu não disse que aceito viver em Curitiba. Disse apenas que tentaríamos fazer essa mudança, se...

Cristina entrou na cozinha sorridente e abraçou o marido. Ela beijou o rosto de Carlos Alberto freneticamente e fez o mesmo com Roberta.

—Acalme-se, mamãe! Nós vamos tentar realizar essa mudança, mas não se empolgue muito. Nada está resolvido em definitivo.

— Depois que chegarmos lá, vocês não conseguirão me fazer voltar para este lugar perdido no mapa. Não suporto viver aqui! Desde criança, desejo viver em uma cidade grande, cheia de carros nas ruas, lojas bonitas, supermercados enormes, *shopping centers*! Enfim, num lugar onde haja vida, e não bezerros berrando dia e noite debaixo de minha janela! Quero morar em um prédio com elevador. Subi em um quando criança, numa ocasião em que fui passar um fim de semana em São Paulo. Adorei cada segundo daquela viagem. Amei a cidade grande.

— Conhecemos essa história, mamãe. Desde então, a senhora sonha em viver em uma cidade grande. Nós vamos tentar, mas não se esqueça de que ainda não confirmamos uma mudança radical em nossas vidas. Sabe que papai e eu gostamos de viver aqui.

— Vocês são dois desmancha-prazeres!

— Ligarei para César.

— Para o pai daquela assassina?! Esse é o preço que terei que pagar? Passaremos quinze dias na casa daquela mulherzinha, daquela vagabunda?!

— A quem está se referindo, Cristina?

— A Aline, a assassina de meu filho. Quem mais poderia ser?

— Não pretendo ficar hospedado na casa de César. Minha ideia é que nos hospedemos em um hotelzinho ou em uma pensão barata. Não quero gastar muito. Apenas ligarei para César para ter alguém que nos mostre a cidade. Quero conhecer a Curitiba pela qual Rômulo se apaixonou.

— Pai, não foi pela cidade que Rômulo se apaixonou! Foi pela filha de César: Aline.

Os três riram, e Carlos Alberto disse:

— Arrumem as malas. Comprarei as passagens na rodoviária da capital.

— Leve-me com você. Preciso fazer compras em Campo Grande — disse Cristina.

— Quer gastar?! O que deseja comprar lá?

— Roupas e sapatos para a viagem.

— Comprarei o que vocês precisarem. Você fica em casa, mulher. Ainda está fraca, amor.

— Estou bem e ficarei melhor se sair para fazer compras. Roberta, vista sua roupa de missa para irmos a Campo Grande. E não proteste, Carlos Alberto! Nós iremos com você.

Carlos Alberto calou-se, pois sabia que não tinha como demover a esposa daquela ideia. Quando Cristina desejava uma coisa, não desistia com facilidade. Os três, então, deixaram o sítio em uma carroça e seguiram para a rodoviária de Camapuã. Chegando lá, deixaram o veículo e o cavalo amarrados em uma árvore, com um balde de água fresca e um amarrado de capim para que o animal se alimentasse na ausência deles.

Os três subiram no ônibus e, horas depois, desembarcaram em Campo Grande. Carlos Alberto levou as duas para um restaurante simples para almoçarem. Cristina apressou-se para fazer as compras, e Roberta aproveitou para cortar os cabelos longos e negros. Ela pediu um corte da moda e convenceu a mãe a fazer o mesmo. As duas eram parecidas e ficaram ainda mais partilhando do mesmo corte de cabelo. No fim da tarde, os três voltaram para Camapuã no último ônibus. Era noite alta quando retornaram para casa na velha carroça.

Os dias passaram apressados para Carlos Alberto, que tomou todas as providências necessárias para deixar o sítio e a criação em boas mãos. Ele convencera um amigo a cuidar do local até seu regresso.

Era madrugada, quando Cristina se levantou, vestiu o jeans novo, uma camiseta e colocou o tênis. Ela apressou-se a acordar Roberta, preparou o café e pôs um sorriso no rosto. Estava muito feliz. Tinha certeza de que encontraria o filho, se ele ainda estivesse vivendo próximo à casa de César.

Carlos Alberto deu as últimas instruções para José, o pescador, um apelido que justificava seu grande *hobby*. Para não deixar a carroça e o cavalo em Camapuã, Carlos Alberto pagou um vizinho para levá-los até a cidade para pegarem o ônibus até a capital.

Cristina não se importava em deixar sua casa e seus pertences à mercê de pessoas estranhas, pois na verdade desejava deixar o sítio para trás e nunca mais retornar para lá.

O coração de Cristina agitava-se a cada parada do ônibus, pois imaginava que já havia chegado a Curitiba. Ela abria a cortina do veículo e olhava para fora, enquanto Carlos Alberto e Roberta dormiam tranquilos.

CAPÍTULO 31

César não esperava pelo telefonema e colocou o fone no gancho com o rosto contrariado. Laudicéia perguntou:

— Quem lhe ligou tão cedo? Você pagou todas as contas deste mês, César? Aposto que era cobrança do cartão de crédito. Fale, homem! Quem era?

— Carlos Alberto, o pai de Rômulo.

— O que ele queria?

— Estão vindo para Curitiba. Ele me pediu ajuda para encontrar o irmão de Rômulo. Disse que o rapaz veio para cá há alguns meses e não deu mais notícias.

— Eles não sabem onde está esse rapaz? Que coisa triste para a mãe desses meninos! Um morreu, e o outro desapareceu! O que podemos fazer para ajudá-los?

— O que eu não gostaria de fazer: hospedá-los em nossa casa.

— Pediram esse tipo de ajuda?

— Não. Carlos Alberto quer apenas que eu o receba na rodoviária e os leve a uma pensão barata.

— Você não pode fazer isso com esse homem, César! Se eu tivesse que procurar Aline na cidade em que eles vivem, tenho certeza de que nos hospedariam. Arrumarei o quarto de nossa filha para que eles fiquem aqui.

— A mulher e a filha estão vindo também. Melhor arrumar a edícula para hospedá-los.

— Temos muito trabalho pela frente. Você não pode pegar peso. Chamarei Ricardo e Atílio para nos ajudarem, mas não se esqueça de que deixei metade desta casa guardada na edícula, César. E se Aline tiver alta da clínica? Todos os objetos cortantes estarão de volta à nossa cozinha, sem falar dos remédios e do material de limpeza! O que faremos?

— Aline está em tratamento na clínica e não deve ter alta tão cedo.

— Doutor Carlos me disse que ela está reagindo bem ao tratamento e afirmou que poderei visitá-la na próxima semana.

— Mas não falou em dar alta para nossa menina, falou?

— Não. Já se passou um ano do desencarne de Rômulo, e faz muitos meses que Aline está internada naquela clínica.

— Você quer mesmo hospedá-los em nossa casa, Laudicéia?

— César, não seja insensível! Essa família sofreu bastante, e devemos ser solidários a eles. É o mínimo que podemos fazer depois da morte trágica de Rômulo. Temos espaço para deixá-los confortáveis na edícula. Chamarei Ricardo agora mesmo. Preciso comprar os pãezinhos para nosso café da manhã. Quando chegarão a Curitiba?

— Daqui a dois dias. Teremos tempo para organizar tudo. Quero passar uma tinta nas paredes da edícula.

— Você não pode fazer esforço físico, César. Atílio e Ricardo são jovens e devem saber pintar uma parede. Você pode ensinar aos meninos.

— Posso sair para comprar as tintas? Ou será fazer esforço físico demais?

— Não zombe de meus cuidados. Não quero me tornar uma viúva tão cedo.

— Você seria uma viúva linda e cobiçada, Laudicéia.

— Não brinque com isso! Não quero ficar aqui sem você.

— Ainda me ama? — perguntou César.

— Sabe que sim. Estamos juntos há mais de trinta anos, e eu lhe tenho amor! Apenas não gosto quando quer se impor com arrogância. Percebeu como mudamos depois de iniciarmos o curso de autoconhecimento no centro?

— Eu me tornei um homem mais calmo, não é verdade?

— Mais calmo e compreensivo! Você parou de julgar as pessoas com o rigor de um advogado criminal, mostrou ter mais compaixão e até parou de implicar com Atílio.

— Ele é um bom rapaz, prestativo e cordato e tem me ajudado muito. É desagradável não poder dirigir meu carro. Você deveria ter aprendido a dirigir quando era moça.

— Eu tentei. Não se recorda? Foi um desastre! Não consegui perder o medo de ficar atrás de um volante. Ficava tão nervosa que teria tido um ataque do coração e morrido jovem.

— Exagerada! Trágica! Você se aproveitou para ter um motorista particular, isso sim. Agora, temos que pedir a Atílio para nos levar ao hospital para fazer os exames de rotina, ao supermercado etc.

— Talvez eu devesse ter insistido um pouco mais. Realmente, fui covarde. Espero que Aline consiga ser uma boa motorista.

— Aline dirigindo? Melhor não contar com isso. Seria mais uma arma nas mãos dela para...

— Não fale isso, Laudicéia! Por alguns momentos, esqueci que Aline tem problemas graves de comportamento. Quero que ela fique bem e nunca mais atente contra a própria vida. Essa é a nossa cruz!

— Lembre-se do que foi dito na aula de ontem sobre a força das palavras. Somos polos atrativos. O que acreditamos com convicção se torna nossa realidade. Não traga o peso desnecessário para Aline. Ela é nossa filha amorosa e saudável. Assim é melhor.

— Força do hábito, César. Você tem razão. Aline é amorosa, forte e equilibrada. Cuide do leite que está no fogo. Voltarei logo com os pãezinhos quentinhos. Estou gostando de ver sua mudança, meu amor.

César abriu um sorriso como há muito não fazia, e Laudicéia seguiu para a padaria. Ricardo atendia no balcão, e a mulher pediu-lhe ajuda para organizar a edícula.

— Você quer receber um pagamento extra este mês, Ricardo? Precisamos de ajuda para organizar a edícula. Pode nos ajudar?

— Não precisa pagar por minha colaboração, dona Laudicéia. Ajudarei de coração. A senhora é uma boa amiga. Quando começaremos a organização da edícula?

— Se possível, hoje ainda. Teremos hóspedes, que chegarão em dois dias.

— No fim da tarde, quando sair da padaria, estarei lá.

— Vou fazer aquele bolo de aipim que você adora, Ricardinho.

— Gostaria de começar o serviço mais cedo! Aquele bolo me lembra o da minha avó Nair. Era delicioso. Às vezes, sinto saudades dela.

— Sua avó já morreu?

— Sim, eu era criança quando ela desencarnou. Na época, eu tinha nove anos, mas me recordo do bolo que ela preparava. E seu bolo é muito parecido com o dela, dona Laudicéia.

— Nesta noite, teremos bolo de aipim de sobremesa.

— Posso levar Agnes? Tenho certeza de que ela será de grande ajuda. Ela me disse que a mãe precisou viajar a trabalho e que não queria ficar em casa sozinha. Atílio tem um compromisso no centro esta noite.

— Todos estão convidados. Atílio também pode vir jantar antes de seguir para o centro. Pobre Magda! Ela cria os filhos sozinha.

— O que aconteceu com o marido dela?

— Foi embora com outra mulher e nunca mais deu notícias. Magda educou os filhos sozinha. As crianças eram pequenas e não devem se recordar do pai. Ninguém sabe o que aconteceu com ele. Até mesmo dona Renê, que sabe tudo o que se passa nesta rua, não saberia responder à sua pergunta.

— Dona Renê está mudada! Não a vejo mais fazendo comentários maldosos na vizinhança.

— Eu percebi e lhe confesso que tenho estranhado isso. Dona Renê nos deixou em paz e não fica mais no portão falando da vida alheia. Ela tem ficado dentro de casa, e mal escutamos sua voz no quintal.

— O que será que aconteceu para ela ter se calado? Será que foi a ameaça de Atílio de processá-la?

— A ameaça deve ter surtido efeito, porque ela voltou a ser o que era antes do acidente de Rômulo. Foi depois da morte dele que Renê se virou contra minha família. Às vezes, imagino que ela tinha algum interesse no noivo de Aline.

— Não pode ser! Renê é uma mulher idosa, e, pelo que ouvi falar desse rapaz, ele era jovem e apaixonado por sua filha.

— Rômulo era um homem especial! Galanteador e muito educado. Quando chegava à minha casa, parava no portão para conversar com Renê e a tratava com carinho e respeito. Ele dizia que ela se parecia com sua avó.

— Ele achava isso? Essa senhora não se parece com a avó... de ninguém.

Por pouco, Ricardo não revelou que era irmão de Rômulo. Laudicéia, contudo, não percebeu que ele engasgara levemente e comentou:

— Tem razão. Renê não é avó, pois nem teve filhos, e vive solitária dentro daquela casa. Bem, agora tenho que ir. Deixei o leite no fogo, e César deve ter deixado ferver e cair no fogão. Estou esperando-o para o jantar. Não se esqueça de levar Agnes.

Laudicéia atravessou a rua e entrou em casa esperando encontrar o fogão sujo com o leite derramado. A mulher colocou os pãezinhos sobre a mesa e ficou admirada por encontrar tudo limpo. César estava na edícula e voltou para a cozinha dizendo:

— Eu olhei o leite. Você demorou com esses pães, hein? Estavam no forno?

— Não, eu fiquei conversando com Ricardo. Ele e Agnes vêm jantar conosco esta noite. Ricardo aceitou nos ajudar na limpeza da edícula.

Os dois sentaram-se à mesa, e Laudicéia pegou a leiteira, notou que o leite havia escorrido para fora dela e comentou:

— Quer dizer que você ficou olhando o leite para não derramar no fogão?

— Sim, eu lhe disse que fiquei olhando o leite ferver e desliguei o fogo. O fogão está limpo como você deixou.

— E como explica o fato de a leiteira estar suja?

— Não fui eu! Já estava assim. Você que não lavou a leiteira por fora! Eu deixei o fogão limpinho e acabei me esquecendo de lavar a leiteira. Não consegui enganá-la... — César ria, divertindo-se com sua travessura, e Laudicéia acabou sorrindo também. Longe da pressão que a presença de Aline causava nos dois, o casal estava relaxado e voltara a sorrir.

CAPÍTULO 32

Era tarde da noite quando terminaram de esvaziar a edícula. Agnes e Laudicéia organizavam os objetos que tiraram de lá e que eram usados na casa. A jovem sugeriu que as facas, tesouras e outros objetos afiados e cortantes ficassem dentro da gaveta na cozinha. Colocariam um cadeado para Aline não mexer.

Pela manhã, César foi comprar as tintas e o que precisava para deixar a edícula do jeito que desejava para abrigar a família de Rômulo.

Ricardo tirou o dia de folga e foi ajudar César e Atílio com a pintura. Como não conseguia fazer esforço, César ensinou os dois a pintar as paredes, e, no fim da tarde, os jovens limparam o chão, as janelas e as portas.

Agnes e Ricardo colocaram os móveis nos lugares que Laudicéia indicava, mas a moça decidiu mudar a disposição dos móveis para a decoração ficar melhor.

— Dona Laudicéia, mudei as camas de lugar, pois acho que assim seus hóspedes aproveitarão a luz que entra pela janela. A senhora disse que uma jovem ficará hospedada no quarto à esquerda da escada. Coloquei a cômoda ao lado da janela, pois, assim, ficará mais claro para ela fazer a maquiagem.

— Fez bem, Agnes. Eu não teria pensado nesses detalhes para uma moça de sua idade. Faz tempo que não uso maquiagem.

— A senhora deveria usar. É uma mulher bonita e ficaria ainda mais se usasse rímel, batom. Quando quiser, posso maquiá-la.

— Você é um amor de menina, Agnes! Obrigada! Gostaria de me ver maquiada e com os cabelos ajeitados em um belo penteado. Quando era solteira, estava sempre arrumada para sair com meu namorado. Depois que me casei, e Aline nasceu, não tive mais tempo e ânimo para cuidar da beleza.

— Penso que está na hora de mudar esse hábito de não se cuidar, dona Laudicéia. No curso sobre a reforma íntima, nós aprendemos que é preciso nos colocar em primeiro lugar. Que tal passarmos uma tarde no salão de beleza? Fazermos um bom corte em seu cabelo e pintá-lo? O que acha de fazer as unhas e uma massagem relaxante?

— Massagem?! No salão de beleza?!

— Quase todos os salões modernos prestam esses serviços, dona Laudicéia. As mulheres saem lindas e poderosas de lá.

— Não tenho dinheiro para gastar com esses serviços extras no salão, Agnes, mas é boa ideia fazer um corte e pintar meus cabelos.

— Posso aplicar uma hidratação em seus cabelos e fazer suas unhas. Aprendi com uma amiga que é manicure.

— Obrigada, Agnes. Sua mãe deve se orgulhar muito de ter uma filha adorável como você.

— Ela tem orgulho dos filhos. O que minha mãe não tem é tempo livre, pois trabalha muito para nos sustentar. Queria que trabalhasse menos e aproveitasse um pouco mais a vida, que passa rápido.

Ouvindo a conversa das duas na sala, César comentou do alto da escada:

— Mas se ela não trabalhar, quem pagará a escola, a faculdade e as contas da casa, Agnes?

— Não precisa responder, querida. César tem essa mania de atravessar a conversa alheia.

— Seu marido tem razão, dona Laudicéia. Atílio e eu queremos trabalhar, mas ainda não encontramos um emprego de meio período. Minha mãe não me deixa estudar à noite para trabalhar durante o dia. Para que Atílio conseguisse estudar à noite, eles tiveram uma grande discussão. Mamãe é muito protetora e exigiu que ele ficasse em casa para cuidar da "irmãzinha". O que posso fazer?

— Que tal trabalhar em um escritório de advocacia? Minha secretária entrará de licença-maternidade, então, você poderia trabalhar meio período como minha secretária. Poderia lhe ensinar o serviço e lhe pagar de acordo com os valores praticados pela categoria.

— O senhor está me oferecendo um emprego, senhor César?! Que maravilha! Eu aceito, mas preciso falar com minha mãe.

— Se precisar, César pode conversar com Magda, assim, você terá seu dinheiro.

— Obrigada! Podemos subir para terminarmos a decoração dos quartos? Seus hóspedes chegarão amanhã cedo?

— Sim. Falta colocar os lençóis nas camas e os tapetes nos quartos para terminarmos. Ricardo está por aqui?

— Estou, dona Laudicéia. Acabei de instalar o chuveiro, e ele funcionou!

Todos riram. Apesar de cansados, estavam bem-humorados.

— Ricardo, ligue para a pizzaria e peça duas pizzas: uma portuguesa e a outra... Você e Agnes escolhem o sabor.

Ricardo desceu as escadas rapidamente e entrou na casa procurando o telefone na cozinha. Depois de combinar o sabor da pizza com Agnes, fez o pedido. Eram vinte e três horas quando a comida chegou. Atílio estacionou o carro em frente à casa de César para buscar Agnes e levá-la para casa e foi convidado a entrar para saborear as deliciosas pizzas.

Uma hora e meia depois, os três jovens deixaram a casa de César e foram descansar.

O sol estava apontando no horizonte quando César pulou da cama, assustado.

— Laudicéia, acorde! Perdemos a hora! O ônibus chegará à rodoviária às seis e meia. Estou muito atrasado.

— Calma, homem! Olha seu coração! Você não pode dirigir ainda. Combinou com Atílio de levá-lo até a rodoviária?

— Acabei me esquecendo de pedir mais esse favor a ele. Tenho que dirigir e rápido.

— Nada disso! Eu resolverei isso. Vou ligar para ele.

Atílio acordou assustado com o telefone tocando tão cedo e, após atender à ligação, prontificou-se a levar César até a rodoviária. Em quinze minutos, estava pronto e parado ao lado do portão da casa do sogro.

195

O rapaz pegou o carro de César, que era mais confortável e maior, deu a partida e arrancou rápido para a rodoviária. Por sorte, era sábado, e o trânsito estava fluindo bem.

Ao chegarem à rodoviária, César informou-se no balcão de atendimento sobre a chegada do ônibus que vinha de Campo Grande. Atílio estacionou o veículo e, pouco depois, foi ao encontro do sogro, que ficou aliviado ao saber que o ônibus havia atrasado e que acabara de estacionar na plataforma da rodoviária.

Ao ver a família de Carlos Alberto descer do ônibus, César foi imediatamente ao encontro deles e apresentou Atílio como um amigo da família, sem, contudo, mencionar o nome do rapaz. Após pegarem as malas, todos se dirigiram ao estacionamento.

Cristina estava muito feliz, e seus olhos buscavam cada detalhe da grande rodoviária. Roberta olhava a cidade um pouco assustada, pois não estava acostumada com o movimento de carros e pessoas apressadas. Carlos Alberto também estava impressionado com o que estava vendo.

César aproveitou que não estava dirigindo para mostrar alguns pontos turísticos da cidade, e Cristina não tirou o sorriso do rosto quando viu um dos *shopping*s da cidade. Ela disse:

— Quero conhecer esse *shopping*. Filha, imagine nós duas fazendo compras ali!

— Melhor ir com calma, mamãe. Não podemos fazer extravagâncias. Tenho medo de que se descontrole.

— Levarei a senhora para conhecer os *shopping*s da cidade — disse Atílio, sem saber que estava ciceroneando a família de Rômulo.

— Combinado, mocinho. Vou cobrar o passeio que me prometeu!

— Pare com isso, Cristina. Não estamos aqui para diversão. Viemos procurar nosso filho, que não deu mais notícias.

— Faz tempo que ele veio para Curitiba? — perguntou César.

— Faz quase um ano. Ele veio para cá depois do falecimento de Rômulo. Ricardinho saiu escondido do sítio e apenas minha esposa sabia do seu paradeiro. Eles se falavam pelo telefone, mas já faz alguns meses que nosso filho não nos liga.

— Estou tão preocupada com esse menino! Sinto tanto a falta dele, como sinto a de Rômulo, mas esse se foi para sempre — disse Cristina.

Ao perceber que aquelas pessoas eram os pais de Rômulo, Atílio ficou apreensivo e, buscando uma explicação, olhou para César, que estava ao seu lado, acomodado no banco do passageiro. César compreendeu o olhar do rapaz, esboçou um leve sorriso e piscou para Atílio acalmando-o.

— Não vamos entrar nesse assunto, mamãe. Rômulo merece ter um pouco de paz onde quer que esteja.

— Tenho certeza de que ele está bem, dona Cristina — disse César.

— Como pode ter certeza? Os mortos não voltam para conversar com os vivos.

— Se pesquisar um pouco a respeito, descobrirá que os mortos podem se comunicar por meio dos médiuns e que eles nos dão pistas de que são nossos entes queridos — disse César.

— O senhor acredita nisso? — Cristina estava indignada com o que ouvira de César.

Atílio não perdeu a oportunidade de dizer:

— Se desejar, posso levar a senhora ao centro espírita que nós frequentamos. Lá, temos bons médiuns que podem receber a comunicação de seu filho. Estou à sua disposição.

— Quero ver se isso é verdade mesmo! Esse rapaz é bem prestativo! Pode ser útil na busca de nosso filho.

— Posso ajudá-los! Basta me mostrar uma foto de seu filho e me dar o nome completo. Vocês sabem o motivo que o trouxe até essa cidade? — perguntou Atílio.

— Ricardo veio até Curitiba para saber detalhes do que aconteceu antes da morte de Rômulo.

— Ricardo é o nome dele? A senhora tem uma foto do seu filho para me mostrar?

Roberta apressou-se a abrir a bolsa e mostrou uma fotografia de Ricardo para Atílio e César, que, imediatamente, reconheceram o rapaz na foto. Espantados, os dois homens trocaram olhares, mas não falaram nada sobre conhecerem o irmão de Rômulo.

Quando chegaram ao bairro, Atílio parou diante da porta da padaria e disse:

— Não esperava que seria tão fácil encontrar seu filho. Entrem na padaria e olhem bem para o rapaz que atende no balcão.

— Faça isso, Carlos Alberto. Encontramos seu filho. Ele esteve o tempo todo por perto e se tornou nosso amigo — disse César.

A família desceu do carro e encontrou Ricardo na padaria.

CAPÍTULO 33

Atílio estacionou o carro de César na garagem da casa, descarregou as bagagens e levou-as para a edícula. César, então, informou a Carlos Alberto que os hospedaria em sua casa.

César e Atílio ficaram esperando Carlos Alberto, a esposa e a filha na frente da casa. Ricardo deixou a padaria e atravessou a rua rapidamente, sendo acompanhado pela família. Todos, então, entraram em silêncio na casa de Laudicéia e César, que lhes mostrou o caminho até a edícula. Carlos Alberto e a família fecharam a porta para poderem conversar com um pouco de privacidade.

— Melhor entrarmos, Atílio. Venha tomar café da manhã conosco. Sei que não tivemos tempo para comer antes de sair correndo para a rodoviária.

— Aceito, mas não quero causar constrangimentos para o senhor e para dona Laudicéia. Ricardo conhece toda a verdade. Eu contei a ele, imaginando que estivesse diante de um amigo de confiança. A família de Rômulo pode não compreender o que aconteceu entre mim e Aline.

— Temos que esperar para saber como eles reagirão, mas de uma coisa tenha certeza: em minha casa você não será maltratado. Vamos comer, pois estou faminto. Acho que Ricardo contará apenas o que precisa ser compartilhado. Acredito que ele não o acusará.

Laudicéia foi ao encontro do marido e do genro e perguntou:

— O que está acontecendo? O que fazem aí parados? Onde estão os familiares de Rômulo?

Os dois contaram o que aconteceu, e Laudicéia respirou fundo e disse:

— Fique calmo, Atílio. Não deixaremos que seja maltratado em nossa casa! Vamos enviar energia positiva para que essa família consiga se acertar. Ricardo é um bom menino! Se ele chegou aqui com o intuito de vingar-se, não tem mais esse desejo, pois nós o cativamos! Tenho certeza de que ele mudou. Ricardo aprendeu muito frequentando o centro, e nós também buscamos melhorar. Venha tomar o café da manhã. Acabei de tirar um bolo do forno. Cada um que resolva seus problemas.

Os três foram para a cozinha, onde Laudicéia havia preparado a mesa com muitas guloseimas para seus hóspedes. Ela fechou a porta da cozinha que ficava de frente para a edícula.

— Não quero ouvir essa discussão. Ricardo deve estar muito encrencado.

— Como fui ingênuo! Desabafei justamente com ele! E como não notei que se tratava do irmão de Rômulo? Eles são muito parecidos! — comentou Atílio.

— Como você poderia saber que Ricardo estava investigando a morte de Rômulo, querido?

— Atílio tem razão. Todos nós fomos ingênuos. Bastava olhar para Ricardo. Não levamos em consideração que ele era muito parecido com o irmão. Estava literalmente na cara, e nós não vimos! — disse César indignado.

— Ele se mostrou um bom amigo, prestativo e sempre estava com um sorriso no rosto. Olhando para Ricardo, ninguém afirmaria que ele havia se aproximado de nós para se vingar. Não acredito que esse rapaz tenha maldade no coração.

— A senhora tem razão! Se o intuito era vingar-se de nós, acredito que ele já tenha desistido de seu intento, pois teve a chance de se vingar de todos nós, inclusive de Aline.

— Temos de esperar para saber o que acontecerá. Talvez, eles não aceitem se hospedar em nossa edícula. Deu tanto trabalho deixá-la organizada e pronta para recebê-los — comentou César.

— Só você, meu velho, para pensar na pequena reforma que fizemos neste momento!

— Não pude fazer muito. Os meninos trabalharam bastante para nada!

— O trabalho está feito. O que está me preocupando é Aline. Se a clínica der alta a ela? Creio que não seria nada agradável para nossa filha encontrar a família de Rômulo em casa — comentou César.

— Você tem razão. Aline não ficaria em paz, se encontrasse acusadores impiedosos em sua casa. Ela ainda está frágil, pode ter uma recaída e atentar novamente contra a própria vida.

— Não fale assim, Laudicéia! As palavras têm força! Palavras são energias, e essas energias chegam até Aline. Melhor fazermos uma corrente para proteger nossa filha, pois penso que existe energia negativa sendo gerada ali — César apontou na direção da edícula.

Os três deram as mãos e concentraram os pensamentos em Aline. Imaginavam-na sorrindo e bem-disposta. Desta forma, a energia positiva chegou até ela, neutralizando a energia negativa e densa que fora gerada na conversa entre Ricardo e seus pais.

Na edícula, Ricardo explicava por que não atendera às ligações de Cristina:

— Pai, eu investiguei o que aconteceu com Rômulo e contei para mamãe tudo o que descobri. Ela ficou furiosa comigo, porque desisti de me vingar de Aline e da família dela.

— Você fez isso, Cristina? Brigou com seu filho?! Deseja mesmo se vingar dessas pessoas? Foi esse o exemplo que deu a ele?! Deseja que seu filho resolva seus problemas com vingança?!

— Não fale assim comigo, Carlos Alberto. Tenho esse direito! Essa família matou meu primogênito! Essa moça não perde por esperar!

— Ricardo, nos conte o que aconteceu com essa moça depois que Rômulo morreu. Não esconda nada, filho — pediu Carlos Alberto.

— Pai, quando fui apresentado a Aline, pensei em me vingar, mas, quando olhei para as cicatrizes no braço dela, fiquei penalizado! Foi nesse dia que ela, tão frágil e perturbada, tentou novamente o suicídio. Por pouco não conseguiu. Dona Laudicéia me pediu ajuda para chegar até o hospital, porque o senhor César teve problemas cardíacos e precisou ser operado. Aline foi internada em uma clínica psiquiátrica, onde está até hoje, e os pais temem que ela consiga o que deseja quando tiver alta.

— Que horror, mamãe! Francamente, não cabe vingança nesse caso triste! Eu havia dito à senhora que essa moça tinha pai e mãe que sofriam por ela. Se coloque no lugar dessa mãe! O que faria se eu fosse perturbada dessa forma? — comentou Roberta, decepcionada com a mãe.

— Vocês não têm ideia do que é a vida desse casal. Eles precisam esconder os objetos cortantes, materiais de limpeza, tudo o que possa causar a morte de Aline. Já pensou em como é viver sob essa forte tensão? Não quero e não continuarei com o plano de vingança, mãe — disse Ricardo.

— Você disse que o amante dela morava nesta rua. Não quer se vingar desse calhorda? Você disse que Rômulo flagrou os dois aos beijos!

— Mamãe, Atílio é meu amigo! Ele tem bom coração e é uma pessoa íntegra. Ele reconheceu que errou, mas podemos também julgá-lo por beijar a mulher que sempre amou desde a infância?! Não culpe os dois! Eu percebi que o amor acontece onde menos se espera.

— Está vendo, Carlos Alberto? Ricardo defende os assassinos de Rômulo! Você é um fraco, meu filho! Eu deveria ter vindo antes para esta cidade para dar o corretivo que todos eles merecem! Ricardo, você me decepcionou!

— Chega, Cristina! Ricardo fez o que é certo! Ele descobriu a verdade e teve compaixão por seus novos amigos. Creio que foi uma boa lição, filho.

— Foi, pai. Tomei a decisão de não julgar ou acusar as pessoas por errarem. Não me cabe esse papel. Eu também cometo erros e quero ter amigos nesta vida, não inimigos.

Carlos Alberto e Roberta envolveram Ricardo em um abraço caloroso, e o pai disse:

— Você aprendeu valores morais positivos. Estou orgulhoso de você, meu filho.

— Obrigado por ficar ao meu lado, pai. Desculpe-me por sair fugido de casa. Não discuta com a mamãe. Quero levá-los a um lugar que me mostrou que podemos ser melhores a cada dia e que tudo na vida é fruto de nossas escolhas. Atílio levou-me a esse lugar.

— Atílio é o jovem que dirigiu o carro de César até aqui? Ele nos levou até você na padaria e nos poupou de sair sem destino à sua procura. Também não encontrei motivos para uma vingança.

— Penso que a morte de Rômulo foi um acidente — comentou Carlos Alberto.

— Acidente?! Essa é boa! Ele pegou a mulher que amava com outro, foi traído e saiu dirigindo em alta velocidade. Em minha opinião, os dois safados mataram meu filho! Foram eles que jogaram o carro de Rômulo naquele abismo. Vou acabar com ela e com aquele moleque safado!

— Fale baixo, Cristina! Você não está em sua casa para alterar a voz desse jeito! Somos hóspedes aqui! Se continuar com esse comportamento, voltaremos para Camapuã hoje mesmo, e você não conhecerá lugar algum desta cidade.

Cristina assustou-se, pois não queria perder a oportunidade de convencer Carlos Alberto a se mudar para Curitiba, então, engoliu a raiva e a contrariedade e mostrou-se mais cordata.

— Não faça isso comigo! Quero ficar aqui pelo tempo que combinamos: quinze dias. Prometo me comportar, afinal, estamos hospedados na casa da moça e não fica bem criticá-la diante dos pais e amigos. Tentarei compreender os valores morais e prodigiosos que Ricardo demonstrou. Quero ser uma boa mãe para meus filhos e dar o exemplo de boa conduta a eles.

Um olhou para o outro, e os dois resolveram fingir que haviam acreditado no que Cristina dizia em sua mudança repentina.

— Assim é melhor, Cristina. Vamos conversar com nossos anfitriões. E saiba que ficarei de olho em seu comportamento! Prometo que a colocarei no primeiro ônibus para Campo Grande se fizer algo.

— Serei uma hóspede exemplar. Vamos comer alguma coisa, pois estou faminta.

A família deixou a edícula e bateu na porta da cozinha de Laudicéia. Quando Ricardo abriu a porta, encontrou César, Laudicéia e Atílio ainda sentados à mesa.

Antes das apresentações, Ricardo disse:

— Eu peço perdão a todos vocês por não contar quem eu era — ele aproximou-se de Atílio e perguntou: — Está tudo bem, meu amigo?

Olhando para o rosto corado de Ricardo, Atílio sorriu e disse no mesmo tom de voz:

— Precisamos conversar.

Os dois deixaram a cozinha e foram para a edícula. Quando ficaram frente a frente, Ricardo novamente pediu desculpas para Atílio:

— Perdoe-me por não lhe contar quem eu era. Juro que não tenho a intenção de prejudicá-lo, meu amigo. Se um dia acreditei ter motivos para me vingar de você e de Aline, hoje não tenho mais essa intenção. Conhecê-los foi bom para limpar meu coração da raiva que sentia por perder meu irmão mais velho.

— Sua família também pensa dessa forma?

— Meu pai e minha irmã não querem se vingar de ninguém, no entanto, mamãe é mais atrasada nesse sentido. Com jeitinho e paciência, contudo, acredito que ela modificará a forma de pensar. Desejo levá-los até o centro espírita ainda hoje, se possível. Queria muito receber uma carta de Rômulo para consolar o coração de minha mãe.

— Ótima ideia! Será que Rômulo está em condições de se comunicar por meio da psicografia?

— Sempre desejei pedir essa correspondência, mas não queria que você descobrisse que eu era irmão de Rômulo. Lembra que pedi essa carta quando nos conhecemos?

— Sim, recordo-me de que ficou interessado nas cartas, quando comentei sobre a psicografia. Eu e Agnes confiamos em você, Ricardo!

— Espero que sua irmã também me perdoe, pois lhe confesso que estou apaixonado por ela...

— Melhor não enganá-la novamente, Ricardo! Como fui cego! Você se parece muito com Rômulo!

— Que nada! Eu sou mais bonito! Não acha?

Atílio sorriu e disse:

— Você é feio! Eu sou mais bonito e charmoso! — riu. — Bem, vamos levar essas malas para os quartos. Sabe qual é a mala de sua irmã?

— Deve ser a cor-de-rosa. Roberta adora essa cor.

— Agnes também gosta de se vestir com roupas cor-de-rosa. Você já se declarou para minha irmã?

— Não tive coragem. Acho que ela não está muito interessada em mim.

— Se você não tentar, nunca descobrirá o que ela sente a seu respeito.

Descontraídos, os dois subiram as escadas brincando.

CAPÍTULO 34

César e Laudicéia acabaram convencendo Carlos Alberto a se hospedar na edícula. A tarde findava-se, quando a família de Ricardo, depois de ouvir grandes elogios sobre o centro espírita, decidiu conhecer o lugar.

Como não sabiam exatamente o que acontecia em um centro, os três convidados entraram no prédio com medo de verem e ouvirem espíritos. Carlos Alberto segurava a mão de Roberta, que, às vezes, apertava com força os dedos do pai.

Cristina era uma incógnita para todos, pois não demonstrava o que estava sentindo. Em seu íntimo, ela desejava vingar-se de Aline e de Atílio. Sem desconfiar das intenções da hóspede, Laudicéia comentou com Cristina que a clínica psiquiátrica onde a filha estava internada ficava no mesmo prédio que o centro, porém, em outra ala.

Intimamente, Cristina desejava encontrar uma porta que ligasse o centro à clínica, pois acreditava que a moça estivesse se fingindo de louca e estava decidida a encontrá-la. Ela tinha certeza de que a culpa estava corroendo Aline por dentro.

A palestra no salão central teria início em dez minutos, e Ricardo seguiu Atílio para dar o nome de Rômulo aos responsáveis pela psicografia no centro. O rapaz desejava comunicar-se com o irmão por meio das cartas mediúnicas.

Enquanto aguardavam o início da sessão, Cristina perguntou a Laudicéia onde ficava o banheiro. A mãe de Aline indicou o local e disponibilizou-se a fazer companhia à hóspede, contudo, Cristina não aceitou a companhia de sua anfitriã e dispensou Laudicéia com delicadeza.

Após se levantar, Cristina fez o percurso indicado por Laudicéia, mas desviou-se antes de chegar ao banheiro feminino. A mulher encontrou uma escada e subiu rapidamente, pois não desejava chamar a atenção para sua presença ali. Depois, adentrou um longo corredor onde havia muitas portas e abriu todas elas, deparando-se com salas de aulas. A mãe de Rômulo estava pronta para subir para o terceiro andar, quando uma funcionária do centro a interpelou:

— Está procurando alguma sala em especial, senhora?

— Onde posso encontrar a biblioteca?

— No térreo. Desça as escadas e entre na quinta porta à direita do salão central. Neste horário, a biblioteca está fechada.

— Pode me dizer se existe uma entrada para a clínica no andar acima? Existe alguma porta que me leve para lá neste prédio?

— Aqui em cima não existe essa passagem. A interligação entre os prédios fica no térreo, mas é proibido o acesso de pessoas não autorizadas. O que deseja fazer na clínica?

— Visitar uma amiga que está internada lá. Senti muita saudade dela quando entrei aqui.

— Infelizmente, as regras na clínica são rígidas. Doutor Carlos não permite visitas fora do horário estipulado por ele. Por favor, volte para o salão, pois a palestra começará daqui a pouco. Venha, eu acompanharei a senhora.

Cristina desceu as escadas completamente contrariada, retornou ao salão e sentou-se ao lado de Laudicéia e de Carlos Alberto. O palestrante, então, deu início à sessão, mas Cristina não conseguia prestar atenção ao que era dito. Ela sentia seu corpo estremecer, e de repente, um sono irresistível a envolveu. A mulher, então, buscou o ombro do marido e, deixando seu corpo relaxar, entregou-se ao sono.

Carlos Alberto e Roberta queriam acordá-la, mas Laudicéia impediu dizendo:

— Deixe-a dormir, pois esse sono será reparador para ela. Tenho certeza de que os amigos espirituais provocaram esse sono profundo em Cristina. Ela, certamente, está em uma viagem astral.

— Minha mãe corre perigo, dona Laudicéia?

— Não, ela está em boas mãos. Não se preocupe. Quando terminar a palestra, Cristina despertará com novidades para lhes contar.

Cristina sentiu seu corpo leve e estava feliz. Do alto, ela conseguia avistar uma grande cidade e continuava subindo. De repente, chegou a um jardim florido dentro da colônia Renascer, sem notar que estava acompanhada por dois soldados que a protegiam na travessia do campo umbralino.

Cristina apreciava as flores ao seu redor, e, do outro lado de um vasto canteiro, alguém acenava para ela. A distância a impedia de reconhecer a anciã de cabelos brancos que estava sentada em um banco, contudo, algo a impulsionava na direção dela.

Quando finalmente seus olhos identificaram aquele rosto familiar, Cristina soltou um gritinho e correu para abraçar a mãe. Nair, então, abriu os braços, sorriu e aconchegou Cristina em seus braços. As duas estavam emocionadas, e Nair, buscando o equilíbrio, nada dizia.

Cristina quebrou o silêncio dizendo:

— Mãe, senti tanto sua falta! A senhora soube da desgraça que aconteceu comigo? Perdi meu filho amado e seu neto, Rômulo.

— Não podemos perder o que nunca tivemos, Cristina. Rômulo não lhe pertencia.

— Ele era meu filho, mãe!

— Você foi minha filha, e essa ligação, contudo, terminou. O que permanece são os laços de amor que sentimos uns pelos outros. Acalme seu coração, pois Rômulo está bem.

— Quero vê-lo! Onde ele está, mamãe?

— Você não está em condições de vê-lo ou de conversar com ele. Rômulo está em tratamento e precisa manter o equilíbrio.

— Mamãe, agora me dei conta! Eu estou morta?! É assim que é morrer?

— Não, filha, você continua ligada ao seu corpo físico. Eu a trouxe aqui para lhe transmitir um recado de Rômulo. Ele lhe pede que deixe Aline em paz, pois a vingança não lhe trará o prazer que você almeja. Essa moça não teve culpa da decisão que seu filho tomou. Rômulo assumiu o risco ao volante. Deixe Aline em paz e atenda a esse pedido dele.

— Não posso perdoar aquela desgraçada que traiu meu filho e o levou à morte! Não me peça para perdoá-la, mamãe.

— Querida, você não sabe o peso que essa vingança pode lhe trazer. Você se comprometerá mais uma vez com nossa irmã, Cristina!

— Nunca me encontrei com essa vagabunda antes, mãe! O que a senhora diz não faz sentido! Como posso me comprometer mais uma vez com ela?

— Aline cometeu suicídio nas duas últimas reencarnações e está sendo colocada à prova, Cristina. Não entre no caminho dessa moça. Não se torne mais um peso sobre ela. Desta vez, Aline tem proteção redobrada, e você pode se ferir ao interferir no aprendizado dessa moça. Estou lhe avisando, filha. Fique longe de Aline e Atílio, pois eles têm uma história de amor para viver.

— Enquanto isso, meu filho está morto e não volta mais para meus braços. Isso não é justo, mamãe!

— O que sabe sobre o que é justo ou não?! Como pode julgar, se não tem parâmetros para isso? Eu não deveria, mas tenho de lhe contar para ver se você acorda. Eles precisam se reconciliar e resolver as desavenças do passado.

Nair ofereceu um pouco de água para Cristina e disse:

— Beba. Você terá mais lucidez para compreender o que tenho para lhe dizer.

Cristina bebeu a água e sentiu que a leveza de seu corpo aumentava. A mente da mulher ficou mais lúcida, e Nair continuou:

— Rômulo desencarnou para que houvesse tempo hábil para ele voltar como filho do casal Atílio e Aline.

— Que horror! Voltar como filho dos inimigos que o traíram!

— Cristina! É dessa forma que os espíritos sábios promovem nossos ajustes! É melhor estar em paz com nossos inimigos, e naturalmente os pais criam um laço de amor com seus filhos. Você ama Rômulo?

— Amo muito! Recordo-me de quando ele era pequeno e procurava meus braços para se abrigar. Como não amar essas pequenas criaturas que Deus coloca em nossas vidas?

— Então, não atrapalhe os desígnios de Deus, filha! O que tem de ser será.

— Eu ficarei longe dele? Isso não é justo.

— Deixe a vida seguir seu curso. Se desistir dessa vingança, você terá boas surpresas.

— Surpresas? O que quer dizer com essas palavras, mamãe?

Cristina foi puxada ao seu corpo físico, que estava adormecido, e Nair seguiu para o departamento de auxílio levando Rômulo consigo.

Ele transmitiu telepaticamente sua mensagem à médium e assinou a carta com a mesma grafia que usava quando estava encarnado.

A palestra terminou, e Cristina acordou assustada, perguntando em voz alta: "Qual é a surpresa?". Carlos Alberto ficou corado, quando todos no salão se viraram e olharam para o casal.

— Fique quieta, Cristina. Todos estão olhando para nós!

— Onde está minha mãe? Ela estava falando comigo no jardim.

— Foi um sonho! Você estava dormindo, mulher!

— Não foi um sonho! Foi real! Eu estava lá! Senti o abraço dela! Mamãe disse que Rômulo está bem e em tratamento. O que aconteceu aqui? Estou ficando louca?!

— Não, Cristina. Deixe-me explicar. Você fez uma viagem astral. Foi levada para conversar com sua mãe em outra dimensão. Tenho certeza de que foi uma experiência extraordinária — explicou Laudicéia.

— Foi sim. Sinto-me muito bem! Aquela pressão que existia em meu peito passou, e estou sentindo paz aqui dentro. O que é isso que estou sentindo? É muito bom!

— Você trouxe a vibração mais leve da dimensão em que esteve nessa viagem. É muito boa a sensação, não? Aproveite e tente ficar o máximo que puder na vibração positiva.

— Dona Laudicéia, minha esposa realmente fez uma viagem até o mundo dos espíritos?

— Sim. Não foi apenas um sono corriqueiro como todos nós temos. É maravilhoso trazer lembranças desse encontro.

— Que coisa incrível, dona Laudicéia! Também gostaria de fazer essa viagem durante o sono. Queria tanto abraçar Rômulo. Sinto saudades dele — comentou Roberta.

— Você pode pedir em suas orações e quem sabe seja atendida um dia.

— Melhor ser atendida logo, minha filha, pois sua avó Nair me disse que Rômulo estará de volta em breve.

Roberta e Carlos Alberto olharam espantados para Cristina, que disse se defendendo:

— Não estou mentindo! Foi o que mamãe disse! Ela pediu para não interferirmos nos desígnios de Deus e comentou que eu terei uma surpresa. Fiquei muito curiosa e acordei sem saber o que me surpreenderá. Dona Laudicéia, se eu dormir novamente, viajarei até lá para saber que surpresa é essa?

— Não creio que funcione dessa forma, Cristina, mas tudo é possível entre esses dois mundos.

— Então, vamos embora! Quero dormir para viajar novamente.

— Ricardo está acenando para nós. Ele tem um papel nas mãos e está sorrindo. Que papel será aquele? — perguntou Roberta.

— Vamos até lá. Aparentemente, ele tem notícias especiais. Pode ser uma carta de...

— Rômulo?! Isso é possível, dona Laudicéia? Acredita nessas cartas, César? — perguntou Carlos Alberto.

— É melhor conhecer o conteúdo dela primeiro. Depois, tire suas conclusões, Carlos Alberto.

O grupo dirigiu-se à sala de cristais para receber energias positivas, e uma pequena fila formou-se ali. Ricardo e Atílio aproximaram-se de Carlos Alberto e de Roberta.

Ricardo entregou a carta para Roberta, que leu o conteúdo em voz alta.

CAPÍTULO 35

Todos retornaram para a casa de César, que os convidou para comerem pizza. Laudicéia fez o pedido, e, enquanto esperavam a comida chegar, Roberta segurava a carta de Rômulo, apertando-a contra o peito. Às vezes, a jovem beijava o papel com carinho.

— Você está muito comovida com o que leu, não é? — perguntou Laudicéia.

— Eu encontrei várias frases que Rômulo gostava de repetir. Em minha opinião, não restam dúvidas de que foi ele mesmo quem ditou essas palavras. Gostaria que mamãe e papai tivessem a mesma certeza que a senhora tem, dona Laudicéia.

— Não se preocupe. Eles ainda encontrarão suas certezas, assim como eu encontrei as minhas, Roberta. Não tenho dúvidas de que Rômulo seja o autor dessa carta.

— Senti que meu irmão estava me abraçando, enquanto eu lia a carta para todos no centro. Rômulo escreveu que não existem culpados e afirmou que, se existisse um, seria ele, e mais ninguém. Senti que ele não nutre mais mágoas de sua filha e de Atílio, dona Laudicéia — afirmou Roberta.

— Meu coração encontrou a paz depois que li essa carta. Rômulo nos pediu para seguirmos em frente e buscarmos nossa evolução e disse que condenar ou desejar a vingança atrasa a evolução do espírito. Meu irmão está aprendendo muito na dimensão em que se encontra neste momento — comentou Ricardo.

Carlos Alberto estava sentado olhando para a TV, sem prestar atenção no programa que passava. Ele levantou-se do sofá e disse de repente:

— Também estou feliz por saber que Rômulo está bem amparado por Nair, minha sogra. Ele falou com carinho da avó, que foi uma mulher forte quando estava entre nós. Quantas vezes ela tentou colocar juízo na mente de minha mulher?

— Não fale assim! Eu tenho muito juízo, Carlos Alberto! Meu filho disse na carta que voltaria em breve. Como a moça que psicografou essa carta poderia saber o que minha mãe me disse no sonho real que eu tive? Encontrei a frase certa, que não me deixou dúvidas sobre essa carta ter sido realmente enviada por Rômulo. Ricardo também não sabia sobre meu sonho para comentar algo com quem psicografou a carta. Onde será que Rômulo nascerá de novo?

— Não sabemos, Cristina, mas talvez possamos reconhecê-lo. A pizza chegou! Vamos para a cozinha. Atílio, ligue para Agnes e peça que ela venha comer conosco.

— Ela foi a uma festa esta noite; não está em casa.

— E isto não é uma festa?! Nós temos o que comemorar hoje!

— Temos, sim. É bom vê-la feliz novamente, Cristina — comentou Carlos Alberto.

— É melhor aproveitarmos a vida antes de nossa viagem de volta ao mundo florido. O lugar com que sonhei era tão bonito! Se morrer é assim, não precisamos ter medo, pois é maravilhosa a sensação de flutuar e a felicidade que invade nosso peito. Bem... mas ainda assim prefiro estar aqui — falou Cristina.

— Podemos, então, combinar um passeio ao Jardim Botânico para amanhã? Tenho certeza de que você vai adorar, Cristina. Lá há muitas flores e uma estufa de vidro, que é o cartão-postal de Curitiba — comentou César.

— Ótima ideia, querido! Nós podemos almoçar naquele restaurante que frequentávamos quando Aline era pequena e a levávamos para brincar no Jardim Botânico. Gostaria muito que ela pudesse fazer esse passeio conosco!

— Sem tristeza, Laudicéia. Sua menina logo terá alta e poderemos nos divertir juntos — comentou Cristina.

— Cristina, seja sincera. Você desejou se vingar de Aline pela morte de Rômulo?

— Não posso negar que eu estava com muita raiva. Você não sabe como dói enterrar um filho! Eu tinha de encontrar um culpado, por isso culpava os dois. Ricardo me deixou ciente de como meu filho perdeu o controle e saiu com aquele maldito carro em alta velocidade, mas, diante dessa carta, não posso mais acusar sua filha ou Atílio. Meu Rômulo os perdoou, e eu também preciso me livrar dessa dor e seguir em frente. Percebi que a vida é muito curta para perdermos tempo odiando. Amar é melhor. Ainda preciso evoluir para amar incondicionalmente os dois, mas tentarei. Se Ricardo conseguiu, eu também conseguirei considerar Atílio um bom amigo. Sinto que preciso disso para ficar bem.

— E quanto à minha Aline? Você também deseja sua amizade?

— Sua filha sofre e precisa de todo o carinho para superar a tendência ao suicídio que adquiriu no passado. Mamãe me disse isso, e eu não quero atrapalhar Aline. Se puder ajudá-la, será um prazer. Tenho um pedido para fazer ao meu marido e espero que vocês me ajudem a convencê-lo.

— Diga, mamãe. O que a senhora deseja? — perguntou Ricardo, vendo que os olhos de todos na cozinha estavam marejados pela emoção das palavras de Cristina.

— Desejo muito viver na cidade grande...

— É interessante esse pedido, Cristina, mas, pelo que conversei com Carlos Alberto, ele fala com paixão do sítio. Não será uma tarefa fácil — disse César.

— Eu gosto de viver onde há pessoas e não somente animais. Estou cansada de conversar com bezerros no sítio.

— Cristina, você deseja viver na cidade, mas o que farei com a criação? — perguntou Carlos Alberto.

— Carlos Alberto, eu tenho uma sugestão. Nas proximidades da cidade existem algumas chácaras que podem ser uma boa opção para resolver os problemas de vocês. São propriedades que comportam uma criação de bezerros, por exemplo. Se lhe interessar, poderíamos visitar essas chácaras. Não fica muito longe do centro da cidade.

— Promete que pensará a respeito, papai? Não quero mais ver mamãe em depressão no sítio.

— Achei que você gostasse de viver no sítio, Roberta!

— Eu não conhecia a cidade grande, papai, mas notei que aqui existem pessoas adoráveis e lugares muito bonitos.

— Você também foi picada pelo inseto urbano, maninha? Aqui há gente boa. Quero que conheça Agnes, a irmã de Atílio. Tenho certeza de que serão grandes amigas — comentou Ricardo.

— Serei uma ótima cunhada para ela — brincou Roberta, e todos à mesa riram.

Nair e Muriel estavam presentes colaborando para que a conversa transcorresse tranquila e sem perturbações. Os dois lançaram energias positivas sobre todos, deixando-os tranquilos e amorosos.

O grupo ainda conversava animadamente na cozinha, quando o relógio marcou meia-noite e a campainha tocou. César foi atender à porta ressabiado devido ao horário, mas viu que era Agnes quem estava ao portão acompanhada de um casal de amigos que a levara até a casa. Agnes perguntou:

— Senhor César, meu irmão está aí? Passei em casa, e não há ninguém lá.

— Entre, Agnes. Atílio está na cozinha com os outros.

— É tarde. Não quero incomodar.

— Não será incômodo, venha. Estamos conversando e comendo as mais deliciosas pizzas que já pedimos. Entre! Sobrou um pedaço para você.

Renê apareceu ao portão e, como se nada tivesse acontecido entre ela e a família, perguntou com naturalidade:

— Tem um pedaço de pizza para uma velha amiga?

César não sabia o que responder, e Muriel lançou sobre ele a positividade que saía de suas mãos. O homem, então, respondeu sorrindo:

— Entre, Renê. Teremos sempre um pedaço de pizza para a senhora.

Agnes despediu-se dos amigos e entrou de braços dados com Renê.

Ricardo abriu um sorriso quando Agnes entrou na cozinha. O rapaz, então, apresentou sua família à moça, deixando-a à vontade.

Roberta convidou Agnes para sentar-se ao seu lado, e as duas jovens descobriram que entre elas havia muitas afinidades.

Laudicéia estranhou a presença de Renê em sua casa, mas naquela noite havia algo especial no ar. Ela levantou-se de sua cadeira e abraçou Renê como nos velhos tempos.

— Sente-se em meu lugar, Renê, e coma um pedaço desta pizza, que está muito gostosa! Parece até magia.

Laudicéia apresentou a família de Rômulo a Renê, que notou que eles estavam em clima de confraternização e que não havia resquício de raiva entre as famílias. Cristina convidou Renê para passear no Jardim Botânico pela manhã.

Era madrugada quando Atílio e Agnes voltaram para casa e Renê se despediu de César e Laudicéia. Ela pediu perdão por ter criticado a família, e o casal a perdoou. Laudicéia recordou-se do quanto a amiga a ajudara quando ela precisou e afastou as lembranças ruins dos últimos meses.

Após Laudicéia acompanhar a amiga até o portão, todos se recolheram para descansar. Ricardo preferiu ficar com sua família naquela noite e não regressar para a pensão de dona Celina. Laudicéia disponibilizou um colchão, lençóis e cobertas para o rapaz, que se acomodou no chão da pequena sala na edícula.

CAPÍTULO 36

Alguns meses depois, Aline parecia estar totalmente recuperada. Doutor Carlos conversava com sua esposa Fernanda, que era a psicóloga que cuidava de Aline.

— O caso de Aline era muito sério, pois essa moça tinha ideia fixa de suicídio, no entanto, ela conseguiu reagir. O caso dela está quase resolvido. A regressão a vidas passadas deu um ótimo resultado. Foi de grande valia aplicar essa técnica. Sei que você usa dessa estratégia somente em casos muito graves.

— Não havia uma alternativa além dessa, amor.

— Aline deu um salto e livrou-se da obsessão de desencarnar, mas não pode deixar a clínica sem antes passar por nosso teste final — comentou Fernanda.

— Também sinto essa necessidade, amor. E se Aline não conseguir ser aprovada nesse teste?

— Você não está pensando em desistir dessa moça, não é?! Esse caso foi um desafio para nós. Não pensemos em derrota. Eu quero a vitória para Aline — afirmou Fernanda.

— Tem razão. Amo esse seu otimismo! Aline sairá daquela sala vitoriosa e voltará mentalmente sã para casa — disse Carlos.

— Que assim seja, querido! Então é melhor chamarmos Rosa e Mércia. Nossa menina é uma ótima atriz.

— Mércia é uma atriz dramática! — Carlos sorria animado.

Carlos ligou para a enfermaria da clínica e pediu para chamarem Rosa e Mércia. A equipe de enfermagem estava em alerta e sabia que doutor Carlos colocaria seu plano em ação.

Rosa foi avisada e foi retirar Mércia do quarto de uma paciente que tentara suicidar-se duas vezes.

— Mércia, doutor Carlos solicitou nossa presença. Nossos amigos precisam de nossa ajuda novamente.

Mércia agitou-se na cadeira de rodas. A jovem adorava quando Carlos pedia que ela representasse um papel como nas novelas a que assistia na TV. As duas entraram na sala de Carlos e cumprimentaram o casal. Fernanda sorriu ao notar a alegria de Mércia e disse:

— Nossa atriz principal está pronta? Sei que ficará feliz fazendo seu papel. Hollywood está perdendo um grande talento!

— Pelo sorriso, ela está pronta, Fernanda. Quem será a vítima desta vez?

— Adivinhe, Rosa!

— Aline, a paciente do quarto 202. Ela passou por uma grande mudança de comportamento após a regressão e está estudando a espiritualidade. Ela comentou comigo que a regressão foi uma experiência muito real e forte.

— Ela lhe contou detalhes?

— Sim, estou ciente da história de Aline. Ela é uma boa menina.

— Então, está de acordo com o teste que vamos aplicar em Aline?

— Sim, estou de acordo! Se não testarmos, como saberemos se ela superou ou não o vício de fugir da vida?

— Arrume a sala, Rosa. Coloque a placa de sala de medicamentos e siga as instruções, como sempre fizemos. Ligarei as câmeras do local.

Rosa levou Mércia para fazer a maquiagem e depois a conduziu ao quarto de Aline. Enquanto isso, a enfermeira apressava-se em executar o plano.

Mércia esperou Rosa sair do quarto e começou sua atuação. A menina retirou o pano que cobria seus braços maquiados com arranhões e com sangue falso. A jovem começou a grunhir, e Aline, que estava no banheiro, aproximou-se o mais rápido que pôde para ver o que estava acontecendo. Nesse momento, Rosa retornou para o quarto e também iniciou sua atuação. A enfermeira entrou em desespero e acusou Aline.

— O que você fez, Aline?!

— Eu não fiz nada, Rosa! Ela começou a...

— Você é cruel e muito má, Aline! Como pôde agredir uma pessoa nas condições dela? Não esperava isso de você! Como teve coragem de agredir Mércia dessa forma cruel?! Sabe que ela não pode se defender!

Mércia soltava sons estranhos e contorcia-se na cadeira de rodas, enquanto Rosa, aos gritos, usava palavras fortes e acusativas contra Aline, que ficou muito nervosa, sem saber como se defender. A enfermeira, então, segurou-a pelos braços e pediu em desespero:

— Corra até a sala de medicamentos e traga o que for preciso para fazer curativo nesses ferimentos. Rápido! Tome a chave da sala. Corra antes que os outros internos descubram que feriu nossa Mércia, pois todos ficarão contra você.

— Eu não fiz nada, Rosa! Acredite em mim! Eu...

— Corra, Aline, e traga o que for preciso para fazer o curativo na menina.

Aline obedeceu às ordens de Rosa e saiu pelos corredores procurando a sala de medicamentos. Quando chegou ao corredor do térreo da enfermaria, a moça finalmente encontrou o que buscava e entrou nervosa e chorando. Aline, então, começou a procurar gazes, esparadrapos e antissépticos.

Muito nervosa, a moça abriu o armário de medicamentos, olhou os remédios que, em doses excessivas, poderiam matá-la e ficou parada por alguns segundos olhando para os remédios. Aline, então, respirou profundamente e, em um gesto rápido, empurrou os medicamentos para longe de si, retirando-os de sua frente.

Enquanto pegava o que precisava para fazer o curativo em Mércia, a espiritualidade também aproveitou o momento para testá-la. Muriel estava sintonizada com Aline e enviou à mente da moça uma mensagem forte, incentivando-a a pegar um frasco de remédio e tomar o conteúdo para acabar com o sofrimento.

Muriel não poupou Aline e manipulou a mente da moça, incutindo-lhe um desejo implacável de tomar uma dose letal de remédios. Novamente, a moça deteve-se por um momento e olhou para os medicamentos sentindo um forte desejo de tomá-los. Ela sabia que não teria outra oportunidade para suicidar-se.

Diante da provação, o corpo da moça estremeceu, e Aline levou as mãos trêmulas até os frascos proibidos. Ela pegou um dos recipientes e levou-o para perto do corpo, obedecendo à manipulação mental de Muriel, que dizia:

— Abra-o e coloque-o na boca. Termine essa tortura que é viver! Abra...

No limite de suas forças, Aline segurou o frasco diante dos olhos e gritou:

— Não! Eu não preciso de você! Quero viver!

A moça arremessou o frasco na parede, quebrando-o, e recordou-se instantaneamente de várias passagens do livro que lera e que mexera muito com sua mente. Ela não desejava viver no Vale dos Suicidas. Como quem arruma os cabelos, Aline passou a mão na cabeça, apanhou o material para o curativo e deixou a sala.

Diante da câmera ligada, Carlos e Fernanda comemoraram a vitória de Aline. Muriel, que coordenara uma equipe de resgate para retirar o suicida que perturbava Aline de perto da moça, entrou em contato com Carlos por meio da mediunidade para parabenizá-lo pelo trabalho realizado com a paciente.

Carlos agradeceu seu mentor, que colaborara para que o tratamento tivesse um resultado positivo, e Aline retornou ao quarto. Chegando lá, a moça olhou para os braços de Mércia, mas não encontrou as marcas de arranhões profundas. Ela, então, entregou o material para o curativo e a chave da sala de medicamentos e perguntou:

— O que está acontecendo aqui, Rosa? Eu vi os arranhões nos braços de Mércia! Estou ficando louca? Não tem mais nada aí!

— Acalme-se, querida. Deite-se e relaxe. Você está parecendo exausta. Mércia e eu estávamos brincando com você. Gostamos de pregar peças nos pacientes.

— Isso foi desnecessário! As duas me deixaram muito nervosa!

— Passou, Aline. Descanse! Você se saiu muito bem.

— Me saí muito bem? Em que sentido? Nessa brincadeira de mau gosto? Não esperava isso de vocês.

Mércia sorria na cadeira mexendo o corpo e divertindo-se.

— Ela é uma ótima atriz! — disse Rosa olhando para Mércia.

— Isso ela é! Parabéns, Mércia! Agora, as duas podem me deixar em paz em meu quarto? Não gostei da brincadeira.

— Você não tem senso de humor, Aline! Leveza, menina! Sugiro que faça meditação para libertar-se dessa raiva que vejo em seus olhos.

Rosa tirou Mércia do quarto de Aline, levou-a até a nova paciente da clínica e deu-lhe um beijo sonoro. Por fim, disse:

— Como sempre, você foi maravilhosa. Obrigada.

A enfermeira apressou-se para chegar até a sala do doutor Carlos e encontrou-o preenchendo a papelada da alta de Aline. Rosa perguntou:

— Ela pegou o remédio? Como foi?

— Veja com seus próprios olhos, Rosa. — Fernanda virou o monitor de sua mesa para que as duas assistissem ao vídeo do teste de Aline, e, quando terminaram, Rosa comentou:

— Conseguiram! Ela chegou a pegar o frasco.

— Aline estava sendo testada por Muriel, meu mentor, e foi muito forte para não obedecer ao comando desse espírito evoluído. Garanto-lhe que não é fácil resistir a esse tipo de influência. Quando a espiritualidade quer nos testar, usa de forte persuasão. Não é fácil negar o que estamos sentindo em uma tortura mental, e ela foi muito bem quando lançou o frasco na parede. Muriel aprovou nosso trabalho com ela. Você e Mércia foram as melhores atrizes desta clínica. Aline entrou na sala muito perturbada, como nós desejávamos que entrasse. Parabéns, Rosa.

— Obrigada, doutor. Quando precisar, estaremos à disposição. Mércia se divertiu muito atuando para Aline.

— Essa menina é incrível! Diga a ela que, mais tarde, lhe entregaremos um lindo presente.

Rosa deixou a sala depois de Carlos assinar a alta de Aline e retornou ao quarto 202 para ajudar Aline a arrumar as malas para voltar para casa.

CAPÍTULO 37

Após a batalha travada consigo mesma, Aline sentia-se exausta. Deitada na cama, ela pensava em Atílio e recordava-se dos momentos agradáveis que os dois tiveram juntos no jardim da clínica.

Como qualquer casal, Aline e Atílio desejavam ter momentos mais íntimos, contudo, as normas da clínica impediam que os visitantes entrassem nos quartos. Os dois controlavam o forte desejo de se entregarem um ao outro, e a moça recordava-se dos beijos trocados e das mãos de Atílio tocando o corpo dela. Um calor agradável tomou conta da moça, e Aline podia sentir a energia agradável de Atílio unindo-se à sua.

A mesma situação se dava com Atílio. No momento em que Aline pensou no amado, uma ligação entre os dois estabeleceu-se, um laço de energia positiva os uniu. De repente, o pensamento de Aline mudou, e a imagem de uma mulher surgiu em sua tela mental. A moça intuiu que aquela mulher era a mãe de Rômulo e foi tomada por uma sensação desagradável nessa ligação energética. Doutor Carlos a ensinara sobre essas ligações. Aline sentiu a repulsa de Cristina e ficou enjoada.

Apesar de Cristina ter mudado sua postura devido à viagem astral, tudo ainda era muito recente, e ela não mudara completamente seu modo de enxergar a fatalidade da morte do filho.

Cristina também sentiu um incômodo com a ligação energética e pensou em Aline. A imagem da moça surgiu em sua mente, como nas fotografias que ela encontrou na sala da casa de Laudicéia. A mãe de Rômulo tentou tirar de si a péssima impressão que guardara da moça, mesmo sem conhecê-la pessoalmente.

Antes de conhecer a verdade dos fatos, Cristina, baseando-se no que Ricardo lhe contara com sua investigação, passou meses acusando Aline pela morte de Rômulo. A raiva que ela nutria pela moça e por Atílio só aumentou. Cristina odiava-os e julgava-os assassinos de seu filho.

Desde que a família recebeu a carta psicografada de Rômulo, Cristina ainda lutava contra esse forte sentimento. Ela sentia que precisava deixá-lo ir, como Nair lhe sugerira durante a viagem astral.

Muriel decidiu realizar um encontro entre Cristina e Aline, pois não seria proveitoso para ambas que continuassem nutrindo esse laço de ódio, que prejudicaria Aline e afastaria Cristina quando Rômulo reencarnasse.

Rosa entrou no quarto de Aline, trazendo a mente da moça para o presente. A enfermeira comunicou-lhe que ela deixaria a clínica na segunda-feira.

— Ânimo! Que carinha cansada é essa, querida? Ainda está chateada? Foi só uma brincadeira. Nos desculpe, Aline.

— Está tudo bem, Rosa. Estou apenas cansada e com dor de estômago. Poderia me dar um antiácido?

— Preciso da autorização do médico, mas não se preocupe. Conversarei com ele.

Rosa saiu do quarto, e Aline ficou em silêncio e acabou pegando no sono. O espírito da moça foi retirado do cômodo, e a mesma situação se deu com Cristina, que tivera um domingo muito agradável. Ela e a família almoçaram em um restaurante e depois passearam no Jardim Botânico. Quando o grupo voltou para casa, Cristina estava exausta e seguiu direto para a edícula. Ela tomou um banho, vestiu-se confortavelmente e deitou-se na cama para descansar, antes que Ricardo chegasse trazendo os lanches da padaria.

Atílio levou Roberta, Ricardo e Agnes para dar uma volta na cidade e tomar um sorvete, e Carlos Alberto decidiu refrescar-se com um banho. Ele queria assistir ao jogo que começaria em meia hora na TV. César esperava por ele na sala.

Cristina deitou-se na cama confortável, deixou a luz apagada e pegou no sono.

Muriel aguardava as duas na colônia Renascer, pois, para o sucesso nesta encarnação, seria fundamental que aquele visgo negativo entre as duas fosse liquidado.

Aline estava encantada com a beleza do lugar e com a paz e a leveza que sentia estando ali. Nair conduziu-a ao interior do hospital da colônia, e as duas entraram em uma sala. Muriel estava sentado atrás de uma mesa, e Aline foi cativada pelo seu olhar doce. Ele convidou-a a ocupar uma das cadeiras à sua frente, e a moça obedeceu, vidrada nos olhos azuis e na beleza do rosto de Muriel. A mente de Aline estava lúcida, como nunca estivera antes.

Nair apressou-se a convidar Cristina para a reunião e mudou a aparência para não confundi-la. As duas mulheres chegaram rapidamente à sala, e Aline sentiu um visgo negativo e desagradável mexer com seus sentidos. Cristina sentou-se ao lado da moça, e as duas se olharam tentando descobrir de onde se conheciam.

Muriel mostrou-lhes uma pequena passagem da vida passada das duas e disse:

— Vocês foram irmãs na última experiência que tiveram juntas, e eu lhes peço que não deixem a irmandade que existiu entre as duas acabar. Formou-se entre vocês um visgo grudento negativo. Vejam como estão unidas por essa gosma escura.

As duas mulheres olharam para a região umbilical e viram um visgo grudento escuro e malcheiroso saindo da região.

— Que coisa nojenta! Tirem isso do meu corpo! — disse Aline com nojo.

— Não podemos, pois vocês o criaram e são as únicas que poderão acabar com essa massa viscosa e densa que prejudica as duas. Cristina está mais enrolada neste cordão gosmento. Vocês sabem o motivo pelo qual as trouxemos aqui?

— Não. Quem é você? O que deseja comigo?

Cristina não estava lúcida, então, Muriel interpelou lançando sobre ela energias positivas para que ela encontrasse o equilíbrio.

— Fique calma, Cristina. Quero que conheça Aline.

— Aline, essa é Cristina, a mulher que foi mãe de Rômulo.

— Sinto muito por tudo o que aconteceu com Rômulo.

— Eu sinto muito mais que você! Como pôde trair meu filho daquela forma tão covarde, menina?!

— Não chamei vocês aqui para ficarem discutindo e tenho um aviso para as duas: esse laço precisa ser quebrado. Antes de reencarnarem, vocês concordaram que receberiam Rômulo como filho, e você cumpriu sua promessa, Cristina. Agora é a vez de Aline cumprir a dela. Muito em breve, Rômulo voltará para buscar o amor que sempre desejou das duas. Cristina conseguiu amá-lo como filho. A maternidade é uma ligação carnal forte e quebra qualquer resquício de ódio.

— Eu... eu serei a mãe de Rômulo?!
— Ela?! Por que ela?
— Aline e Rômulo buscam entendimento e aceitação mútua, e o amor maternal une as pessoas formando laços de amor.
— Eu ficarei chorando a morte de meu filho, e ele será filho de Aline?! Não terei como me aproximar dessa criança!
— Se extirpar esse visgo escuro que une as duas, poderá pegar essa criança nos braços. Chega de desavença, Cristina! Vocês sempre foram amigas. Deem as mãos e se perdoem com sinceridade.

Aline estendeu a mão para Cristina, que olhou para Nair. A mulher fez um gesto para que Cristina aceitasse Aline.

— Aceito sua amizade, Aline, pois quero ser uma pessoa melhor. Como podemos arrancar esse visgo nojento e fétido que nos une?
— Se abracem com amor, e eu cuidarei do resto. Quero sentir o amor entre as duas! Ouviu, Cristina?

As duas mulheres levantaram-se da cadeira e abraçaram-se. Muriel e Nair observavam a cena com atenção, enquanto o visgo escuro se transformava, tornando-se mais claro até desaparecer.

Muriel deu-se por satisfeito e lançou energias positivas sobre as duas mulheres. A sala ficou iluminada com esferas luminosas, e Nair aproveitou para sair enquanto as duas estavam distraídas e retornar trazendo Rômulo. O rapaz ficou parado à porta olhando as duas de mãos dadas, e Muriel disse:

— Vocês venceram! Escolheram o amor ao ódio! Tenho uma surpresa para vocês. Olhem na direção da porta.

Aline e Cristina viraram-se e depararam-se com Rômulo, que estava com a aparência mais jovem. Ele sorriu para as duas e disse:

— Eu estava com saudades de vocês. Não mereço um abraço? — perguntou Rômulo com os braços abertos.

As duas mulheres seguiram na direção dele apressadamente, e os três estreitaram-se em um abraço. Rômulo estava ciente de que reencarnaria como filho de Aline e Atílio.

— Me perdoa, Rômulo? — perguntou Aline.

— Não tenho o que perdoar, minha futura mamãe. Você não teve culpa, Aline. Eu poderia ter sido mais cuidadoso com minha vida, mas fui inconsequente e encurtei meu percurso.

— Sinto tanto a sua falta, meu filho! — comentou Cristina.

— Estou voltando, querida Cristina. Espero que possa conviver com você e com todos os que amo.

Rômulo olhou para Nair, que sorriu para seu amado. Antes de deixar a sala, ele disse:

— Aline, dê um recado ao meu futuro pai. Diga a Atílio que não restaram ressentimentos entre nós. Levarei comigo o que tenho de melhor: meu amor por esse grupo familiar reencarnante. Tentarei mais uma vez ser um bom filho, visto que amei todas as mães que tive. Aline, obrigado pela oportunidade de voltar para colher mais experiências. Amada Cristina, eu me diverti muito ao seu lado. Você foi uma mãe maravilhosa. Obrigado por tudo.

Rômulo lançou um beijo no ar e deixou a sala, e as duas mulheres prometeram manter uma ligação harmoniosa entre elas. Aline e Cristina, então, voltaram ao corpo físico, trazendo fortes lembranças do passeio astral.

Aline despertou serena e alegre, com a certeza de que logo teria um filho.

Rosa entrou no quarto para chamar Aline para o jantar. A moça acabara de despertar e contou animada o sonho forte que tivera.

— Serei mãe de um menino, Rosa!

— Que novidade é essa?! Você não está grávida, minha querida.

— Tive um sonho muito real com Rômulo. Ele retornará como meu filho.

— Parece-me que os bons espíritos passaram por aqui! Seria bom anotar o que se lembrar desse sonho real. Pegue caneta e papel e escreva tudo. Você precisa ser rápida antes que se esqueça dos detalhes. Nossa mente apaga rapidamente as lembranças dos sonhos.

Rosa deixou Aline sozinha, e a moça anotou tudo o que se recordou do encontro astral e seguiu para o refeitório. Nesse trajeto, ela esqueceu-se de detalhes do sonho.

Ao entrar no refeitório, Aline encontrou Rosa e perguntou:

— Por que esqueci mais da metade do sonho real que tive? Foi difícil anotar.

— Infelizmente, é assim que funciona, Aline. Oitenta por cento das atividades que realizamos no plano astral são apagadas no cérebro. Restam poucas lembranças, e é preciso anotá-las rapidamente para não esquecer.

Aline esticou a mão para Rosa, entregou-lhe uma folha de caderno e disse:

— Pode ler, Rosa. Eu não tenho segredos para você. A mãe de Rômulo também estava nesta viagem e me perdoou. Rosa, amanhã meu pai virá me buscar?

— Sim, ele e sua mãe virão buscá-la. Ela a ama muito, querida.

— Eu também a amo muito. Rosa, eu sentirei sua falta! Você cuidou com tanto carinho desta moça chata e cheia de problemas, que não gostava de viver!

— Você gosta de estar viva agora?

— Sim, mas ainda tenho muito a aprender. Vocês da clínica me ensinaram muito. Obrigada, Rosa. Quero viver para esperar meu filho nascer! Tenho certeza de que ele será um menino.

Rosa leu com atenção as anotações de Aline e disse:

— Nunca duvide do que escreveu nesta folha e saiba que a vida se encarregará de fazer tudo acontecer com naturalidade. Você sente em seu coração que tem um bom motivo para continuar vivendo?

— Sinto que poderei me perdoar quando Rômulo estiver em meus braços. Não fui correta com ele e preciso me retratar! Como mãe, eu o amarei como ele merece ser amado.

— Os espíritos sábios colocarão tudo em seus devidos lugares, e é bom aproveitarmos as oportunidades de ficarmos em paz com todos à nossa volta.

Na manhã seguinte, Rosa, Mércia e Aline despediram-se com fortes abraços e muitos beijinhos. A moça ficou feliz ao ver Atílio e seus pais juntos à sua espera na portaria da clínica-sanatório.

CAPÍTULO 38

Atílio ajudou Laudicéia a retirar as malas de Aline do porta-malas e levou-as para a lavanderia.

Carlos Alberto e a família haviam alugado a edícula, enquanto procuravam um sítio nos arredores da cidade para comprar. Tinham conseguido vender o sítio em Camapuã.

Cristina preparou um bolo para tomarem o café da manhã com Aline. A mulher recordava-se de partes de sua segunda viagem astral e estava nervosa para conhecer a moça. Ela sabia que se encontrara com Aline e Rômulo.

Roberta ainda dormia, e Cristina foi acordá-la para apresentá-la a Aline. A jovem vestiu-se e desceu rápido para conhecer a ex-cunhada.

— Estou aqui, mamãe. Onde está a moça?

— Deve estar na casa. Pergunte a Laudicéia se Aline pode nos receber agora.

Laudicéia colocava as roupas na máquina de lavar e respondeu:

— Roberta, Aline está no quarto conversando com Atílio. Você pode chamá-los.

— Não quero atrapalhar o casal, dona Laudicéia. É melhor esperarmos os dois desceram.

— Atílio está atrasado para uma entrevista de trabalho. César o apresentou a um amigo que tem uma construtora. Será ótimo para Atílio, que estuda engenharia, trabalhar em sua área.

Laudicéia subiu as escadas e avisou Atílio da entrevista. O casal, então, despediu-se com beijos apaixonados. Foi difícil para Aline colocar Atílio para fora do quarto, pois o rapaz desejava ficar nos braços da amada.

Aline estava feliz, pois, ao chegar à casa dos pais, encontrara a porta de seu quarto no lugar. A moça ficara espantada ao ver que havia uma fechadura e uma chave pendurada e sabia que aquele gesto era um voto de confiança que os pais estavam lhe dando.

Atendendo a um pedido de Laudicéia, Roberta subiu as escadas para pegar as toalhas da suíte e, quando chegou ao topo, viu Aline parada na porta de seu quarto. A jovem disse:

— Você deve ser Aline. Sou Roberta, irmã de Rômulo.

Aline assustou-se ao ver a moça, mesmo depois de Laudicéia avisá-la de que a família de Rômulo havia alugado a edícula. Um tanto trêmula, Aline estendeu a mãos para cumprimentar Roberta, que a puxou e a abraçou, dizendo:

— Prazer em conhecê-la, Aline!

— Rômulo falava muito de você. Ele não exagerava quando falava de sua beleza. Muito prazer em conhecê-la, Roberta.

— Aposto que meu irmão me descrevia como uma criança — protestou Roberta.

— Sim, ele fazia isso. Está gostando da cidade?

— Muito! Atílio me levou a lugares bonitos.

— Atílio... tem saído com você?

— Sim. Passeamos juntos com Agnes e Ricardo. Atílio se tornou nosso guia na cidade.

— Está mesmo animada, mocinha! Entre! Venha conhecer meu quarto. Que lugares da cidade vocês conheceram?

— Eu tenho que levar as toalhas para sua mãe colocar na máquina de lavar. Volto já.

Aline olhou para a decoração do quarto e desejou mudar os móveis de lugar. Ela pensava em tirar do cômodo alguns objetos que lhe traziam lembranças ruins.

Quando Roberta retornou ao quarto, as duas iniciaram a mudança dos móveis. Aline também queria mudar as cores das paredes, mas lembrou-se de que seu pai não poderia fazer a pintura. Roberta foi rápida e disse:

— Meu pai pode pintar as paredes. Falarei com ele.

— Não precisa. Não quero incomodá-lo. Posso fazer isso.

— Ficar suja de tinta não é agradável.

César subia as escadas e ouviu Aline conversar com Roberta. Ele parou à porta do quarto e disse:

— Meu amigo deixará seu quarto como novo. Venha, querida! Você tem visitas. A mãe e o pai de Rômulo desejam conhecê-la.

Aline ficou apreensiva, e César e Roberta notaram a angústia no semblante da moça. Ela disse:

— Venha, Aline. Mamãe não irá maltratá-la, isso eu garanto. Não tenha medo. Meus pais não a acusam de nada.

— Ela está dizendo a verdade, filha. Acredite que são pessoas bem-intencionadas e só desejam conhecê-la.

César segurou a mão da filha e conduziu-a à escada. Animada, Roberta tomou a frente, e, lá embaixo, olhando para cima, estavam Laudicéia, Cristina e Carlos Alberto.

Curiosos, eles observavam Aline, sua palidez, magreza e fragilidade e ficaram penalizados com o abatimento da moça. Cristina aproximou-se e falou:

— Você é muito bonita, mocinha, mas está magrinha. Preparei um bolo de chocolate. Sua mãe me disse que você gosta de chocolate.

— Gosto muito. A senhora é mais jovem do que eu imaginava. Rômulo falava muito bem de todos vocês. Sinto muito pelo que aconteceu com...

— Nós também sentimos, Aline, mas hoje não queremos tristeza! Sou Carlos Alberto, o pai dessa moça esperta e de Ricardo. Prazer em conhecê-la.

— O prazer é meu. Pena que Rômulo não está aqui para fazer as apresentações.

— Ele está, filha. Sinto que os espíritos bons estão nos agraciando com a presença dele nesta sala — disse Laudicéia.

— Vamos para a cozinha, pois Aline deve estar faminta! Ela saiu do hospital sem tomar o café da manhã. O refeitório não estava aberto. Era muito cedo.

— Estou com fome e quero provar o delicioso bolo de chocolate da senhora, mas antes preciso corrigir minha mãe. Ela disse que eu estava internada em um hospital, porém, isso não é verdade. Eu estava internada em uma clínica psiquiátrica, me recuperando da depressão e da vontade de morrer que eu sentia.

Um olhou para o outro, e César tentou parar a filha, dizendo:

— Não precisa se expor, querida.

— Preciso, papai. E preciso agradecer também por terem recolocado a porta do meu quarto.

— Foi um pedido de seu médico.

— Doutor Carlos é maravilhoso, e a mulher dele também é. Ela era minha terapeuta. Os dois foram incríveis comigo. Hoje, posso lhes dizer que desejo viver e sei que tenho muito a aprender. Escolhi aproveitar o tempo que ainda tenho para me divertir. Quero me formar em pedagogia e trabalhar na área. Também desejo me casar e dar netos a vocês. Não quero morrer! Aprendi a valorizar as pequenas coisas e as pessoas à minha volta. Na clínica, conheci Mércia, uma menina com problemas para falar, andar e até para se alimentar. Ela é um exemplo de força de vontade e, mesmo com tantos problemas físicos, tem garra de viver. Ela me ensinou muito, principalmente a perceber que sou saudável e que tenho pessoas ao meu lado que me amam e apoiam. Mércia não tem nada e mesmo assim consegue sorrir! Eu aprendi a sorrir com ela. De hoje em diante, quero ver alegria ao meu redor, quero ser alegre. Dou muito valor aos minutos que a vida me dá de presente. Pai, quando o senhor entrou no meu quarto, me ouviu dizer que desejava mudar as cores das paredes e toda a decoração. Faz parte da terapia fazer mudanças e renovar a energia do ambiente. Tive alta da clínica, mas minha terapia com o doutor Carlos e com minha psicóloga Fernanda não terminou. Continuarei o tratamento no centro espírita.

— Pode deixar a pintura comigo. Escolha a cor da tinta, e eu deixarei seu quarto bonito — Carlos Alberto disse.

— Obrigada, Carlos Alberto. Aceitarei sua ajuda. Roberta também me ajudará. Pai e mãe, não se preocupem comigo. Não precisam viver sob tensão. Tenho planos de me casar e ter filhos.

— Você encherá essa casa de netos! Que gostoso, filha!

— Tenho certeza de que o primeiro filho de Aline será um lindo menino — comentou Cristina.

— Como sabe disso, mulher?!

— Aline e eu nos encontramos em uma viagem astral em nossos sonhos — respondeu Cristina.

Aline sorriu olhando espantada para Cristina.

— A senhora também se lembra disso?

— Sim! Nós estivemos juntas com Rômulo. Foi emocionante, não foi?

— Foi sim! O abraço que demos nele ficou gravado em minha mente.

— As duas agora têm segredinhos! Quero saber sobre esse sonho coletivo, mas vamos conversar à mesa do café. Ricardo está atravessando a rua e trazendo os pãezinhos que pedi — disse Laudicéia.

Ricardo entrou e apresentou-se novamente a Aline, agora como irmão de Rômulo. O grupo reuniu-se à mesa para saborear o apetitoso café da manhã. Cristina e Aline contavam detalhes da viagem astral que fizeram juntas, enquanto Laudicéia se mostrava impressionada com a forma como os espíritos agiram.

Nos fins de semana, Carlos Alberto e César viajavam ao interior do Paraná em busca de uma chácara para comprar. Todos faziam planos para o futuro. Aline e Atílio desejavam se casar no ano seguinte e planejavam morar na edícula até conseguirem juntar dinheiro para comprar um apartamento. Ricardo deixara a pensão para morar com os pais na edícula e continuava trabalhando na padaria. Nair, Rômulo e Muriel estavam satisfeitos com o progresso do grupo.

A noite chegou, e todos foram ao centro espírita para assistir à fala de um palestrante conhecido, que intitulou sua explanação de "Um brinde à vida!".

Aline olhou para Atílio e sorriu, notando que todos os seus amigos estavam à sua volta. Doutor Carlos e Fernanda foram cumprimentar a moça e a família da ex-interna. Rosa também estava lá empurrando a cadeira de rodas de Mércia. Aline foi ao encontro da jovem e beijou-a muitas vezes. Cristina e o grupo observavam Mércia e compreenderam melhor o que Aline dissera sobre a garota.

Muriel inspirou o palestrante, e Nair e Rômulo ficaram emocionados. Nair disse:

— Vamos, Rômulo. Muriel terminou de passar sua mensagem. Precisamos voltar à colônia Renascer.

Muriel abriu um lindo sorriso e comunicou:

— Rômulo não voltará para a colônia depois desta noite, Nair.

— E para onde serei designado, chefe?

— Nair, sua casa está em ordem?

— Gosto da organização, então, está tudo arrumado e limpo.

— Faça um favor a um amigo. Você aceitaria receber um hóspede em sua casa? Rômulo, dê a mão para Nair. Ela o conduzirá para casa.

O casal abraçou-se e trocou um beijo rápido.

— Vamos com calma! Temos crianças presentes! — brincou Muriel sorrindo.

Os três partiram, deixando um rastro de luz por onde passaram.

CAPÍTULO 39

Cinco anos passaram-se rapidamente, e mais uma vez o inverno chegou a Curitiba. O vento estava gelado, e as pessoas caminhavam nas ruas cobertas com grossos casacos, tocas e cachecóis.

Naquela manhã, Aline levantou-se da cama incomodada com o peso de sua barriga. A gestação estava entrando no oitavo mês, e ela fora várias vezes ao banheiro durante a madrugada. Atílio também não dormira bem, pois despertara todas as vezes em que Aline se levantou para ir ao banheiro.

Atílio estava preocupado com o bebê que Aline carregava no ventre. Na última ultrassonografia que a moça fizera, o médico confirmou que ela carregava um menino, e Atílio não teve dúvidas de que Rômulo estava de volta. No centro, espíritos amigos informaram ao rapaz que ele precisaria ter paciência com a paternidade.

Naquela manhã gelada, Atílio queria levar Aline ao hospital para uma consulta com o obstetra, mas ela recusou-se dizendo:

— Eu estou bem, Atílio. É normal na gravidez sentir vontade de fazer xixi, pois minha bexiga está comprimida. Tenho que ir para o trabalho. Estou treinando uma substituta para que ela fique com meus alunos na escola. Não era minha intenção deixar as crianças no meio do ano, mas preciso cuidar do nosso bebê que nascerá em breve. O médico disse que, completando a trigésima nona semana, ele pode chegar a qualquer momento. Tenho pouco tempo para preparar Anita para assumir minha turma.

— Não estou de acordo que continue dando aulas, pois está abatida. Você não tem dormido bem, Aline. Vamos para o hospital.

— Eu estou bem, amor! Não quero ir. Fui a uma consulta com meu obstetra na semana passada. Fique tranquilo. Pode seguir para seu trabalho. Não deixe seu cliente esperando.

— Sua saúde vem em primeiro lugar. Outro engenheiro da empresa pode atendê-lo.

— E você deixaria de receber a comissão por esse trabalho. Amor, precisamos do dinheiro. Sabe que teremos muitas despesas com a chegada de nosso pequeno, não sabe?

— Eu darei um jeito, e nada faltará para nosso filho. Tem certeza de que está bem?

— Estou. Ajude-me a vestir o casaco. Pode me ajudar a colocar as meias e as botas, amor?

Atílio abaixou-se para ajudar Aline, tocou na barriga da mulher e perguntou carinhosamente ao filho:

— Está tudo bem aí, Oliver?

— Que nome estranho! Não quero esse nome para ele. Nós já discutimos esse assunto. Nosso filho terá o nome de meu avô: Augusto.

— Não gosto desse nome. Podemos chamá-lo de Nicolas?

— Ah, também não gosto desse nome. Se não gostou de Augusto, nosso filho se chamará Murilo, e não se discute mais esse assunto — Aline retrucou.

— Não fique nervosa. Você venceu! Murilo é um nome bonito, gostei. Não o chamando de Rômulo já está ótimo para este papai aqui.

— Amor, não quero que comentem nada a respeito com nosso filho. Rômulo ficou no passado. Lembre-se do que doutor Carlos disse no centro: não devemos influenciar a mente da criança com histórias do passado. Ele não precisa se recordar de quem foi ou do que aconteceu em sua última experiência terrena. Ele se recordará naturalmente, se isso for necessário no plano evolutivo de nosso filho.

— Não comentarei mais nada a esse respeito. Murilo é um belo nome! Estamos de acordo, amor. Agora, desça para tomar café da manhã, pois sua mãe já deve estar nos esperando com a porta da cozinha aberta.

— Mamãe está sempre preocupada com minha alimentação. Eu disse que ela não precisava preparar o café da manhã, mas mamãe insiste que preciso estar forte para o parto.

— Ela tem razão, Aline. E tudo que minha sogrinha prepara é delicioso e saudável. Eu até engordei alguns quilinhos com o delicioso café da manhã que ela prepara. Amor, o que é aquela panqueca doce? Que delícia!

— Meu formigão! Você não pode exagerar! Está comendo doce demais e até engordou, Atílio. Desde que nos casamos, você vem ganhando peso.

— Eu sei. Você cozinha muito bem, e sua mãe não para de fazer doces deliciosos.

Atílio terminou de colocar as botas nos pés de Aline e a ajudou a levantar-se da cama.

Aline e Atílio continuavam morando na edícula, localizada nos fundos da casa dos pais da moça. Havia cinco anos, os dois se casaram em uma linda cerimônia e estavam juntando dinheiro para comprarem um imóvel, mas, com as despesas relacionadas à chegada do bebê, não conseguiram poupar nada. Tiveram de comprar móveis para o quarto, roupas e muitas fraldas descartáveis, entre outros objetos que são indispensáveis para uma criança.

— Eu amarrei bem o cadarço de suas botas. Não precisa se preocupar, pois não soltará.

— Obrigada, querido. Você é um companheiro maravilhoso. Já lhe disse que o amo hoje?

— Não disse! Eu também a amo muito. Você está linda e perfumada.

— Acho que exagerei no perfume e fiquei enjoada.

— Quer vomitar?

— Não. O enjoo que estou sentindo deve ser de fome. Vamos descer, pois não posso chegar atrasada ao colégio. Tenho uma reunião com os professores sobre as férias de inverno. Logo, logo entrarei em licença-maternidade e cuidarei somente de minha saúde e de meu filho.

— Tudo bem! Eu ficarei fora de seus cuidados!

— Acho que está precisando fazer terapia com minha psicóloga. Você anda carente, amor!

Os dois chegaram à cozinha de Laudicéia, que, depois de lhes desejar um bom-dia, perguntou:

— Quem anda carente?

— Atílio! Ele quer minha atenção o tempo todo!

— Eu quero, porque, depois que Murilo nascer, serei esquecido até por minha sogra.

— Pare de ser resmungão, meu genro. Você tem nosso amor e nosso respeito e sempre terá. Sua mãe ligou para lembrá-lo do jantar amanhã. Ela pediu para você avisar Agnes e Ricardo.

— Não compreendo o que ela deseja comemorar. Ela disse que quer a presença de todos da família.

— Magda convidou a nós e a Carlos Alberto, Cristina e Roberta. Não sabe mesmo qual é o motivo desse jantar?

— Não sabia que ela havia convidado a família de Ricardo. Eles confirmaram presença?

— Sim, Cristina disse que sairão do sítio em Mandirituba amanhã cedo. Eles passarão o dia em Curitiba, pois precisam fazer compras na cidade.

— Virão almoçar com a senhora, mamãe?

— Eu os convidei, mas não aceitaram. Cristina disse que não queria me dar trabalho, que almoçariam no *shopping* e viriam à tarde para cá para se arrumarem para o jantar de Magda.

— Minha mãe está escondendo alguma coisa! Preciso saber qual é o motivo desse jantar. Vou ligar para ela — falou Atílio.

— Use nosso telefone.

Quando Atílio deixou a cozinha, Laudicéia comentou em tom baixo com Aline:

— Atílio não sabe que a mãe pretende se casar novamente?

— Não, e ele tem ciúmes dela. Achei melhor não me meter nesse assunto íntimo da família de meu marido — respondeu Aline.

— Eles precisam conversar antes do jantar, ou Atílio terá uma surpresa desagradável.

— Tem razão, pois ele não espera que a mãe se case novamente. Ela escondeu que estava namorando Arthur.

— Arthur? Arthur não é o chefe dela?

— Sim, é o dono da empresa e um homem muito rico. Ele não passa o ano inteiro no Brasil, pois está sempre na Europa. Ele tem negócios na Itália. Minha sogra me contou em segredo.

— E você não conseguiu guardar esse segredo, pois acabou de me contar.

— Verdade, mamãe. Não consigo guardar segredos da minha mãezinha.

Aline beijou o rosto de Laudicéia e sorriu. Atílio voltou para a cozinha e comentou:

— Marcamos de almoçar juntos hoje. Vem comigo, amor?

— Não posso, querido. Preciso deixar tudo organizado no colégio antes de entrar em licença-maternidade. Sente-se e coma seu lanche, ou chegaremos atrasados. Você me leva ao colégio?

— Eu a levarei para onde desejar, minha amada. Queria levá-la a uma consulta médica, pois você não conseguiu dormir bem essa noite — comentou Atílio.

— É normal no estado em que Aline está. A criança comprime a bexiga, por isso ela tem de se levantar para ir ao banheiro.

— Eu lhe disse que era normal, Atílio! Estou bem, não se preocupe comigo.

Atílio, por fim, convenceu-se de que tudo estava bem com a esposa e com o filho e ficou mais tranquilo. O rapaz acabou de se alimentar com as deliciosas panquecas, e o casal seguiu para a garagem.

Renê estava limpando a calçada e cumprimentou o casal. A anciã fez questão de passar a mão na barriga de Aline e comentou:

— Ele está chegando! Que venha com saúde e com todo seu encanto.

— Obrigada, Renê. O bebê chutou. A senhora sentiu?

— Senti! É bom abençoar mulheres grávidas. Os mais antigos diziam que traz sorte.

Aline abriu um sorriso, desejou um bom-dia para a vizinha e subiu no carro. O casal, então, seguiu para o trabalho.

CAPÍTULO 40

Aline esperava Atílio na frente do portão do colégio onde trabalhava. Não era longe de casa, mas, como ela estava com os pés inchados, não conseguiria caminhar as quadras que faltavam para chegar à residência. Ela olhou para o relógio do celular e já estava ficando irritada com a demora do marido.

Era fim de tarde, e as ruas estavam ficando desertas. Os portões do colégio já estavam fechados, os alunos tinham ido embora, e Aline continuava parada esperando por Atílio. Ela ligou várias vezes para o celular do marido, mas não obteve resposta. Chegou a deixar três mensagens, e nada.

Aline estava com frio, cansada e com fome. Os pés da moça estavam inchados e doíam, e uma chuva fina começou a molhar seu casaco de lã. Irritada, ela ligou para o pai e pediu-lhe carona para voltar para casa.

César estava no escritório aguardando um cliente importante e atendeu à ligação. Ele não gostava que Aline ficasse irritada ou esperasse na chuva pelo marido, então, comentou com Agnes, sua secretária:

— Sabe por onde anda seu irmão, Agnes? Ele deixou Aline esperando na frente do colégio.

— Não sei, senhor César, mas posso pedir para Ricardo deixar a padaria e pegar Aline no colégio.

— Faça isso, Agnes. Não posso sair do escritório agora para ajudá-la. Ficarei esperando em minha sala. Assim que o cliente chegar, leve-o até lá.

— Sim, senhor.

— Não sei o que seria deste escritório sem você! Acabou se tornando uma ótima secretária, hein?!

— Obrigada, chefe! Posso contar com sua carona para voltar para casa? Está chovendo, e o vento frio não está dando trégua.

— Combinado. Espero não demorar muito com esse cliente.

Agnes ligou para Ricardo, que imediatamente deixou a padaria para buscar Aline. Ricardo tornara-se o proprietário do estabelecimento e avisou a um dos empregados que precisava sair por alguns instantes. O rapaz pegou o carro e acelerou para chegar rápido ao colégio.

Em cinco minutos, Ricardo estacionou o carro em frente ao local e procurou por Aline, mas não a encontrou. O rapaz, então, decidiu seguir até o ponto de ônibus da esquina.

Ricardo parou o carro e chamou Aline, que estava sentada no ponto, abrigando-se da chuva que caía torrencialmente naquele momento. O rapaz desligou o automóvel, pegou um guarda-chuva no banco traseiro, desceu do veículo e aproximou-se de Aline.

Nervosa, ela estava mexendo no celular, tentando falar com Atílio. Ricardo precisou tocar no ombro da moça para chamar sua atenção.

— Aline.

A moça assustou-se ao ver aquele homem alto tocando-a e, quando olhou para cima, deparou-se com Ricardo sorrindo. Aquele sorriso remeteu Aline ao passado, e ela respondeu confusa:

— Rômulo?!

— Sou eu, Ricardo! Agnes pediu para levá-la para casa. Vamos.

— Você me assustou, Ricardo!

— Desculpe, Aline. Não tive a intenção. Você está bem?

— Estou apenas cansada. Às vezes, você me remete ao passado. Como você é parecido com seu irmão!

— A lembrança dele ainda a deixa triste?

— Não, mas me faz lembrar o passado desastroso que vivemos.

— A morte de Rômulo mexeu no equilíbrio de todos nós, mas, como diz nosso professor do centro espírita, "é melhor seguir em frente sem olhar para trás". A felicidade não está no passado; está aqui e agora.

— Ultimamente, ando tendo sonhos estranhos com Rômulo. Ele está em um jardim florido sorrindo e acena para alguém que não consigo ver.

Ricardo sentou-se ao lado de Aline, fechou o guarda-chuva e disse:

— Não se impressione com os sonhos, Aline. Você sabe quem é essa criança que está retornando como seu filho. Talvez, ele esteja se despedindo dos amigos para ingressar definitivamente nesta dimensão.

— Por favor, Ricardo, promete que não tocará neste assunto com meu filho? Não quero que ele cresça impressionado com quem foi na vida passada.

— Não direi nada a ele. Eu prometo. Promete que deixará essa criança conviver com minha família? Minha mãe está radiante esperando seu bebê nascer.

— Cristina e Carlos Aberto têm passe livre em nossa casa, Ricardo. Minha mãe e meu pai adoram estar com eles. Só não desejo que meu filho cresça sabendo que foi Rômulo em outra vida. O que importa é que agora ele é Murilo. Você acha que Murilo é um belo nome para seu sobrinho?

— Sem dúvidas é um belo nome. Gostei. Podemos entrar no carro agora? Não quero ser multado por estacionar na frente do ponto de ônibus.

Ricardo abriu o guarda-chuva, segurou o braço de Aline e a ajudou a se acomodar no banco da frente do carro.

Aline agradeceu a carona e convidou Ricardo para tomar um café.

— Não posso aceitar, Aline, pois preciso voltar para a padaria. Deixei um funcionário tomando conta do caixa. Antes era o Gaspar quem cuidava, mas ele está de férias, viajando.

— O antigo dono da padaria descobriu como é gostoso viajar pelo nosso país.

— Sim, é verdade. Gaspar adora fazer as malas e partir com a esposa para visitar os diversos destinos turísticos do Brasil. Bem, tenho que voltar ao trabalho, pois ainda não posso me aposentar como ele.

— Obrigada, Ricardo. Agora preciso saber por que Atílio não atendeu à minha ligação.

— Talvez o celular dele tenha ficado sem bateria. Fique tranquila. Logo, logo ele estará de volta. A chuva deixa o trânsito de Curitiba congestionado.

Ricardo retornou à padaria, e Aline entrou irritada em casa. A moça foi direto para o chuveiro e, depois de tomar um banho quente, vestiu um pijama de flanela. Ela continuou ligando para o celular de Atílio, mas continuava caindo na caixa postal. Aline abriu a geladeira e decidiu preparar uma sopa de legumes.

Uma hora depois, a sopa estava pronta, e Atílio ainda não havia chegado. Ele costumava chegar às sete horas da noite, e o relógio já marcava quase nove horas. Aline estava com fome, então, decidiu sentar-se à mesa para saborear a sopa quente.

Aline estava nervosa e sentia pontadas na barriga e registrou a energia densa e negativa que se formava à sua volta. Ela não perdeu tempo e praticou o exercício que doutor Carlos lhe ensinara. Fixou a mente em um lindo jardim e imaginou um arco-íris iluminando-o. Aline colocou-se ali para receber a energia positiva do lugar e, assim, limpar a mente. Nesse processo de limpeza, a moça abriu a boca e bocejou algumas vezes, mudando a energia densa e negativa para a vibração positiva.

Neste momento, o espírito de Nair foi ao socorro de seu amado Rômulo.

— O que está acontecendo com você? Por que deixou cair a vibração, querido?

— Por um momento, senti medo ao me recordar do passado. Atílio sabe quem eu sou, e tenho medo de que ele não me receba bem ou... de que não consiga superar nossas desavenças do passado. Não é fácil ser filho de quem foi meu inimigo, minha amada Nair.

— Não tente fugir agora, meu amor. Lembre-se de que em poucos anos estarei de volta ao seu lado. Fique firme! Você garantiu aos senhores do carma que desta vez modificaria o laço que os une. O amor é o único laço permitido para quem deseja evoluir. Atílio não será um pai ruim, Rômulo. Lembre-se de que este é o único meio de seguirmos juntos no caminho evolutivo. Estou com você. Não deixe cair sua vibração.

— Você sempre cuida deste homem apaixonado. Eu a amo, Nair.

O espírito de Nair desligou a comunicação com a mente de Rômulo, contudo, mesmo estando distante dele, sentiu a negatividade de seu protegido. Ela precisou passar por uma limpeza energética e seguiu para a fonte de onde jorravam energias com as cores do arco-íris.

Nair sentou-se em posição meditativa no gramado de frente para a fonte e novamente passou a vibrar de acordo com a sintonia da cidade que habitava.

CAPÍTULO 41

O relógio marcava nove horas da noite, quando Aline ligou para a sogra contando que Atílio não respondia aos seus chamados no celular. Magda ainda estava no trabalho e pediu ajuda do companheiro para encontrar o filho que não voltara ao trabalho depois de almoçar com ela. Arthur disse:

— Ligarei para meus amigos da polícia. Não se preocupe, amor. Se estiver nesta cidade, seu filho será encontrado.

— Não quero que o assustem! Nós tivemos uma conversa difícil durante o almoço. Atílio não aceita que eu tenha outro relacionamento amoroso.

— Ele ainda espera que o papai retorne para a mamãe?

— Não! Que ideia estapafúrdia, Arthur! Atílio sabe que o pai foi embora há muitos anos com uma moça que morava em nosso bairro. Meu filho apenas sente medo de que eu sofra novamente por amor.

— Magda, esse foi o motivo que ele alegou para não aceitar nossa união? Eu sou homem e sei o que pensamos sobre nossas mães. Nós não conseguimos vê-las como mulheres comuns. É como se elas fossem apenas mães e vivessem somente para os filhos. Resumindo: Atílio a quer somente para ele. É um amor egoísta e estranho.

— Não pode estar falando sério, Arthur! Meu filho não me vê dessa forma! Não posso negar que ele tenha ciúme, mas Atílio não é egoísta e possessivo.

— Todos os homens são possessivos em relação às mães. Alguns escondem bem esse sentimento, mas no fundo querem o amor materno somente para eles. Dividir o amor da mãe com outro homem é sofrimento na certa.

— Não posso negar que Atílio esteja sofrendo neste momento, pois não voltou para a casa e ainda deixou a esposa grávida esperando por ele na rua nesse tempo chuvoso e frio de Curitiba.

Arthur ligou para um amigo que era investigador da polícia e passou para ele uma foto de Atílio e o endereço do rapaz.

— Em meia hora, Atílio será entregue para a esposa. Só não posso garantir que estará inteiro — brincou Arthur.

— Arthur, você pediu para seus amigos policiais serem gentis com ele?

— Você ouviu nossa conversa, querida. Seu filho deve ter bebido para esquecer que sua amada mamãe ficará noiva amanhã em um jantar em minha casa. Quero conhecer toda a sua família.

— Convidei apenas a família de Aline e os pais e a irmã de Ricardo, meu genro. Essas são as pessoas que posso chamar de familiares.

— Você não tem irmãos ou primos? — perguntou Arthur.

— Meus pais morreram, e tenho apenas uma irmã que vive hoje na Itália. Quanto aos primos, não os tenho. Meu pai era filho único e minha mãe também era. Minha família se resume a isso: a mim, Atílio e Agnes e seus companheiros.

— Não importa o tamanho de sua família! Tenho certeza de que você convidou pessoas que são caras ao seu coração. Teremos uma noite agradável em minha casa. Pedi para a governanta organizar um jantar saboroso e caprichar nas sobremesas.

— Que bom! Você pensa em tudo, amor. Eu não teria tempo para organizar o cardápio deste jantar. Seu filho estará presente?

— Liguei para Pedro ontem à noite, e ele garantiu que irá à nossa comemoração.

— Como ele está depois do casamento de sua primeira mulher?

— Como todos os homens ficam quando a mamãe decide colocar outro homem em sua vida: triste e imaginando que foi trocado por outro.

— Não gosto de vê-lo triste. Pedro é um menino muito alegre e aonde chega leva junto a alegria de sua juventude.

— Pedro tem 22 anos, querida! Não é tão menino como imagina! Na idade dele, eu era pai, casado e administrava esta empresa. Era muito responsável.

— Você deseja o mesmo para seu filho?

— Não, eu quero que ele tenha tempo para se divertir. Pedro está na faculdade e não pensa em se casar tão cedo.

— Tenho certeza de que Pedro ainda não se apaixonou, pois, quando isso acontecer, se prepare para vê-lo com apenas uma garota à sua volta.

— Pedro?! Com uma mulher apenas?! Isso realmente seria novidade. Ele quer se divertir e está sempre rodeado de mulheres bonitas.

— E você fica admirando essas meninas?! Pois pode cancelar o noivado! Não quero me casar com um homem que corre atrás de menininhas.

— Não repita uma tolice dessas! Sou fiel a você! Sabe muito bem o quanto amo essa minha advogada linda e geniosa! Pensa que foi fácil conquistá-la? Foram anos de muita lábia para que aceitasse sair para jantar comigo.

— Eu tinha uma regra, amor: não sair com os donos das empresas para as quais presto serviço. Não achava certo aceitar seu convite e correr o risco de mudar a relação que temos de empregado e empregador. Você, no entanto, foi tão insistente e me enganou para que tivéssemos nosso primeiro encontro. Lembra que ficamos no restaurante esperando um empresário que nunca apareceu?

— Eu havia esgotado todos os meus artifícios para convencê-la a jantar comigo. Usei essa tática, e acabou dando certo! Amanhã, ficaremos noivos e em breve estaremos casados.

Magda e Arthur trocaram beijos ardentes, quando o celular dele vibrou sobre a mesa. Ele atendeu rapidamente à ligação, e, do outro lado da linha, o investigador informou-lhe que encontrara Atílio.

— O rapaz estava embriagado em um bar próximo ao restaurante onde almoçou com a mãe. Encontramos o carro dele no estacionamento do restaurante e decidimos visitar os estabelecimentos próximos. Levamos o carro e o rapaz para a residência dele. Não se preocupe, doutor Arthur! Essa tarefa foi realizada com sucesso. Tenha uma boa noite. Se precisar, basta me chamar.

Arthur agradeceu, desligou o celular e contou a Magda que haviam encontrado Atílio e que ele estava em segurança em casa.

— Obrigada, amor. Como sempre, você resolve tudo com rapidez e eficiência. Agora, infelizmente, tenho de deixá-lo. Amanhã, preciso acordar cedo para organizar alguns processos e pegar o vestido que deixei na loja para ajustar. Quero estar impecável para nosso noivado.

— Eu a levarei até sua casa, então.

— Está bem, querido. Preciso dormir, pois terei um dia corrido amanhã. Além de tudo, tenho hora marcada no cabeleireiro. Quero acordar descansada e estar bonita para me tornar a noiva do grande empresário Arthur Duarte.

— Que pena que terei de voltar sozinho para casa!

— Não seja manhoso, Arthur! Amanhã, estaremos juntos. Avise a Pedro que será um jantar com pessoas simples, logo, nada de sofisticação exagerada. Não quero constranger meus convidados. Outro dia, ele poderá levar as moças que costumam estar em sua companhia.

— Pode deixar. Avisarei ao meu filho. Também não quero exagerar e constranger seus convidados. Não serviremos *escargots* desta vez.

— Ótimo, pois não aprecio esse prato exótico. Não me esqueço de que *escargot* é uma lesma!

Arthur deixou Magda em casa, e, logo depois, ela ligou para o celular de Aline.

— Querida, Atílio chegou?

— Sim, e está bêbado! Não consegue nem ficar em pé. Meu pai está dando um banho nele agora. Você sabe o que aconteceu para que ele ficasse nesse estado, Magda? Atílio nunca foi de beber dessa forma!

— Ciúme da mamãe, que pretende comunicar sua união com Arthur amanhã à noite. Espero todos vocês para esse jantar. Aline, por favor, tente convencer Atílio a ir. É muito importante a presença dele neste jantar.

— Quando Atílio estiver melhor, terei uma conversa dura com ele. Minha sogra, eu lhe garanto que ele estará presente neste noivado.

— Obrigada, querida. Você consegue fazer milagres! Anote o endereço. O jantar será na casa de Arthur.

Magda passou o endereço, e Aline anotou-o em um papel que estava sobre a mesa da cozinha. Ela perguntou:

— Será um jantar sofisticado?

— Não, fique tranquila. Não teremos mais convidados. Arthur apenas convidou o filho para participar da celebração, pois também não tem outros familiares em Curitiba. Ele está contando com a presença de todos vocês. Poderia me confirmar se a família de Ricardo virá do sítio?

— Sim, Magda. Mamãe disse que Cristina virá com a família, mas creio que não sabem que o jantar acontecerá na casa de seu noivo. Se soubessem, Carlos Alberto não deixaria o sítio. Ele não gosta de ir a lugares luxuosos e refinados, pois não se sente à vontade.

— Não teremos nada de extravagante neste jantar. Aline, convença o sogro de minha filha a ir. Diga a ele que é não preciso temer pessoas mais abastadas. No centro, nos ensinaram que ninguém é melhor ou pior e que somos todos iguais. Faça ele se lembrar disso. É importante que toda a família esteja neste jantar. Faço questão da presença de todos. Boa noite, querida.

— Boa noite. Não se preocupe. Todos nós estaremos neste jantar de noivado, principalmente Atílio.

Aline desligou o telefone, e Laudicéia entrou na edícula perguntando:

— Como está Atílio, filha?

— Está tudo bem, mãe. Eu não sabia onde estava meu marido. Ele não atendia o celular, então, resolvi ligar para Magda para pedir ajuda. O noivo dela tem contatos na polícia. Foi a polícia que encontrou Atílio.

— E como ele está?

— Embriagado. Papai está lá em cima colocando meu marido embaixo do chuveiro.

— Que susto eu levei!

— Mamãe, a senhora não aprendeu que não devemos deixar nossa mente vagar com pensamentos trágicos? Controle-se, dona Laudicéia. Também fiquei nervosa por não saber onde estava meu marido. Senti que minha pressão arterial subiu, e, em meu estado, isso não é aconselhável. Não quero morrer no parto por estar com a pressão alta. Respirei fundo e tentei me acalmar. Estava fazendo um exercício de relaxamento quando tive a ideia de pedir ajuda à minha sogra.

— Tem razão, aprendemos muito no centro espírita. Doutor Carlos nos ensinou várias técnicas para manter o equilíbrio mental. Deixei minha mente vagar, mas agora estou com dor de cabeça por ter acordado com a polícia na frente de casa.

— Sente-se, mamãe. Relaxe seu corpo e tome um pouco de água. Leve um pouco de paz para sua mente. Está tudo bem.

Aline deixou a mãe fazendo o exercício na cozinha e subiu para ver como estava Atílio. Ela ajudou o pai a vestir o marido, a colocá-lo na cama e a secar rapidamente os cabelos para que ele não ficasse resfriado devido ao frio que estava fazendo.

— Queria que ele se alimentasse um pouco. Preparei uma sopa de legumes saborosa.

— Filha, Atílio não conseguirá se alimentar nesse estado. Ele vomitou o banheiro todo. Eu, no entanto, estou faminto! Toda essa correria me deu fome!

— Ótimo! Então, vamos para a cozinha saborear a sopa que preparei. Deixe Atílio dormir um pouco. Amanhã teremos uma longa conversa.

Laudicéia esquentou a comida que Aline preparara, e a moça tomou mais um prato de sopa quente. Mais tranquila, ela contou aos pais o que acontecera com Atílio e Magda.

— Quer dizer que ele não aceita que a mãe se case novamente? Que absurdo! Magda tem todo o direito de refazer a vida. Acho até que ela demorou muitos anos para encontrar um novo companheiro! — comentou Laudicéia.

— Não julgue Atílio. Se fosse com minha mãe... eu também não gostaria que ela se casasse novamente.

— Homens! A maioria pensa que as mães são propriedades deles. Quantos ciúmes, César!

— Atílio é muito apegado a Magda, e isso ficou claro quando ele se casou com nossa filha. Todas as noites, ele passava na antiga casa para ficar um pouquinho com a mãe — comentou César.

— Isso é verdade. Quando Agnes se casou com Ricardo, Atílio não queria deixar a mãe morando sozinha naquela casa e ficou furioso quando descobriu que Magda estava namorando o dono da empresa em que trabalha.

— Atílio tem ciúme da mãe. Magda me pediu para levá-lo a este noivado, e ele irá nem que seja amarrado! — disse Aline.

— Filha, você não pode se exaltar com esse problema! Os dois precisam conversar. Só Magda e Atílio poderão resolver essa questão.

— Ela me pediu ajuda, mãe. Durante o almoço que tiveram, Magda tentou fazê-lo compreender que ela tinha o direito de se casar novamente, e veja só como ele voltou para casa. Eu preciso interferir, mãe. Magda sempre foi uma mãe batalhadora e deu duro para criar os dois filhos sozinha. Ele deseja que ela fique sozinha a vida toda? Atílio está sendo egoísta e ciumento.

— Acho que ele precisa ter uma conversa séria com o doutor Carlos no centro. Ele é bom para nos fazer enxergar a verdade e nossos erros para que possamos corrigir onde estamos falhando. Tente levar Atílio para conversar com doutor Carlos.

— Não dá tempo, mãe. O jantar acontecerá amanhã à noite. É impossível conversar com meu marido hoje. Pedirei ajuda aos espíritos amigos, e teremos uma conversa difícil pela manhã.

— Se precisar de ajuda, me chame. Descanse, filha. A sopa estava deliciosa. Boa noite, querida.

— Boa noite, mamãe. Fiquem tranquilos. Boa noite, pai.

CAPÍTULO 42

O sol ainda não havia surgido no horizonte, quando Atílio despertou com uma forte dor de cabeça. O fígado do rapaz também reclamou pelo abuso do álcool no dia anterior.

Atílio virou-se na cama e sentiu que o quarto estava rodando. Ainda enjoado, ele correu para o banheiro, e, nesse momento, Aline despertou assustada com o barulho. Ela também ficou enjoada com o cheiro de vômito e precisou descer as escadas para usar o lavabo.

Atílio desmaiou no chão do banheiro, e, quando Aline retornou ao quarto trazendo um copo de água fresca para entregar ao marido, ela encontrou-o desacordado e não conseguiu levantá-lo sozinha. A moça pegou o celular ao lado da cama e ligou para o pai.

— Pai, preciso de sua ajuda! Atílio está caído no chão do banheiro.

— Você pode descer para abrir a porta da edícula, filha?

— É melhor usar a chave reserva que deixei com a mamãe. Venha logo, papai. Ele está muito pálido.

César vestiu um roupão e começou a procurar a chave reserva da edícula. Laudicéia acordou com o barulho na cozinha e desceu assustada para chamar César.

— O que está acontecendo? Por que levantou tão cedo?

— Aline precisa de ajuda. Atílio está caído no chão do banheiro.

— É melhor chamar Ricardo. Ele deve estar abrindo a padaria neste momento. Não conseguiremos carregar nosso genro sem a ajuda dele.

— Ligue para ele. Não queria perturbá-lo tão cedo, mas o banho que dei em Atílio ontem à noite deixou minhas costas em frangalhos. Onde está a chave da edícula?

— Pendurada no porta-chaves ao lado da geladeira.

Laudicéia ligou para Ricardo para lhe pedir ajuda, e ele foi rápido em atendê-la. O rapaz atravessou a rua, e ela abriu-lhe o portão.

— Bom dia, Ricardo. Desculpe incomodá-lo, querido.

— Bom dia, dona Laudicéia. O que está acontecendo?

— É Atílio! Ele desmaiou no banheiro e não está nada bem! Aline não pode ajudá-lo, e César está com dor na coluna. Também não tenho força para ajudar meu genro.

Ricardo entrou na casa, e Laudicéia acompanhou-o até a edícula. Ela contou o que havia acontecido com Atílio no dia anterior.

— Que coisa estranha! Atílio nunca foi de beber!

— Ele é contra o noivado de Magda. Os dois foram almoçar juntos ontem para conversarem, e ele bebeu muito.

— Deve ser uma ressaca daquelas! Melhor levarmos meu cunhado para o hospital. Ele precisa de glicose.

— Bom dia, Ricardo. Novamente nos socorrendo! — disse Aline.

— É o que fazem os amigos! É melhor trocarmos a roupa dele. Vou carregá-lo até o carro e levá-lo ao hospital. Quem vem comigo?

— Eu vou! — manifestou-se Aline.

— Não, Aline. É melhor que fique em casa esperando seu marido. Você está no fim da gravidez e não precisa se expor desta forma às bactérias do pronto-socorro.

— Deixem que eu acompanhe meu genro. Laudicéia, ligue para Agnes e avise que chegarei mais tarde ao escritório hoje — disse César.

Ricardo e César trocaram as roupas de Atílio, e Aline entregou o documento do carro ao cunhado. Eles desceram e seguiram para a garagem.

Aline e Laudicéia ficaram olhando o automóvel se afastar rápido.

— Venha, filha. Não podemos ficar na rua de camisola. Atílio ficará bem. Vamos manter a calma.

— Estou tentando, mamãe. Atílio não gosta de beber. Será que ele passou a tarde toda bebendo por ter ficado magoado com a mãe?

— É estranho pensar em Atílio bebendo e encostado no balcão de um bar. Olhou a carteira dele? Não falta nada?

— Não olhei! Peguei os documentos e a carteirinha do convênio médico e entreguei para o papai.

As duas fecharam o portão, e a moça começou a examinar a carteira do marido.

— Estranho... estão faltando os cartões de crédito. É melhor bloqueá-los, pois podem ter sido roubados.

— Espere! É melhor olhar nas calças que ele estava usando. Vou até lá olhar os bolsos e limpar o banheiro.

Laudicéia apressou-se, encontrou os dois cartões de crédito e levou-os para Aline na cozinha. Ela preparava o café da manhã.

— Filha, deixe que eu faça isso.

— Não, mamãe. Eu estou bem! Preciso comer alguma coisa. Estou com muita fome.

— Vou lavar o banheiro lá em cima. Atílio emporcalhou todo o chão.

— Agradeço, mãezinha. Não conseguiria limpar aquela sujeira, pois ficaria enjoada. Mas vamos tomar o café da manhã primeiro. Depois, darei um jeito no quarto e a senhora no banheiro. Finalmente, estou de licença-maternidade e só voltarei ao trabalho quando o bebê tiver com cinco ou seis meses. Preciso deste tempo para cuidar melhor da minha gestação, pois essa barriga pesa!

— Que bom! Deixe-me cuidar de você, filha. Quero ver esses pés sem inchaço agora. Você ficava muito tempo em pé no colégio.

— Quero esse carinho todo, mamãe, pois estou cansada.

As duas ficaram conversando à mesa do café e, quando terminaram, foram para o quarto do casal. Aline arrumou a cama e recolheu a roupa para lavar, e Laudicéia lavou o banheiro, deixando tudo cheiroso e limpinho.

Mãe e filha foram ao quarto ao lado, que estava sendo preparado para o filho do casal, e organizaram as roupinhas no armário e os brinquedinhos em um pequeno baú ao lado do trocador. Atílio e Aline haviam pintado as paredes do quarto com desenhos de bolas, trens e carrinhos, e alguns pássaros coloridos destacavam-se na pintura próxima à janela. As cortinas eram azuis de tecido fino, o que permitia a passagem da luz quando a janela estivesse aberta. Telas protetoras foram instaladas em todas as janelas da edícula.

— Está tudo pronto para a chegada de nosso pequeno. O quartinho dele ficou lindo. Já escolheram o nome de meu neto?

— Sim! Devido a toda essa agitação, não tive tempo de lhe contar. Nós chegamos a um consenso. O nome será Murilo.

— Gostei! Murilo será muito bem-vindo! Ele será, ou melhor, já é muito amado por todos nós.

Atílio foi medicado no pronto-socorro e dispensado. Naquela manhã, já em casa, César ligou para o doutor Carlos e contou o que acontecera com o genro. Carlos, então, pediu para falar com Atílio.

— Atílio, você se embriagou por não aceitar que sua mãe se casasse novamente? Quer esquecer a realidade? Tolo! Está sendo ridículo e infantil! Que direito acha que tem sobre a felicidade de sua mãe?

— Eu não gosto daquele homem. Ela não pode se casar com ele.

— Escolheria outro homem para ser seu padrasto?

— Não! Ela está bem sozinha! Ela tem a nós, os filhos!

— Não tem, Atílio! Eu conheço Magda. Ela está se sentindo só e tem o direito de refazer a vida. Você gostaria de vê-la solitária pelo tempo que lhe resta de vida?

— Eu estou com ela. Minha mãe não está sozinha, doutor Carlos.

— Acorde, Atílio. Você não tem esse direito. A vida pertence a ela. Magda faz as escolhas que desejar para ser feliz! Quer carregar a carga negativa de torná-la uma mulher amarga e infeliz?

— Não!

— Então, deixe de ser infantil! Respeite a decisão dela. Magda cuidou de sua irmã e de você até que se casassem, e vocês puderam escolher seus parceiros. Deixe Magda unir-se com quem ela escolheu. O que vê de errado nisso?

— O senhor não compreende, doutor Carlos! Não quero que ela sofra novamente. Minha mãe está bem sozinha!

— Não está, Atílio. Se estivesse bem na solidão, Magda não desejaria se casar novamente. Pare de infantilidade e a liberte para que seja feliz com quem escolheu.

Atílio sentiu as palavras de Carlos baterem fundo em seu coração e ele percebeu o quanto estava sendo egoísta e protetor. O rapaz levou a mão à cabeça, que ainda doía, e Carlos continuou:

— O amor de um filho não deve ser egoísta. Sentir ciúmes é até natural, mas é preciso ter equilíbrio e lucidez. Não queira se apossar das pessoas que você cativou com seu amor. As pessoas que você ama não lhe pertencem, Atílio. Relaxe e liberte-se dessas amarras grossas em que se prendeu. O ciúme é um sentimento de baixa frequência vibracional.

Atílio ficou envergonhado e tornou:

— Tem razão, doutor. Estou errado. Minha mãe tem o direito de ser feliz. Ajude-me a me libertar desse sentimento possessivo e egoísta.

— Controle sua mente e olhe para Magda como uma mulher e não como mãe. Ela teve essa função em sua vida e fez tudo o que pôde para educar os filhos. Agora, deixe a mulher ser feliz com um homem ao seu lado. Menos, Atílio, bem menos.

Atílio conscientizou-se de que estava sendo ridículo por beber sem controle e que estava se comportando como um bebê que queria a mamãe ao lado.

Atílio desligou o telefone, agradeceu a ajuda de Ricardo e de César e foi direto para o quarto. O rapaz jogou-se na cama e adormeceu rapidamente com o efeito dos remédios que tomara no pronto-socorro.

Aline subiu para ver Atílio, que dormia tranquilo, e foi informada da conversa que doutor Carlos tivera com seu marido.

CAPÍTULO 43

Quando Atílio acordou, já passava das quatro horas da tarde. Aline finalmente pôde conversar com ele.

— Como se sente?

— De ressaca. Desculpe pelo trabalho que lhe dei. Você está bem?

— Estou, e nosso filho também está. Pode me dizer com quem bebeu naquele bar?

— Eu estava chateado, Aline, e entrei no bar para comprar uma água. Não havia digerido bem o almoço com minha mãe. Quando entrei, descobri que um velho amigo era o dono daquele bar, e nós ficamos conversando. Acabei exagerando na bebida e não vi o tempo passar. De repente, a polícia chegou, me colocou no carro e me trouxe pra cá. Foi você quem chamou a polícia?

— De certa forma, sim. Eu estava preocupada! Você me deixou esperando na porta do colégio por horas! Estava frio e chovendo.

— Desculpe, amor. Eu perdi a noção do tempo. Estava tão decepcionado com minha mãe.

— Amor, não faça mais isso! Eu preciso de você ao meu lado neste momento, e nosso filho também! Não perca tempo amargurando as decepções. Sua mãe não é sua propriedade! Nunca compreendi a relação entre vocês. Os dois se amam como mãe e filho, mas você exagera! Sinto que você se esqueceu de que, antes de ser sua mãe, ela é uma mulher e tem todo o direito à felicidade.

— Lá vem você com um sermão idêntico ao que doutor Carlos fez essa manhã! Eu sei que estou errado, Aline. Amo minha mãe e não quero que ela sofra! Você não sabe como foi difícil seguir em frente depois que meu pai a traiu.

— Você quer protegê-la de sofrimentos futuros, mas sabe que não tem esse poder, meu amor. Aceite a escolha dela. Em algumas horas, Magda ficará noiva de Arthur. Aceite e comemore esse noivado como filho dessa mulher que dedicou a vida a você e à sua irmã. Ela permaneceu solitária por muitos anos e agora está tentando refazer a vida ao lado de um homem de bem. Não seja um empecilho no caminho dela! Você está fazendo sua mãe sofrer! Ela deseja ter os filhos ao lado, apoiando a escolha que fez para ser feliz.

— Estou envergonhado do comportamento que tive durante aquele almoço. Eu fui um tolo, ridículo! Deixei minha mãe sozinha no restaurante, depois de falar várias bobagens à pessoa que me deu tudo, inclusive a vida.

— Atílio, o mínimo que ela merecia era seu respeito! Magda é uma mulher maravilhosa e fez tudo o que pôde para os filhos. Abençoe essa união, como filho amoroso que sempre foi. Esta noite, você levantará um brinde ao casal e mostrará à sua mãe que está feliz pela escolha que ela fez. Combinado?

— Você está certa. Reconheço que sou um idiota! Amo minha mãe e poderia perdê-la, se você não me conscientizasse do meu ciúme desmedido. Estarei presente no jantar de noivado dela.

— Sabia que não me decepcionaria a esse respeito, querido.
— Eu já a decepcionei?
— Quando me deixou esperando no frio e na chuva, sim.
— Desculpe.
— Desta vez, está desculpado. Você estava sendo o bebê da mamãe!

— Que papelão! Fui infantiloide. Sou um homem adulto e responsável.

— E logo será papai! Venha tomar um pouco de sopa que sobrou de ontem à noite.

— Melhor tomar um banho primeiro, pois estou todo suado.

Atílio levantou-se e foi para o chuveiro, e Aline desceu para esquentar a sopa de legumes.

A campainha tocou na casa da frente, e Laudicéia deixou o bordado que estava fazendo no braço do sofá. A mulher olhou através da vidraça da sala para ver quem estava no portão e abriu a porta sorrindo, quando viu Cristina, Roberta e Carlos Alberto.

— Que bom que vieram! Sejam bem-vindos, meus amigos.

— Eu estava com saudade de todos vocês. Como está Aline? A barriga dela está grande? — perguntou Cristina.

— Sim! Aline está com oito meses de gestação.

— Meu Rômulo está voltando!

— Melhor não voltarmos a esse assunto, Cristina, pois Aline fica nervosa.

— Desculpe, é que não pude conter minha emoção. Tenho certeza de que é ele quem voltará para nós. Ele me disse isso no sonho.

— Chega, Cristina! Como vai, Laudicéia? — perguntou Carlos Alberto.

— Estou muito bem, Carlos Alberto. Entrem, está frio hoje.

Roberta beijou a face de Laudicéia e entrou rápido para se proteger do frio. Na sala, ela olhou para o bordado e disse:

— Que lindo bordado a vovó está fazendo! Adorei esse ponto! Também aprendi a bordar com minha avó Nair. Veja essa blusa que mamãe está usando. Fui eu que bordei.

— Ficou linda, Roberta. Depois lhe mostrarei uma revista que ensina pontos diferentes. Se acomodem na cozinha! Vou preparar um chocolate quente para nós.

— Como está Aline? Ela está em casa? — perguntou Roberta.

— Sim, Aline está de licença-maternidade. Falta pouco para o nascimento de Murilo.

— Murilo é um lindo nome! O quarto do bebê está pronto? — perguntou Roberta.

— Atílio e Aline deixaram tudo pronto. Vá lá ver e chame Aline. Avise-a para vir tomar o café da tarde conosco.

Roberta bateu na porta da edícula, que estava fechada devido ao frio que estava fazendo em Curitiba. Aline abriu a porta e abraçou a amiga convidando-a para entrar.

— Você está bonita, Roberta. Foi ao cabeleireiro?

— Sim. Passamos a manhã toda no *shopping*, almoçamos por lá e aproveitei para cortar o cabelo, hidratar e fazer uma escova. Ficou bom?

— Está linda! Vocês vieram para o jantar de Magda?

— Sim, ela insistiu para que fôssemos ao jantar. Sabe o que vamos comemorar?

— Adivinha?

— Agnes e Ricardo terão um filho?

— Errou! O casal ainda está curtindo o casamento.

— Se não é esse o motivo... não faço ideia do que possa ser... Magda insistiu. Ela quer nossa presença nesse jantar. Papai não gosta muito de deixar o sítio. Você sabe do que se trata?

— Magda ficará noiva e pretende se casar em breve.

— Que legal que ela tenha encontrado um companheiro! E Atílio? Ele está feliz com esse noivado? É nítido que ele tem ciúmes da mãe.

— Chamei meu marido à razão, afinal, ele precisava respeitar a decisão de Magda.

— Fico feliz por ela. Esse jantar será na casa de Magda?

— Não. Será na casa do noivo.

— E onde mora esse noivo?

— Em um bairro nobre de Curitiba.

— Meu Deus! Não tenho roupa para um jantar elegante na casa de pessoas ricas. O único que trouxe uma roupa adequada foi o papai. Ele comprou um terno elegante para o casamento de Ricardo. E agora?! O que eu faço?

— Acalme-se. Não será um jantar tão sofisticado assim. Magda me garantiu que seria algo simples.

— Você sabe o que é simples para quem está acostumado com requinte e elegância?

— Tem razão, Roberta. Vamos ver meu guarda-roupa. Preciso escolher um vestido elegante e com um tecido encorpado, pois, com essa barriga, nada serve em meu corpo. Para você, tenho um elegante vestido e um casaco de pele sintética. Comprei antes de engravidar e não consegui usá-lo. Ele está novinho. Sua mãe também precisará de um traje elegante. Chame Cristina.

Atílio desceu as escadas e cumprimentou Roberta com um beijo na face. A moça retribuiu o gesto e foi chamar a mãe. Atílio comentou com Aline:

— Não sabia que eles viriam para o jantar.

— Sim, vieram, mas não estão preparadas para o jantar na casa de Arthur. Preciso emprestar roupas adequadas para Cristina e Roberta.

— O noivado será lá?

— Sim! E não se queixe, Atílio.

— Opa! Não está mais aqui quem falou.

Aline levou Cristina e Roberta para o quarto. As duas escolheram os vestidos e olharam-se no espelho.

— Estou linda! Serviu certinho! E esse casaco é um luxo, Aline!

— Aqui faz muito frio, Cristina. Você gostou do vestido?

— Sim. Esse vestido é lindo! Adorei o bordado.

— Fui eu que fiz! — disse Laudicéia entrando no quarto da filha.

— É lindo! Depois a senhora me ensina esse ponto, dona Laudicéia?

— Será um prazer, Roberta. Você é uma menina prendada. Aline nunca gostou de trabalhos manuais.

— Roberta gosta. Ela anda costurando para os amiguinhos de quatro patas lá do sítio. Fez até o pai comprar uma máquina de costura — Cristina comentou.

— Que bom! Nós teremos uma estilista na família! Você precisa continuar os estudos, Roberta.

— Vivendo no sítio, onde poderei estudar?

— O sítio não fica tão longe da cidade! Em quarenta e cinco minutos, você consegue chegar ao centro de Curitiba. Temos ótimas universidades lá. Você já terminou o Ensino Médio?

— Terminarei este ano! Queria prestar vestibular para veterinária.

— Ótima escolha! — exclamou Aline.

— Não é fácil escolher uma profissão, e Roberta já está planejando o futuro! Parabéns — falou Laudicéia.

— Obrigada. Eu já sabia qual profissão seguiria, quando ainda morávamos em Camapuã. Assim que mudamos para nosso sítio, tive medo de não conseguir realizar meus sonhos profissionais. Estou criando uma coleção de roupinhas para os bichinhos do sítio. Lá, o frio é congelante nas madrugadas. Eu amo os animais!

— Essa menina chegará longe! — disse Laudicéia.

— Tenho orgulho de minha Roberta! Além disso, viver nesse sítio não foi desagradável como eu imaginava. Como ele não fica longe de Curitiba, posso pegar um ônibus e fazer minhas compras no *shopping*. Carlos Alberto e Roberta adoram a vida no campo, e estamos felizes por termos encontrado um ponto de equilíbrio — comentou Cristina.

As quatro mulheres continuaram conversando no quarto. Agnes chegou para se unir ao grupo e ajeitou os cabelos de Aline e Laudicéia, dando seu toque particular nos penteados. Chegara a hora de seguirem para o jantar, e elas desceram as escadas elegantemente vestidas.

Atílio pôde, enfim, vestir seu terno e aprontar-se para o noivado da mãe, e Ricardo, César e Carlos Alberto, já prontos, esperavam por ele na sala de Laudicéia.

CAPÍTULO 44

O relógio marcava 20h30, quando dois carros estacionaram na frente da mansão de Arthur, no bairro Batel. Cristina estava encantada com o luxo que seus olhos vislumbravam.

Ela aproximou-se da nora e disse:

— Sua mãe soube escolher o noivo!

— Arthur tem muito dinheiro, mas minha mãe não o escolheu pela fortuna, dona Cristina. Os dois se amam verdadeiramente! Dinheiro não é tudo, minha sogra — respondeu Agnes.

— Mas com dinheiro podemos comprar tudo o que desejamos! Ah, se eu tivesse tido essa oportunidade de me casar com um marido rico!

— Mamãe, fale baixo! Não me faça passar vergonha! Finja que é uma pessoa fina e educada. Comporte-se, dona Cristina! Desculpe-me, Agnes. Quando quer, minha mãe sabe ser desagradável.

— Está tudo bem, Roberta. Não vamos discutir. Hoje é dia de comemorar a felicidade do casal. Vamos entrar — disse Agnes tentando manter a calma, mas, em seu íntimo, ela estava furiosa com a desagradável insinuação da sogra.

— Você está corada! Minha mãe lhe disse algo que a deixou brava? Você fica vermelha quando está doida para falar e não pode. Eu a conheço, Agnes. Me diga o que aconteceu — perguntou Ricardo.

— É melhor conversarmos em outro momento. Estou tentando manter a calma, amor.

O portão abriu-se, e um manobrista apanhou as chaves dos carros para estacioná-los no jardim que circundava a mansão. Um serviçal conduziu o grupo até a entrada principal da residência, e, quando a porta se abriu, até mesmo Aline e Atílio ficaram impressionados com a bela decoração do rol de entrada.

Os anfitriões convidaram o grupo para entrar, e Magda abraçou a todos agradecendo-os pela presença. Por fim, ela apresentou o noivo aos convidados.

Carlos Alberto estava muito constrangido diante de tanta riqueza e desejou correr para seu sítio simples e modesto. Ele observava a decoração e pensava: "O lustre de cristal da entrada deve ser mais caro que meu carro popular estacionado no jardim". Ele apertou a mão de Cristina, que compreendeu que o marido não estava sentindo-se à vontade.

O grupo foi conduzido à sala de estar, onde alguns empregados serviam bebidas e petiscos em bandejas de prata. Eles usavam luvas brancas nas mãos, e tudo ali parecia ter saído de um filme.

Magda e Arthur tentavam deixar os convidados mais descontraídos abordando assuntos agradáveis.

Ela chamou Atílio para conversar em outra sala, e ele olhou para Aline e deu uma piscada antes de deixá-la descansando no sofá.

— Você está bem, meu filho? Vejo que está um pouco abatido! O que aconteceu depois de nosso almoço desastroso?

— Encontrei um amigo e ficamos bebendo. Só estou de ressaca, mamãe.

— Você ainda não aceita que eu me case com Arthur? Quero que saiba que eu amo meu noivo e sou correspondida nesse sentimento nobre. Tão nobre que em meu coração cabem todas as pessoas que amo! Você e sua irmã sempre serão amados pela mãe que existe aqui dentro do meu coração. Vocês são adultos, e eu cansei de ficar sozinha, filho! Diferente de seu pai, Arthur me respeita. Me compreende, querido?

— Está tudo bem, mamãe. Você tem o direito de ser feliz ao lado de seu amado. Gostaria de lhe pedir desculpas pelas bobagens que disse naquele almoço. Sei que a senhora me ama e que continuará sendo minha mãezinha. Tenho muito orgulho de ser seu filho. Eu a amo e quero que seja feliz com Arthur.

— Obrigada, querido. Eu sabia que você era ciumento, mas egoísta não. Eu o amo, filho.

Os dois voltaram abraçados para a sala, e Agnes uniu-se aos dois no mesmo abraço.

Nesse momento, um jovem de bela aparência surgiu no alto da escada, e Arthur o anunciou aos presentes.

— Esse é meu filho! Pedro, venha conhecer os familiares de minha futura esposa.

O jovem desceu as escadas rapidamente, sem tirar os olhos de Roberta, que o olhava curiosa. Quando foram apresentados, ele perguntou:

— Como vai, senhorita? Já nos conhecemos? Tenho certeza de que já fomos apresentados.

— Também tive essa impressão, mas não me recordo de onde o conheço.

— Talvez, frequentemos os mesmos lugares. Você costuma dançar nas baladas de Curitiba?

— Não, nunca fui a uma balada.

— Onde você vive?

— Em um sítio em Mandirituba, a 42 quilômetros de Curitiba. Você conhece?

— Estivemos lá uma vez, no sítio de um amigo de meu pai. O lugar era muito agradável, campestre.

Magda convidou a todos para seguirem até a sala de jantar. Um dos empregados, então, abriu uma cortina, e uma grande porta de vidro despontou separando os dois ambientes e revelando uma mesa ricamente montada para um jantar à francesa.

Laudicéia elogiou a decoração para Magda.

— Está tudo muito bonito, minha amiga. Você merece esse tratamento de princesa.

— Obrigada. Eu mesma fiz questão de decorar a mesa com arranjos de flores do campo.

— Ficou linda! — disse Aline.

— Obrigada, minha nora. Quero que todos sintam como esta noite é especial para nós.

— Seremos apenas nós? Os parentes de seu noivo não estarão presentes?

— Eu não tenho parentes no Brasil, senhora Cristina. Tenho apenas uma irmã que vive na Itália. Somos eu e meu filho recebendo Magda e seus familiares. Decidimos que esta noite seria uma comemoração íntima. Convidamos apenas as pessoas que realmente fazem parte da família de Magda. Espero que me aceitem e aceitem meu filho como membros desta família.

— Magda o escolheu. Os dois já fazem parte de nosso grupo familiar — disse Cristina.

— Será que os dois também fazem parte de nosso grupo de reencarnantes? — questionou Carlos Alberto.

— Não compreendi! Grupo de quê?

Todos tomaram seus lugares à mesa, e César explicou que eles estavam estudando a espiritualidade e frequentavam uma escola espiritualista.

— Interessante! O que ensinam nessa nova seita?

— Não se trata de seita ou qualquer coisa parecida com religiosidade. Nós acreditamos na reencarnação do espírito e estudamos formas de vivermos melhor, e o primeiro passo para isso é o autoconhecimento. Depois, tentamos agir de acordo com as leis que regem o universo. Já faz alguns anos que estamos estudando esse assunto complexo.

— Interessante. Esse assunto sempre foi um tabu, e vocês falam com naturalidade. Gostei! Penso que temos muito que aprender com essa família! Não é, meu filho? — Arthur comentou.

— Eu tenho medo desse assunto de espíritos. É melhor não falarmos para não atrairmos fantasmas para esta casa.

Roberta caiu na risada e disse:

— Eles estão em nossas vidas muito mais do que você imagina, Pedro. Não adianta ignorar o assunto e fingir que os espíritos não influenciam nossas vidas! Eles estão à nossa volta conforme o campo vibracional em que escolhemos vibrar. Pode haver um espírito atrás de você neste momento, sugando sua energia.

Pedro olhou para trás bruscamente com o semblante assustado e falou:

— Deus me guarde! Sai para lá, fantasma! Vamos mudar de assunto. Essa conversa não me agrada. Podemos falar do sítio onde vocês vivem? Lá existe um lago? Adoro pescar!

— Sim, há um lago com muitos peixes. Comprei algumas tilápias vivas e as joguei no lago. Elas cresceram e estão prontas para serem pescadas. Convido toda a família para pescarem em meu sítio.

— Aceitarei seu convite, Carlos Alberto, pois adoro pescar — respondeu Arthur.

— Quando poderemos ir, papai?

— Quando nosso anfitrião marcar. Não seja indelicado, Pedro. Desde criança, esse rapaz adora pescar.

— Que tal domingo bem cedinho? Poderíamos nos reunir no sítio para pescar e depois faríamos um churrasco.

— Será perfeito para fechar esse fim de semana especial — disse Magda.

O jantar foi servido, e a conversa transcorreu agradável à mesa. Quando a sobremesa chegou, Arthur levantou-se, tirou do bolso uma caixinha e fez o pedido de casamento a Atílio e Agnes, colocando depois a aliança de noivado no dedo de Magda, que abriu um lindo sorriso. Ela era uma mulher muito elegante, e raramente seu sorriso surgia na face. Magda tornara-se uma advogada muito respeitada e tinha fama de ser sisuda, mas, quando sorria, ela aparentava ser dez anos mais jovem.

Depois de Arthur colocar a aliança no dedo de sua amada, Magda fez o mesmo com a outra aliança. Os noivos, então, levantaram as taças, e todos brindaram à felicidade do casal.

Após o jantar, os convidados foram para outra sala, onde havia vários jogos recreativos. Os garçons começaram a servir docinhos finos e licores de diversos sabores, e os homens decidiram jogar uma partida de bilhar. As mulheres decidiram brincar com jogos de mímica, e todos se divertiram. O ambiente ficou leve e descontraído, e era madrugada quando o grupo se despediu de seus anfitriões no jardim da mansão.

CAPÍTULO 45

O fim de julho aproximava-se, e Aline despertou sentindo dores nas costas. O corpo da moça dava sinais de que a hora do bebê nascer estava chegando. Ela ligou para o trabalho de Atílio, e informaram-na de que ele estava no canteiro de uma obra fora da cidade. Ele procurava não se afastar do escritório, mas, naquele dia, a presença de Atílio fora indispensável no canteiro de obras, pois um fiscal exigia a presença do engenheiro que assinava o projeto.

Aline tentou ligar várias vezes para o celular do marido, contudo, todas as chamadas caíram na caixa postal. Ela, então, desceu as escadas com cuidado e foi chamar Laudicéia. Aline bateu muitas vezes na porta da cozinha dos pais, porém, não foi atendida. A moça decidiu dar a volta pela entrada da edícula, chegou à frente da casa e tocou a campainha com insistência. Ela sentia que a intensidade das dores estava aumentando.

— Laudicéia não está em casa, Aline — disse Renê, que surgiu na calçada e perguntou: — Você está bem?

— Não. Meu filho vai nascer, e não estou conseguindo achar ninguém.

— Meu Deus! Está sozinha aí?!

— A senhora poderia chamar Ricardo na padaria, dona Renê? Preciso que ele me leve à maternidade.

— Acabei de chegar da padaria e vi quando Ricardo saiu com o carro. Ele não está lá.

— O que devo fazer, Renê?

— Já ligou para seu pai?
— Não. Vou ligar agora mesmo.
Aline tentou ligar para o celular de César, mas ele não atendeu. Depois, a moça ligou para o escritório, e Agnes atendeu. A moça reconheceu a voz da amiga do outro lado da linha.
— Bom dia, Aline. Como você está?
— Bom dia, Agnes. Preciso falar com meu pai. Será que ele pode me atender agora?
— Sinto muito, Aline! Ele foi a uma audiência no fórum. É urgente?
— Meu filho vai nascer, e não estou conseguindo falar com Atílio. Ricardo e meu pai estão ocupados, e não sei o que fazer.
— Fique calma, querida. Onde está sua mãe?
— Não sei. Acho que ela saiu. Estou sentindo contrações.
— Pedirei um táxi e o mandarei para sua casa, OK?
— Entendi. Faça isso e rápido.
— Você está sozinha?
— Não. Estou no portão com Renê.
— Peça a ela para pegar a mala que deixamos pronta no quarto do bebê e sua bolsa com documentos. Será que ela pode acompanhá-la até a maternidade?
Aline perguntou para Renê, que confirmou que a acompanharia.
— Sim, Agnes. Ela vai me acompanhar até a maternidade.
— Aline, abra o portão para Renê e fique sentadinha na cadeira da varanda esperando o táxi, certo?
Caminhando com lentidão, Aline entrou na casa para pegar a chave do portão para Renê. Enquanto isso, a vizinha apressou-se a deixar em casa o pão e o leite que havia comprado na padaria. A mulher pegou a bolsa, colocou os sapatos nos pés, deixou o velho chinelo no canto do quarto e apressou-se a sair.
Renê encontrou o portão da casa da vizinha aberto e Aline sentada na varanda. Sem dizer nada, a anciã entrou e apressou-se em pegar a mala do bebê e a bolsa da vizinha. As duas, então, ficaram esperando o táxi que Agnes chamara, e, cinco minutos depois, um carro parou diante do portão. Renê ajudou Aline a entrar no táxi, fechou o portão com a chave, e as duas seguiram para a maternidade.
Aline não se cansava de agradecer Renê pela ajuda e, assim que chegou ao hospital, foi levada ao quarto. A vizinha da moça assinou a ficha de internação na recepção e, como estava com fome,

seguiu até a lanchonete, comprou um pão de queijo e um café com leite quentinho.

Renê estava ansiosa para ver a carinha do bebê, pois sabia que aquela criança era a reencarnação de seu querido Rômulo. Ela retornou para a sala de espera na maternidade e uniu-se aos pais que esperavam seus filhos nascerem.

Com um terço entre os dedos, a velha senhora orava repetindo as palavras mecanicamente e viu quando Aline foi levada em uma maca. Renê correu atrás de uma enfermeira e perguntou:

— Para onde a estão levando?

— Para a sala de parto. Ela precisa fazer uma cesariana de emergência. O cordão umbilical do bebê está enrolado no pescoço.

— Meu Deus! Ele corre perigo?

— Fique calma, está tudo bem. Isso ocorre com frequência na hora do parto. Aguarde na sala. Em breve, a senhora poderá ver a criança. É a avó?

— De certa forma, sou. Conheço Aline desde quando ela estava na barriga da mãe.

A enfermeira entrou na sala de cirurgia, e Renê voltou para a sala de espera e continuou orando com seu terço.

Na sala de cirurgia estavam presentes o espírito de Rômulo — um tanto atordoado com a situação —, Nair, que tentava acalmá-lo apertando sua mão, e Muriel, que se projetou na sala para acalmar o rapaz, que estava com medo de voltar e viver mais uma nova experiência. Ele tencionava desistir, e, como esse sentimento se tornara muito forte, o cordão que ligava o espírito ao corpo carnal poderia estrangular a criança e todo o projeto para a experiência terrena terminaria antes de iniciar-se. Rômulo não teve a intenção de sabotar os planos de seu nascimento, contudo, ficou tão angustiado com esse retorno que acabou encontrando um meio de acabar com sua aflição.

Muriel falou firme com ele, trazendo-o de volta ao seu equilíbrio.

— Você nunca foi um covarde! Não pode desistir agora! Olhe para ela! Você sabe o que Aline superou?

— Sim! Aline não deseja mais suicidar-se! Ela espera ter um filho perfeito, mas não sou perfeito! Tenho medo de decepcioná-la e... se ela tentar novamente o suicídio? Não quero carregar essa culpa. Ela é frágil, e não quero ser responsabilizado se Aline tentar se matar novamente.

— Basta, Rômulo! Você não tem mais escolha, pois prometeu que ajudaria Aline e Atílio. Não mostre sua fraqueza agora. Você nascerá conforme foi combinado.

— Meu amor, eu estarei ao seu lado em poucos anos. Será divertido voltar. Não desista de nossos planos! Seremos felizes! — disse Nair.

— Felizes?! Acha mesmo que serei feliz reencarnado? Quero viver onde sou realmente feliz. Não quero voltar.

Muriel passou a mão na cabeça de Rômulo, que adormeceu. O rapaz foi colocado em uma maca, e a equipe médica conseguiu realizar a cesariana e retirar com sucesso o bebê do ventre de Aline.

Depois dos primeiros cuidados com a criança, colocaram o bebê no peito da mãe, e uma enfermeira tirou algumas fotos. Aline estava feliz por ver seu filho saudável sobre o peito.

O espírito de Rômulo sentia o carinho com que Aline o recebia como filho.

Quando Aline deixou a sala de parto, a enfermeira chamou Renê para que visse o bebê. A velha senhora ficou feliz quando viu o pequeno mexendo os bracinhos.

— Ele é lindo! E como está a mãe? — perguntou Renê.

— Aline está bem. Ela ficará um tempo na sala pós-cirurgia e depois seguirá para o quarto. Os dois estão bem. Avise aos familiares da moça que o bebê nasceu com saúde e que a mãe passa bem.

Como havia ficado com a bolsa de Aline, Renê pegou o celular que tocava, mas não sabia como atender o aparelho. Um rapaz que estava na sala esperando o filho nascer ajudou a velha senhora atendendo à ligação.

— Alô?

— Quem está falando?

— Um minuto. Vou passar para uma senhora aqui. — O rapaz passou o aparelho para Renê.

— O que está acontecendo? — perguntou Atílio assustado.

— Quem está falando?

— Esse celular é da minha mulher! Quem está falando?!

— Atílio? É você?

— Sim! Quem está falando?

— Renê! Aline acabou de dar à luz! Seu menino é perfeito! Parabéns!

— Obrigado, dona Renê. Onde a senhora está?

— Na maternidade. Aline sentiu dores e não encontrou ninguém para trazê-la ao hospital. Agnes mandou um táxi, e eu fiz companhia para sua esposa. Seu filho nasceu forte e saudável.

— Minha sogra não estava em casa?

— Não. Laudicéia deve ter saído cedo. Não sei para onde ela foi. Venha conhecer seu filho, Atílio. Aline está bem. A cesariana foi um sucesso.

— Estou a caminho. O parto foi cesariano?

— Foi, pois o bebê corria perigo. O cordão umbilical estava enrolado no pescoço dele, mas está tudo bem agora. Venha com tranquilidade. Não precisa correr. Seu filho já nasceu, e Aline está bem assistida.

— Obrigado, dona Renê. Em meia hora, chegarei à maternidade. A senhora poderia me esperar chegar? Não queria que Aline ficasse sozinha.

— Claro que posso. Quando ela for para o quarto, irei para lá acompanhá-la. Não se preocupe.

— Quem atendeu o celular?

— Foi um rapaz que me ajudou. Não sei lidar com esses aparelhos modernos. O rapaz está aqui nervoso esperando o filho nascer. Fique bem e venha devagar.

Agnes avisou toda a família sobre o nascimento de Murilo, e, em menos de duas horas, todos estavam a caminho da maternidade. Magda estava ansiosa para conhecer o netinho, assim como Laudicéia, que, quando chegou a casa, ouviu o telefone tocar. Agnes pôde, enfim, contar a ela que se tornara avó e, assim que soube da notícia do nascimento do bebê, Laudicéia passou no *shopping* e comprou algumas roupinhas para o netinho.

César foi buscar a esposa no *shopping*, e rapidamente os dois seguiram para a maternidade para conhecerem o netinho que já era muito amado.

CAPÍTULO 46

Laudicéia embalava o bebê em seus braços e muitas vezes beijava a cabecinha do neto com delicadeza. O espírito de Rômulo procurava em suas lembranças de onde conhecia aquela mulher, mas a mente espiritual foi coberta pelo véu do esquecimento. Ele esquecera-se do passado, como acontece com a maioria dos espíritos que reencarnam.

Nair também acariciava o bebê e fazia caretas para vê-lo sorrir, e Laudicéia ficou encantada quando ele abriu a boquinha em uma espécie de sorriso.

— Veja, Aline! Ele sorriu para a vovó!

— Bebês desse tamanho não sabem sorrir, Laudicéia.

— Pode se certificar de que você está errado, César. Ele sorriu, sim! Veja.

— É verdade! Ele está sorrindo para nós, filha! No meu tempo, as crianças nasciam com os olhos fechados, e levava dias para abri-los. Hoje, já nascem sorrindo!

Nair aproximou-se do espírito de Rômulo, mas ele não notava sua presença. Ela precisou baixar o padrão vibracional para ser notada por ele como um espírito luminoso.

— Quem é você? — perguntou Rômulo.

— Eu sou uma amiga. Você está bem?

— Estou um pouco confuso. Sinto que conheço as pessoas, mas não consigo me recordar de onde as conheço!

— Não force sua mente. Quando chegar a hora, você poderá se recordar de seu passado.

— Minha mente parece uma página em branco! Não sei quem fui ou quem sou.

— Não se preocupe, querido. Quando voltar para o astral, você saberá o que veio buscar nesta experiência.

— Você é um anjo? Seu corpo brilha! É meu anjo protetor? Me disseram que eu teria um protetor, que me ajudaria quando eu precisasse.

— Eu não sou anjo, querido. Sou uma amiga. Se precisar de minha ajuda, basta me chamar.

— E qual é seu nome?

— Pode me chamar de Nair.

— Então, é você quem me protege!

— Não sou gabaritada para isso. Seu protetor um dia se apresentará, fique tranquilo. Ele é um ser mais evoluído. Não se recorda de sua velha amiga?

— Não, mas sinto que a conheço. Pode me dizer de onde a conheço?

— Não lute contra a névoa do esquecimento que caiu sobre sua mente, meu querido. Fique bem e cuide desse pequeno corpo que é seu veículo de aprendizado. Bem-vindo à Terra!

— Obrigado. Você pode me dizer onde eu vivia antes?

— Não! Você está bem instalado na colônia?

— Fala da cidade onde eu estava antes de ser atraído para este quarto?

— Sim, aquela é a colônia Renascer, um belo lugar. Siga as regras, e tudo ficará bem. Não se esqueça de se purificar todas as vezes em que entrar na colônia, não leve vibrações negativas para lá ou não conseguirá permanecer na cidade, pois, senão, será sugado para qualquer lugar no umbral que vibre de acordo com o que está vibrando. Purifique-se, e tudo ficará bem, meu querido. Não deixe de frequentar a biblioteca. Estude, querido. Estude muito, pois assim estimulará o cérebro humano e evoluirá mais rápido. Agora, tenho de ir. Fique bem e, quando dormir, volte para casa.

— Não sei como fazer isso.

— Você descobrirá.

Neste momento, Atílio entrou no quarto afoito para ver sua amada Aline e conhecer o filho.

— Desculpe a demora, amor. Tive uma emergência no canteiro de obras no interior. Tentei passar para outro engenheiro resolver, mas exigiram minha presença lá. Um fiscal queria embargar a obra, se eu não lhe mostrasse um documento com o carimbo que ele solicitava. Desculpe não estar aqui para trazê-la à maternidade, mas parece que dona Renê cumpriu esse papel.

Renê estava sentada no sofá assistindo tranquilamente à TV.

Atílio beijou os lábios de Aline, cumprimentou os sogros e foi ao banheiro lavar as mãos para segurar o filho nos braços.

Laudicéia passou o bebê para Atílio, e, imediatamente, um arrepio percorreu-lhe o corpo. Estar ali com seu inimigo do passado foi como um choque, pois a ligação energética entre os dois era negativa. O espírito de Rômulo sentiu o mesmo quando seu corpo foi tocado por Atílio.

Rômulo não gostou da presença de Atílio, e essa desagradável sensação do espírito passou imediatamente para o corpo, que começou a chorar.

Nair e Muriel estavam observando aquele momento se desenrolar e já esperavam por aquela reação de ambas as partes. Muriel enviou energia positiva para Atílio, que se acalmou e recebeu o filho com amor paternal. Rômulo, contudo, continuou a ter aversão ao pai mesmo recebendo a energia positiva. Ele ficou feliz quando seu corpo físico adormeceu novamente para deixar aquele quarto. O espírito de Rômulo, então, voltou à colônia e fechou-se em seu pequeno alojamento.

O inconsciente de Rômulo ativou a sensação de que eles já haviam estado juntos em várias vidas. Ele não se recordava do passado, mas sentiu uma forte repulsa por Atílio.

Nair teve a intenção de ir atrás de Rômulo, mas Muriel a impediu.

— Não interfira, Nair. Lembre-se de que os dois precisam modificar o laço negativo que os une e transformar o ódio em amor.

— Rômulo está confuso. Achei que poderia estar ao seu lado neste momento.

— Não carregue o fardo de energia que não lhe pertence, minha amiga. Se interferir, você poderá colocar a perder essa encarnação para eles. Aposte no amor e vibre positivamente por eles. Essa primeira impressão é comum quando espíritos que foram inimigos se unem.

— Gostaria que esse encontro entre pai e filho fosse diferente. Penso que será complicada a convivência entre os dois.

— Não será tão difícil quanto aparenta. Com o tempo, a convivência poderá transformar os sentimentos, positivando-os ou agravando-os. O tempo dirá! Não interfira, Nair. É melhor voltarmos ao trabalho. Ainda presta auxílio ao centro que o grupo frequenta?

— Sim. Compreendi, Muriel. Voltemos ao trabalho! Já cumpri minha missão aqui.

— Teremos muito trabalho com esses dois. Eu sei que é amor que você sente por Rômulo, e esse sentimento não a manterá muito tempo distante dele. Ainda levará alguns anos para reencarnar ao lado de seu amado.

A tarde caiu, e mais visitantes entravam no quarto de Aline. Magda e Arthur levaram presentes para o recém-nascido, e Agnes e Ricardo uniram-se ao grupo. O bebê passava pelos braços de todos. O espírito de Rômulo reparou que não sentira repulsa pelas outras pessoas que tocavam seu corpo físico. Ele desejava voltar para casa em outra dimensão, mas não conseguia, então, ficou apreciando o carinho que recebia dos parentes.

Rômulo gostou de ser bem recebido por aquelas pessoas, só não gostou do pai. O bebê chorava quando Atílio o segurava nos braços para tirar as fotos que pediam.

Atílio tentou evitar se aproximar do bebê, pois ficava constrangido ao perceber que todos notavam o choro de seu filho na sua presença. Ele tinha certeza de que o espírito de Rômulo estava de volta naquele corpo frágil e pequeno, mas decidiu lutar para ser um bom pai e conquistar o amor e respeito do filho.

Aline olhava para o marido e, como se tivesse lido seus pensamentos, disse baixinho ao seu ouvido:

— Tudo ficará bem, amor! Tenha fé! Nós podemos fazer o amor ser mais forte que tudo.

— Tenho certeza de que juntos venceremos qualquer obstáculo. Eu a amo, Aline. Murilo aprenderá a me amar como eu o amo.

Quando todas as visitas se foram, Atílio permaneceu no quarto onde a esposa estava internada para fazer-lhe companhia.

CAPÍTULO 47

O tempo nas diversas dimensões que os espíritos habitam não existe. O espírito de Rômulo, que, agora se chamava Murilo, passou longos períodos se dedicando aos estudos. Ele estava sempre vigilante ao desenvolvimento de seu corpo físico e divertia-se, deliciando-se com as brincadeiras infantis.

Aline não queria influenciar o filho com o que aconteceu no passado, mas, diante de Cristina, era difícil evitar as comparações entre uma experiência e outra. Ela ficava maravilhada com os gestos e as atitudes parecidas com às de seu filho na infância. As comparações deixavam Atílio e Aline contrariados com Cristina.

Quando completou cinco anos, Murilo já era uma criança muito esperta e inteligente. Em um fim de semana, quando toda a família se reuniu no sítio de Carlos Alberto, Murilo e seu primo Ângelo, filho de Agnes e Ricardo, apenas um ano mais novo, corriam pelo gramado próximo à casa. De repente, eles correram até onde Roberta estava e disseram:

— Chegará uma menina para brincar com a gente! Ela é bonita e está esperando para nascer, tia Roberta.

— Esses pequenos ficaram doidos?

— Tia Roberta, estou vendo a menina com um vestido cor-de-rosa parada ali. Não consegue ver, tia? Ela está sorrindo e dizendo que virá em breve para brincar comigo e com Murilo — disse Ângelo.

— Roberta, não discuta com as crianças. Ângelo está vendo o que não conseguimos ver. Acredite nele! Meu neto tem esse dom — disse Carlos Alberto.

— Pai, esses dois estão brincando comigo!

— Não é brincadeira, tia Roberta. Ela é tão bonita! Não está vendo? Ela está ali ao lado do canteiro de flores.

— Não vejo nada, Ângelo.

— Mostre para o vovô, querido — César seguiu os meninos até o canteiro e perguntou a Ângelo: — Estão vendo a menininha?

— Ela está sorrindo, vovô César.

— Então, diga a ela que será bem-vinda e que todos nós ficaremos felizes quando se unir à nossa família.

— Ela gostou do que o senhor disse, vovô. Ah...! Ela foi embora, mas estava feliz — disse Ângelo.

As crianças voltaram para as brincadeiras, e César sorriu, sentindo que no local ficara uma energia diferente.

Nair projetou sua imagem como criança para avisar que em breve reencarnaria.

Roberta e Pedro estavam namorando havia alguns anos, mas ainda não haviam decidido se iriam se casar. Pedro estava sempre trabalhando, pois assumira o lugar do pai na direção da empresa. Arthur e Magda foram viver na Europa e passavam apenas poucos meses no Brasil. Pedro desejava se casar, mas, depois que terminou a graduação em veterinária, Roberta passou a cuidar do pequeno rebanho do pai. A moça tornara-se uma excelente veterinária, especialista em reprodução e inseminação artificial, e o sítio funcionava como um fornecedor de sêmen bovino e de outros animais. Carlos Alberto comprou alguns touros reprodutores premiados no mercado e vendia o sêmen para fazendeiros de todo o país.

Estava terminando o prazo para Nair reencarnar, e ela estava ansiosa para voltar e crescer ao lado de seu amado Rômulo. Ela desejava viver essa experiência, contudo, Roberta continuava fazendo uso de contraceptivos para evitar a gravidez. Nair foi pedir ajuda a Muriel.

— Não saia de seu equilíbrio, Nair. Veremos o que podemos fazer nesse caso. Você está ansiosa, e isso não lhe faz bem. Mantenha a calma. Tenho certeza de que Roberta acabará cedendo ao chamado biológico para a maternidade. Nós daremos uma forcinha, e, quem sabe, ela não acabe se esquecendo de tomar o anticoncepcional?! Não prometo nada, Nair. É melhor deixar a vida tomar seu curso naturalmente.

— Amo você, Muriel! Sabia que poderia contar com sua ajuda, meu amigo.

— Eu afirmo que não forçarei nada! O que ainda não compreendeu, Nair, é que, quando firmamos um compromisso antes de reencarnar, a vida naturalmente nos leva a cumprir o que prometemos. Roberta e Pedro aceitaram tê-la como filha, e isso ocorrerá. Não duvide disso.

— Mas quando isso ocorrerá? Se demorar muito, Murilo pode achar que sou nova demais e encontrará outra. Ele não se recorda do que sentimos um pelo outro.

— Se esse amor for forte o bastante, ele resistirá a tudo. Você poderia ser cinquenta anos mais velha que ele, e, mesmo assim, o coração de nosso amigo perderia o compasso quando olhasse para você. Posso afirmar que vocês dois são como um ímã: um atrai o outro, e, quando vocês se unem, não se separam mais. O amor os une. Um amor com um alicerce tão forte não será abalado por qualquer pessoa. Querida Nair, o que você sente por seu amado Rômulo é forte, senão, não estaria aqui me pedindo ajuda para reencarnar e viver ao lado dele. Vamos colocar as coisas em um patamar mais elevado. Quando uma pessoa desencarna, os sentimentos do espírito são fortes. Quando um homem ama estando encarnado e retorna para o lado espiritual, esse amor torna-se mil vezes mais forte. Quando um espírito tem uma leve desavença enquanto está encarnado, a desavença deste lado se transforma em ódio. Agora imagine: quando deixamos o ciclo das encarnações, o sentimento de amor nos invade na pureza do sentir. Não há como comparar o que sentimos. A felicidade não é algo passageiro, não dura alguns segundos, como acontece quando estamos encarnados. Falo de algo duradouro, e, por essa razão, é preciso que tenhamos equilíbrio.

— Gostaria de evoluir e deixar o ciclo para viver com Rômulo. Desejo passar a eternidade nos braços dele.

— Exagerada! Sabe que deixar o ciclo das reencarnações não é tão simples. Se você conseguir subir a escada que separa o ciclo de dimensões acima, já se dê por satisfeita! No entanto, subir a escada junto com seu amado será muito difícil, pois o caminho evolutivo é individual, Nair.

— Muriel, é bom sonhar às vezes! Me faz muito bem sonhar, enquanto busco minha meta evolutiva. Como gostaria de resolver todas as pendências que deixei em meu aprendizado, preciso olhar para meu bem-estar. Tenho de me colocar em primeiro lugar. Preciso ser uma pessoa mais leve e simplificar as coisas em vez de complicá-las. Ficaram tantas picuinhas, por isso preciso descer e resolver. Tenho que manter a paz com meus inimigos, enquanto estou no caminho com eles.

— Ainda se ressente com Cristina? Sabe que ela ainda é uma criança espiritual. Não cobre muito de quem não tem algo para oferecer, Nair. Você pode oferecer muito mais a ela e ajudá-la a evoluir.

— Tem razão. Não quero levar esse sentimento como mãe amorosa que fui de minha Cristina. Gostaria de ajudá-la e também ajudar nossa Aline. Às vezes, sinto que ela anda deprimida.

— Doutor Carlos está tirando aos poucos os remédios que ela toma. Depois de tantos anos tomando tantas drogas fortes, o organismo precisa se acostumar. Estou acompanhando o caso de Aline, fique tranquila. Mas levar alegria para aquele grupo é sempre bom.

— É o que pretendo fazer ao lado daqueles dois pequenos. Murilo e Ângelo são a alegria daquela família.

— Vou ver o que posso fazer, Nair. Não se preocupe! O que está marcado para ocorrer cedo ou tarde ocorrerá.

— Preciso que seja cedo, ou Rômulo se distanciará de meu amor. Eu lhe agradeço a ajuda, Muriel. Fique na paz, meu amigo.

— Estou nela! Siga em paz, Nair.

CAPÍTULO 48

A aparição de Nair para os meninos foi o assunto abordado pelo grupo durante o jantar no sítio. Cristina dizia ter certeza de que aquela criança estivera ali para chamar a atenção deles, por estarem distantes do auxílio ao próximo. Cristina frequentava um centro espírita que apontava que "fora da caridade não há salvação". Ela interpretava erroneamente essa mensagem e afirmava "que era preciso fazer caridade para conseguir chegar a um patamar mais elevado no caminho evolutivo".

— Foi por essa razão que a criança se manifestou entre nós. Vocês não seguem o caminho correto de um espírita consciente. Temos de ajudar ao próximo! É melhor começarem a fazer caridade, antes que as cobranças venham mais fortes. Pode até acontecer uma tragédia! — afirmou Cristina.

— Esse não é o caminho, Cristina. O espírito mostrou a aparência infantil para afirmar que estava pronto para reencarnar. Não foi um aviso, uma cobrança — afirmou César.

Aline, então, completou dizendo:

— Concordo com o que meu pai disse. Os espíritos não vêm cobrar comportamentos ou coisa parecida. A criança veio nos dizer que deseja nascer! Os meninos afirmam que a menina mandou esse recado para Roberta.

— Hoje, os espíritos querem nos ensinar uma nova forma de pensar. Está na hora de olharmos para nós mesmos para, depois, ajudarmos nosso próximo. Eu lhe pergunto: como poderemos ajudar alguém, se não estivermos bem? É necessário que primeiro façamos uma reforma íntima para adquirir uma mínima noção do autoconhecimento e permanecer com a energia sempre no positivo. Será melhor tomarmos conta de nossa mente e olharmos a vida com os olhos do amor, sem falar nas leis que regem o universo. Não podemos ficar contra elas. Enfim, a ajuda tem de ser eficaz e inteligente para não sobrar para nós o peso de dividir a carga negativa — disse Ricardo.

Atílio continuou:

— Ricardo tem razão. O que os espíritos nos ensinaram antigamente foi, aos poucos, tomando novas proporções. A caridade é maravilhosa para quem a pratica com amor e tem condições de se doar sem se contaminar com a carga energética negativa. É melhor não nos envolvermos com o aprendizado das outras pessoas, no entanto, se uma pessoa nos der permissão para ajudá-la, ou seja, se ela nos pedir ajuda, não haverá troca de carga negativa. Penso que o melhor caminho é ensinar. Conheço relatos de indivíduos que são caridosos ao extremo com pessoas que estão distantes de seu dia a dia e são duras e sem compaixão com os familiares.

— É mais fácil ter compaixão por pessoas que não estão envolvidas com nossa história. Se não se colocar em primeiro lugar e pôr seu amor em prática para si mesmo, não conseguirá permanecer em um bom patamar vibracional, deixará cair o padrão energético e não conquistará o que é bom na vida. Às vezes, sinto vontade de ignorar um amigo que está se queixando na minha frente, pois a energia dele fica tão desagradável que acabo sendo rude. É diferente quando uma pessoa está alegre e sorri com um simples bom-dia. A energia dela está leve e positiva — disse Carlos Alberto.

— Vocês falam muito em energia positiva, mas quero ver se conseguirão se manter no positivo, quando tudo começar a dar errado em suas vidas! — esbravejou Cristina.

— Cristina, é preciso que estejamos sempre no positivo para ativar as coisas boas na vida e nos tornar um canal de bênção. Quando ficamos no negativo, nossa vibração cai, acabamos nos sintonizando com forças negativas desagradáveis, e nossa vida, que poderia ser próspera, se torna um mar de problemas. Nós somos polos energéticos atrativos. Ao nos mantermos conectados positivamente, isso possibilita que o melhor seja atraído para nós. A escolha é individual. O que você deseja?

— Desejo estar bem e receber tudo de bom que a vida puder me oferecer, mas sei que preciso me purificar e tomar passes no centro espírita para atrair coisas boas — disse Cristina triunfante.

— Esse pode ser um caminho, mas é melhor se esforçar para ficar bem e fazer sua parte — disse Carlos Alberto.

— Seria melhor se equilibrar e tomar conta do que deixa entrar em sua mente. Eu gosto de me positivar, de caminhar com os pés descalços na terra. É muito bom receber a energia de nosso planeta. Cristina, você, que vive neste sítio e tem contato direto com a natureza, poderia aproveitar para fazer o mesmo! Experimente se sentar no gramado para meditar. Positive-se! — comentou Laudicéia.

— Não tenho paciência para ficar sentada no gramado meditando. Vocês também recebem energias no centro espírita que frequentam. Conheci a sala de cristais energéticos no centro espírita — comentou Cristina.

— A energia do cristal é forte. Nós meditamos na sala de cristais, e isso nos faz muito bem — falou Atílio.

— Não queria interromper a conversa, mas está na hora de me recolher. O dia hoje foi agitado e muito agradável. Adoro estar com todos vocês em minha casa, mas já passa da meia-noite e preciso dormir. Amanhã, pretendo fazer um bolo de banana para nosso café da manhã — comunicou Cristina.

— Boa noite, mamãe. Faz tempo que estou com vontade de comer seu bolo de banana. Passei a receita para meu funcionário na padaria, mas não ficou como o seu. Também vou me recolher, pois estou cansado. Boa noite a todos — despediu-se Ricardo.

— Vamos todos descansar. Os quartos já estão arrumados — disse Laudicéia levantando-se do sofá.

Naquela noite, Roberta e Pedro foram levados para a cidade do primeiro plano, onde Nair vivia. Muriel levou-os até lá para conversarem.

Roberta rendeu-se aos carinhos de Nair por sentir saudades da avó. Muriel, por sua vez, convidou a todos para se sentarem e perguntou:

— Sabem o motivo que me fez trazê-los até aqui hoje?

— Não. O que deseja, senhor? — perguntou Pedro com ar respeitoso, sentindo em Muriel a superioridade de um espírito com maior evolução.

— Chegou a hora de cumprir meu desígnio, mas o senhor sabe como a mente humana pode ser teimosa. Sinto que estou falhando, amada Nair — respondeu Roberta.

— Nair pediu ajuda para regressar como filha do casal. O tempo está se esgotando, Roberta — disse Muriel.

— O que podemos fazer para ela aceitar ser mãe? Quero ser pai, desejo ter minha família! Tenho muito amor para oferecer a elas, mas Roberta não aceita e tem adiado nosso casamento — protestou Pedro.

— Tentei não interferir, mas Nair está impaciente para reencarnar e viver com o grupo familiar que ama. Roberta, faça sua mente teimosa se esquecer de tomar o anticoncepcional. Assim, mandarei uma equipe para iniciar o processo reencarnatório de Nair — ordenou Muriel.

— Querida Nair, prometo que pararei de tomar as pílulas. Você será muito bem-vinda — disse Roberta.

— Como pai, digo que farei o que puder para vê-la feliz. Eu a receberei com todo o meu amor.

— Obrigada! Estou muito emocionada com o carinho de meus futuros pais. Com a interferência de Muriel, sei que em breve estaremos todos juntos. Que felicidade! Amo vocês.

Nair abraçou seus futuros pais com carinho e levou-os de volta ao portão da cidade.

A madrugada deu espaço para a luz do sol, e o casal despertou, sem, contudo, se recordar das atividades que ocorreram durante o sono.

Alguns dias se passaram, e Roberta começou a perceber que estava esquecendo-se de seus afazeres mais simples. Ela abrira uma pequena clínica veterinária e um *pet shop* nas proximidades do sítio. Todas as manhãs, a moça abria a clínica, sintonizava o rádio em sua estação preferida, bebia alguns goles de café e tomava o anticoncepcional.

Naquela manhã, contudo, Roberta esqueceu-se de tomar a pílula. Ela estava com dor de cabeça e retirou da bolsa uma cartela de comprimidos para dor e tomou junto com um gole de café. A moça estava certa de que ingerira o anticoncepcional junto com o café.

Dois dias se passaram, e Roberta continuou a não perceber que estava se esquecendo de tomar a pílula. Numa noite, Pedro resolveu fazer uma surpresa para a amada e comprou flores e uma garrafa de vinho que Roberta gostava. Ele encontrou-a fechando as portas da clínica.

— Cheguei bem a tempo, amor! Isso é um sequestro, não adianta fugir! Esta noite será apenas nossa.

— Meu amor, estava com tanta saudade de você! Preciso apenas passar em casa para tomar um banho e me trocar, pois não posso sair para jantar com você com a roupa que usei para trabalhar o dia inteiro.

— Não se preocupe com isso. Essa noite será apenas nossa! Reservei uma suíte naquele hotel de que você tanto gosta. Eu lhe disse que isto é um sequestro. Depois, ligamos para os seus pais para avisá-los de que você não dormirá em casa. Esta noite você será minha!

— Não posso me arriscar a fugir do meu sequestrador! Ou será que ele é capaz de me matar de amor? Sou sua refém!

Roberta fechou a porta da clínica e deixou o carro estacionado em uma área onde havia algumas baias, que funcionavam como alojamentos para os equinos, bovinos e caprinos que às vezes precisavam ficar internados.

Os dois entraram no carro de Pedro e seguiram em direção a Curitiba. Roberta ligou para a mãe avisando que estava com o noivo e que não dormiria em casa. Carlos Alberto não gostou da notícia e queixou-se, e Cristina disse:

— Você deve estar brincando, Carlos Alberto! Nossa filha não é mais uma menininha! Ela é uma mulher e está noiva! Não vejo nada de mais em ela passar a noite com o noivo! Pare com esse ciúme, homem!

— Não é ciúme.

— Se fosse Ricardo ligando para avisar que passaria a noite com a namorada, você não ficaria indignado dessa forma. Deixe Roberta se divertir um pouco, pois ela trabalha demais.

Carlos Alberto não respondeu e preferiu sair da cozinha. No fundo, ele sabia que a esposa tinha razão. Como pai, ele sentia ciúmes da filha, pois, aos seus olhos, Roberta ainda era sua menininha e precisava da proteção paterna. Ele gostava quando ela entrava em casa e espalhava sua alegria juvenil. Pai e filha conversavam até tarde da noite e tinham muita afinidade. Roberta sempre contava a ele como fora seu dia com os animais que atendia, e Carlos Alberto lhe contava como fora sua labuta no sítio.

    Pedro pegou Roberta nos braços, e os dois se entregaram ao amor dentro do quarto do hotel. Quando se acalmaram, pediram o jantar. Muriel designou uma equipe para levar o espírito de Nair para ser acoplado à fecundação do óvulo. A mente de Nair foi tomada pelo esquecimento natural que encobrem os reencarnantes. A mente dela poderia ser comparada a um *pen drive* novo, com grande espaço para armazenamento. O velho *pen drive* com todas as suas lembranças foi desativado e guardado nas gavetas da memória.

    Ao amanhecer, Pedro levou Roberta de volta para a clínica e despediu-se dela com um beijo de amor caloroso. Ele perguntou:

— Vamos marcar a data de nosso casamento?

— Amor, nós poderíamos esperar um pouco mais? Estou lidando com um caso grave na clínica e prometo que, depois de resolver esse caso, ficarei livre para marcarmos a data de nosso casamento.

— No mês passado, sua desculpa foi terminar de pagar o carro. Eu quitei as prestações, e agora você me aparece com outra desculpa, Roberta! Por que não quer se casar comigo?

— Não é desculpa, Pedro, mas queria ter um pouco mais de tempo para pensar nos preparativos de nosso casamento. Tenha um pouco mais de paciência, amor.

— Sabe que para isso existem consultores matrimoniais que resolvem tudo, não? Estou desconfiado de que você tem medo de nossa união.

— Não coloque tolices em sua mente, Pedro! Eu te amo e desejo constituir uma família ao seu lado.

— Não demore muito para escolher uma data, pois estou ficando triste sem você. Quero acordar todos os dias e senti-la ao meu lado. Você não sabe como aquela casa está vazia.

— Seu pai e sua madrasta retornarão em breve para o Brasil, querido. Você pretende viver com eles na mansão?

— Meu pai não voltará a viver no Brasil, pois, como sabe, ele tem negócios na Europa. Meu velho comprou uma quinta na Itália e vive bem por lá com sua mãe. Eles apenas virão nos visitar e serão bem recebidos na mansão. É minha casa agora e não mais de meu pai.

— Então, poderei redecorar a mansão como desejar?

— Com bom gosto? Claro! Você pode tudo, amor! Aquela casa será nosso recanto de paz. Contrate o decorador que desejar. Você tem carta branca para fazer o que quiser na mansão.

— Ela fica tão distante da clínica, amor! Viajar todos os dias para trabalhar não estava nos meus planos.

— Abrirei uma clínica em Curitiba para você.

— Não trabalho com cães e gatos, amor. Você sabe que me especializei em animais de grande porte. Em Curitiba não há cavalos, bois, cabras e ovelhas precisando de uma veterinária. Preciso ficar no interior.

— Compreendi! Você não quer viver ao meu lado na mansão e está me trocando por bois e cavalos. Comprarei, então, a fazenda do lado da clínica, e você não terá mais desculpas para ser minha mulher. Tenha um bom-dia.

— Bom dia, Pedro. E eu quero ver você comprar a fazenda do senhor Matias! Ele não venderá suas terras. O homem nasceu naquela fazenda, passou a vida toda lá e está com 89 anos. Todas as lembranças dele estão naquela fazenda. Ele só deixará aquele lugar quando morrer.

Pedro sorriu e deu partida no carro, deixando Roberta à porta da clínica. A moça, então, foi para os fundos examinar os animais que estavam internados ali.

CAPÍTULO 49

Aline e Atílio mudaram-se da edícula assim que compraram um apartamento no mesmo bairro onde a moça crescera. Aline não queria morar muito distante dos pais e da cunhada. Agnes e Ricardo moravam na casa que fora de Magda, em frente à pensão de dona Celina, que desencarnara havia alguns anos.

Aline fora promovida no colégio onde trabalhava e tornara-se a diretora, e Atílio montara seu escritório de engenharia no bairro onde cresceu.

Às vezes, César ajudava o genro com a burocracia jurídica do escritório de engenharia e, apesar de já estar aposentado, prestava, esporadicamente, serviço para pequenas empresas. A padaria de Ricardo estava entre seus clientes.

Após a aposentadoria de César, Agnes saiu do escritório de advocacia e abriu um ateliê de costura no centro de Curitiba. Laudicéia ajudava-a com os bordados que a moça aplicava em vestidos elegantes e finos. A clientela era grande, e Laudicéia tornara-se o braço direito de Agnes. César não gostou muito de ficar sozinho em casa. Ele cuidava de Murilo e muitas vezes de Ângelo, quando Ricardo precisava ausentar-se da padaria.

Os meninos gostavam de brincar juntos depois das aulas, e a casa de César era o lugar ideal para eles brincarem com segurança sob o olhar atento do avô. Aline chegou a contratar uma babá para cuidar de seu filho, mas César não se sentia à vontade com a moça circulando pela casa, então, acabou convencendo a filha a dispensá-la.

Foi nesse período que Laudicéia começou a sentir fortes dores nas costas, um cansaço intenso e a emagrecer com rapidez.

Agnes começou a ficar preocupada com o estado de saúde da mulher e comentou o caso com Aline. As duas, então, decidiram marcar uma consulta com um clínico geral.

No dia da consulta com o médico, Laudicéia relatou o que estava sentindo, e ele pediu alguns exames para descobrir o que havia de errado com a saúde da paciente. As três mulheres, então, deixaram a clínica em uma tarde quente de verão.

— Mamãe, aceita tomar um sorvete no *shopping*? Ainda é cedo para o jantar — perguntou Aline. A moça virou-se para Agnes e estendeu o convite: — Tem tempo para tomar um sorvete?

— Tenho sim. Pedi às costureiras que fechassem o ateliê e avisei que não voltaria a trabalhar esta tarde. Não se preocupe, Laudicéia! Nós podemos relaxar um pouco. As encomendas ficaram prontas e foram entregues essa manhã. Os bordados ficaram lindos.

— Mamãe sempre bordou com capricho, e eu tenho certeza de que os vestidos ficaram lindos. Pena que não sou eu quem vestirá essas preciosidades.

As três mulheres entraram no carro de Aline e foram para o *shopping* localizado a quatro quadras da clínica. O ar-condicionado amenizava a sensação de calor que fazia na rua. Laudicéia estava abatida e o tom arroxeado debaixo de seus olhos mostrava seu esgotamento físico. Aline olhou para a mãe e penalizou-se com seu estado de saúde. Ela disse:

— O que acha de passarmos no centro espírita para recebermos energias positivas e irmos à sessão de acupuntura que oferecem no centro? O que acha, mamãe?

— Não tenho disposição, filha! Essa dor começou de repente, e o cansaço que estou sentindo não me dá ânimo para nada. Queria terminar as encomendas para o próximo mês, mas não estou em condições de bordar, Agnes.

— Não se preocupe, dona Laudicéia! Eu mesma farei os bordados como a senhora me ensinou. Naturalmente, não ficarão perfeitos como os que a senhora faz, mas prometo que tentarei fazer o melhor.

— Tenho certeza de que seu bordado ficará perfeito, Agnes. Estou com dor nas costas, e essa dor não passa. Além disso, a febre vem e vai. O que será que tenho, meninas? Esses sintomas são estranhos!

— Em breve, sairá o resultado dos exames, e o médico fechará um diagnóstico, mamãe. Amanhã bem cedo, a levarei para fazer o último exame pendente.

— Você não pode deixar a escola, filha. Seu pai me levará para fazer o exame. Só não sei quem cuidará de Murilo e de Ângelo na parte da tarde. Mas talvez eu saia do laboratório antes de eles voltarem do colégio.

— Não precisa se preocupar com os meninos. Eles ficarão na padaria com Ricardo. A senhora sabe como eles adoram o lanche que preparam para os dois.

Aline e Agnes tomaram sorvete e levaram Laudicéia de volta para casa. As duas tentaram animá-la no *shopping*, mas falharam, e César assustou-se com o abatimento da esposa. Ele ajudou a levá-la até o sofá da sala, e as crianças, preocupadas com a avó, rodearam o casal. Ângelo perguntou:

— Você está doente, vovó?

— Estou, querido.

— Mamãe, por que a senhora não dá aquele remédio para vovó? Assim, ela ficará bem novamente.

O menino, então, voltou-se para Laudicéia e disse:

— Apesar de ter um gosto ruim, vovó, a dor desaparece, e poderemos brincar novamente. Murilo também tomou esse remédio quando ficou doente — disse Ângelo.

— É verdade! Eu tomei! O remédio é amargo, mas fiquei bom! — afirmou Murilo.

— Vocês são os netinhos mais amados da vovó! Prometo que tomarei o remédio que os dois receitaram e ficarei bem novamente. Meus queridos, hoje não tem bolo de chocolate, porque não tive tempo de deixá-lo pronto para essa manhã.

— Não faz mal, vovó. Na padaria do meu pai tem sonho recheado de doce de leite com pedaços de chocolate. Vou buscar alguns para comermos no café da tarde. Vovô César, o senhor vem comigo? O papai brigará comigo se eu atravessar a rua sozinho!

— Vamos lá, Ângelo. Vou comprar pão e leite para tomarmos o café da tarde.

— Pode deixar, César. Eu preciso ir até a padaria para falar com meu marido, então, deixe que eu traga o que precisaremos para o café. Fique com sua esposa, pois ela precisa de seu carinho.

Agnes levou os meninos para a padaria, e Aline foi para a cozinha colocar água para ferver para preparar o café. Laudicéia ficou deitada no sofá, e César sentou-se ao lado da esposa e perguntou:

— O que o médico disse?

— Ele não arriscou um palpite antes de ter os exames nas mãos, querido, mas sinto que tenho uma doença muito grave. Sinto dores fortes, e a fraqueza está me deixando acabada. Você sabe como gosto de realizar meus afazeres com rapidez e ultimamente não tenho conseguido fazer nada. Hoje, tentei trabalhar e passei mal no ateliê.

— Amanhã, nós iremos bem cedo ao laboratório para que você faça o último exame pendente, mas não me diga que tem algo grave! Você não sabe o que tem. Lembre-se do que aprendeu no centro: positividade sempre!

— Doutor Carlos nos ensinou muitas coisas e me avisou que havia pontos escuros em meu campo energético. Ele disse que eu precisava limpar as mágoas do passado, que ficaram como nódoas em meu campo energético. Ele me avisou que isso poderia se transformar em uma doença quando atingisse meu corpo físico.

— Você não fez o tratamento que ele indicou?

— Fiz, querido, mas não consegui superar a pressão que vivi com nossa filha. Eu me sentia uma mãe fracassada por não conseguir tirar da mente de Aline a ideia fixa do suicídio. Quando me recordo do desespero em que vivia, nem sei... Penso que essa doença não me atacou na época por eu não tirar Aline de minha mente.

— Sei o que está dizendo, querida, mas fale baixo, pois não quero que ela ouça. Você sabe como é nossa filha. Aline se arrependeu muito de tudo o que fez. Não joguemos um sentimento de culpa sobre ela.

— Não estou culpando Aline, César. Eu sou a culpada do que aconteceu em minha vida. Eu poderia ter superado essa fase ruim que vivemos, como você superou.

— Não quero carregar mágoa ou culpa em minha vida, querida. Cometi muitos erros também. Eu tenho consciência, por exemplo, de que não era um homem calmo e cordato como sou hoje, contudo, tento viver o dia a dia e estar com as crianças me deixa muito feliz. Minha amada Laudicéia, esqueça o que passou! Hoje, Aline é uma mulher ajuizada. O passado não voltará, então, limpe essa mágoa de sua vida e não permita que a doença se instale em seu corpo. Lute, minha velha, lute!

— Não me entregarei jamais. Sou forte e superarei o que vier, meu velho. Você verá! Sei que não estou sozinha.

— Eu estou aqui com você para o que der e vier, e, depois que essa tempestade passar, nós faremos aquela viagem que você sempre desejou. Daremos uma volta completa pela Europa. Magda e Arthur continuam insistindo no convite de passarmos uma temporada com eles por lá.

— Isso seria maravilhoso! Nós estamos sempre adiando essa viagem, e, agora que estou doente, não posso pegar um avião para realizar o sonho de conhecer a Itália.

Aline saía da cozinha naquele momento, quando ouviu a última frase que a mãe acabara de dizer. Ela afirmou:

— Nós faremos essa viagem, mamãe. Nós todos iremos para a Itália visitar minha sogra e Arthur.

— Será maravilhoso! Já imaginou?! Todos juntos passeando por lá com nosso neto! Não é, César?

— E eu não conto?! Vocês só falam de Murilo! — queixou-se Aline.

— Seria ótimo, filha! Mas e Atílio? Ele não para de trabalhar e está sempre envolvido com novos projetos no escritório.

— Quando a senhora ficar bem, nós tiraremos férias e faremos essa viagem.

Agnes voltou da padaria com as crianças e carregada de guloseimas para o café da tarde. Ricardo foi visitar Laudicéia e entrou na sala com um sorriso largo que lhe era peculiar. Ele transformara-se em um homem alegre e divertido, que estava sempre contando anedotas divertidas. As pessoas adoravam ficar ao lado dele, pois Ricardo possuía uma energia positiva contagiante e muitas vezes mudava o ambiente em que entrava.

— O que aconteceu com minha adorada velhinha?

— Não sou velha, Ricardo! — respondeu Laudicéia, já entrando na brincadeira dele.

— Tem razão. A senhora não é velha; está apenas gasta pelo tempo! Minha velhinha continua linda e elegante. O que aconteceu? Por que se entregou assim? Levante-se desse sofá e diga a si mesma que está bem! Use sua força! Venha para a cozinha. Trouxe aquele pão de torresmo que a senhora adora.

— Eu adoro, mas estou enjoada, querido.

— Tem que provar um pedacinho do pão. Hoje, eu mesmo coloquei a mão na massa.

— Duvido que você fez o pão! Tem tantos empregados para esse serviço.

— Bem, eu passei na cozinha da padaria, quando o padeiro estava terminando de colocar o pão nas formas, estiquei minha mão direita e lancei sobre a massa minha energia positiva! Quando faço isso, não sobra um único pão na prateleira.

— Tenho certeza de que devem estar deliciosos, mas...

— Não tem mas, dona Laudicéia! Venha tomar um pouco de leite e comer um pedacinho do pão. Tenho certeza de que isso fará muito bem para minha velhinha doentinha.

Como estava sob o efeito dos remédios, Laudicéia foi para a cozinha e alimentou-se com cautela. Ela não havia comido bem naquele dia e sentia fome.

No fim da tarde, Atílio chegou. Ele foi visitar a sogra e ficou preocupado com a saúde dela. Quando entrou na casa, encontrou a família reunida ao redor da mesa da cozinha e de Laudicéia. Ele, então, sentou-se, e a conversa ficou ainda mais animada, o que fez a sogra do rapaz mudar a vibração energética e não sentir mais dores fortes no corpo.

CAPÍTULO 50

Na manhã seguinte, César acompanhou Laudicéia ao laboratório para que ela fizesse o último exame que estava pendente. Depois, ele levou a esposa a uma lanchonete localizada em frente ao laboratório.

Os dois estavam comendo, quando doutor Carlos entrou local e cumprimentou os amigos com um forte abraço e um sorriso cordial.

— Como estão, meus amigos? Laudicéia está um pouco abatida. O que está acontecendo com a senhora?

— Não passei bem, doutor. Minha filha me levou ao clínico geral, e ele pediu alguns exames. Hoje, vim fazer o último.

— Eu sabia que um dia alguma doença atingiria seu corpo físico, Laudicéia, pois a senhora não conseguiu cicatrizar as feridas do passado. A mágoa ficou aí, e ela causa danos graves. Quantas vezes lhe disse para esquecer o passado?

— Muitas vezes, doutor! Mas, todas as vezes em que me lembro como foi triste viver sob a pressão de Aline desejar o suicídio, vejo que não consegui superar totalmente essa dor. As feridas do passado não cicatrizaram corretamente. Tentei esquecer e seguir com minha vida, contudo, não consegui, doutor Carlos.

— Sei que é difícil, Laudicéia, mas sua mente pode modificar qualquer quadro de doença. Você é poderosa, minha amiga, contudo, ainda não conhece o poder que tem! Todos os seres possuem a força do querer, que modifica sua trajetória em qualquer circunstância. Esta noite, eu a aguardarei em meu consultório no centro espírita e reservarei um momento para atendê-la. Espero que desta vez aprenda a fazer melhores escolhas.

— Mas ainda não sei o que tenho na verdade.

— Não importa a doença que fez morada em seu corpo, querida. Continue o tratamento com seu médico, e iniciaremos o processo de cura. Quero ajudá-la a cicatrizar suas feridas.

— Obrigado, doutor Carlos. O senhor está sempre ajudando minha família! Sou muito grato a tudo o que fez por Aline e por tudo que tem nos ensinado no centro. Peço que ajude minha esposa, pois não quero ficar longe dela — afirmou César.

— Fique tranquilo, César. Mantenha na mente apenas pensamentos positivos. A alegria é fundamental para nos mantermos saudáveis. Fiquem bem, meus amigos. Tomarei um café com um amigo que acabou de chegar. Aguardarei a senhora no centro à noite. Fiquem na paz e na alegria.

Carlos afastou-se, e Laudicéia disse a César:

— Homem bom como esse não existe mais! Seremos gratos a ele para sempre. Gratos por tudo o que ele fez por Aline.

— É verdade! Doutor Carlos devolveu nossa filha à vida, e ela nos deu nosso amado Murilo. Sou apaixonado por nosso neto. E, falando em neto, precisamos voltar para casa, pois está se aproximando o horário de o transporte escolar deixar os meninos em nossa casa.

— Hoje, os meninos não seguirão para nossa casa. Aline achou melhor deixar Murilo e Ângelo com Ricardo na padaria. Depois do almoço, René levará os meninos para a casa dela. Não precisamos ter tanta pressa.

— Já que não precisamos ter pressa, o que acha de passarmos em uma loja e comprarmos o presente de aniversário de Murilo? Prometi a ele que daria uma bicicleta maior, pois a dele já está pequena. Murilo cresceu rápido! Você está bem para passarmos na loja?

— Estou melhor que ontem. A brincadeira divertida de Ricardo me fez bem. Acordei mais disposta hoje, depois de rir dos gracejos dele.

— Como doutor Carlos diria, o sorriso espontâneo mudou sua vibração! Ricardo realmente tem o dom de espalhar alegria por onde passa.

Os dois deixaram a lanchonete, caminharam até encontrarem uma loja de bicicletas e compraram a que Murilo desejava ganhar.

César mandou entregar a compra em sua casa, pois sabia que o neto estaria lá na tarde do dia seguinte.

Apesar de estar medicada, Laudicéia ainda sentia dor, mas tentou não demonstrar a César o que estava sentindo. Ela caminhava ao lado do marido respirando fundo e tentando se controlar, contudo, não suportando mais acompanhar o esposo, sentiu as pernas bambearem e perder o controle. O mal-estar que a mulher sentia era tão grande que a fez desmaiar na rua. César tentou segurar a esposa, mas não conseguiu, e Laudicéia acabou desmoronando no chão.

Imediatamente, os transeuntes que passavam pelo local tentaram ajudar o casal. Uma moça deixou o balcão da loja onde trabalhava para tentar socorrer Laudicéia, que estava caída na calçada. Ela pegou o celular e ligou para o resgate, antes que César pudesse dizer algo a respeito. Ele também estava pálido pelo susto de ver a esposa naquele estado, pois tinha nela um referencial de equilíbrio e força.

Sempre que socorria Aline, quando a filha do casal atentava contra a própria vida, Laudicéia jamais esmorecia. Ela subia nas ambulâncias com determinação e força, e ele reconhecia que, nesse sentido, ela sempre foi mais forte que ele. A esposa agora precisava de seus cuidados, e o coração de César disparou e sua pressão arterial elevou-se.

César tentava controlar-se para socorrer a esposa, mas, quando a ambulância chegou com a sirene ligada e as luzes piscando, ele ficou ainda mais nervoso e agitado. Sem acreditar no que estava acontecendo com a esposa, ele tremia, e o paramédico não sabia quem deveria socorrer primeiro: Laudicéia ou César.

A equipe de primeiros socorros colocou Laudicéia na maca e checou seus sinais vitais. Depois, os paramédicos levaram César até a ambulância e verificaram sua pressão arterial.

A ambulância seguiu com o casal até o pronto-socorro mais próximo e deu entrada nos dois casos. César foi levado para a sala de observação e tomou um comprimido para controlar sua pressão arterial, e Laudicéia foi conduzida à outra sala para ser examinada por Lúcia, a médica de plantão.

Sem encontrar uma explicação para o quadro que se apresentava em sua sala, Lúcia examinou várias vezes a paciente e pediu alguns exames com urgência. Laudicéia apresentava um quadro clínico de risco, e, como médica, Lúcia desejava descobrir o que estava acontecendo com ela.

Lúcia encaminhou Laudicéia para a enfermaria. Respirando com dificuldade, a paciente foi colocada no respirador. As enfermeiras ficaram atentas ao estado de saúde de Laudicéia, e horas depois os exames realizados com urgência chegaram à sala da médica, que analisou os resultados e mandou chamar um colega que acabava de chegar para assumir o plantão. A médica queria deixá-lo a par do estado da paciente.

Lúcia estava com pressa para deixar o pronto-socorro, pois o cansaço a vencia, contudo, ela mostrava-se extremamente preocupada com o estado de Laudicéia. Ela caminhou pelos corredores e, quando encontrou o médico plantonista, levou-o até a sala que ocupava para entregar-lhe os exames da paciente.

Quando o médico se aproximou do leito, Laudicéia disse:

— Doutor, eu estou morrendo! Ajude-me, por favor. Não sei onde está meu marido! Creio que ele passou mal ao me socorrer na rua.

— Fique tranquila! Seu marido deve também estar aqui na enfermaria. Como está se sentindo?

— Estou melhor agora. Já não sinto mais dor. O que me incomoda é a falta de ar. Sabe o que eu tenho, doutor? Que doença é essa que me pegou?

— Olhando seus exames, vejo que a senhora está com uma grave pneumonia, dona Laudicéia. Inicialmente, tomará os antibióticos prescritos pela doutora Lúcia, e eu também pedirei uma ressonância magnética para descobrir o que realmente causou essa infecção em seu pulmão.

— Farei o que me pedir doutor, mas, por favor, me dê notícias de meu marido.

— Em instantes, terá notícias dele. A senhora tem filhos ou algum parente para quem possamos ligar?

— Temos uma filha, mas creio que meu marido não ligou para ela, senão Aline já estaria aqui. César e eu estávamos fazendo compras no centro de Curitiba, quando passei mal.

— O que a senhora sentiu quando passou mal?

— Senti muita dor nas costas e nas pernas. César queria comprar o presente de meu neto e alguns enfeites para a festa-surpresa que faremos para ele. Murilo completará seis anos amanhã.

— Tenho certeza de que seu neto é um bom menino. Agora descanse e me diga qual é o número de telefone de sua filha. Vou ligar para ela para avisar que vocês dois estão aqui.

Enquanto Laudicéia passava o número de telefone da filha para o plantonista, uma enfermeira trouxe notícias de César.

— A pressão arterial do senhor César continua alta e ele dormiu com o efeito do remédio.

— Está preocupada com seu marido, dona Laudicéia? Fique tranquila. Ele está medicado e dormindo. Agora, descanse.

O médico deixou a enfermaria e voltou para o consultório. Chegando lá, olhou com atenção para o raio X dos pulmões de Laudicéia e sentiu que havia algo errado ali. As manchas da pneumonia estavam mais escuras para configurarem apenas uma infecção.

Neste momento, Lúcia retornou à sala para apanhar o casaco que ela esquecera no encosto da cadeira e notou que o colega estava preocupado com o exame da paciente. Ela perguntou:

— Você notou algo errado no raio X, doutor?

— Sim. Acho que tem algo a mais nessas manchas. Pedi para realizarem uma ressonância magnética com urgência.

— Está suspeitando de quê?

— Minha intuição insiste em me mostrar que algo está errado.

— Você já imagina qual seja o diagnóstico? Eu conheço bem sua intuição certeira. Do que suspeita?

— Linfomas pulmonares.

— Boa sorte com seu diagnóstico e conte-me o que descobriu amanhã. Creio que possa estar certo, pois nunca o vi errar quando sua intuição entra em ação, doutor. Não sei com quem realmente trabalho! Se com um médico ou com um médium! Gosto da forma como alia medicina e mediunidade. Até amanhã, doutor Roberto.

Doutor Roberto era um grande amigo de doutor Carlos e frequentava o centro espírita em que Carlos era dirigente. Ao longo dos anos, os dois homens aprenderam a usar a mediunidade a favor da medicina e de seus pacientes.

Lúcia fechou a porta depois de pegar o casaco, e doutor Roberto, já com o telefone de Aline nas mãos, ligou para a moça. Ela atendeu ao telefone e assustou-se quando soube que a mãe e o pai estavam internados no hospital.

CAPÍTULO 51

Depois que desligou o telefone, Aline ficou agitada. Uma de suas assistentes entrou na sala e notou que ela estava pálida e trêmula. A moça rapidamente ofereceu um pouco de água a Aline e perguntou:

— O que aconteceu, Aline? Você está pálida! Está se sentindo mal?

— Um médico me ligou avisando que meus pais estão no pronto-socorro.

— Meu Deus! Aconteceu um acidente?

— Minha mãe teve um mal súbito na rua. Chamaram o resgate e meu pai teve um pico de pressão. Os dois estão no hospital. Preciso correr para lá.

— Você não está em condições de dirigir, Aline. É melhor avisar ao seu marido! Ele a levará até lá.

— Tem razão! Estou nervosa, e minha pressão deve ter caído. Isso sempre acontece quando fico nervosa demais. Ligarei para Atílio.

— Deixe-me ligar para ele. Tome um pouco de água e sente-se.

Maria Clara ligou para Atílio e informou-o sobre os últimos acontecimentos. Ele ficou preocupado com o estado de Aline e apressou-se para chegar ao colégio.

Aline estava na porta do colégio aguardando-o ao lado de Maria Clara e, quando Atílio chegou, ela seguiu para o pronto-socorro.

Atílio perguntou:

— Você está bem?

— Estou. Maria Clara não lhe disse que meus pais estão no pronto-socorro?

— Sim, ela me disse, e eu imaginei que você precisaria de minha presença com urgência. Que susto sua assistente me deu!

— Desculpe, meu amor. Ela entrou em minha sala quando desliguei o telefone. O médico plantonista que atendeu minha mãe me ligou para avisar sobre o que havia acontecido com meus pais. Fiquei nervosa e por pouco não perdi os sentidos.

— Você ainda está pálida! Tem certeza de que está bem?

— Estou agoniada, pois não sei o que está acontecendo com eles. Deve ser coisa grave, Atílio! Estou assustada e com medo do que encontrarei pela frente.

— Não faça drama, Aline. Mente equilibrada. Você sabe que, quando fica nesse estado negativo, baixa sua vibração.

— Tem razão, amor. Não posso vacilar com isso! É que, quando se trata de meus pais, fico agitada. Você sabe o quanto amo aquela dupla! Eu dei muita preocupação a eles e...

— Eu também amo seus pais, mas é fundamental que mantenhamos o equilíbrio mental, amor. Murilo ainda deve estar com Ricardo na padaria. Avise a ele o que aconteceu e diga que vamos nos atrasar para pegar nosso filho.

Aline ligou para Ricardo para avisá-lo sobre o motivo do atraso. O rapaz também ficou preocupado com Laudicéia e César, pois também estimava o casal, e decidiu ligar para Agnes e contar-lhe o que estava acontecendo com os pais de Aline. A moça, então, seguiu para o hospital que ficava próximo do seu ateliê e chegou ao local antes de Atílio e Aline. Ela teve de preencher a ficha dos pacientes e depois foi levada para visitar Laudicéia.

No mesmo momento, dois enfermeiros apareceram no corredor conduzindo Laudicéia para o exame de ressonância magnética, e Agnes só teve tempo de dizer à amiga que Aline e Atílio estavam a caminho. Nervosa, Laudicéia perguntou sobre o marido, e, mesmo sem saber o estado de César, Agnes acabou dizendo que estava tudo bem.

Depois que Laudicéia desapareceu no corredor, sendo conduzida pelos enfermeiros, Agnes voltou ao balcão de atendimento para informar-se sobre o estado de saúde de César e conversava com a atendente, quando Aline e Atílio chegaram.

— Nossa! Como você chegou rápido! Ricardo a avisou de que meus pais estão aqui? Você esteve com eles? Como estão?

— Acalme-se, Aline! Ricardo me ligou, e eu corri para o pronto-socorro. Estive com sua mãe, e ela está bem. Laudicéia foi levada há pouco para mais um exame. Quanto a seu pai, ainda não sei... Acabei de pedir informações dele.

Os três olharam para a atendente esperando uma resposta, e ela falou:

— Podem entrar por aquela porta, virem à direita e sigam no corredor até o final. O paciente está em observação na enfermaria.

— Obrigada. Desejo obter informações sobre o quadro clínico dele. Há alguns anos, meu pai fez uma cirurgia no coração para pôr uma ponte de safena.

— Infelizmente, não tenho como informá-los sobre o quadro clínico dele. É preciso procurar o doutor Roberto na emergência.

— Pode me informar se a enfermeira Beatriz ainda trabalha aqui? — perguntou Atílio.

— Beatriz Azevedo?

— Sim, ela mesma.

— Ela trabalha no hospital, mas não no pronto-socorro.

— Poderia avisá-la de que Atílio e Aline desejam falar com ela?

— Ligarei para o setor de enfermagem. Só um momento. Talvez, ela não esteja de plantão hoje.

Atílio ficou esperando uma resposta, enquanto Agnes e Aline se dirigiam à enfermaria. Aline já estava agoniada para ver o pai e estava confusa, pois não conseguia encontrar a enfermaria indicada pela atendente. Agnes precisou segurar um dos braços da amiga e conduzi-la até lá.

Finalmente, Aline ficou diante de César, e ele, ainda sonolento devido ao efeito dos remédios, perguntou:

— Filha, como está sua mãe?

— Ela está bem, pai. Neste momento, está fazendo um exame. Não pude vê-la ainda, mas Agnes conseguiu trocar umas palavras com ela — disse Aline.

— Laudicéia está bem, César. Ela me perguntou sobre seu estado.

— Eu estou bem, e parece que aos poucos minha pressão está voltando ao normal. Fiquei nervoso quando ela desmaiou na rua e foi colocada na ambulância. Imediatamente, me lembrei de quando sofri aquele acidente e fui levado para hospital em uma ambulância e abriram meu peito.

— Pai, o senhor sofreu um infarto e passou por uma cirurgia.

— Se fosse hoje, César, não precisariam abrir seu peito. Colocariam apenas um stent[3].

— Veja como a medicina evoluiu nesses anos! Mas como sabe disso, Agnes?

— Uma funcionária do ateliê passou por essa intervenção médica, e eu pesquisei o procedimento pela internet. Ela foi liberada no dia seguinte da cirurgia e recuperou-se rápido.

— Nós estamos evoluindo em diversos setores, mas nem tanto em outros. Por exemplo, nós estamos longe de tomar o caminho do amor em nossa evolução — disse Aline.

— Você está triste, filha? Cuidado para não exagerar e ficar deprimida. Não faça esse tipo de comparação! Acredito que existam pessoas boas neste mundo. Onde está sua positividade?

— Seu pai tem razão, Aline. Generalizar não mostrará uma realidade positiva. Mantenha a alegria e o equilíbrio mental! Não quero vê-la cair em depressão novamente, minha cunhada. Ânimo, pois seus pais estão bem! Vamos olhar pelo lado bom. Neste momento, Laudicéia está fazendo um exame e logo descobriremos qual é a doença que a está deixando enfraquecida. Há alguns anos, esse exame nem existia! Tá vendo como evoluímos?

— Não tinha pensado dessa forma, Agnes. Essa menina sempre está à nossa frente. Ela tem razão, filha. Logo, logo saberemos qual é a doença que está deixando sua mãe abatida.

Atílio entrou na enfermaria, trazendo consigo uma velha amiga. Beatriz cumprimentou a todos com abraços calorosos.

— Estava com saudade de vocês! Tive que me afastar do centro espírita, pois meu marido se aposentou, e nosso dinheiro diminuiu. Por essa razão, fui trabalhar como cuidadora de idosos para complementar a renda.

— Ainda está trabalhando com idosos? — perguntou Aline.

— Neste momento, não, pois a senhora que eu cuidava infelizmente terminou sua jornada e partiu. Meu marido, no entanto,

---

3 Prótese feita de liga de aço e cobalto que se expande dentro da artéria e impede que ela fique entupida novamente devido à gordura que se acumula no local.

encontrou uma colocação no mercado de trabalho, e agora posso ficar mais tranquila quanto ao orçamento doméstico.

— Que bom! Você tem visto a enfermeira Rosa? — perguntou Aline.

— Não souberam? Rosa foi morar na Itália com o novo marido, um senhor de posses e bem relacionado no mundo dos negócios. Eu acho que sua mãe conhece o senhor Martins.

— Esse nome não me é estranho — disse Atílio tentando recordar-se de onde ouvira aquele nome antes.

— Claro que não é estranho, amor. Estivemos com ele em um jantar na casa de seu padrasto. O nome dele é Enrico Martins, um homem de cabelos brancos que passou todo o jantar conversando com Arthur sobre uma fábrica italiana que desejava trazer para o Brasil.

— Creio que esse negócio não tenha dado certo, pois ele voltou para Itália e levou Rosa.

— E quanto a Mércia? Quem cuida dela agora na clínica psiquiátrica? Você também trabalha lá, Beatriz? Sabe como minha querida Mércia está?

— Não, não. Trabalho em outra clínica que doutor Carlos abriu. Você sente falta de Mércia?

— Sim! Nunca mais tive notícias dela no centro espírita. Por alguma razão, doutor Carlos desconversou quando perguntei sobre ela há alguns anos.

— Fico feliz que vocês estejam bem — desconversou Beatriz.

— Nossa união teve frutos. Temos um filho — disse Aline.

— Que maravilha! Quantos anos ele tem?

— Ele está completando seis anos. Quer ver uma foto dele?

— Claro! Adoro crianças — respondeu Beatriz.

Agnes percebeu que Beatriz fugira do assunto quando ela citou o nome de Mércia, assim como o doutor Carlos se esquivara. Atílio e Aline mostravam fotos do filho no celular para a enfermeira, enquanto Agnes olhava para César, que também estava atento ao fato de que Beatriz fugira do assunto. Eles conheceram a menina no centro e sabiam que Aline se apegara muito a ela no passado. Os dois desconfiaram de que algo errado acontecera com a garota. Depois de ver as fotos de Murilo e elogiá-las, Beatriz afastou-se rapidamente dizendo que precisava voltar ao trabalho. Nesse momento, Agnes disse que precisava ir ao banheiro e foi atrás da enfermeira. A moça foi rápida para segurá-la na porta do elevador.

— Espere, Beatriz. Percebi que você fugiu do assunto, e fiquei curiosa sobre o que aconteceu com Mércia. Por que você e doutor Carlos evitaram dar notícias dela?

— É uma longa história. Tem um tempo para tomar um café na lanchonete?

— Tenho. Em poucos minutos, a encontrarei na lanchonete.

Beatriz seguiu nervosa pelo corredor do hospital, pois não gostava de tocar naquele assunto.

CAPÍTULO 52

Agnes voltou à enfermaria e despediu-se de César, dando uma piscadela para ele. A moça disse baixinho ao ouvido de César:

— Conversarei com Beatriz longe de Aline e depois lhe contarei o que descobri. Fique bem, meu amigo.

Agnes deu um beijo em Aline e outro no irmão e se foi depois de dizer que cuidaria de Murilo.

Quando chegou à lanchonete, Agnes viu Beatriz conversando com o atendente do balcão. A moça aproximou-se e disse:

— Poderia me contar o que aconteceu com a menina?

— Aqui não. Vamos para uma sala longe dos olhares de meus colegas de trabalho. Venha comigo.

As duas mulheres caminharam pelos corredores e pararam diante de uma porta que indicava que se tratava de uma área restrita aos funcionários.

— Você tem certeza de que posso entrar?

— Tenho. Venha comigo.

Agnes continuou seguindo Beatriz pelos corredores, e a enfermeira, por fim, abriu uma porta dizendo:

— Aqui é um lugar seguro. Não quero que ninguém escute o que tenho a lhe dizer. Só vou lhe contar, porque você é irmã de Atílio e cunhada de Aline.

— Pelo que vejo, o que aconteceu com a menina foi grave! Pode confiar. Sei quando devo ficar calada. O modo como disfarçou e se esquivou das perguntas de Aline me deixou intrigada. O que, afinal, aconteceu com Mércia?

Agnes notou que os olhos de Beatriz ficaram marejados de lágrimas, e ela começou:

— Nossa amada Mércia... Sabíamos que ela não tinha muito tempo de vida devido à síndrome de que era portadora, contudo, não esperávamos um desfecho tão triste como o que ocorreu com a menina.

— Pelo seu semblante, foi algo grave... Se não desejar continuar com a história, compreenderei.

— É a primeira vez, depois de tantos anos, que tocarei nesse assunto lamentável. Sinto falta de Mércia, pois ela era o talismã da clínica. O jeito doce daquela menina muitas vezes operou milagres entre os pacientes. Tenho certeza de que a simples presença dela fez Aline refletir sobre seus atos. Mércia era um exemplo de alegria encarnada, pois era, sobretudo, grata. Não falava, não se alimentava por vias naturais, mas estava sempre sorrindo e atuava na hora que precisava atuar. Era nossa atriz e colaborava com a cura dos pacientes. Tínhamos por ela verdadeiro amor, principalmente Rosa, que ficava ao lado dela.

— Mércia foi o motivo de Rosa ter deixado a clínica?

— Você pega as coisas rápido. Rosa pediu demissão e parou de trabalhar na área de enfermagem. Minha amiga adorava a profissão que escolheu e era uma excelente profissional.

— O que aconteceu com a menina? Eu também a conheci no centro anos atrás.

— Aline lhe contou como Mércia atuou, aplicando o teste final que permitiu sua alta da clínica?

— Contou sim.

— Aline pode não ter compreendido bem o método utilizado por doutor Carlos, mas afirmo que era muito eficaz.

— Sim! Aline nunca mais atentou contra a própria vida.

— Esse teste final é aplicado com o auxílio da espiritualidade como parceira. Aline foi muito bem naquele teste.

— Mas não fuja do assunto, Beatriz. Quero saber o que aconteceu com Mércia.

— Um ano depois de Aline ter alta da clínica, um rapaz de 22 anos deu entrada na instituição. Ele era usuário de drogas pesadas, um caso que não atendíamos com frequência por lá. Apesar de existirem clínicas especializadas nesses casos, esse rapaz era filho de um amigo do doutor Carlos, que implorou para aceitarmos o rapaz na instituição. Ele queria evitar que o filho fosse preso por cometer um grave delito.

— O que ele fez?

— Ele estava sob efeito de drogas e usou de violência com uma moça. Por pouco, não a matou. Doutor Carlos é um homem muito bom, e acho que errou por ser tão bom. Ele deveria ter negado a internação desse rapaz na clínica. Para resumir a história, o paciente conseguiu obter uma quantidade considerável de drogas por meio de um amigo que foi visitá-lo. Na época, doutor Carlos estava testando um método para desintoxicar o rapaz e...

— E não deu certo, não foi?

— Sim, não deu certo. O rapaz acabou usando os entorpecentes e ficou agitado. Rosa não percebeu que ele estava alterado e deixou Mércia com o rapaz para fazer-lhe companhia.

— Compreendo. O que ele fez com ela?

— Ele a matou por asfixia.

— Rosa não percebeu que ele estava drogado?!

— Ela afirmou que ele não estava quando deixou Mércia em sua companhia. Passou meia-hora, e Rosa retornou para a sala de recreação, onde eles estavam. Ela encontrou o rapaz estirado no chão e nossa amada Mércia sem vida e ainda sentada na cadeira de rodas.

— O que aconteceu com o rapaz?

— O pai tentou transferi-lo para outra clínica, mas a polícia foi mais rápida e o levou preso. No laudo pericial foi constatado que ele não tinha nenhuma doença mental.

— Que coisa triste! Quem era esse amigo do doutor Carlos?

— Um velho professor da faculdade. O mestre que ele respeitava e por quem tinha grande apreço. Esse professor impediu que a imprensa divulgasse essa tragédia que ocorreu na clínica.

— Não ouvi nada a esse respeito nos jornais. Há quanto tempo essa tragédia aconteceu?

— Há mais ou menos seis anos. Depois desse triste episódio, doutor Carlos fechou a clínica e abriu uma menor. Hoje, ele não aceita mais que dez internos por lá.

— Não quero contar essa tragédia que aconteceu com Mércia para Aline.

— Eu contarei a outra versão. A de que Mércia morreu de falência múltipla dos órgãos depois de uma infecção bacteriana.

— É visível que você ainda sofre quando toca nesse assunto, Beatriz. Sei que tudo isso foi muito triste e me pergunto... será que era mesmo o momento de Mércia desencarnar? Tudo isso foi tão estúpido. Será que ela sofreu? Será que tudo aconteceu rápido? Como a espiritualidade age...

— Por tudo que estudei a esse respeito, acredito que havia uma razão para isso, pois sei que ninguém morre de véspera. Mércia tinha o cuidado de enfermeiros e médicos por vinte e quatro horas na clínica. Talvez fosse realmente o momento de ela nos deixar... Apenas me pergunto por que teve de ser uma passagem tão violenta? Ela era uma pessoa adorável e feliz.

— Não nos cabe julgar, Beatriz. Não sabemos o que aconteceu com ela em outras experiências terrenas.

— Tem razão. Cada um tem sua história e não nos cabe julgar. Mércia foi uma boa menina! Mesmo sem poder falar, ela nos ensinou muito, e eu espero que ela esteja em um bom lugar em outra dimensão.

— Deve estar. Tenho que ir, Beatriz. Melhor secarmos nossas lágrimas e seguirmos em frente. Conte a versão mais leve para Aline, pois ela ainda é uma pessoa frágil. Não se preocupe. Não contarei a verdade a ela e enviarei energias positivas para o espírito de Mércia. Obrigada por me contar o que aconteceu.

Agnes deixou o hospital e apressou-se a caminhar até o ateliê onde estacionara seu carro. Passava das oito horas da noite, quando ela chegou a casa e encontrou o marido brincando de bola com as crianças na frente da padaria, onde havia uma calçada ampla que servia de estacionamento para os clientes. Agnes estacionou o automóvel em um canto onde não atrapalharia o futebol das crianças, desceu do carro e beijou Ricardo.

— Você demorou hoje! O que aconteceu?

— Estava no hospital visitando Laudicéia e César.

— Aline me ligou pedindo que deixássemos Murilo com dona Renê.

— Fale baixo, amor. Não quero que os meninos escutem. Sabe como eles adoram os avós. César está bem, mas Laudicéia não me pareceu nada bem. Quando cheguei ao hospital, ela estava sendo levada por dois enfermeiros para fazer uma ressonância magnética.

— O médico do pronto-socorro pediu esse exame? — perguntou Ricardo.

— Sim. Laudicéia foi atendida por um médico que é amigo de doutor Carlos, o que é ótimo. De uma forma ou outra, acho que doutor Carlos acompanhará o caso.

— Essa é uma boa notícia! Seria ótimo se doutor Carlos pudesse acompanhar o caso.

— Quem está doente, tio Ricardo?

— Sua avó Laudicéia, mas não precisa ficar preocupado, querido. O tio Carlos vai cuidar dela. Além disso, sua mãe e seu pai estão com ela.

Murilo ficou triste. O menino interrompeu o jogo de futebol com Ângelo e foi se sentar a uma das mesas na calçada, onde muitos clientes da padaria comiam. Ângelo não compreendeu por que Murilo parara de jogar e foi até ele perguntando:

— Só porque está perdendo, desistiu de jogar comigo? Vamos brincar mais um pouco! Deixo você fazer um gol, e assim fica empatado nosso futebol.

— Não quero mais brincar! Tio Ricardo me contou que a vovó está doente. Ele disse que o tio Carlos está cuidando dela.

Ângelo aproximou-se dos pais e perguntou:

— É verdade o que Murilo disse? A vovó Laudicéia está doente?

— Está um pouquinho só, mas não precisa se preocupar. Ela está bem.

Murilo ouviu Agnes e disse:

— Amanhã é meu aniversário. Se vovó está doente, quem fará o bolo para cantar os parabéns? Ela havia prometido que faria um bolo de chocolate com cobertura colorida. Eu quero minha vovó!

— Vai chorar?! Mamãe disse que ela está bem. Não chore, primo.

— Eu posso resolver esse problema do bolo! Pedirei ao meu confeiteiro que faça um bolo de chocolate confeitado para seu aniversário. Não precisa chorar, Murilo, ou o levarei de volta para dona Renê — brincou Ricardo.

— Não! Vou parar de chorar, tio. Não quero ficar na casa dela. Não é divertido ficar lá.

— Por que não gosta de ficar na casa de dona Renê? — perguntou Agnes.

— Lá não tem brinquedos, e ela me faz tomar chá! Não gosto de chá, tia Agnes.

— É verdade, mamãe. Ela nos deu chá essa tarde. Eu queria que papai voltasse logo para ficar conosco.

— Queridos, bastava dizer à dona Renê que vocês não gostam de chá, e tenho certeza de que ela teria servido outra coisa.

— Eu e Murilo dissemos isso, mas ela respondeu que chá faria bem para nós.

— Está certo, meninos. Agora, vamos para casa, pois tenho de preparar o jantar.

— Não se preocupe com o jantar, amor. Nós podemos comer um lanche aqui na padaria. Eles já fizeram a lição de casa. Só precisarão tomar banho. Relaxe um pouco.

— Tem razão. Estou correndo de um lado ao outro para ter tempo para realizar todos meus afazeres do dia. Comer um lanche em vez de jantar esta noite não prejudicará tanto os meninos. Amor, você poderia preparar aquele lanche com salame italiano? Faz tempo que não como salame.

— Claro! Você está sempre de dieta. Eu vou para a cozinha, e você fica com os meninos.

— Amor, leve os lanches quando ficarem prontos lá para casa. Queria tomar um banho quente antes de jantar.

— Tudo bem. Os meninos também estão precisando tomar banho, pois estão sujinhos. Deixarei meu gerente fechar a padaria, pois também preciso de descanso hoje. Nós jogamos futebol por horas, e já não sou mais tão jovem como era.

— Pode não ter a mesma disposição que antes, mas continua jovem e belo, meu maridinho.

Ricardo sorriu mostrando as covinhas que marcavam seu rosto, e Agnes, não resistindo àquele sorriso doce, foi até ele e beijou seus lábios.

Agnes entrou no carro depois de acomodar os meninos no banco de trás, e Ricardo ficou olhando o automóvel se afastar, levando sua bela família. O olhar do rapaz demonstrava o quanto era apaixonado pela esposa. Ele tornara-se um homem de grande beleza, e as mulheres o cobiçavam, mas Ricardo não se interessava por elas. Ele escolhera Agnes e era com ela que desejava envelhecer. O que sentira por Aline em vidas passadas finalmente acabara.

CAPÍTULO 53

O relógio marcava vinte e três horas, quando César recebeu alta do hospital. Aline e Atílio continuavam no pronto-socorro esperando por notícias de Laudicéia.

César não queria retornar para casa sem a esposa, contudo, Atílio insistiu em levá-lo para descansar. César estava irredutível, não queria deixar o pronto-socorro sem Laudicéia.

— Pai, o senhor precisa ir para casa descansar. Mamãe está sendo cuidada aqui.

— Quero ficar aqui até ela ter alta, filha. Vocês já falaram com o médico?

— Doutor Roberto anda ocupado. O pronto-socorro está repleto de crianças e adultos com sintomas de gripe.

Meia hora depois, doutor Roberto mandou chamar Aline e Atílio em sua sala. César acompanhou os dois mesmo sob o protesto de Aline.

O médico olhou os exames e mostrou-lhes três tumores nos pulmões de Laudicéia.

— Doutor, por favor, retire esses tumores dela! Salve minha esposa!

— Farei tudo o que estiver ao meu alcance, senhor César. Não entre em desespero!

— Doutor, tenho fé e acredito que Deus a ajudará neste momento de saúde abalada. Que Deus agirá por meio de suas mãos.

— Agradeço-lhe a confiança, senhor César. Realizarei a biópsia desses tumores, mas já lhe aviso que precisarei retirar grande parte do tecido pulmonar de Laudicéia. Ela seguirá ainda esta noite para a sala de cirurgia. O aspecto dos tumores não me agradou. Eles podem ser agressivos, e precisamos agir rápido.

— O senhor fará essa cirurgia, doutor? — perguntou Aline.

— Chamei um amigo especialista em oncologia pulmonar. Ele chegará ao hospital depois da meia-noite, e, assim que analisar os exames, levaremos Laudicéia ao centro cirúrgico. Sugiro que voltem para casa e descansem. César ou Aline pode assinar a autorização para a cirurgia.

— Confio no senhor, doutor! Assinarei esse papel e não sairei do hospital enquanto não tiver notícias de que tudo ocorreu bem no procedimento. — E, voltando-se para Atílio e Aline, disse: — Podem voltar para casa. Ficarei ao lado de minha esposa.

— César, sua pressão pode voltar a ter um pico, mas estarei aqui de plantão até as sete da manhã — e, voltando-se para Aline, Roberto disse: — Eu cuidarei dele, Aline. Descanse esta noite, pois sua mãe precisará de cuidados nos dias que virão.

— Doutor, não conseguirei dormir sem ter notícias de mamãe. Prefiro ficar aqui com o papai. Amor, volte para casa e descanse. Peça a Agnes que deixe Murilo dormir na casa dela hoje.

— Também ficarei com vocês aqui. Murilo está bem cuidado com minha irmã e com Ricardo. Laudicéia precisa da família unida e vibrando positivamente por ela.

— Se preferem assim... Depois que eu conversar com o oncologista, darei um parecer a vocês — afirmou doutor Roberto.

— Poderei ver minha esposa?

— Sim. Vocês podem ficar ao lado dela até a levarmos para o centro cirúrgico. Sinto que as coisas terão de ser resolvidas às pressas. Peço-lhes apenas que encarem a situação pelo lado bom! Quanto mais cedo os tumores forem removidos, mais rápida será a cura de Laudicéia.

— Doutor, posso lhe fazer uma pergunta?

— Claro, Aline.

— Aprendi com doutor Carlos que o corpo físico responde às nossas escolhas, às coisas com as quais escolhemos vibrar. Sei que dei muito desgosto para minha mãe no passado. Esse pode ter sido o motivo de os tumores surgirem no corpo dela?

— Você quer saber se uma grande tristeza pode causar nódulos no corpo físico? Aline, a tristeza é a maior causa de danos nos pulmões, mas não cabe culpa aqui. Não entre nesse caminho ou também ficará doente. Laudicéia é a única responsável pelo mal que a aflige hoje. Ela escolheu guardar a tristeza que sentia. Quando alguém não consegue se libertar dos sentimentos negativos que ficam represados no corpo, o resultado é esse: câncer. Sinto muito!

— Liguei para doutor Carlos para falar sobre o caso de minha mãe, e ele me disse algo muito parecido. Inclusive, afirmou que ninguém deveria culpar-se por minha mãe não ter conseguido se libertar do sentimento negativo que ela arquivou na memória. Doutor Carlos afirmou que todas as vezes em que algum fato a remetia a momentos tristes pelos quais passou, ela trazia de volta a energia negativa que feria seu corpo físico.

— Sim, Aline. A escolha foi dela... Laudicéia poderia ter se libertado das lembranças tristes do passado e encarado o que passou como aprendizado. Ela teria se livrado da energia armazenada em seu campo energético e se purificado.

— Às vezes, eu não compreendia quando doutor Carlos afirmava que somos os responsáveis por escolher tudo o que nos acontece. Doutor, Laudicéia escolheu ficar doente quando falhou em limpar as mágoas que ela guardou do passado? — César questionou.

— César, nós temos escolhas. Podemos encarar a vida como um grande aprendizado repleto de desafios, que existem para que não fiquemos acomodados no mesmo nível de evolução. A espiritualidade permite que os desafios cheguem para quem precisa enfrentá-los, e a forma como encaramos esses desafios depende exclusivamente de nós. Podemos avaliá-los com leveza ou com extremo temor. Quando escolhemos a via do temor, atribuímos um tom negativo a uma experiência que poderia nos ser de grande proveito. Um desafio vencido nos mostra que superamos e saltamos para outro nível de evolução em nossa trajetória. Somos seres que precisam ser testados em nossas encarnações.

— Compreendo, doutor. Teria sido melhor para Laudicéia se colocar em primeiro lugar e limpar a mágoa. Também me sinto responsável pela doença de minha esposa, pois não fui o melhor dos maridos.

— Não entre nesse dilema de que poderia ter sido melhor do que foi! Não, César! Na época, você foi o que conseguiu ser, tinha seus valores e pensava de forma diferente. Tenho certeza de que, hoje, você pensa bem diferente que antes. Chamamos isso de evolução. Meu amigo, não seja pretensioso julgando-se. Cada um é o que pode ser.

— Tem razão, doutor. Não vale a pena me colocar no banco dos réus. Eu, Aline e Laudicéia cometemos erros no passado. Todos nós cometemos e não somos isentos disso. De nada adiantará eu me julgar, culpar e me responsabilizar pelo que está acontecendo com minha esposa, pois ela poderia ter escolhido não dar tanta importância a sentimentos negativos.

— Como lhe disse, trata-se de uma questão de escolha, César. Vamos esquecer a culpa que não nos cabe. O melhor é nos mantermos em equilíbrio e enviarmos boas vibrações para Laudicéia. Mantenha-se leve e encare esse tratamento como um aprendizado.

Aline, Atílio e César despediram-se de doutor Roberto e foram para a sala de espera. A enfermeira permitiu uma visita rápida ao quarto da paciente. Diante do abatimento da mãe, Aline tentava ser forte como Laudicéia fora um dia.

— Como está se sentindo, mamãe?

— Que bom que vocês estão aqui ao meu lado. Queria ver meu neto, mas acho que não o deixarão entrar.

— A direção do hospital não permite visitas de crianças, minha sogra, mas daremos um jeito de a senhora ver Murilo.

— Que bom! Queria me despedir de todos vocês, pois sinto que não tenho muito tempo.

— Não diga bobagens, minha velha! Ainda viveremos muito tempo juntos aqui.

— Não, César! Poderemos viver juntos em outra dimensão, mas não aqui. Sinto-me fraca e sei que minha energia vital está se extinguindo. Falta pouco para minha partida.

— Que bobagem está dizendo, Laudicéia! Não fale desse jeito! Você está sendo cuidada por um bom médico! Mas que negativismo é esse, mulher?!

— Não estou sendo negativa, César. Pelo contrário, me sinto em paz! E essa paz é diferente de tudo o que já senti antes, pois sei que está chegando o momento de voltar para casa. Mas não tenho medo, pois estou pronta. Fiz tudo o que desejei fazer aqui. Consegui manter Aline viva até que ela superasse o desejo forte de morrer. Estudei, aprendi muito no centro espírita e tenho um neto lindo e saudável. — E, voltando-se para Aline, pediu: — Conduza seu filho para que ele se torne um homem de bem. Atílio, ajude-a nesta empreitada, pois não é fácil criar uma criança. Ensinem valores morais positivos a Murilo e a Ângelo. Eu amo todos vocês!

— Pare com isso, mamãe! Por que está se despedindo?! Que tolice! A senhora sairá desta cirurgia com saúde, logo estará recuperada e não nos deixará tão cedo. Pare de dizer tolices.

— É engraçado o fato de todos vocês acreditarem que a vida continua após a morte, mas não me deixarem dizer o que sinto! Sei que estou retornando para casa. Para quem aprendeu tanto sobre espiritualidade, vocês deveriam achar natural o desencarne.

— Laudicéia, por mais que eles tenham consciência de que a vida continua, sempre lutarão contra isso, pois não é fácil para a mente humana aceitar esse momento delicado. Na mudança de estado para outra dimensão, ocorre uma separação física, e uma grande distância passa a separar os encarnados dos desencarnados. A saudade fere o coração de quem ama. Não fale mais de despedida, Laudicéia. Reúna força e determinação para sua cura — disse Beatriz entrando no quarto e ajeitando o soro.

— Ouça o que ela diz, mamãe, e não nos assuste dessa forma!

— Você me deu diversos sustos como esse, Aline! E não estou blefando! Apenas sinto que está chegando a hora de deixá-los.

— Pare com isso, Laudicéia! Você está nos deixando nervosos.

— Ah, César, não me cobre mais nada! Tudo que pude fazer para evitar que você se desgastasse eu fiz. Você não tem ideia do quanto tentei poupá-lo, meu querido. Carreguei minha cruz sozinha!

— Não é hora de esmorecer, minha velha! Ânimo, força! Tenha fé! Você ficará curada dessa doença que a atingiu. Doutor Roberto e a equipe dele cuidarão bem de você.

— Fico feliz de o médico que está me atendendo ser amigo de doutor Carlos, pois ele foi a luz que entrou em minha vida! Sem ele, eu teria perdido minha filha para a morte. Fui uma mãe forte, lutei bravamente contra a morte e encontrei em minhas batalhas diversos soldados que me ajudaram. Atílio, Agnes e Ricardo foram soldados imbatíveis ao meu lado — e, voltando-se para Atílio, Laudicéia disse:

— Muito obrigada por tudo o que fez por nós, meu genro. E vou lhe pedir mais um favor: diga a Agnes que nunca esquecerei o carinho e os bons conselhos que ela meu deu em momentos de grandes desafios. Amo todos vocês. Deixo meu carinho para Ricardo, Ângelo e Murilo.

— Não faça isso, minha sogra! A senhora está se despedindo, mas ainda tem muito para viver! Murilo precisa de seu carinho.

— Querem saber de um fato interessante que constatei nos últimos dias? Nosso instinto aflora quando nos aproximamos da grande viagem de volta para casa. Desde que passei mal e fui levada para o pronto-socorro, uma certeza brotou em minha mente: está na hora de eu desencarnar. Essa noite, tive um sonho com minha mãe. Ela abria os braços e me acolhia com seu grandioso amor maternal.

— Ela lhe disse alguma coisa que a fizesse ter essa certeza? — perguntou Beatriz.

— Não. Ela não disse nada; apenas me abraçou com carinho. Eu pude sentir seu amor.

— Esse encontro aconteceu para lhe dar força. Força para você enfrentar com coragem mais um desafio. Com esse abraço, o espírito transmitiu-lhe afeto. É amor o laço que as une.

— Minha mãe me ama. Isso não posso negar.

— O laço de amor entre vocês continua forte. Esse sonho não pode ter lhe dado a certeza de que está na hora de seu desencarne — rebateu Beatriz.

— O sonho foi mais um aviso de que está na hora de dizer adeus para quem eu amo. É algo que vem do fundo do meu ser. Que me diz que está na hora de me despedir. Compreendam que não estou me fazendo de vítima. O desencarne é algo natural. Todos nós voltaremos um dia para a casa espiritual — afirmou Laudicéia.

— Não sou especialista em analisar sentimentos como doutor Carlos, que é um profissional excelente, mas posso lhe dizer que você está confundindo as coisas! Todos os seus sentidos estão lhe mostrando que é tempo de mudança, Laudicéia. Você tem um desafio para enfrentar e precisa libertar seu corpo físico de sentimentos fortes que se solidificaram nele. Despeça-se da antiga Laudicéia, porque está na hora de mudar seu comportamento. Se você conseguir fazer isso, tenha certeza de que dará um passo largo no caminho de sua evolução e colocará toda a sua força para fora em uma explosão. Alegria, minha amiga! É assim que combatemos doenças. Com alegria!

— Beatriz tem razão. O que a senhora sente não é o sintoma da morte se aproximando! Seus sentidos estão lhe dizendo que está na hora de colocar sua força para fora, mãe. Lute! Derrote essa doença que está roubando sua vitalidade e sua saúde! — implorou Aline.

— Laudicéia, não me deixe aqui sozinho! Eu preciso de você ao meu lado. Mude seus pensamentos! É muita imaginação, não? Você poderia ser escritora, pois é muito criativa!

— Tudo bem! Vocês venceram! Não falarei mais em despedidas. Se estão me convocando para uma guerra, eu aceito. Serei um general estrategista! Vamos à luta contra a doença, mas lhes aviso que morrer não significará que perdi a guerra. Se isso acontecer, terei perdido apenas uma batalha, contudo, terei conseguido me libertar de todos os males que assolam minha saúde — disse Laudicéia triunfante.

— Eu desisto! Você é teimosa, Laudicéia! Não fale mais em morte! Você não nos deixará tão cedo, mulher! — falou César irritado.

Doutor Roberto entrou no quarto acompanhado de dois médicos. Laudicéia seria examinada por um oncologista e um pneumologista.

Gentilmente, Beatriz pediu que todos se retirassem do quarto. Atílio percebeu que César estava nervoso e levou-o para a lanchonete do hospital.

CAPÍTULO 54

Sentados a uma mesa da lanchonete, César desabafou com o Atílio:

— Ela me deixou com uma sensação de culpa desagradável! Sei que não fui o melhor dos maridos, mas, com o aprendizado que tive, não agiria da mesma forma com ela. Essa culpa não me cabe. Eu errei sim, mas quem não errou?

— Sei o que está querendo me dizer, papai. Eu também me senti culpada por minhas falhas, que foram graves. Sei que não foi nada fácil conviver com uma filha que desejava morrer o tempo todo. Mamãe guardou muita mágoa por tudo o que a fiz passar.

— Os dois precisam reagir, pois carregar essa culpa não melhorará a vibração pesada que se formou em nossa família. Dona Laudicéia está atravessando um período de conflito e enfrentando o desafio que a vida impôs para seu aprendizado — Atílio afirmou.

— O que uma doença como essa pode ensinar a alguém, Atílio? — questionou César.

— Pode ensinar muito! Duvido que as pessoas que enfrentaram um câncer não tenham se modificado. Tenho certeza de que pararam para olhar para si mesmas. Imagino que, quando alguém corre risco de morrer, os valores que considera importantes se modificam. As pessoas começam a dar valor às pequenas coisas: a um sorriso, um abraço sincero, enfim, ao que realmente tem valor nesta vida.

— Tem razão, mas Laudicéia sempre foi uma mulher forte e deu valor a essas coisas. Ela é a única pessoa que conheço que acorda dando bom-dia até para as plantas de nosso jardim.

Aline começou a chorar ao imaginar que a mãe pudesse realmente deixá-la.

— O que é isso, amor?! Seque essas lágrimas! Sua mãe ficará bem e sairá dessa, pois é uma guerreira.

— Essa guerreira não quer mais viver, Atílio! Conheço quando alguém desiste da vida. Não se esqueça de que passei a juventude querendo partir. Ela está com o olhar cansado e muito desanimada conosco. Parece que o passado ressurgiu na mente dela, e eu sei que fiz minha mãe sofrer muito. Eu também sofria...

— Não falemos mais sobre esse passado triste, filha. É melhor reagirmos. Não quero vê-la novamente deprimida. Quer um suco de laranja e um misto quente? Não comemos nada, e estou ficando com fome — disse César, tentando amenizar o desânimo que abalara a todos.

— Vou fazer o pedido no balcão. O que deseja comer, amor?

— Nada! Eu não quero nada. Não tenho fome.

— Se quiser ficar aqui a noite toda esperando o resultado da cirurgia, seria melhor que se alimentasse. Quero vê-la forte, minha querida.

— Tudo bem, papai. Atílio, poderia me trazer um lanche com queijo? Não quero mais nada.

Atílio foi até o balcão, e Aline ficou sozinha com o pai. O olhar de César estava perdido em um ponto da lanchonete. Aline tocou na mão do pai para trazê-lo de volta e disse:

— Papai, ela ficará bem.

— Eu nunca havia visto sua mãe tão debilitada! Ela sempre foi meu porto-seguro. Durante o trabalho de parto que a traria ao mundo, tive medo de perdê-la devido a complicações, e ela, segura e forte, como sempre se mostrou, me disse: "Estou bem, tudo vai dar certo. Ore para que eu tenha um bom parto em vez de ficar preocupado comigo e com o bebê!".

— E eu nasci cheia de defeitos, que trouxe de vidas passadas. Papai, o senhor me perdoa por tudo o que fiz vocês passarem? Eu era uma tola e somente pensava em uma forma de fugir desta vida! Até perdi as contas de quantas vezes tentei o suicídio.

— Não quero falar sobre isso, filha. Passou! É melhor nós dois reagirmos, ou Atílio pensará que somos dois fracos e dirá que não aprendemos nada nesta vida. Vou lhe contar um segredo, querida. Sou um homem aparentemente forte, decidido e com certa austeridade para me impor, mas quem sempre me colocou de pé e me chamou para a realidade foi Laudicéia.

— Vou lhe contar um segredo, papai. Essa mulher é nosso porto-seguro. O que faremos se ela nos deixar?

Aline começou a chorar, e César secou algumas lágrimas que rolaram dos olhos da filha. Atílio voltou para a mesa com uma bandeja nas mãos e questionou:

— Que tristeza é essa, gente?! Reajam! Dona Laudicéia ficará bem! Essa energia que estão emanando para ela é horrível! Nem sabemos direito o que ela tem!

— Querido, mamãe tem câncer nos dois pulmões! Essa doença é muito grave.

— Não sabemos se esses nódulos são malignos... Ainda farão a biópsia do tecido. Esse desespero todo não fará bem para minha sogra, por isso lhes peço mais uma vez força e equilíbrio.

Atílio serviu o lanche e distribuiu o suco à esposa e ao sogro. César secou os olhos e calou-se enquanto tomava alguns goles de suco de laranja. Ele sentia que a pressão arterial estava elevando-se novamente.

Eles comeram em silêncio e retornaram à sala de espera. Beatriz apareceu e chamou-os para conversarem com o oncologista.

Em silêncio, os três acompanharam a enfermeira, sentindo o peso da vibração negativa que estava no ar. Beatriz também sentiu, contudo, não disse nada. Ela sabia que todos estavam nervosos e que não adiantaria tentar melhorar a situação com conversas mais animadas, pois haviam escolhido permanecer naquele estado lamurioso.

Beatriz deixou-os na sala, e doutor Roberto apresentou o colega de profissão formalmente:

— Esse é meu amigo Lúcio Bittencourt, especialista em oncologia pulmonar.

O médico apertou as mãos dos três, expôs as imagens da ressonância magnética de Laudicéia, explicou com detalhes sobre cada nódulo que aparecia nas imagens e mostrou suas ramificações, que subiam para as vias respiratórias. Um ponto muito pequeno, em formato de uma cabeça de alfinete, estava começando a se formar ali. Era possível ver o quanto a doença se espalhara.

— Doutor Lúcio, eles estão por todos os lugares! É possível limpar todos esses pequenos nódulos do corpo de minha mulher?

— Farei o melhor que puder. Retirarei os nódulos maiores na cirurgia, mas já lhes aviso de que terei de extrair o pulmão direito. Depois, atacarei os menores com radioterapia e quimioterapia para derrotarmos essa doença. Será uma guerra, e espero contar com a família para me ajudar a fazer a paciente reagir positivamente ao tratamento. É preciso deixá-la o mais alegre possível.

— Doutor, faremos de tudo para colocar um sorriso nos lábios de minha esposa, mas não sou um homem engraçado — disse César.

— Aqui no hospital, temos uma enfermeira de ótimo humor, que vibra positivamente e cuidará de Laudicéia.

— Beatriz poderia cuidar dela? Ela é animada e tem o riso fácil — disse Atílio.

— Doutor Lúcio, os tumores são muitos e estão espalhados pelas vias respiratórias. Não há como retirá-los na cirurgia? — perguntou Aline.

— Infelizmente, não. Eu teria de realizar uma raspagem em toda essa área da garganta e da traqueia. Como seria uma intervenção extremamente dolorosa para a paciente, indico a quimioterapia e radioterapia como tratamento para esse caso.

— Qual é o risco de minha esposa nos deixar nesta cirurgia?

— Não negarei, senhor César, de que existe um risco de 70% de ela apresentar complicações durante o procedimento.

— Esse risco é muito alto! É melhor não operar — disse Aline aflita com a resposta do médico.

— Se não realizar a cirurgia, a paciente terá apenas mais cinco dias de vida. O câncer é agressivo, e nós temos de agir rápido. Pedi que preparassem uma das salas de cirurgia — disse doutor Roberto.

— Fiquem tranquilos que nós faremos tudo o que estiver ao nosso alcance para salvá-la. Tenham fé e autorizem a cirurgia, mesmo que riscos existam.

— Assine, papai! Estou com o senhor nesta decisão. Se mamãe não for operada, ela nos deixará. Coloque tudo no comando de Deus, e o melhor será feito para mamãe!

— E se Deus decidir que o melhor para Laudicéia... é nos deixar e voltar para casa, exatamente como ela nos disse?!

— Então, seremos fortes e daremos o exemplo do que é ser um espírita. Entregue para Deus, pois Ele sabe o que é melhor para nós. Assine a autorização, papai.

César olhou para o papel que estava na sua frente e voltou os olhos para o resultado dos exames. Uma lágrima rolou por sua face, mas, por fim, ele tomou a caneta na mão e assinou a autorização para que a cirurgia fosse realizada.

— Fez a escolha certa, meu amigo. O melhor será feito. Laudicéia está em ótimas mãos.

Atílio e Aline agradeceram os médicos pelos esclarecimentos e levaram César para a sala de espera novamente. O movimento no quarto de Laudicéia começou, e César e Aline tentaram ficar calmos.

Atílio procurou por Beatriz para pedir à enfermeira que deixasse a família visitar Laudicéia antes da cirurgia. Beatriz compreendeu o que Atílio temia e permitiu a visita.

Diante de Laudicéia, Aline e César tentaram se controlar, mas Laudicéia estava atenta ao semblante dos dois e disse:

— Não chorem! Eu estou bem. Cuidem um do outro e parem de chorar! Não fui inocente, pois sabia que, se não conseguisse curar as feridas do passado, teria de carregar um peso depois. Essa conta chegou, contudo, tenho certeza de que me curarei deste mal. Sou a única responsável pelo que me aconteceu. Tive a chance de me livrar do peso negativo que carregava na época em que passei por terapia, contudo, não consegui me libertar completamente do passado. Sou a única responsável por isso. Talvez, se tivesse me esforçado mais, teria conseguido. Cuidem bem de Murilo na minha ausência — e, voltando-se para Atílio, pediu: — Diga a Agnes, a Ricardo e a Ângelo que sinto por eles um amor profundo. Atílio, meu querido genro, eu também te amo. Cuide desses dois chorões que eu amo.

Laudicéia estava com dificuldade para se expressar. Quando ela retirava o respirador para falar, o ar lhe faltava. Beatriz empurrou a maca em direção à saída, e César tentou beijar o rosto da esposa. Beatriz deteve-se por um instante, e ele pôde beijar a esposa nos lábios rapidamente. Aline e Atílio também depositaram beijos na testa de Laudicéia, que foi levada à sala de cirurgia. César e Aline choravam copiosamente.

CAPÍTULO 55

A madrugada agitada do hospital dera espaço ao raiar de mais um dia ensolarado em Curitiba. Cinco horas passaram-se, e a cirurgia ainda não terminara. Aline conseguira pegar no sono aconchegada nos braços de Atílio, mas César continuava acordado, caminhando de um lado para o outro dentro da sala de espera. Ele perdera as contas de quantas voltas dera naquele longo corredor.

Beatriz passou na sala de espera, trazendo café e bolachinhas. Ela tentava deixá-los mais calmos durante a cirurgia. O cirurgião previra que a intervenção duraria três horas, mas o relógio avisava que cinco horas já haviam se passado. César perguntou à enfermeira:

— Você tem alguma notícia do centro cirúrgico? Por que está demorando tanto para terminar? Isso não está me parecendo um bom sinal.

— Fique calmo, César. Em breve, teremos notícias de Laudicéia. A cirurgia deve estar terminando.

— Pode entrar lá e descobrir o que está acontecendo, por piedade? Meus nervos não suportam mais essa demora.

— Não posso entrar na sala de cirurgia, mas pedirei notícias a uma colega.

— Eu lhe agradeço muito a ajuda, Beatriz. Quem sabe com alguma notícia boa, essa pressão que sinto em meu peito diminua? Estou muito ansioso e nervoso.

— Melhor aferir sua pressão arterial. Seu rosto está avermelhado.

Atílio acordou e perguntou para Beatriz:

— Tem alguma notícia? A cirurgia terminou?

— Ainda não. César está muito agitado! Cuidem dele.

Beatriz foi apanhar o aparelho para aferir a pressão de César no balcão de enfermagem no andar de baixo e voltou com o medicamento que a médica do pronto-socorro prescrevera para César. A enfermeira aferiu a pressão dele, constatou que novamente estava alta, e o fez tomar o comprimido. Depois, conduziu-o ao sofá da sala de espera para que ele pudesse descansar.

Beatriz pressentia que algo estava errado na sala de cirurgia, e Atílio compartilhava do mesmo pressentimento. Ele deixou Aline cochilando no sofá ao lado do pai e foi falar com Beatriz. Ela caminhava em direção ao centro cirúrgico.

— Minha amiga, espere. Estou sentindo um aperto no peito! Há algo errado, não é verdade? Minha intuição está me dizendo que algo muito errado está acontecendo.

— Eu sinto o mesmo. É melhor não comentar com os outros, mas uma equipe de médicos do hospital entrou no centro cirúrgico. Não sei se foram para a mesma sala onde estão operando sua sogra.

— Meu Deus! Essa demora é angustiante. Já tentei de tudo para me manter calmo e equilibrado... Se o pior acontecer, não sei como ajudarei pai e filha.

— Peça ajuda aos espíritos superiores. O caso de Laudicéia não é simples, pois o câncer é agressivo e se espalhou velozmente pelos pulmões e por outras áreas do corpo dela. Talvez, seja essa a razão para a demora! Os cirurgiões estão tentando retirar as metástases. Espere no corredor. Irei até o centro cirúrgico para falar com a enfermeira instrumentista. Trarei notícias, meu amigo.

Beatriz ficou vinte minutos dentro do centro cirúrgico e, quando retornou à sala de espera, encontrou Atílio ansioso andando de um lado ao outro no corredor. Ao olhar para o rosto da enfermeira, Atílio notou o semblante preocupado de Beatriz e esperou pelo pior.

— Não tenho boas notícias, Atílio. Os cirurgiões continuam lutando pela vida de sua sogra. Ela teve três paradas cardíacas durante a cirurgia e foi preciso ressuscitá-la com o desfibrilador.

— Isso não é nada bom!

— São muitas as metástases e elas estão espalhadas pelo sistema respiratório. Sinto muito, meu amigo... Se Laudicéia sair com vida da cirurgia, terá de lutar contra um inimigo cruel e voraz. As células cancerígenas se espalharam pela corrente sanguínea.

— Ela ainda tem chances de ficar curada?

— As chances são quase nulas, mas para Deus nada é impossível. Somente um milagre restabelecerá a saúde de Laudicéia.

— É tão grave assim?

— Estão fazendo o que podem. Eles precisam fechar a incisão, e o coração de Laudicéia não suporta uma nova sedação. Estão fazendo isso agora mesmo. Eles a levarão ao pós-cirúrgico, e veremos como ela reagirá.

— O que direi para Aline e meu sogro?

— Não diga nada ainda. Deixe que doutor Roberto converse com eles.

Atílio retornou para a sala de espera, e, pouco depois, doutor Roberto foi ao encontro deles. Ao lado dele estava o oncologista. César pulou do sofá e perguntou:

— Como ela está, doutor?

— Serei franco com vocês... Laudicéia teve complicações durante a cirurgia. Sofreu três paradas cárdicas. Quanto ao câncer, doutor Lúcio explicará.

— Um dos pulmões de sua esposa foi extraído e do outro foram retiradas várias metástases. As vias respiratórias também apresentaram metástases, e não foi possível retirar todas. O coração não suportaria mais sedação.

— Doutor, ela conseguirá sobreviver sem um dos pulmões?

— Sim. Ela terá de usar um cilindro de oxigênio para onde for, mas isso é fácil de resolver. Laudicéia agora está no pós-cirúrgico, e temos de esperar para ver como ela reage. Em vinte e quatro horas, quero dar início à radioterapia e à quimioterapia. Não poderemos esperar que ela fique mais forte para atacar as células doentes.

— Doutor, o coração de minha esposa conseguirá suportar esse tratamento?

— Não tenho como responder a essa pergunta, César. Se ela não lutar pela vida... não haverá mais nada que possamos fazer. A força deve vir dela.

— Doutor, por favor, cure minha esposa. Não sei o que será de minha vida sem ela.

— Esse apego todo não lhe fará bem, César. O melhor a fazer é manter o equilíbrio e a fé.

Aline não conseguia perguntar nada aos médicos, pois sua voz estava embargada pelas lágrimas que rolavam em abundância por sua face. Os dois médicos aconselharam a família de Laudicéia a ir para casa descansar um pouco, pois não teriam mais nada para fazer ali, a não ser emanar energias positivas a ela.

Atílio levou Aline para a casa dos pais, e ela deitou-se em seu antigo quarto. César foi tomar banho.

Atílio atravessou a rua e foi para a padaria conversar com Ricardo sobre o estado de Laudicéia. Ricardo achou melhor dar notícias para Agnes e ligou para ela.

Agnes deixou os meninos no colégio e um aviso na secretaria da escola de que Aline não compareceria ao trabalho naquele dia. Depois, seguiu para o ateliê e esperou que Aline ligasse dando notícias de sua querida amiga Laudicéia.

— Você tem certeza de que o caso é grave, Ricardo?

— Sinto lhe dizer que é muito grave! Seu irmão está aqui e me contou sobre o estado de nossa amiga. Acho que devo ligar para minha mãe. Você quer falar com Atílio?

— Passe o telefone para ele. Um beijo, amor.

— Beijo.

— Oi, Agnes. Tudo bem? Agnes, muito obrigado por cuidar de meu filho.

— Não foi nada! Murilo não deu trabalho. Atílio, o que Ricardo disse é verdade? Laudicéia realmente está muito mal? Ela sempre foi tão forte! Estamos torcendo para que ela se recupere rapidamente, mas confesso que senti um aperto no peito. Isso não é um bom sinal! Sinto que uma tempestade está a caminho! Meu irmão, Aline e César precisarão muito de nosso apoio. Às vezes, detesto essa minha intuição forte.

— Eu também sinto que minha sogra não tem muito tempo.

— Seria melhor ligarmos para mamãe e para Arthur e pedirmos que voltem para o Brasil, pois não sabemos quando ocorrerá o desencarne de minha amiga. Acho que vou passar no hospital. Será que me deixarão visitá-la? — perguntou Agnes.

— Se você for rápido, ainda pegará a enfermeira Beatriz por lá. Se apresse. Ela ainda deve estar de plantão.

— Farei isso, fique bem. Ricardo buscará os meninos na escola.

— Ótimo, tenho que passar no escritório e não terei tempo para cuidar de Murilo. Aline e César não serão boas companhias para eles, pois estão cansados. Tivemos uma noite muito ruim.

— Você também não dormiu nada, Atílio! Pelo seu tom de voz, é possível perceber que está cansado. Prometa que descansará depois do almoço. Ah! Hoje é aniversário de Murilo, e Ricardo mandou o confeiteiro preparar um bolo para ele. No fim da tarde, cantaremos parabéns para Murilo na padaria. Se puder, compareça.

— Com toda essa loucura, eu havia me esquecido disso! Obrigado por me lembrar. Vocês são incríveis! Tentarei levar Aline e César e prometo que descansarei mais tarde. Um beijo, minha irmã.

— Outro, querido.

Mais tarde, conforme fora combinado, todos se reuniram na padaria para abraçar Murilo. Apesar de não haver clima para festa, o menino ficou feliz com a presença da família e com a bicicleta que ganhara de presente de César.

CAPÍTULO 56

No dia seguinte, notando a ausência de Laudicéia e a estranha movimentação na casa da vizinha, Renê foi até a padaria tentar descobrir o que estava acontecendo e encontrou Ricardo trabalhando no caixa. Ela perguntou:

— Ricardo, você sabe o que está acontecendo na casa de Laudicéia? Não a tenho visto. Está tudo bem? Tenho notado que ultimamente ela anda um pouco abatida.

Em poucas palavras, Ricardo contou a Renê sobre a cirurgia de Laudicéia, afirmou que ela estava bem e acalmou a anciã, que ficara abalada com a notícia de que a amiga estava com câncer.

Apesar de se preocupar sinceramente com a amiga, Renê não perdera o hábito da fofoca. Desta forma, a notícia da enfermidade de Laudicéia espalhou-se rapidamente pela vizinhança. Mesmo sentindo a energia densa que atraía para si, Renê não perdia o hábito de falar sobre a vida alheia.

Durante a cirurgia à qual Laudicéia fora submetida, o espírito da mulher deixou a sala, caminhou pelo corredor, foi até a porta do elevador, mas não entrou nele. Deu alguns passos, retornou ao caminho que percorrera e encontrou César, Aline e Atílio na sala de espera. Laudicéia ainda sentia dores nas costas e respirava com dificuldade, pois essa era a sensação que a doença de seu corpo físico trouxera ao seu espírito.

Ao entrar na sala de espera, Laudicéia sentiu um forte impacto de vibração negativa, pois seus familiares estavam nervosos e angustiados. Ela abraçou Aline tentando acalmá-la, mas nada conseguiu. Então, segurou o braço do marido, sentiu seu estado perturbador e tomou um choque com a energia desagradável que César emanava.

Laudicéia aproximou-se do genro, que, entre os três, era o único que se mantinha calmo e equilibrado. Por estudar os fenômenos da espiritualidade, ela sabia que estava fora do corpo e mantinha sua consciência com um pouco de lucidez. Havia momentos em que Laudicéia tinha certeza de que estava em um sonho confuso.

Laudicéia tentou permanecer ao lado da família, mas começou a ficar aflita naquele ambiente. Ela saiu de lá, retornou para a sala de cirurgia e permaneceu no mesmo local até notar uma luz forte iluminar o teto da sala, como se ele se abrisse. Laudicéia assustou-se, pois pensou que desencarnara no momento em que o desfibrilador dera choques em seu peito. Ela sentiu seu coração parar no corpo físico e uma sensação agradável de paz tomar conta de seu ser. Olhou para a luz que descia sobre seu corpo físico e foi atraída por ela, como se um ímã a puxasse. A lucidez de Laudicéia ampliou-se, e ela viu o túnel que se abrira no teto. De repente, notou que estava em outro ambiente, que não era mais a sala de cirurgia. Atravessou esse caminho iluminado e saiu em um lindo jardim em outra dimensão.

Tudo ali era agradável, e uma sensação de paz e alegria a invadiu. Laudicéia olhou as flores no magistral canteiro à sua frente e, um pouco mais à frente, avistou um pequeno lago de águas límpidas. Do outro lado, havia um canteiro de flores amarelas e bancos confortáveis, que a convidavam para um momento de descanso à margem do lago. Laudicéia não perdeu tempo e apressou-se a cruzar uma pequena ponte para chegar a um dos bancos. Ela acomodou-se confortavelmente em um deles, olhou para cima e encantou-se com o esplendor das cores que pintavam o céu, como se ela estivesse embaixo de um arco-íris que repousava seus tons sobre o lago. Essa visão era magnífica.

Laudicéia não desejava afastar-se daquele lugar belo e agradável. Ela aproximou-se da água, molhou os pés no lago e sentiu a vibração forte de algumas cores. Seu conhecimento sobre energias dava-lhe a certeza de que estava diante de forças energéticas positivas, que poderiam restabelecer a saúde de seu espírito. Ela ainda trazia a impressão da doença do corpo físico.

Ainda com os pés dentro d'água, Laudicéia notou a presença de uma jovem mulher que se aproximava lentamente. Ela, então, retirou rapidamente os pés do lago e esperou que a mulher lhe dirigisse reprimendas por ela estar na água. Para sua surpresa, no entanto, à medida que o espírito chegava mais perto, ela reconheceu aquele rosto de sua infância. Laudicéia não esperou que a jovem mulher desse mais alguns passos e correu emocionada e de braços abertos ao encontro dela. Envolvendo a outra em seu abraço, espremeu a mãe de outrora, que tanto amava. Estava muito saudosa.

— Você está linda! Que saudade senti da senhora, minha mãe amada!

— Também senti saudades, querida. Que bom estar próxima de você novamente.

— Mãe, eu fiz a passagem? Estou de volta ao mundo dos desencarnados?

— Ainda não, Laudicéia. Você continua encarnada. Veja o fio prateado. Ele ainda está ligado ao seu corpo físico.

— Então, terei que voltar para lá?! Não quero! Eu sentia dores fortes nas costas. Não quero voltar! Aqui é tão agradável! Me sinto leve e feliz! Chega de sofrer! Não voltarei para lá.

— Acalme-se, querida! Seu prazo de reencarnante está terminando.

— Quer dizer que poderei ficar aqui ao seu lado... para sempre!?

— Não é bem assim, querida. Sei que a vibração é agradável, que você se sente leve e em paz, mas esta não é sua morada.

— Onde estou?

— Sei que você se dedicou ao estudo da espiritualidade e fico feliz que tenha se interessado em ampliar seus conhecimentos, pois isso facilita muito sua lucidez. Espero que compreenda o que tenho a lhe dizer, Laudicéia.

— Pode dizer, mamãe.

— Querida, não sou mais sua mãe. Nós tivemos esse laço de parentesco na última experiência terrena, e eu sinto por você um amor verdadeiro! O laço de amor e amizade que tivemos no passado não foi abalado. Quero seu bem, minha amada irmã, contudo, as nomenclaturas familiares se rompem quando as reencarnações terminam. Faço parte do mesmo grupo familiar reencarnante.

— Compreendo. Pareço uma tola me comportando como uma criancinha indefesa.

— Não menospreze seus sentimentos, Laudicéia, pois o amor nos une. Você não está indefesa e também não é uma criancinha. Aqui, todos nós somos adultos responsáveis por nossas escolhas.

— Doutor Carlos me alertou sobre os malefícios de não me libertar do peso negativo que permiti fazer parte de minha jornada. Juro que tentei me livrar disso, mas não consegui.

— Gostaria de lhe dizer que você é bem-vinda e que está de volta para retomar seu plano de evolução, contudo, ainda não posso lhe dar boas-vindas.

— Não quero voltar para o hospital! Aqui é tão agradável.

— Você precisa retornar, Laudicéia, pois ainda não terminou sua jornada.

— Eu sentirei dores?

— Não, pois seu corpo físico estará em um sono letárgico. Mantenha-se no positivo para não sofrer com as dores.

— O que está acontecendo comigo? Estão me puxando de volta.

— Acalme-se! A cirurgia terminou. O desfibrilador fez seu coração voltar a bater. Você não ficará lúcida o tempo todo.

— Não quero voltar para lá!

— Querida, até mais tarde. Estarei à sua espera. Serei sua cicerone em seu regresso. Muriel designou-me para essa tarefa. Se precisar, pode me chamar. Iolanda é o nome que escolhi.

O espírito de Laudicéia foi puxado de volta para a sala de cirurgia. Doutor Roberto sentiu que ela estava de volta e tentou acalmá-la dizendo mentalmente:

— Está tudo bem, Laudicéia. Se puder, desperte seu corpo físico. Lute para viver e vencer essa doença. Você tem forças para vencer esta batalha.

O espírito de Laudicéia tentou responder para doutor Roberto, mas achou melhor ficar calado. Ela não queria dizer que não desejava voltar para a vida física e sentiu o peso da densidade. Nesse momento, a mente de Laudicéia perdeu a lucidez que sentira na outra dimensão. Ela queria sair dali, mas não se recordava de como conseguira deixar aquela sala.

Laudicéia acompanhou a maca que a retirou do centro cirúrgico e ficou emocionada quando encontrou Aline, César e Atílio do lado de fora da sala. Ela acabou ligando-se com a energia densa que eles estavam vibrando, sentiu dores fortes nos pulmões e percebeu que um pedaço de seu corpo não estava mais lá. Quando chegou à sala do pós-operatório, Laudicéia ficou assustada ao ouvir o comentário da enfermeira e desejou sair dali. O fio prateado, contudo, não permitia uma longa distância naquele instante de perturbação mental. Notando que Laudicéia ficara agitada, Muriel intercedeu nesse momento conturbado, enviando uma equipe de enfermeiros espirituais que ofereceu a ela um copo com um líquido verde-claro. Ela bebeu e conseguiu relaxar sobre o corpo físico. Notando que não estava sozinha naquela luta, adormeceu tranquila.

Vinte e quatro horas depois da cirurgia, Laudicéia não reagiu aos estímulos dos médicos e não acordou. Ela entrara em coma profundo e foi transferida para a UTI.

A família visitava Laudicéia no hospital várias vezes na semana, e Aline retomara sua rotina no colégio. César tentava manter-se equilibrado, mas a solidão de não ter a esposa em casa o feria profundamente. Em todos os cômodos ele sentia a presença de Laudicéia, pois era ela quem sempre cuidava da casa com esmero. Acordar sabendo que, mais uma vez, a esposa não prepararia o café da manhã o fazia chorar ao abrir os olhos e ele não se importava de ficar com os olhos vermelhos e inchados diante do neto.

O carro que trazia Murilo do colégio estacionou em frente à porta da casa de César, que tentou secar as lágrimas para receber o neto. Ele abriu o portão e pegou Murilo pela mãozinha, conduzindo-o para dentro de casa. O menino acenou para se despedir dos colegas do transporte escolar, enquanto o avô fechava o portão. O motorista manobrou o automóvel na rua e estacionou-o diante da padaria para que Ângelo pudesse desembarcar do veículo.

Vendo o primo do outro lado da rua com Ricardo, Murilo comentou:

— Vovô, posso brincar com meu primo depois do almoço?

— Não, querido. Hoje, nós vamos visitar a vovó no hospital.

— Minha mamãe disse que crianças não podem entrar em hospitais para visitar os doentes. Não me deixarão entrar, vovô.

— Hoje, permitirão sua entrada. Nós daremos um jeito nisso. Você quer ver a vovó?

— Quero. Estou com saudade dela! Vovô, um dos meus amigos disse que os avós morrem primeiro que os pais. Isso é verdade? Minha avó está morrendo? Ele disse que o avô dele ficou doente, foi para o hospital e não voltou mais para casa. Depois, me contou que o levaram ao cemitério e o deixaram dentro de um buraco embaixo da terra.

— Sua avó não morrerá tão cedo, Murilo. Ela ainda verá seus filhos nasceram antes de nos deixar.

— O senhor está muito triste, vovô. Andou chorando?

— Estou com saudade de minha amada esposa, pois ela me faz muita falta. A casa está vazia sem Laudicéia.

— Não chore, vovô! Eu estou aqui. O senhor não está sozinho. Vamos almoçar e depois visitar a vovó no hospital.

Murilo sentiu a tristeza do avô e tentou fazê-lo sorrir com suas brincadeiras engraçadas. Os dois entraram no sobrado e subiram para que Murilo pudesse tirar o uniforme escolar e vestir uma roupa para sair com César depois do almoço.

César ficou parado no topo da escada olhando para a sala, desejando que Laudicéia estivesse com eles ali, até que Murilo apareceu vestido com outra roupa e chamou diversas vezes pelo avô, que estava com a mente longe e não escutou as palavras do menino.

Murilo desceu as escadas, passou pelo avô e foi para a cozinha. Abriu a geladeira, retirou de lá os pratos de comida que a mãe deixara prontos e colocou-os no micro-ondas para esquentá-los. Depois, pôs uma toalha sobre a mesa, dispôs os talheres e os copos para o avô e para si e pegou o suco de laranja que estava em uma jarra de vidro na geladeira. O garotinho quase deixou a jarra cair devido ao peso que não suportava carregar com suas mãozinhas.

O menino voltou para a sala e chamou César, que continuava parado, perdido entre lembranças. Murilo percebeu que o avô não estava ouvindo seu chamado, então, segurou-o pela mão e levou-o lentamente para a cozinha, fazendo-o sentar-se na frente do prato de comida quente. Ele disse:

— O senhor precisa comer tudo, vovô, para ficar forte e ajudar a vovó a voltar para casa. Não chore... coma tudo. Esse almoço está delicioso, e eu estou com muita fome.

— Desculpe, querido. Não tenho fome. Eu deveria cuidar de você, mas hoje os papéis se inverteram. Obrigado por ser tão bom para o vovô, querido.

— Posso dirigir seu carro para levá-lo ao hospital?

César tentou abrir um sorriso com a brincadeira de Murilo, mas acabou fazendo uma careta que o neto achou engraçada. O menino, então, soltou uma gargalhada que encheu o ambiente com sua agradável presença de espírito. Aos poucos, a vibração foi se transformando, e César melhorou o ânimo.

Depois de almoçarem, Murilo empurrou uma cadeira até encostar na pia da cozinha, subiu nela e foi lavar os pratos do almoço. César tentou ajudá-lo, mas o menino impediu-o dizendo:

— Suba até seu quarto e troque de roupa. Não fica bem ir ao hospital vestido com esse pijama listrado.

César não percebeu que não trocara de roupa ao se levantar da cama. Logo ele, que nunca gostou de ficar de pijama andando pela casa. Ele sempre usava ternos com caimento perfeito, camisas impecavelmente passadas e gravatas de seda, e Laudicéia deixava a roupa do marido em perfeito estado para ser usada diariamente.

Ele acabou recordando-se de que criticava a esposa quando encontrava um amassado na camisa e agora se via como um velho trajando um pijama listrado, em um início da tarde. César subiu as escadas e foi procurar um terno azul marinho de que muito gostava e uma camisa branca, no entanto, ao vasculhar todos os cabides, não encontrou a camisa. Murilo ajudava o avô nessa busca, e, quando entrou no banheiro da suíte, acabou encontrando a camisa dentro do cesto de roupas sujas.

— Achei, vovô!

— Onde estava?

— No cesto de roupas sujas do banheiro. Não brigue com a vovó. Ela não lavou e passou sua camisa predileta.

— Não brigarei com ela por essa bobagem, querido. É melhor escolher outra camisa.

— Promete que não brigará? Ela está doente e não pode deixar tudo em ordem como sempre.

— Tem razão, querido. Vejo que me tornei um velho ranzinza com sua avó. Fui um tolo! Poderia tê-la tratado com mais delicadeza, porém, estava sempre implicando com ela e com as coisas que Laudicéia fazia nesta casa.

— Ela ficava triste quando você falava alto e esbravejava, vovô. Eu ficava com medo, e Ângelo também.

— Sua avó tem muita paciência comigo, querido. Quanta ignorância em um homem só! Desculpe-me por deixá-lo com medo.

Prometo que não gritarei mais com sua avó, com você e com sua mãe. Não tenho sido o melhor marido, o melhor pai e o melhor avô que eu poderia ser. Acho que errei em todos esses requisitos.

— O que é esquisito, vovô?

— Não é esquisito, querido. Eu disse requisito. É uma exigência básica para alcançar um propósito, um objetivo. Quis dizer que me faltou o básico para ser melhor do que fui como avô, pai e marido. Compreendeu?

— Mamãe me ensinou que não é bom se criticar, pois abrimos portas para que coisas ruins aconteçam com a gente, e não quero que nada de ruim aconteça com o senhor.

— Sua mãe está certa. Nós aprendemos muito com doutor Carlos, que é um homem muito sábio e bom. Ele trouxe sua mãe de volta para nós.

— Ela tinha se perdido, vovô? Não sabia o caminho para voltar para casa? Esse Carlos a trouxe de volta?

— Digamos que foi isso mesmo que aconteceu a ela. Esse homem sábio e bom trouxe sua mãe de volta para casa.

— O que aconteceu para ela desobedecer aos adultos?

— Sua mãe ficou muito triste quando Rômulo, o noivo dela, morreu em um acidente de carro na estrada.

Murilo ficou aflito ao ouvir o nome de Rômulo e a causa da morte dele. O rosto do menino ficou vermelho e as mãozinhas trêmulas.

Depois que citou o nome de Rômulo, César voltou os olhos assustados para o neto e percebeu que o menino estava alterado. Ele, então, saiu de frente do guarda-roupa, fez o garotinho sentar-se na cama e perguntou:

— Você está bem?

— Não sei o que me deu, vovô! Não gosto quando fala em acidentes de carro! Às vezes, sonho que estou dentro de um carro e que caio de uma montanha. Aí, tudo gira, e eu acordo antes que o carro atinja o chão. Não gosto desse pesadelo. Quando o senhor falou do acidente, me lembrei do pesadelo e fiquei nervoso! Eu quero minha mãe, vovô.

— Desculpe, querido! Não sabia que você tinha esses pesadelos. Não fique nervoso. Está tudo bem! Você e eu estamos seguros e confortáveis aqui neste quarto. Esqueça esse pesadelo desagradável.

— Eu tento, vovô! Mamãe disse que isso nunca mais acontecerá comigo e que tenho uma lembrança de uma vida passada. Ela disse que morri dessa forma.

— Aline contou isso para você?!

— Contou! Ela disse que foi o doutor Carlos quem a aconselhou a me contar sobre minha vida passada, pois, com essa informação, os pesadelos não voltariam a acontecer. E isso aconteceu como o doutor disse. O senhor também conhece essa história do meu passado, vovô?

César percebeu que Aline não entrara em detalhes com o filho e que não lhe revelara que ele fora Rômulo na vida passada.

— Não! Eu não sei de nada, querido. Agora vamos. Quero chegar ao hospital na hora da visita. Pegue os sapatos do vovô na sapateira do corredor.

— Espere um pouco até essa tremedeira passar, vovô. Espere eu me acalmar.

— Fique deitado e relaxe, Murilo. Vou escovar os dentes e me vestir. Encontrei uma camisa azul-clara. Você acha que combina com esse terno?

— Qualquer cor ficará melhor do que esse pijama listrado.

Murilo ficou deitado na cama e acabou pegando no sono, pois estava cansado por ter acordado cedo para ir ao colégio. César ficou preocupado com o estado em que o menino ficou, quando ele mencionou o acidente de Rômulo. Devido a esse incidente, teve certeza de que Murilo era realmente a reencarnação de Rômulo, como Cristina afirmara anos atrás. Ele apenas se questionou por que Aline não contara nada sobre os pesadelos de Murilo.

César pegou Murilo no colo, desceu as escadas carregando-o e colocou-o no banco de trás do carro. Ele queria chegar ao hospital no horário certo e acordaria a criança quando chegasse.

Algum tempo depois, sentindo dores nas costas por carregar o peso da criança, César entrou no hospital com o neto novamente em seus braços. Embalando o garotinho, o homem avistou a esposa através do vidro.

CAPÍTULO 57

Aline entrou no hospital acompanhada de Atílio, Agnes e Ricardo e, quando chegaram à UTI, espantaram-se ao verem César carregando Murilo adormecido em seus braços. Absorto em seus pensamentos, o homem olhava para a esposa através do vidro da UTI.

— O que faz aqui, papai? Por que o senhor trouxe Murilo para o hospital? Não deveria ter feito isso!

— Eu queria visitar sua mãe, e Murilo também queria ver a vovó. Pena que ele dormiu e não conseguiu vê-la.

— Não discuta com seu pai, cunhada. Mantenha a calma. Murilo está bem. César é que não parece estar bem. Cuidarei de meu sobrinho, e você, por favor, cuide de seu pai. Mas tenha calma, pois ele está sofrendo.

— Obrigada, Agnes. Poderia levar meu filho para o ateliê? Depois, passaríamos lá para levá-lo para casa.

Agnes aproximou-se de César com delicadeza e retirou Murilo dos braços dele dizendo:

— Esse meninão deve estar muito pesado. Deixe-me cuidar dele para que o senhor fique mais à vontade e consiga visitar minha amiga querida com calma.

— Obrigado, Agnes. Meu braço já estava doendo e até ficou dormente. Cuide muito bem dele.

— Cuidarei sim. Levarei Murilo para brincar com Ângelo em meu ateliê. Os meninos ficarão bem com uma de minhas funcionárias. Ela adora crianças.

Agnes olhou Laudicéia através do vidro e não gostou da forma pesada como ela estava respirando. Parecia que todo o corpo da amiga enchia-se de ar, estufando o peito ao máximo, para depois descer rápido, quando o ar deixava o pulmão. Ela comentou o que notara com o marido e com o irmão e depois voltou para o ateliê levando Murilo consigo.

Quando chegou ao ateliê, Agnes colocou Murilo no sofá de sua sala, e Ângelo foi correndo ver o que estava acontecendo com o primo.

— Mamãe, ele está bem? Está doente? Sofreu algum acidente?

— Não, meu querido. Seu primo está bem. Eu estava com o vovô César no hospital. Eles estavam visitando a vovó Laudicéia.

— Posso acordá-lo? O vovô César não sabe que não é bom levar crianças ao hospital, quando elas não estão doentes?

— Ele sabe, mas queria visitar a vovó e não tinha com quem deixar Murilo.

Ricardo levou Ângelo para o ateliê de Agnes, e os dois foram para o hospital visitar Laudicéia. Visitá-la três vezes na semana tornara-se parte da rotina do casal.

Ângelo chamou pelo primo batendo a mãozinha de leve no braço de Murilo, que, ao acordar, soube por Agnes como chegara até ali. O menino, então, levantou-se do sofá e foi brincar com o primo no quintal dos fundos do ateliê.

Ao saber que Aline estava visitando Laudicéia, o médico mandou chamá-la. Queria conversar com ela, e uma das enfermeiras de plantão transmitiu-lhe o recado.

Aline e Atílio deixaram Ricardo fazendo companhia para César e não contaram que foram chamados para conversar com o médico. Pela palidez do pai, ela sabia que César não tinha condições de ouvir o que médico queria lhes dizer.

Ao entrar na sala, o casal acomodou-se na frente da mesa, e o médico responsável pela UTI explicou o estado da paciente. Ele mostrou-lhes o relatório do oncologista e do pneumologista que haviam realizado a cirurgia de Laudicéia e todos os exames que foram feitos antes e depois do procedimento. O médico terminou dizendo:

— Bem, vocês estavam cientes de que se tratava de uma cirurgia de risco e... infelizmente, ela não vem progredindo. No quadro clínico em que ela está, se desligarmos a respiração artificial, dona Laudicéia não sobreviverá sem o auxílio do aparelho. Sinto muito.

— Ela sente dor, doutor? — perguntou Aline secando as lágrimas que rolavam por seu rosto.

— Não. Sua mãe está sob efeito de um potente analgésico. É como se estivesse dormindo e não conseguisse acordar.

— Neste caso, poderíamos comparar o quadro em que ela está com a morte, não?

— Sua mãe está em coma profundo, senhora Aline. Nós tentamos de tudo para despertá-la, contudo, não tivemos o menor sinal de que isso possa acontecer.

— O que está dizendo, doutor? O senhor quer desligar o aparelho que mantém minha mãe viva?

— Sem sua autorização, não podemos desligar a máquina, mas devo informá-la de que o cérebro de sua mãe não responde mais aos estímulos. Não existe função cerebral na paciente.

— Mas o coração dela está batendo, doutor! Eu vi no monitor ligado ao peito dela! — disse Atílio ao médico. — Ela está viva!

— Aline, sua mãe está respirando porque permanece ligada ao respirador. O coração continua batendo, mas, como podem ver aqui, toda essa parte do cérebro deveria estar ativa... e não está. Compreendam o que estou lhes mostrando neste exame. Laudicéia não está mais entre nós. Ela não reagiu à cirurgia.

— Não é possível! Meu pai tem esperança de que ela acorde e volte para casa. Você não compreende, doutor! Sem ela, nós perderemos nossa força! Mamãe sempre foi mais forte que nós todos! Não existe um meio de trazê-la de volta?

Aline baixou a cabeça sobre a mesa do médico e chorou sua dor. Saber que a mãe não voltaria do coma a deixou muito frágil.

Atílio perguntou ao médico:

— Quanto tempo teremos até que desliguem os aparelhos?

— Se desejarem doar os órgãos da paciente, eu lhes darei mais uma semana.

— Podemos decidir sobre esse assunto mais tarde, doutor? Eu gostaria de conversar com doutor Carlos. Ele é meu amigo e também do doutor Roberto.

— Sim, eu o conheço. Trata-se de um ótimo profissional. Compreendo. Vocês são adeptos da seita que ele preside.

— Não se trata de seita alguma, doutor! Nós estudamos a melhor forma de viver e como funciona a espiritualidade. Essa nomenclatura tem um tom pejorativo.

— Desculpe-me. Não foi minha intenção ofendê-los. Sou ateu e não sigo dogmas religiosos. Conversem com ele e depois me digam qual decisão tomaram. Se não desligarmos as máquinas, ela ficará vegetando sobre o leito por alguns anos, e não creio que é o que desejam para ela.

Aline deixou a sala do médico furiosa com a forma como ele expusera os fatos, e Atílio achou melhor evitar que César visse a filha naquele estado. Ele caminhou com Aline pelos corredores do hospital e, por sorte, encontraram doutor Roberto acompanhado de doutor Carlos, que passara por lá para tomar um café com o amigo.

Ao ver Aline em prantos, doutor Carlos convido-os a irem à lanchonete.

— Que descontrole é esse, Aline?! Você sabe muito sobre a importância de se manter equilibrada. O que aconteceu para ficar nesse estado? Laudicéia piorou?

— Acabamos de deixar a UTI, doutor. Conversamos com o médico responsável, que afirmou que minha sogra não tem mais atividade cerebral e só está respirando devido às máquinas que estão ligadas ao seu corpo.

— Isso é verdade? Tenho acompanhado o caso por meio de Roberto, e o quadro clínico não era esse! Tem algo errado nisso. Poderia me informar o nome do médico que conversou com vocês? Conheço todos os médicos que trabalham aqui.

— Doutor Sílvio. Eu li o nome dele no jaleco. Ele sugeriu que assinássemos os papéis para doar os órgãos dela. Eu disse que, antes de tomarmos essa decisão, conversaríamos com o senhor a respeito do assunto.

— Fez bem em não assinar nada. Vou passar na UTI. Quero ver os exames que ele lhes mostrou. Há algo errado nessa história. Não fique assim, Aline. O espírito de Laudicéia está presente no quarto. Eu passei há pouco por lá, antes de me encontrar com Roberto, e a aconselhei a ficar calma e lutar pela vida. A ligação entre o corpo e o espírito ainda está firme. Tenho certeza de que ainda não chegou a hora de se despedirem de Laudicéia.

Aline acalmou-se, e doutor Carlos foi até a UTI buscar informações sobre o estado de Laudicéia. Atílio estava preocupado com a esposa, pois sentiu que Aline estava muito apegada à mãe e de uma forma infantilizada. Por tudo que estudara no centro espírita, ele sabia que aquela dependência exagerada não era positiva, afinal, amar era deixar livre. Esse era o lema dos espíritas do centro.

Atílio ofereceu à esposa um pouco de água gelada, que ela tomou lentamente em pequenos goles até ficar mais calma.

Quando Carlos os encontrou novamente no corredor, ele já estava com os exames de Laudicéia em suas mãos e disse:

— Examinei a última tomografia do cérebro de Laudicéia. Meu colega está enganado. Aline, o cérebro de sua mãe apresenta atividade reduzida devido ao forte analgésico que está sendo ministrado a ela. Laudicéia pode despertar deste coma de uma hora para outra. Esqueçam o que ele disse. Sua mãe está viva, querida.

— Como ele pôde fazer isso comigo?! E se fosse outra pessoa, que não tivesse amigos na área de saúde? Os órgãos de minha mãe poderiam estar sendo retirados neste momento!

— Pedirei a Roberto que comunique esse incidente à direção do hospital. Doutor Sílvio deve ser seriamente repreendido pelo erro — doutor Carlos fez uma breve pausa e continuou: — Aline, analisemos o caso pela lógica de um espírita. Partimos da premissa de que nada é por acaso e que o acaso não existe quando se trata do mundo espiritual, que é regido por uma inteligência suprema. Você se perguntou por que atraiu esse engano desagradável? Por que esse episódio de engano aconteceu justamente com você?

— Não analisei as coisas por esse ângulo, doutor. Preferi ficar furiosa com o médico e culpá-lo, mas no fundo sei que eu mesma atraí essa experiência desagradável.

— Esse erro poderia ter ocorrido com qualquer outro familiar de pacientes que estão naquela UTI, mas foi com você que Sílvio errou. Arriscaria alguma explicação para isso?

— Ao longo da vida, dei muitos sustos em meus pais, principalmente em minha mãe. Tentei suicídio várias vezes, e ela me socorreu em todas elas. Não sei de onde vinha a força de minha mãe.

— Espero que tenha compreendido como a notícia da morte de quem amamos é desagradável. Seja esperta e trate de aprender a lição com esse "erro" desagradável que cometeu contra si mesma, Aline. Você precisava sentir na pele o que impôs às pessoas que a amavam. Registre essa experiência na mente e descarte a energia negativa que você permitiu entrar em seu campo energético. Seja esperta e rápida nesse sentido. Mantenha o equilíbrio.

— Doutor Carlos, notei que Aline se mostrou muito apegada à mãe nesse episódio — comentou Atílio.

— Apego nunca é bom; amar, sim. Amar é deixar livre. Sempre! Quem ama liberta. Ninguém pode ser dono do outro. É preciso que todos tenhamos liberdade e responsabilidade sobre nós mesmos. Não entre na ilusão do amor sem controle, por ser forte o que sente por sua mãe. Isso é ilusão, Aline. Laudicéia a ama, e você a ela. As duas têm ligações fortes de amor que o laço materno costuma atar, contudo, são indivíduos e seres independentes.

Aline despediu-se de doutor Carlos com um abraço fraternal, e Atílio fez o mesmo, agradecendo-o pelas palavras proferidas. O casal, então, voltou para o andar de cima do hospital e permaneceu um tempo ao lado de César e Ricardo.

Antes que a tarde se findasse, Aline foi buscar Murilo no ateliê de Agnes. Atílio levou o carro de César para a casa, e Aline levou o pai para seu apartamento para que ele jantasse. Ela disse:

— Pai, seria melhor que o senhor passasse alguns dias aqui conosco. Ficar na sua casa está deixando-o muito desanimado. Fique aqui. Eu cuidarei do senhor, pois sua saúde também não está das melhores.

Aline, Atílio e Murilo insistiram para que César ficasse hospedado com eles no apartamento, e ele, por fim, aceitou o convite.

CAPÍTULO 58

Roberta chegou a casa depois de um dia complicado na clínica veterinária. Ela perdera para a morte um boi premiado e matriz de muitas inseminações artificiais e desconfiava de que o animal fora envenenado no pasto do dono.

Roberta estava chateada com o que acontecera e não se sentia bem. Ultimamente, ela estava sempre com sono, enjoada e vomitava com frequência. Por conta disso, até perdera peso. Como tinha muito trabalho na clínica, acabou, contudo, não procurando um médico.

Cristina observava a filha, que chegara abatida e desanimada do trabalho, e pensou que aquilo não era do feitio de Roberta. Ela era uma moça comunicativa e alegre, que, quando entrava em casa, trazia a alegria consigo. Roberta tinha o hábito de contar o que acontecia no seu dia com entusiasmo e perguntava a Cristina sobre as novelas que ela gostava de assistir, pois era forma que a moça encontrava de puxar assunto e se comunicar com a mãe.

Nesse dia, contudo, Roberta não conversou com Cristina. A moça limitou-se a dar um beijo na mãe e se dirigir ao quarto. Chegando lá, jogou-se na cama cansada e enjoada. Preocupada, Cristina foi atrás de Roberta e perguntou:

— O que aconteceu, filha? Você está pálida.

— Estou com enjoo novamente e tenho vontade de dormir o dia inteiro. Preciso me consultar com um médico. Não gosto de admitir que estou doente, mãe.

— Tenho notado seus enjoos e o desânimo. Filha, sua menstruação está atrasada?

— Está, mamãe. Não fiquei menstruada no mês passado. Estamos no meio do mês, e nada ainda. Devo estar muito doente.

— Filha! Que alegria!

— Está feliz por eu estar doente, mãe?!

— Não, Robertinha! O que você tem não é doença! Tenho certeza de que está grávida!

Roberta assustou-se, levantou-se da cama e correu para o banheiro para vomitar. Cristina foi atrás da filha e segurou-lhe os cabelos. Quando a filha se sentiu melhor, Cristina foi até a cozinha e voltou com um copo de água gelada.

— Beba. Limpe a garganta.

— Isso não pode ser verdade, mãe! Eu tomei corretamente o anticoncepcional...

— Não se esqueceu de tomar?

— Ai, mãe... acho que me esqueci de tomar uma ou duas vezes no mês passado! Agora me lembro... foi no dia em que saí com Pedro. Tomei o comprimido no dia seguinte...

— Melhor dar início ao pré-natal, filha, pois tenho certeza de que está grávida.

— Essa não! Tinha tantos planos antes de ter um filho!

— Não fale dessa forma, filha! Nada a impede de manter seus planos! Talvez, você tenha apenas de esperar mais um pouco. Agora, você dará à luz meu neto ou minha neta. Conte para Pedro que ele será pai.

— Ele ficará muito feliz! Pedro estava com pressa para formar uma família. Até comprou a fazenda de nosso vizinho para que eu ficasse próxima de vocês.

— Pedro pensa em sua felicidade e na nossa também, querida! Ele será um bom pai para seu filho.

Carlos Alberto estava cuidando do canteiro de flores que ficava embaixo da janela do quarto de Roberta e escutou parte da conversa. Com uma expressão de susto no rosto, ele entrou em casa, seguiu para o quarto de Roberta e ficou parado na porta olhando para a filha, que estava deitada na cama.

— O que foi, papai? Parece que viu um fantasma!

— Você está pálido, homem! O que aconteceu para entrar aqui nesse estado?

— Estava regando as flores e ouvi a conversa de vocês. É verdade que está grávida, filha?

— Não sei ainda, papai. Mamãe diz que, pelos meus sintomas, devo estar. Vou fazer um exame de sangue para confirmar se estou mesmo grávida.

— Se estiver mesmo grávida... ai, filha, que vergonha dos vizinhos! Como olharei para eles?! Não sabe o quanto o José Fonseca criticou a filha do Manoel! A moça engravidou e foi morar com o namorado.

— Você criticou a moça também, papai?

— Não! Não sou tolo! Não me envolvo na vida alheia para não carregar o peso dessa energia. Aprendi isso no centro espírita. Enquanto o Zé falava, eu repetia em meu pensamento: "Não tenho nada com isso". Eu pensava forte que aquela era a opinião dele e não a minha.

— Você está com vergonha de um homem como o Zé, Carlos Alberto?! Não seja ignorante, homem! O mundo em que vivemos é moderno! Cada um sabe de si. Roberta é uma mulher adulta e responsável. Se modernize, homem!

— Desculpe, filha. Sua mãe tem razão. Às vezes, me comporto como um ignorante, como alguém fora da realidade. Posso ir até a farmácia comprar o teste de gravidez?

— Papai, não precisa. Essa noite, prefiro dormir tranquila. Amanhã, farei o exame de sangue em um laboratório. Não quero contar sobre essa possível gravidez para meu noivo sem ter a certeza do resultado.

— Descanse, filha. Vou preparar aquele caldo de que você gosta. Precisa se alimentar um pouco, pois está com o estômago vazio.

— Obrigada, mamãe, mas ainda estou enjoada.

— Vou colher ervas frescas para fazer um chá. Logo, logo esse enjoo passará, filha — disse Carlos Alberto.

— Obrigada aos dois. Amo vocês! Tomarei um banho e ficarei deitada até o jantar.

— Fique tranquila. Trarei o jantar para você. Não precisa deixar sua cama. Descanse.

— Quanto mimo para uma mulher cansada e enjoada! Vocês estão me estragando.

— Às vezes, é bom demonstrar que amamos nossa filha, essa moça apressada, que vive correndo de um lado para o outro, cuidando de todos nós. Vou pôr mais ração para a criação do sítio, pois quero seguir com as duas para Curitiba. Ricardo me ligou há pouco, contando que Laudicéia está muito doente. Ele disse que ela está internada.

— Nossa! Dona Laudicéia é uma mulher forte! Tem certeza de que Ricardo disse que ela está doente?

— Tenho sim, mulher! Nosso filho foi claro sobre ela estar muito doente, e pelo jeito o caso é grave! Ele só não disse que doença Laudicéia tem.

— Para Laudicéia estar internada, deve ser grave mesmo. O que acha de fazermos uma visita a ela amanhã? Quem será que está cuidando das crianças?

— Que coisa triste... uma mulher tão útil para os seus ficar doente! Essas coisas causam muito transtorno para a família, mas ninguém está livre de ficar doente.

— É verdade, Cristina. Qualquer um pode ficar doente. O que não pode é ficar chamando doença e se queixando. Você, por exemplo, tem mania de tomar remédios sem precisar. Hipocondríaco é o nome que se dá para quem se automedica sem necessidade.

— Não exagere, homem! Não gosto de sentir dor, por isso tomo um comprimido que tira a dor. É apenas isso.

— Não sentiria dor se meditasse. Tenho certeza de que sua energia ficaria positiva, e a energia positiva leva a dor e a doença para longe. Você não precisaria tomar esses comprimidos sem receita médica.

— Talvez você tenha razão, mas não tenho paciência para ficar sentada, fixando o pensamento em nada. Tenho mais o que fazer!

— Não briguem, meus amores! Estou cansada e gostaria de ficar em silêncio. Por favor, papai.

— Viu o que você fez, Carlos Alberto?! Deixou a Roberta nervosa! No estado dela, é melhor que ela fique calma para não passar nervosismo para a criança. Deixemos nossa filha descansar!

Quando ficou sozinha, Roberta passou a mão na barriga e se perguntou se um bebê estava realmente se formando dentro de seu ventre. Após o susto inicial, ela começou a gostar da ideia de ser mãe.

Roberta levantou-se da cama, tomou um banho rápido e depois ficou na frente do espelho admirando sua barriga. Ela esticava-se para parecer maior, mas não conseguia, pois era magra e cheia de curvas. Quando, por fim, terminou de vestir a roupa, Roberta ligou para Ricardo, anotou o endereço do hospital em que Laudicéia estava internada e despediu-se do irmão deixando beijos para todos.

Neste momento, Pedro ligou para Roberta, e os dois ficaram conversando até que Cristina levou um caldo quente para a moça, que se despediu do noivo sem contar sobre a desconfiança de que estava grávida. Ela tomou o delicioso caldo e alguns goles de chá e tentou dormir. Pouco depois, pegou no sono, pois o dia fora exaustivo.

No astral, o espírito de Nair caminhava ao lado do espírito de Roberta. As duas se abraçaram com carinho e foram para o mesmo lugar, em uma dimensão mais elevada. Esta noite, Roberta não trabalharia no resgate de espíritos perdidos.

CAPÍTULO 59

Pela manhã, Cristina, Carlos Alberto e Roberta chegaram a Curitiba e seguiram para o hospital depois de passarem em um laboratório para que Roberta realizasse o exame de sangue para descobrir se realmente estava grávida.

Ao entrar no hospital, Roberta soube por meio da recepcionista que Laudicéia estava internada na UTI e percebeu que o caso era mais grave do que Ricardo informara. Os três subiram até o andar da UTI, adentraram o local por uma porta larga e se depararam com um corredor onde havia quartos com grandes vidros na frente.

— Roberta, onde será que está Laudicéia?

— Não sei, mamãe, mas vamos encontrá-la. Ela deve estar em um desses leitos. Os pacientes parecem todos iguais! Eu ainda não encontrei nossa amiga.

— Melhor perguntarmos para uma enfermeira lá na entrada.

— Tem razão, papai. Vamos nos informar, por favor.

Carlos Alberto voltou ao início do corredor e encontrou Beatriz descendo as escadas.

— A senhora poderia nos ajudar? Estou procurando a paciente Laudicéia.

— São parentes dela?

— Somos amigos. Temos certo parentesco com ela, pois meu filho é casado com a cunhada da filha de Laudicéia. No fundo, todos nós somos grandes amigos.

— Posso levá-los até lá. Sou Beatriz, amiga de Atílio. O senhor o conhece?

— Sim, ele é irmão de minha nora; um bom rapaz. Já nos vimos antes, senhora?

— Creio que sim. Frequento o centro espírita do doutor Carlos. Provavelmente nós nos vimos lá.

— Quando cheguei a Curitiba, passei a frequentar o centro e gostei muito. Aprendi coisas novas, e minha mulher ficou muito feliz quando recebeu uma carta de nosso filho desencarnado.

— O senhor era o pai de Rômulo?! Recordo-me dessa história triste, pois foi assim que conheci Atílio. Ele veio visitar Aline, que estava internada neste setor do hospital, e o orientei a procurar ajuda espiritual no centro. Ele não estava bem.

Beatriz aproximou-se de Cristina e Roberta, apresentou-se e mostrou-lhes o leito de Laudicéia. Roberta perguntou:

— Que doença trouxe Laudicéia para a UTI de uma hora para outra? O que ela tem é muito grave?

— Sim, Laudicéia está com câncer. Retiraram um dos pulmões, mas, infelizmente, já era tarde quando descobriram a doença. O câncer se espalhou.

— Que coisa triste é essa doença! — comentou Cristina, que ouvia com atenção a narrativa de Beatriz.

— Ela corre perigo de morte? — perguntou Carlos Alberto.

— O quadro clínico de Laudicéia é delicado, e esse perigo existe, sim. Ela, no entanto, é uma mulher forte e pode mudar esse quadro. Nós estamos vibrando pela recuperação dela. Com licença. Tenho de voltar ao trabalho. Fiquem à vontade.

— Obrigada, Beatriz. Tenha um bom-dia.

Carlos Alberto e a família deixaram o hospital e foram almoçar em um restaurante próximo. Roberta estava ansiosa para descobrir se estava grávida e desejava que Pedro estivesse ao seu lado neste momento. Ela, então, decidiu ligar para o noivo e convidá-lo para almoçar.

Pedro estava ocupado no trabalho e, quando ouviu a voz de Roberta ao telefone, ficou extasiado. Ele pediu à secretária que cancelasse todos os compromissos daquele dia e apressou-se a encontrar a amada no restaurante.

Pedro chegou ao restaurante vestido com elegância, e Roberta ficou olhando para seu amado aproximando-se, o que fez um largo sorriso abrir-se em seu rosto. Cristina e Carlos Alberto cumprimentaram-no, e ele perguntou:

— O que trouxe a família para Curitiba nesta sexta-feira?

— Precisei fazer um exame, querido, pois não passei muito bem ontem.

— Você está doente?! Vamos agora mesmo para um bom hospital! É melhor fazer um *check-up*.

— Não será necessário, amor. Essa manhã, nós passamos em uma clínica aqui perto e pedi o encaminhamento para fazer um exame de sangue. Inclusive, já colheram no laboratório.

— Quando ficará pronto o resultado? Qual é a suspeita do clínico geral? Depois de pegarmos o resultado, gostaria de levá-la a um amigo meu. Ele é um médico excelente.

— Podemos almoçar primeiro?

— Claro, amor! Você está com fome. Estou preocupado com sua saúde. Não suporto a ideia de que possa estar doente.

— Filha, se quiser, posso ir ao laboratório para pegar o resultado do exame. Seria bom que os dois abrissem juntos. Pedro está aflito.

— Faria isso, papai?

— Claro, filha!

Carlos Alberto apressou-se a terminar o almoço e foi para o laboratório, que ficava a duas quadras do restaurante. Enquanto Cristina, Roberta e Pedro saboreavam a sobremesa, ele retornou trazendo consigo um envelope e entregou-o à filha:

— Fui o mais rápido que pude. Abra. Também quero saber como anda sua saúde.

Cristina sorria para o marido, enquanto Roberta, com as mãos trêmulas, abria o envelope. Sem ler o resultado, ela entregou a folha de papel para Pedro e pediu:

— Poderia ler o resultado para nós, amor? Estou um pouco nervosa.

Pedro pegou o papel, desdobrou-o e leu o resultado em voz alta: "positivo". Ele olhou para Roberta com os olhos arregalados e, abrindo um sorriso, disse:

— Agora, você não poderá mais fugir do nosso casamento! Serei papai! Precisamos marcar imediatamente uma consulta com um bom ginecologista para iniciar o pré-natal. Quero saber como está a saúde de minha mulher e de meu filho.

— Calma, amor. Vou marcar uma consulta com meu ginecologista. Nós estamos bem.

— Você me disse que havia passado mal!

— É natural sentir certo mal-estar durante a gravidez, meu genro. Roberta está bem.

Pedro não conseguia ouvir o que Cristina dizia, pois estava muito feliz e instintivamente acariciava a barriga da noiva depois de beijá-la várias vezes.

— Você está feliz, amor?

— Muito feliz! Eu sempre desejei ser pai de um filho seu e a escolhi para ser a mãe de meus filhos e minha companheira de jornada. Se possível, gostaria de marcar nosso casamento para este mês ainda. Roberta, você aceita se casar comigo? Não quero ficar mais um dia longe de você.

— Querido, minha clínica fica no interior, e você tem seu trabalho aqui em Curitiba... onde viveremos?

— Na fazenda que comprei ao lado do sítio de seu pai. Virei trabalhar pela manhã e retornarei à noite para casa. A fazenda não fica muito distante de Curitiba.

— Isso será maravilhoso, meu genro! Teremos vocês dois perto de nós e poderemos ver nosso neto crescer!

— Seu pai aprovou meu pedido. Agora, falta apenas você dizer sim. Eu quero parar Curitiba no dia de nosso casamento.

— Eu aceito, amor! Quero tê-lo ao meu lado sempre! Amo você!

— Eu te amo demais! Nós teremos um filho, meu amor!

— Pedro, eu não queria uma festa grandiosa nem exageros na celebração de nossa união. Prometa que não vai parar a cidade! Desejo uma cerimônia simples na fazenda.

— Na fazenda, filha?! Pedro é um empresário refinado, Roberta! Ele não vai querer uma festa lá.

— Será como desejar, minha amada, mas já lhe aviso que sou uma pessoa conhecida na cidade e que por isso os jornalistas ficarão na porta querendo registrar tudo. Não tenho como me livrar deles, até porque meu pai virá, e ele é uma figura importante na sociedade curitibana.

— Não quero badalação, querido. Será que poderíamos fazer uma cerimônia simples apenas para os familiares e amigos mais íntimos? Além disso, nossa amiga Laudicéia está em coma, e não existe clima para festa.

— O caso é grave assim?

— Pelo que soubemos, o caso é muito grave. Acho que só um milagre a fará sair do coma — disse Cristina.

— Que pena! Gostei muito de Laudicéia! Ela me pareceu uma mulher sofrida, mas muito forte e batalhadora. Sem falar que ela cozinha muito bem! Recordo-me da feijoada que ela preparou aquele dia no sítio. Estava deliciosa.

Cristina não gostou de ouvir o genro elogiando Laudicéia e disse:

— Naquele dia, eu a ajudei no preparo daquela feijoada. Em minha opinião, Laudicéia não tem mão boa para cozinhar! Mas, voltando ao assunto do casamento, acho que seria melhor deixar Magda e seu pai decidirem sobre a cerimônia e a recepção. Eles são finos, elegantes e têm bom gosto. Pedro, você é filho único e creio que seu pai certamente deseja fazer uma festa inesquecível nesta cidade. Eu adoro todo esse glamour! Fico me imaginando posando para um fotógrafo de revista, como fazem as mulheres da alta sociedade!

— Cristina, fique calada, por favor! Deixe os noivos planejarem o casamento como quiserem. Vamos dar uma volta no *shopping*. Queria comprar algumas ferramentas que estou precisando no sítio.

— Pode deixar, meu sogro. Eu levarei Roberta de volta para casa na segunda-feira cedo. Quero dar a notícia para meu pai pessoalmente. Nós iremos para a Itália em meu jatinho particular ainda hoje, se for possível e se as condições climáticas estiverem favoráveis. Seu passaporte está comigo, meu amor. Vamos passar esse fim de semana com meu pai e Magda.

— Mas que genro chique eu tenho! Não sabia que tinha um aviãozinho só seu!

— Não é meu, dona Cristina. O jatinho é da empresa de meu pai. Ele comprou para facilitar as viagens que preciso fazer a trabalho. Pena que vocês não tiraram passaporte ainda, pois gostaria de levá-los conosco nesta viagem.

Os olhos de Cristina brilharam e mostraram tristeza ao mesmo tempo. Ela perguntou:

— É necessário mesmo mostrar o passaporte para entrar na Itália? Gostaria muito de viajar de avião e conhecer esse país!

— Sim, mãe, é necessário ter o passaporte para realizar viagens internacionais. Vou providenciar o passaporte para os dois e acredito que da próxima vez a senhora poderá ir conosco.

Roberta e Pedro despediram-se de Cristina e Carlos Alberto e seguiram para a casa do rapaz. Pouco depois, Pedro ligou para sua secretária e pediu-lhe que cuidasse dos detalhes para a viagem.

Carlos Alberto e Cristina seguiram para o *shopping* para fazer compras, o que a acalmou um pouco. A mulher estava decepcionada por não poder viajar com a filha e o genro para a Itália.

Para compensar a frustração de não viajar, Cristina começou a percorrer os corredores do *shopping*, entrar em diversas lojas e comprar o que lhe agradava. Ela fez isso até Carlos Alberto dar um basta no exagero de gastos desnecessários da esposa.

Antes de deixarem a cidade, passaram na padaria para visitar Ricardo e Agnes e encontraram Ângelo brincando com o primo em uma das mesinhas. Cristina havia comprado presentes para os meninos, e, quando olhou para o rostinho de Murilo, o coração da mulher disparou de emoção. Ela abraçou a criança com carinho, dizendo:

— Você está tão lindo, filho!

— Obrigado, vovó Cristina, mas não precisa me apertar tanto.

— Solte o menino, Cristina, e entregue a eles os presentes que compramos.

Cristina soltou Murilo, depois de beijá-lo diversas vezes no rosto. Agnes e Ricardo não gostaram da forma como ela tratou o menino, pois era nítido que a mulher via em Murilo a imagem de Rômulo.

CAPÍTULO 60

Desde que Laudicéia adoeceu, César ficou deprimido e viver no apartamento de Aline não estava lhe fazendo bem. Depois de passar uma semana na casa da filha, ele decidiu que era hora de voltar para casa.

César tentou retomar a rotina, no entanto, estava um pouco perdido sem a esposa. Em um dia em que foram passar uma tarde na companhia do avô, Murilo e Ângelo chegaram famintos, mas César não havia preparado nada para eles comerem, pois ficara sentado na sala em frente à janela olhando para fora. Nesse mesmo dia, o motorista do veículo escolar tocou a campainha diversas vezes para que os meninos entrassem na casa, contudo, César estava distraído e com os olhos perdidos no ar. Murilo gritava o nome do avô, e Ângelo batia na mochila, fazendo barulho para chamar a atenção dele até que, finalmente, conseguiram retirá-lo da agonia de pensamentos tristes.

Os meninos entraram na casa, beijaram o rosto de César e foram trocar de roupa. Aline deixara algumas roupas para Murilo se vestir depois de chegar do colégio. O menino emprestou um *short* e uma camiseta para Ângelo, e os dois seguiram para a cozinha, pois estavam famintos.

Ângelo olhou para o fogão e notou que não havia nenhuma panela sobre o eletrodoméstico. Depois, abriu o forno e não havia nada lá dentro. Murilo, por sua vez, abriu a geladeira e não encontrou nada pronto para esquentar no micro-ondas. Os dois, então, retornaram para a sala e encontraram César sentado no mesmo lugar olhando para a janela.

— Vovô, estamos com fome. Não tem comida?

César não ouviu as palavras do neto e continuou olhando para fora. Foi, então, a vez de Ângelo falar e reivindicar o almoço.

— Vovô César, estamos com muita fome. O que vamos comer?

— Ele não está escutando o que estamos falando! Ângelo, acho que é melhor ligarmos para minha mãe. Ela vem aqui e prepara algo para comermos. Parece que o vovô está em outro mundo. Ele deve estar assim por sentir falta da vovó Laudicéia. Quando ela retornar para casa, ele voltará ao normal.

— Eu sinto que a vovó não voltará mais para casa, primo. Ela está muito doente e...

— Não fale assim! Meu pai me pediu para mantermos o pensamento positivo a respeito da saúde da vovó.

— Pensar positivo é bom, mas isso não trará a vovó de volta. Sei que ela está se preparando para ir embora.

— Você não sabe de nada! Não fale mais isso. Vou ligar para minha mãe. Pare com essa mania idiota de tentar prever o que vai acontecer. Você não é como o doutor Carlos.

— Não sou mesmo! Você se esqueceu de que ele disse que eu tenho mediu... não sei falar essa palavra. Mas ele disse que consigo ver e ouvir gente morta.

— Espertinho! Então diga o que os espíritos falam sobre meu avô estar parado ali como estátua.

Ângelo parou diante de César, colocou a mão sobre a cabeça do avô e, depois de receber informações de um amigo espiritual, disse.

— Ele está catatônico. Não me pergunte o que essa palavra quer dizer, pois não sei o que ela significa. Apenas veio à minha mente, e eu falei.

— Você é estranho! Fica inventando palavras para dizer que pode conversar com gente morta.

Murilo pegou o telefone da sala, procurou o número do celular de Aline e ligou para a mãe, que, naquele momento, estava iniciando o horário de almoço. Ao desligar o telefone, Aline ligou em seguida para um restaurante, fez um pedido de comida, pegou o carro e seguiu para a casa dos pais.

Aline pegou a comida no restaurante e, quando estacionou o carro em frente à casa dos pais, viu o pai sentado no sofá em frente à janela olhando para fora. Quando abriu a porta, beijou os meninos, colocou o almoço sobre a mesa e deixou as crianças comendo. Aline foi chamar o pai na sala, pois encomendara o prato predileto de César: panquecas recheadas com palmito e queijo.

— Pai, venha almoçar. Trouxe o prato de que o senhor gosta. Venha! Os meninos estão comendo na cozinha.

Aline tocou no ombro de César, que olhou para a filha e disse:

— Não percebi que havia chegado. Onde estão os meninos? Não disse que ficariam comigo essa tarde?

— Pai, os meninos chegaram do colégio e não havia nada pronto para o almoço deles. O que aconteceu? O senhor se esqueceu de cozinhar? Liguei ontem avisando que eles ficariam aqui, e o senhor disse que prepararia o almoço deles.

— Devo ter me esquecido. Estava aqui pensando em sua mãe. Ah, filha, sinto tanta a falta dela!

— Também sinto, papai, mas temos de continuar firmes enquanto ela não se recupera da doença que a levou até a UTI. Precisa estar forte para quando ela voltar para casa, vamos almoçar na cozinha, junto com os meninos.

— Não tenho fome, filha.

— Tomou o café da manhã?

— Não senti fome... Laudicéia preparava o café com tanto capricho. O cheiro tomava conta de toda a casa. Meu café não tem o mesmo cheiro agradável que o dela. Não sinto fome.

— Papai, o senhor jantou ontem? Trouxe um prato de comida fresquinha.

— Não tive fome, filha. Coloquei no micro-ondas, mas não esquentei. Deve estar lá ainda.

— Cuidarei do senhor, pai. Não pode ficar sem comer. Já que não quer ficar em meu apartamento, nós viremos para cá.

— Atílio ficará sozinho! Não pode, filha! Quando um homem fica sozinho em casa, entristece como eu.

— Pai, Atílio virá conosco, e ficaremos hospedados na edícula.

Aline conseguiu convencer o pai a ir para a cozinha e comer um pouco. Como César estava abatido e não tinha condições de ficar sozinho com as crianças e Aline precisava voltar para o trabalho, mas não sabia o que fazer, Ângelo deu uma ideia.

— Tia Aline, por que a senhora não chama a vizinha para ficar esta tarde conosco? Dona Renê poderia preparar um bolo para o café da tarde e fazer companhia para o vovô César.

— Ótima ideia, querido. Eu realmente preciso voltar ao trabalho esta tarde.

Após o almoço, Aline chamou Renê, que se prontificou a cuidar dos meninos. Ela disse:

— Vou preparar um bolo e lavar a roupa que deve estar acumulada no cesto.

— Não precisa ter esse trabalho, dona Renê. Estou lavando as roupas na máquina lá de casa. Queria apenas que ficasse com os meninos e tentasse conversar um pouco com meu pai. Ele não está nada bem; está distraído e com o pensamento no passado e em mamãe.

— Pobre César! Ele é tão dependente de Laudicéia! Nesta semana, doutor Carlos disse em sua palestra que não é bom ser dependente de ninguém na fase adulta. Ele falou de casais que criam uma dependência forte um do outro e que, quando estão distantes, sofrem e chegam a causar buracos no campo de energia. Esse deve ser o caso de seu pai.

— Talvez seja. A senhora continua frequentando o centro espírita do doutor Carlos?

— Sim. Todas as semanas, vou para lá ouvir as palestras dele. Me fazem bem.

— Tenho certeza de que sim. Pode me dizer o que aconteceu com Mércia, a menina da cadeira de rodas? Se lembra dela?

— Claro que sim. Você não ficou sabendo do que aconteceu com ela?

— Não, não tive mais notícias de Mércia. Faz tempo que não passo no centro, pois ultimamente a vida ficou muito corrida.

— Ouvi de uma interna da clínica o que vou lhe contar agora. Ela me contou em segredo, pois doutor Carlos fez de tudo para abafar o caso.

— Nossa! O que aconteceu com ela?

— Um dos internos a asfixiou.

— Mércia morreu?!

— Sim, morreu de uma forma trágica: sufocada. Pobre menina!

Aline ficou abalada com o que ouviu de Renê e teve de sentar-se na varanda da casa do pai. Notando o estado da vizinha, Renê foi pegar um copo de água para Aline e a fez beber.

— Não fique assim, Aline. Essa tragédia aconteceu há alguns anos.

— Até posso supor como tudo isso ocorreu! Rosa, a enfermeira que cuidava de Mércia, expunha demais a menina. Quero conversar com ela.

— Não será possível conversar com ela, Aline, pois soube que Rosa arrumou um namorado e foi viver com ele na Europa.

— Que fim triste teve minha amiguinha! Ela me ajudou tanto!

— Mércia era uma inspiração para muitos dentro do centro espírita e na clínica...

— Que pena! Gostaria de ter me despedido dela e agradecer tudo o que ela fez para me ajudar.

Ângelo estava na sala assistindo à TV, foi até a varanda e disse:

— Tia, uma moça muito bonita chegou aqui na sala. Ela disse que se chama Mércia.

— Como ela está? Consegue vê-la?

— Em volta dela há uma luz muito clara. Ela está parada no primeiro degrau da escada, está mandando um beijo para a tia e disse para não ficar triste com o que aconteceu, porque ela está muito feliz e recuperada das enfermidades que carregou nesta vida.

— Meu Deus! Que dom maravilhoso, Ângelo! Mande um beijo cheio de gratidão para ela.

— Tia, ela sorriu, agradeceu o carinho e se foi.

— Espere, Mércia! Preciso dizer que te amo...

— Ela ouviu, tia, mas está longe agora.

— Esse menino é uma joia rara. Que mediunidade! Ainda bem que Agnes e Ricardo sabem como orientá-lo. Eles estão sempre no centro com ele. Sabia que Ângelo está começando a atender ao público junto com outros médiuns? — comentou Renê.

— Não sabia! Você gosta do que está fazendo no centro, querido?

— Gosto muito, tia. Há uma voz em minha cabeça que me fala coisas sobre as pessoas e o que elas precisam fazer para melhorarem. O vovô César, por exemplo, precisa melhorar a vibração ou pode ficar doente quando a.... deixa para lá! Isso eu não posso falar.

— O que não pode falar, querido?

— A voz disse para não deixá-la triste.

Murilo foi até a porta onde eles estavam e disse baixinho para que o avô não o ouvisse do sofá:

— Ele disse que a vovó não voltará para casa. Ângelo falou que ela irá embora, que morrerá! — disse Murilo.

Aline sentiu que Ângelo falava a verdade. Mesmo tendo esperança de que ficaria boa novamente, ela sabia que o estado de saúde da mãe não se reverteria. No fundo, Aline tinha quase certeza de que Laudicéia não retornaria para casa.

— Meus queridos, não comentem sobre esse assunto com o vovô. Tenho que voltar ao trabalho. Dona Renê ficará aqui com vocês. Não façam muita algazarra para não deixar o vovô nervoso. Brinquem e façam a lição de casa.

Aline voltou ao trabalho um tanto abalada com tudo o que ouvira de Ângelo e Renê. Depois que ela saiu da casa, as crianças foram jogar bola na garagem, e Renê tentou organizar a casa como a amiga gostava. Mais tarde, colocou um bolo para assar, enquanto César permanecia sentado no sofá olhando para fora.

Depois de preparar o bolo e pôr a mesa para o café da tarde, Renê chamou os meninos, que, naquele momento, terminavam as tarefas escolares, para se alimentarem. Ela lavou a roupa suja que estava no cesto e estendeu-a no varal para secar. O cheiro agradável do bolo espalhou-se pela casa, e Renê foi até a sala chamar César, que estava imerso em seus pensamentos.

— Meu caro amigo, deixar os pensamentos vagando pela tristeza não o ajudará em nada. Equilibre sua mente e vá fazer uma visita para sua esposa. Eu posso ficar aqui com os meninos. Venha fazer um lanche com eles.

César obedeceu a Renê, que pôs os meninos sentados ao redor da mesa. Ele, então, pegou uma xícara, serviu-se de café, virou-o de uma vez em um gole e foi para o quarto. César queria apenas tomar um banho e seguir para o hospital.

CAPÍTULO 61

As horas passavam, ninguém apareceu na casa de César para pegar as crianças, e Renê começou a ficar preocupada. Depois de servir o jantar às crianças, ela deixou-os brincando na sala e foi à padaria atrás de notícias. Renê desejava voltar para casa para descansar, pois já não era mais uma jovem cheia de disposição. Sentia dores no corpo e queria deitar-se em sua cama após tomar um banho quente e relaxante.

Renê entrou na padaria, olhou para o balcão e não encontrou Ricardo. Ela, então, perguntou para a atendente:

— Onde está Ricardo?

— O patrão saiu às pressas há duas horas. Parece que ocorreu um acidente com um conhecido.

— Quando ele chegar, diga que preciso descansar um pouco. Peça a alguém para pegar os meninos na casa de César.

— A senhora ficou cuidando deles?

— Sim, Aline me pediu para cuidar das crianças, mas até agora ninguém voltou para casa para buscá-los. Estou cansada, queria tomar um banho e me deitar tranquila em minha cama.

— Ligarei para o patrão e logo depois lhe darei notícias, dona Renê.

— Obrigada, Cláudia. Ficarei esperando na casa de César.

Renê atravessou a rua e viu que os meninos estavam jogando bola na garagem. Ela pediu:

— Chega de brincar aqui fora, meninos. Vamos assistir à TV deitados na sala. Está quase na hora de vocês dois dormirem, e seus pais não chegam para buscá-los.

Murilo obedeceu rapidamente a Renê, mas Ângelo ficou parado olhando na direção do portão sem se mover. Os olhos do garotinho estavam fixos no asfalto além das grades do portão, como se estivesse vendo algo que ninguém mais pudesse ver. Renê insistiu e chamou-o mais uma vez.

Murilo voltou para o lado de Ângelo e perguntou:

— O que foi agora, primo? Não está ouvindo a vovó Renê chamá-lo para entrar?

— É o vovô César! Ele quer entrar na casa, mas não está conseguindo abrir o portão.

— Ficou doido, primo?! Meu avô não está aqui. Ele foi visitar a vovó no hospital e ainda não voltou.

— Voltou sim, mas não está conseguindo entrar. Ele está com um corte na cabeça do lado direito.

Renê assustou-se com o que Ângelo disse e decidiu interferir antes que Murilo brigasse com o primo.

— Venha, Ângelo. É melhor conversarmos lá dentro. Você está assustando seu primo. Está tudo bem com seu avô, Murilo. Logo, logo, todos estarão aqui.

Renê levou Ângelo para o quintal da casa, com a desculpa de que ele a ajudaria a recolher as roupas do varal, e Murilo subiu para tomar banho, acatando as ordens da vizinha dos avós.

— Pode me dizer o que você viu no portão, querido?

— Vi o vovô César, e ele estava com a cabeça ferida, com um corte grande do lado direito e com a chave de casa nas mãos, mas não conseguia abrir o portão. Quando me chamou, desviei os olhos e não consegui ver mais nada.

— Compreendi, querido. Sei que tem mediunidade, mas não assuste seu primo dessa forma. Promete que não contará nada a ele sobre esse assunto?

— Prometo! Não falarei mais nada com ele. Vovó Renê, o vovô sofreu um acidente de carro e morreu, depois que saiu do hospital.

— Meu Deus! Eu pedi a ele que fosse para o hospital visitar Laudicéia! A culpa foi minha!

— A senhora não tem culpa de nada, vovó Renê. Ele foi ao hospital visitar a vovó Laudicéia, bateu o carro, machucou a cabeça e morreu. Foi o coração... ele não suportou a tristeza.

Renê estava terminando de recolher a roupa do varal, quando a campainha tocou. Ela, então, deixou o cesto de roupa na lavanderia e foi atender à porta.

Cláudia, a atendente da padaria, a esperava perto do portão. A moça estava agitada, esfregava as mãos uma na outra e disse:

— Dona Renê... sobre aquele acidente de que falei... Ele aconteceu com o senhor César.

— Ele está morto... eu sei... — afirmou Renê.

— Como sabe disso? Alguém ligou para a senhora?

— Fui informada. Agora me resta apenas esperar aqui com os meninos. Aline deve estar arrasada!

— Não me falaram sobre o estado dela. O que sei é que meu patrão me pediu para fechar a padaria e que, se possível, a senhora dormisse aqui com as crianças.

— Nessas horas, precisamos ser prestativas. Faça como Ricardo lhe pediu, Cláudia. Mande todos os homens que gostam de ficar tomando cerveja na padaria para casa e feche-a.

Renê voltou para dentro da casa, e Ângelo perguntou:

— Vovó, confirmaram a informação que passei para a senhora?

— Infelizmente, sim, querido, mas lhe peço que não conte ainda para o Murilo. É melhor deixarmos que os pais dele conversem com calma com seu priminho. Quando ele descer, suba para tomar seu banho e vista o pijama.

Ângelo obedeceu, pois estava com muito sono. Enquanto subia as escadas, encontrou o primo e abriu um sorrisinho com ar de tristeza. Como conhecia bem o primo, Murilo segurou-o pelo braço e perguntou:

— Primo, acho que você sabe mais do que falou lá fora. Sei que está triste. O que aconteceu?

— Não sei de nada, Murilo. Solte meu braço. Vou tomar banho para dormir, pois estou com sono.

— Não podemos dormir antes de nossos pais chegarem para nos buscar.

— Eles não virão esta noite.

Renê ouviu a última frase de Ângelo e interveio irritada:

— Já disse para ir tomar banho, menino! Murilo, seus pais não virão para casa esta noite, e Agnes e Ricardo também não virão. Dormiremos todos aqui.

— O que está acontecendo? Eu quero minha mãe!

— Por que não pede pelo seu pai?!

No topo da escada, Ângelo respondeu:

— Ele não chama pelo pai porque não gosta dele, vovó Renê. Ele vive se queixando do tio Atílio.

— É mentira! Eu gosto do meu pai. É que às vezes ele me deixa irritado.

— Confesse que tem ciúmes de sua mãe, quando ele está por perto! Diga a verdade para ela — insistia Ângelo.

— Pare de ser chato, Ângelo! Não acredite nele, vovó Renê. Eu gosto do meu pai, do meu avô e do tio Ricardo.

— Ângelo, entre logo debaixo do chuveiro! Ou quer que eu suba para lhe dar um banho?

Ângelo correu para o banho, e Murilo deitou-se no sofá ao lado do telefone. Desejava ligar para a mãe, mas sabia que Renê não o deixaria usar o aparelho. O menino acabou pegando no sono pouco antes de Ângelo descer as escadas e dizer baixinho ao ouvido de Renê:

— Ele conseguiu entrar. Está deitado na cama gemendo de dor.

Renê arregalou os olhos, pois sabia do que Ângelo estava falando. A mulher conhecia a mediunidade do menino e não duvidava do que ele dizia. Desde muito cedo, Ângelo começou a apresentar sinais de que via e ouvia espíritos.

Assustada, Renê ouviu barulhos na casa e atribuiu-os ao espírito perdido de César. A mulher levou Ângelo para a cozinha e perguntou baixinho para que Murilo não acordasse e ouvisse:

— O que podemos fazer para ajudar o espírito de César a seguir para outra dimensão?

Um espírito de luz comunicava-se com Renê por meio de Ângelo.

— Meu amigo disse para esperar um pouco mais, pois logo tudo seguirá o curso normal. Vovô César não quer ir embora, pois não sabe que morreu. Ele pretende ficar em casa como se nada tivesse acontecido. Para ele, o acidente se resumiu a um arranhão no carro. Vovô César, no entanto, está sentindo uma dor aguda no peito. Enquanto teimar em ficar na casa, sentirá dor. Fique calma, vovó Renê. Quando as forças dele se exaurirem, ele aceitará ajuda.

— Mas até isso acontecer, ele prejudicará muito o ambiente desta casa e da família.

— Ele precisa desse remédio ruim para aceitar a realidade. Meu amigo precisa voltar para o astral, vovó Renê, mas ele disse que, se precisarmos de ajuda, podemos chamá-lo.

— E qual é o nome dele, Ângelo? — Renê perguntou.

— Muriel. Ele é meu instrutor, vovó Renê. Somos amigos de muitas experiências terrenas. Ele está dizendo que é bom falar com quem não tem medo de ver uma criança pequena usando a mediunidade.

— Para sua sorte, Ângelo, eu estudo o assunto! Sou espírita.

Ângelo abriu um sorriso e pediu:

— Vovó, me dá um copo de água? Estou feliz por não ter assustado a senhora! Uma vez, assustei minha avó Cristina, pois ela não gosta que os espíritos se comuniquem por meio da minha voz.

Renê entregou o copo com água ao menino e esperou que ele bebesse o líquido:

— Agora, vamos descansar um pouco. Você ficará bem aqui com Murilo? Irei rapidinho até minha casa para pegar uma troca de roupa.

— Pode ir, vovó Renê. Eu cuidarei do meu primo.

Ângelo deitou-se no mesmo sofá onde Murilo dormia, colocou a cabeça em uma almofada macia e, quando já estava quase pegando no sono, ouviu o primo falar dormindo. Parecia que Murilo estava falando com César.

Quando Renê voltou já de banho tomado — pois não queria subir as escadas para tomar banho, sabendo que o espírito de César estava no andar superior do sobrado —, a mulher encontrou os meninos dormindo no sofá. Ela, então, acomodou-se no sofá menor e estava quase cochilando, quando Murilo acordou sobressaltado. Ele gritava:

— Não, vovô César! Não!

Ângelo acordou e deparou-se com o espírito de César ao lado de Murilo. Renê tentou levantar-se rapidamente para acalmar o menino, mas não conseguiu, pois estava dormindo de mau jeito no sofá, o que deixou seu corpo dolorido.

Ângelo levantou-se e disse com uma voz firme e um pouco mais grossa do que a dele:

— Não o perturbe! Se deseja ficar aqui, pode ficar. Não vamos forçá-lo a nos seguir, mas não mexa com os encarnados! Afaste-se dele ou sofrerá as consequências!

César não compreendeu por que Ângelo estava falando com aquele tom de voz estranho. Como estava em uma frequência baixa de vibração, não enxergou o espírito mais elevado que falava através do garotinho.

Sem entender o que estava acontecendo, César subiu as escadas, e Renê ficou admirada ao ouvir o ranger dos degraus de madeira. Era como se estivesse ouvindo os passos do vizinho ainda encarnado.

Ao presenciar Ângelo ter uma manifestação mediúnica, Murilo ficou com medo e correu para perto de Renê. Chorando assustado, o menino não compreendia o que estava acontecendo.

O sol já nascia no horizonte, quando Renê levou os meninos para a cozinha. Ela também precisava de um copo de água fresca e tentava acalmar Murilo dizendo:

— Não foi nada! Você apenas teve um sonho ruim, querido.

— Não foi sonho, vovó Renê! A cabeça do vovô estava sangrando, e os cabelos dele estavam cobertos de sangue. Ele me pediu para limpar a ferida, e fiquei com medo quando ele tocou meu braço e me chamou para ajudá-lo. O que está acontecendo? Onde estão meu avô, minha mãe, meu pai, tia Agnes e tio Ricardo? Onde estão todos? Ângelo está estranho e a senhora também! Sinto que vocês estão me escondendo alguma coisa!

— Murilo, não fique nervoso! Está na hora de lhe contar. Promete que ficará calmo?

— Ficarei quando me contar o que está acontecendo. Onde está meu avô? Tenho certeza de que ele está precisando de ajuda.

— Seu avô foi visitar minha amiga Laudicéia no hospital, querido. Ele estava muito triste e passou o dia inteiro olhando para a janela sem dizer nada. Isso não era o normal dele.

— Eu sei. Nos últimos dias, ele estava muito estranho, distraído e muito triste. Mas o que aconteceu com ele?

— Depois que deixou o hospital, César sofreu um acidente de carro, querido. Ele bateu a cabeça.

— Isso explica o sangue todo que vi. Ele está bem?

— Ele desencarnou, querido. Sinto muito.

— Desencarnou é o modo diferente de dizer que ele morreu? Ele está morto, vovó Renê?

— Está, Murilo. O acidente foi grave.

Abraçado a Renê, Murilo chorou. Ela sentou o menino em seu colo e tentou acalmá-lo.

Horas depois, Renê vestiu os meninos e deixou-os prontos para quando os pais retornassem para levá-los ao velório.

CAPÍTULO 62

A campainha tocou, e Renê foi atender à porta. Rapidamente, ela reconheceu Cristina e Carlos Alberto parados na frente do portão. Estavam com os olhos inchados, e notava-se que haviam chorado. Cristina disse:

— Que tragédia ocorreu com nosso amigo, dona Renê! Estou muito abalada com o que aconteceu. César não merecia uma morte tão trágica...

— Cristina, você está assustando os meninos! Por favor, não mostre seu desequilíbrio a eles.

Carlos Alberto também estava abalado com o que acontecera com seu amigo, mas controlava-se enviando energia positiva para César para que sua passagem acontecesse com maior lucidez.

Carlos Alberto abraçou Ângelo, seu neto, beijou Murilo na testa e deu um forte abraço nas duas crianças, sentando-as em seus joelhos. Ele pediu:

— Não chorem, meninos. O vovô César está bem! Eu aposto que ele foi recebido com festa pelos amigos do outro lado da vida.

— Não foi, vovô Carlos! Ele está aqui, deitado na cama dele, com a cabeça coberta de sangue. Vovô César está sentindo dor e não aceita ajuda para ir embora e fazer um tratamento.

— O que Ângelo disse é verdade. O vovô está lá em cima. Enquanto estava dormindo, eu o vi. A cabeça dele está sangrando muito. Ele me pediu ajuda para limpar o sangue. Senti tanto medo, vovô Carlos.

— Essa noite foi bem agitada nesta casa. Mesmo sem saberem o que havia acontecido com César, Ângelo e Murilo viram o avô e souberam que ele tinha se ferido — disse Renê.

— Nós viemos para levar os meninos para o velório. Eles estão prontos?

— Estão. Vocês aceitam tomar o café da manhã? A mesa ainda está posta na cozinha.

— Aceitarei um cafezinho. Quando saímos do sítio, ainda estava escuro. Ricardo nos ligou às quatro da manhã, e nós achamos melhor vir logo para Curitiba. Ele disse que o enterro acontecerá às onze horas.

Carlos Alberto e Cristina sentaram-se na cozinha e serviram-se de café e bolo. Renê foi trocar de roupa, pois também pretendia acompanhá-los ao velório.

Uma hora depois, todos se acomodaram no carro de Carlos Alberto. Renê segurou a mão de Murilo entre as suas, pois seria a primeira vez em que o menino entraria em contato com a morte. Quando chegaram ao cemitério, Murilo olhou o caixão no meio do salão e ficou comovido ao ver o corpo do avô imóvel. Ele, então, correu para os braços de Aline, que chorava.

Aline segurou o filho entre os braços e, emocionada, descontrolou-se. Atílio, então, pegou Murilo do colo da mãe e levou-o para fora da sala.

O menino chorava e debatia-se nos braços do pai, pois queria ficar com a mãe. Naquele momento, contudo, Aline não tinha condições de dar atenção ao filho, porque estava muito abalada.

Vendo o desespero nos olhos da amiga, Agnes deixou Ângelo com Ricardo e foi tentar acalmar Murilo:

— Ei, cara! Para quê tanto escândalo? Você está com seu pai!

— Eu quero ficar com minha mamãe! Não gosto de vê-la chorar, tia!

— Querido, sua mãe está muito triste, e chorar é uma forma de colocar para fora o que a está perturbando. Garanto que ela precisa chorar hoje.

— É bom chorar, tia Agnes?

— Às vezes, é necessário, querido.

— Eu chorei quando a vovó Renê me contou sobre o que aconteceu com o vovô César. Não queria que ele morresse.

— Ninguém queria, querido, mas chegou a hora de o vovô voltar para casa. Ele precisa arrumar um cantinho para ele e para a vovó Laudicéia.

— Tia, o vovô está na casa dele. Ele está lá chorando, deitado na cama com a cabeça sangrando.

— Quem lhe disse isso?

— Eu vi, tia! O vovô queria que eu o ajudasse a limpar o sangue. Tive medo e acordei gritando.

— Antes de você dormir, Ângelo disse alguma coisa que o deixou impressionado?

— Não, tia. Ele não disse nada. Ele estava falando baixinho com a vovó Renê.

Agnes pegou Murilo nos braços, e Atílio foi cumprimentar doutor Carlos, que chegou ao velório ao lado da esposa Fernanda. Depois de cumprimentarem Aline, os dois ficaram preocupados com ela, pois perceberam que o descontrole da moça era grande.

Após o término do sepultamento, doutor Carlos fez Aline tomar um comprimido que a deixou mais relaxada, e Atílio levou a esposa e o filho para o apartamento. Ele achou melhor ficarem longe da casa de César.

Com o efeito do remédio, Aline dormiu, e Murilo ficou com o pai. A relação dos dois não era simples de se explicar. O menino era muito apegado à mãe e não dava muita importância a Atílio.

Ele tentava relevar as malcriações do filho, imaginando que isso passaria com a idade, e sabia que Murilo sentia um profundo ciúme de Aline. Agnes ligou para a mãe, que estava na Itália, e contou-lhe o que acontecera com o sogro de seu irmão. Magda desejou ir para o Brasil, mas uma tempestade impediu o jato particular da família decolar.

Roberta e Pedro estavam com eles, pois haviam viajado para contar-lhes sobre a gravidez e também não conseguiram comparecer ao velório. O jato conseguiu decolar, quando o céu de Gênova ficou limpo. Eram oito horas da noite, quando os quatro tocaram o interfone do apartamento de Atílio.

Diante de Magda, Atílio tentou sorrir, e ela abraçou-o dizendo:

— Querido, quanta saudade estava de seu abraço! Você está abatido e magro. Tem se alimentado direito?

— Também estava com muita saudade, mãe. Eu estou bem.

Arthur cumprimentou Atílio com um abraço caloroso, e Pedro e Roberta fizeram o mesmo. Atílio comentou:

— Não sabia que vocês também estavam na Itália. Faz tempo que foram para lá?

— Fomos na sexta-feira e voltaríamos ontem, mas o céu de Gênova estava encoberto — comentou Roberta.

— Nós fomos contar para meu pai e para sua mãe que teremos um filho — disse Pedro, animado.

— Que notícia boa! Parabéns para os mais novos pais. Uns chegando, outros partindo! Essa é a lei da vida.

— Onde está Murilo? — perguntou Magda.

— No quarto, ao lado de Aline. Ele disse que ficará com a mãe até ela parar de chorar.

— Ela deve estar muito abalada, meu filho. A mãe está na UTI, e de repente o pai morreu em um acidente. Aline deve estar se sentindo órfã e abandonada. É estranho... por mais que sejamos adultos, nos sentimos sozinhos e desamparados quando nossos pais morrem. Diga a ela que essa sensação passará com o tempo.

— Sabe como é Aline, mãe. Ela não tem muita estrutura para enfrentar os desafios da vida. Além disso, estávamos esperando o desencarne de minha sogra, não de meu sogro, que aparentemente estava bem de saúde.

— Foi um acidente que o vitimou? — perguntou Arthur.

— Ele foi visitar a esposa no hospital e estava dirigindo para casa quando o acidente aconteceu. A enfermeira da UTI, que é minha amiga, contou que César estava muito triste. Ela disse que ele chorou o tempo todo durante a visita à esposa. Beatriz tentou conversar com ele, mas César não estava com vontade de falar sobre sua dor. Ela notou que ele estava pálido e levava a mão ao peito a todo o momento. Beatriz tentou aferir a pressão arterial dele, mas meu sogro não permitiu. César deixou o hospital antes que Beatriz o fizesse passar no pronto-socorro. Ela foi atrás dele, contudo, não conseguiu fazê-lo mudar de ideia. Meu sogro pegou o carro no estacionamento e saiu cantando pneus. Beatriz me ligou, mas eu estava longe de Curitiba acompanhando uma obra em outra cidade. Liguei para Ricardo, no entanto, não houve tempo de interceptar o carro de César. Quando Ricardo chegou à ponte, meu sogro já havia se envolvido no acidente. Ele bateu a cabeça, pois estava sem o cinto de segurança. Os paramédicos constataram que ele havia tido um infarto fulminante. Não houve tempo para os primeiros socorros.

— Que coisa triste! Se ele não fosse tão teimoso, não estaria morto agora. Sua amiga tentou demovê-lo da ideia de dirigir. Ele não tinha condições de fazê-lo naquele estado.

— Pai, para morrer basta estar vivo! — disse Pedro.

— O fato é que ele não está mais entre nós — falou Magda.

Murilo entrou na sala onde todos estavam reunidos e disse:

— O vovô César está na casa dele com um corte na testa. O corte sangra muito. Eu vi! Ele precisa de ajuda, mas minha mãe não quer ajudar meu avô César. Vamos comigo, vovô Arthur? Vamos lá ajudá-lo?

— Querido, eu gostaria muito de ajudá-lo, mas não sei como.

— Podemos falar com meu primo Ângelo. Ele sabe o que fazer para ajudar o vovô.

— Ângelo é criança como você, Murilo! O que ele poderia fazer para ajudar neste caso?

— Meu primo tem poderes, vovô. Ele vê gente morta e fala com os espíritos. Ângelo pode conversar com o vovô César e mandá-lo para o céu, que é o lugar para onde as pessoas que morrem vão. Ele me disse que há lá um hospital para cuidar dos doentes.

— Ângelo desenvolveu a mediunidade? — perguntou Magda a Roberta.

— Desde bebê, meu sobrinho tem dado sinais de forte mediunidade. Hoje, ele está com seis anos, contudo, parece que tem maturidade de adulto para lidar com esse dom. Ângelo não tem medo do que vê. Ricardo e Agnes o levaram para o centro espírita, onde ele foi instruído por doutor Carlos e por Fernanda.

— Não sabia que meu neto possuía sensibilidade mediúnica. Que bom que Agnes o levou para um dos melhores especialistas no assunto!

— Vovô Arthur, o senhor trouxe presentes para nós?

— Querido, não tive tempo de comprar presentes para vocês, mas amanhã sairemos para comprá-los. O que acha? Quer passear com o vovô?

— Podemos levar Ângelo?

— Sim, ele também irá conosco.

— Que coisa feia, filho! Não cobre seu vovô dessa forma!

— Pai, quando o vovô foi embora, ele prometeu que traria presentes para nós! E agora ele é meu único avô.

— Não recrimine meu neto, Atílio. Murilo, você já soube que logo, logo terá mais um priminho com quem brincar? Tia Roberta terá um bebê.

— Que legal, tia! Mas não será um primo! Eu terei uma prima, mas não gosto de meninas. Elas são chatas.

O grupo ficou conversando, e Atílio pediu uma pizza. Todos estavam à vontade, mas Aline não acordou para receber as visitas.

Era tarde da noite quando todos se foram, e finalmente Atílio pôde descansar de um dia exaustivo depois de uma noite sem dormir.

CAPÍTULO 63

Retrocedendo um pouco no tempo, César estava na UTI e chorava muito enquanto olhava Laudicéia através do vidro. Distraído, ele levantou-se de repente quando notou que Beatriz o estava observando. Ela entrara na UTI para checar as medicações de Laudicéia e, quando viu César, acenou para ele fazendo sinal para que a aguardasse. A enfermeira notou que ele não estava bem e pretendia aferir-lhe a pressão, contudo, César não queria falar com ninguém e deixou a UTI o mais rápido que pôde.

César entrou no carro, deu a partida e distanciou-se do hospital. Quando já estava pegando o acesso para a ponte, sentiu uma dor aguda no peito, perdeu o controle do veículo e chocou-se contra a mureta, batendo a cabeça violentamente no volante e abrindo nela um corte profundo. Como saíra apressado do hospital, esquecera-se de colocar o cinto.

Após bater com força na mureta de concreto, o automóvel de César rodopiou no asfalto e chocou-se com mais dois carros que passavam pela ponte naquele momento. Por sorte, os condutores não se feriram, mas um jovem, que tivera o carro danificado pela batida, foi tirar satisfações com César. Nervoso e imaginando que ele estivesse embriagado, o rapaz puxou-o com força para fora do automóvel e viu o corpo de César cair inerte no asfalto. O jovem assustou-se, e a condutora do outro veículo envolvido na batida saiu trêmula do carro e ligou para a emergência. A mulher segurou o rapaz, que desejava sair correndo do local por imaginar que tirara a vida do motorista que ele jogara no chão.

Quando a ambulância chegou, já não havia mais nada a fazer. O paramédico confirmou a morte de César e afirmou que ele tivera um infarto fulminante antes de se chocar com a mureta da ponte. O rapaz, então, ficou mais tranquilo ao saber que não fora o responsável pela morte do motorista.

Ao chegar ao local, a polícia anotou os dados dos motoristas envolvidos no acidente e dispensou-os. O espírito de César não entrou na ambulância e, apesar de sentir que estava ferido na testa, ele estava mais preocupado com a dor que sentia no peito.

César caminhou entre os policiais e paramédicos vociferando nervoso, pois ninguém lhe dava atenção, até que um velho amigo dos tempos de faculdade, que desencarnara em um grave acidente, surgiu acompanhado de dois enfermeiros para levar César para a outra dimensão.

Muito assustado com a presença desse amigo, César levou a mão ao ferimento e foi se afastando. Ele disse:

— Não! Você não... Eu não estou morto! Ainda não estou pronto para ir embora. Deixe-me em paz!

O amigo e os enfermeiros não foram atrás de César, pois a espiritualidade não obriga os espíritos a seguirem com o resgate; ela aguarda que ele amadureça até estar pronto para deixar a Terra. César, contudo, escolhera um caminho de dor e sofrimento e não sabia explicar como conseguira voltar para casa tão rápido. Quando se deu conta, estava diante do portão.

César pediu ajuda para Renê, mas ela não registrou a presença do amigo. Ângelo, contudo, conseguiu vê-lo e assustou-se. O menino, então, pediu ajuda aos amigos espirituais, como doutor Carlos lhe ensinara, e o mentor do garotinho logo apareceu para atendê-lo, dizendo-lhe que ele precisaria esperar e ter paciência.

Quando conseguiu, enfim, entrar na casa, César subiu as escadas e foi até o banheiro para limpar o sangue que sujara sua roupa. Ele tentou lavar a cabeça no chuveiro, mas não conseguiu abri-lo. Tentou na pia, contudo, suas mãos passavam por dentro da torneira. Assustado, César deitou-se na cama e permaneceu ali sentindo dor no peito e na cabeça. Em dado momento, ele desceu as escadas, pediu ajuda para Murilo, que dormia tranquilamente no sofá, mas acabou assustando o menino.

Nesse momento, César ouviu Aline chorar desesperadamente. Ele não sabia explicar, mas viu-se diante da filha na sala do velório e tentou acalmá-la, contudo, estava muito confuso. De repente, César viu que havia um caixão no meio do salão e, quando Aline caminhou até lá, ele desesperou-se ao se dar conta de que quem estava morto era ele.

César chorou junto com a filha, pois tudo o que não desejava era deixar Laudicéia doente e Aline triste. Como ficou muito nervoso, ele sentiu o peito doer ainda mais. Murilo e Ângelo chegaram ao velório, e César comoveu-se ao ver seu netinho amado chorando sua morte. Ângelo olhava para o espírito de César com os olhinhos úmidos.

César tentou aproximar-se de Ângelo, mas não foi possível, pois a segurança espiritual do menino estava atenta naquele momento. Ele, então, acompanhou o próprio velório e o sepultamento e teve medo de ser enterrado, pois sabia que a cova seria fechada em poucos minutos. Ângelo pediu que seus amigos espirituais ajudassem César, pois viu o pânico no rosto dele.

Neste instante, como César tinha méritos, uma equipe de resgate apareceu para convidá-lo a sair daquele lugar.

Novamente, o amigo de César dos tempos da faculdade apareceu, mas dessa vez estava acompanhado de uma mulher de aparência jovial. No primeiro momento, César não a reconheceu, contudo, ao ouvir o som da sua voz, ele fixou os olhos nela e perguntou:

— Você é minha prima Aurora?

— Sim, meu amigo. Lembra-se de que, por pouco, não me casei com o Wagner, seu amigo da faculdade de Direito? Se eu não tivesse ficado doente e desencarnado, ele não teria me escapado! Meu querido primo, estamos aqui para pedir que nos acompanhe. Nós desejamos levá-lo de volta para a casa espiritual. Já percebeu que não está mais em seu corpo físico, não é?

— Meu corpo acabou de ser sepultado! Wagner apareceu no momento do acidente. Eu estava muito perturbado e não havia notado que havia desencarnado.

— Compreendo. Alguns espíritos passam por esse atordoamento após o desencarne, César. Isso é natural em caso de acidentes, que normalmente causam uma morte rápida e muitas vezes indolor. Esta é a última vez que lhe peço para nos seguir. Não poderei mais convidá-lo a fazer isso. Vamos embora. Ficar aqui é perigoso.

— Eu seguirei com vocês, meus amigos, mas gostaria de me despedir de Laudicéia. Ela não pôde comparecer ao meu velório.

— Desculpe, César, mas você não tem permissão para essa despedida. Em breve, Laudicéia estará conosco, e eu o aconselho a vir conosco para dar início ao seu processo de purificação. Se não o fizer, César, você não poderá se aproximar de sua esposa quando ela retornar.

César segurou a mão que lhe fora estendida e partiu deixando saudades nas pessoas que o amavam.

Alguns dias após o sepultamento de César, Aline não despertou bem. Ela sentia dores de cabeça e estava enjoada. Atílio pediu ajuda para a mãe, pois precisava que alguém cuidasse de Murilo. Pouco depois, Magda saiu para encontrar-se com o filho.

Ela tocou o interfone no portão do prédio, e rapidamente o porteiro entrou em contato com Atílio:

— Bom dia, senhor. Uma mulher muito elegante, que disse ser sua mãe, está aqui. Ela se chama Magda. Posso autorizá-la a subir?

— Bom dia, José. Deixe-a subir.

Por onde passava, Magda era admirada por sua beleza. Ela vestia-se com extrema elegância, e seus gestos coordenados e delicados indicavam que possuía uma educação refinada. Ninguém diria que Magda nascera e vivera mais da metade de sua vida na periferia de um bairro popular de Curitiba.

Magda entrou no elevador e, ao chegar ao apartamento do filho, Atílio abraçou-a dizendo:

— Que bom que pôde vir, mamãe. Bom dia.

— Bom dia, querido. Sua voz me pareceu aflita ao telefone. Está tudo bem?

— Aline não está bem; acordou com dor de cabeça e enjoada. A senhora sabe que ela tem a saúde fraca. Queria levá-la ao hospital, mas não gostaria de levar Murilo. Pode ficar com ele esta manhã?

— Claro, será um prazer. Eu o levarei para minha casa. Vou ligar para Agnes para perguntar se ela me deixa pegar Ângelo para passar o dia comigo.

— Ligue, mamãe. Tenho certeza de que ela deixará. A senhora tem certeza de que as crianças não atrapalharão seu dia?

— De forma alguma, filho. Ficar com meus netos é delicioso. Arthur adora brincar com os meninos.

— Arthur será avô! Pedro e Roberta finalmente se casarão! Eles estão planejando realizar um grande casamento? Afinal, Pedro é o único filho de Arthur.

— Pedro e Arthur adorariam realizar uma grande festa, mas não há clima para isso. Nossa amiga Laudicéia está internada, e a morte de César...

— Não se detenham por nós, mamãe. Roberta e Pedro merecem uma bela recepção para a alta sociedade curitibana.

— Roberta achou melhor adiar o casamento.

— Mas ela está grávida! Se adiar o casamento, será uma noiva barriguda.

— Não creio. Ela tem o corpo esbelto, e em dois ou três meses a saliência da gestação ainda não aparecerá no vestido de noiva.

Murilo entrou na sala e correu para abraçar a avó. Magda, então, abaixou-se e encheu o neto de beijos, deixando-o marcado com seu batom.

— Querido, quer passar o dia na casa da vovó? Vamos convidar Ângelo.

— Posso nadar na piscina?

— Claro que sim. A água está quentinha! Depois, pedirei para lhe prepararem um lanche gostoso com batatinha frita e refrigerante, como você gosta.

— Posso comer hambúrguer, papai?

— Hoje, você poderá se fartar na casa da vovó, mas voltará à vida normal amanhã. Você precisa retornar para o colégio.

— Tudo bem! Mas hoje é dia de brincar com minha vovó!

Aline surgiu na sala muito abatida, tentou abrir um sorriso para cumprimentar a sogra, mas acabou fazendo uma careta entre as lágrimas que insistiam em brotar de seus olhos. Ela foi até Magda, que se levantou do sofá para cumprimentar a nora.

— Tente se controlar, querida. Essa tristeza não lhe fará bem. Sei que está se sentindo só. Também perdi meus pais muito cedo e entendo perfeitamente o que está sentindo, mas lhe garanto que essa tristeza passará com o tempo e que lhe restará uma lembrança boa de seu pai. Somos espíritas, Aline, e sabemos que as lágrimas prejudicam os desencarnados. Recorde-se de César nos momentos em que ele estava feliz e muito saudável, pois dessa forma colaborará com a recuperação dele no astral.

Aline sabia que a sogra estava com a razão e tentou se controlar respirando fundo. Magda, então, conduziu a nora até o banheiro e fê-la lavar o rosto na pia. Depois, secou-o delicadamente dizendo:

— Você precisa ser forte, filha. O desencarne é natural para quem vive aqui. Sinto lhe dizer, mas a vida lhe tirou os alicerces paternos para que você usasse sua força e buscasse a melhor forma de ser independente. Não busque novas muletas em Atílio ou em Murilo. Eles estarão sempre ao seu lado, no entanto, lhe peço que não se apoie neles. Seja forte, Aline, e use essa força para si. Você pode muito mais do que imagina. É uma mulher adulta e equilibrada.

— A vida fez isso com a senhora também?

— Fez, sim. Após a morte de meus pais, eu, no início, sofria quando me sentia sozinha. Infelizmente, me apoiei em meu companheiro, e o resultado foi dos piores. Fui traída e abandonada e perdi a última muleta que sustentava minha fragilidade. Tive de usar minha força para criar meus filhos sozinha. Trabalhei muito e me orgulho do belo trabalho que realizei. Tornei-me uma profissional competente, bem vista no mercado e conquistei muitas coisas. Ganhei da vida um companheiro maravilhoso! Por essa razão, lhe digo que não escolha o caminho da dor. Prefira sempre o que lhe trará felicidade a cada conquista e que a faça descobrir sua força. Os desafios sempre virão! Seja esperta e aprenda rápido com eles. Chega de chorar, pois isso não fará bem para sua saúde e para o espírito de seu pai.

— Ele era um homem forte! Talvez não soubesse disso, mas era. Sem falar na força que minha mãe me dava. Ela era meu porto seguro. Eu fiz os dois sofrerem muito, Magda, e sei que você tem razão! Preciso ser forte e me encontrar no meio disso tudo. Fique tranquila. Não me apoiarei em Atílio. Não quero perdê-lo, assim como aconteceu com a senhora. Ficarei bem. Tudo isso dói, mas tenho certeza de que essa dor passará e restará apenas a saudade deles. Sei que minha mãe não despertará do coma.

— Então, se despeça dela a cada visita que fizer à UTI. Liberte-a para que ela siga seu caminho. Laudicéia é uma mulher forte. Isso nós não podemos negar.

As duas deixaram o banheiro e foram para o quarto do casal. Magda pegou uma roupa para Aline vestir e seguir para o hospital. Ela penteou os cabelos da nora, levou-a para a cozinha e fê-la tomar um pouco de suco de laranja e comer uma torrada com requeijão. Disse:

— Coma, Aline. Você se sentirá melhor. Levarei Murilo para minha casa e cuidarei dele o dia todo. Amanhã, levarei as crianças direto para o colégio. Tudo bem para você?

— Obrigada, Magda. Hoje, eu não seria uma boa mãe para meu filho. Quando fica com Atílio, Murilo se torna uma criança implicante, pois os dois brigam o tempo todo. Atílio tem muita paciência com ele.

— Conhece o motivo pelo qual Murilo implica com o pai?

— Sim, Magda. Murilo é a reencarnação de Rômulo e retornou como nosso filho para resolvermos questões do passado. Acredito, no entanto, que Murilo e Atílio ainda tenham um longo caminho a percorrer.

— Não tente interferir no relacionamento dos dois, querida. Quando começarem a brigar por bobagens, se afaste. Atílio saberá se controlar, pois é um bom pai. Deixe que eles construam uma relação de amor entre pai e filho.

— Às vezes, não é fácil suportar as brigas entre os dois. Murilo tem ciúmes de nossa relação. Tento fazer meu filho compreender que ele está errado, que o pai é um homem maravilhoso e o ama muito.

— Com paciência e amor, tudo se resolverá entre eles.

Magda acariciou os cabelos de Aline e foi até o quarto do neto para preparar uma mochila. Murilo desejava levar muitos brinquedos, e ela tentava demovê-lo da ideia dizendo:

— Querido, você não terá tempo para brincar com todos esses brinquedos em minha casa. Leve um ou dois. Você sabe que lá há um *playground* ao lado da piscina aquecida e que o jardim tem espaço para correr e jogar bola com Ângelo.

— Mas eu quero levar o carrinho, os jogos para brincamos à noite e o urso para dormir. Só isso, vovó.

— Tudo bem. Então, vamos. No caminho, ligarei para Agnes para avisá-la de que levaremos Ângelo conosco. Será um dia muito agradável.

— O vovô Arthur brincará com a gente?

— Quando ele retornar do escritório, tenho certeza de que ele brincará na piscina com os netos.

— Ele ficará feliz quando a menina nascer e crescer um pouco para brincar com ele?

— Menina?!

— Vovó, eu já disse que a filha da tia Roberta e do tio Pedro será uma menina bonita.

— Ela será muito bem-vinda!

— Não gosto de brincar com meninas, porque elas querem que eu seja um príncipe encantado. Eu quero brincar de luta com os meninos! Meninas são chatas!

— O mais novo membro de nosso grupo familiar não será chata, querido; será uma princesinha muito bonita.

— Não quero ser o príncipe dela. Não gosto dessa brincadeira, é chata.

— Quando ela tiver idade para brincar, você será um homenzinho e verá com outros olhos as meninas. Agora, vamos, pois está ficando tarde. Quero aproveitar o dia com meus amores.

— Mamãe está doente! Meu pai a levará para o hospital. Ela sente falta do vovô César, e eu também sinto saudade dele. Vovó, será que ele ainda está sangrando? E continua na casa dele, como Ângelo disse?

— Não creio nisso. Acredito que o espírito de César já tenha sido resgatado. Ore por seu avô, querido. Tenho certeza de que ele também sente sua falta.

Magda terminou de arrumar a mochila de Murilo, e os dois seguiram para a padaria de Ricardo para buscarem Ângelo.

CAPÍTULO 64

Dois meses se passaram rápido, e o dia do casamento de Roberta e Pedro chegou. A fazenda estava linda. Antes de retornar para a Itália, Magda contratou profissionais excelentes e renomados para organizarem uma bela recepção aos nubentes.

Roberta não tinha como impedir Pedro de convidar muitos amigos para a cerimônia, e o que inicialmente seria uma celebração discreta acabou tomando grandes proporções e atraindo vários jornalistas e fotógrafos à entrada da fazenda. A nata da sociedade curitibana estava presente, e Aline, que entrara novamente em depressão, não estava muito à vontade como madrinha da noiva. Agnes e Ricardo também preenchiam o quadro de padrinhos e estavam posicionados ao lado do mestre de cerimônias no pequeno altar que fora montado com treliças recobertas de flores do campo.

Roberta estava belíssima! Sua barriguinha começava a despontar no belo vestido de noiva, e o espírito de Nair estava feliz por participar daquele momento importante para seus pais. Ângelo e Murilo foram os pajens da cerimônia. Ângelo comentou com o primo sobre a alegria da mais nova integrante da família.

A festa, que aconteceu no belo jardim da fazenda ornamentado com flores do campo, foi muito animada.

Após o jantar, Aline desejou voltar para Curitiba. Carlos Alberto organizara dois quartos de hóspedes para o filho e Agnes e para Atílio e Aline, pois não gostaria que eles dirigissem de volta para Curitiba naquela noite. Além disso, eles poderiam saborear um bom vinho, sem precisarem se preocupar. Assim, após o jantar e antes de servirem o bolo, Atílio e Ricardo levaram Aline para o sítio, que ficava ao lado da fazenda.

Os dois homens deixaram Aline descansando no quarto e retornaram para a festa, que estava animada. Os meninos divertiam-se dançando ao som do grupo musical, mas, de repente, Ângelo parou de dançar e pulou na frente do palco. Surpreso, Murilo perguntou:

— Por que parou? A brincadeira está divertida. Você está com aquele olhar estranho, primo. O que está vendo?

— A vovó Laudicéia chegou. Ela está feliz e sorrindo.

— Ela não pode estar em dois lugares ao mesmo tempo! Não estou vendo minha avó! Ela está no hospital. Você não pode contar mentiras, Ângelo!

— Não estou mentindo. Ela está sorrindo para nós aqui, e há uma moça muito bonita ao lado dela. Ela é um espírito coberto de luz.

Agnes conhecia bem o filho e imediatamente identificou que Ângelo estava tendo uma de suas visões extrafísicas. Ela, então, aproximou-se do filho e perguntou:

— Está tudo bem, querido?

Ângelo pulou do palco para os braços da mãe e disse:

— A vovó Laudicéia está aqui, mamãe. Ela desencarnou.

— Que nossa querida amiga descanse em paz, filho! Não fique assustado. O espírito dela está aqui para se despedir das pessoas que amava. Onde ela está neste momento?

— Ao lado de Murilo, beijando seu rosto.

— Cristina está ao lado dele. Ela também se despediu da vovó Cristina?

— Sim, ela deu um beijo na cabeça dela. A vovó está se aproximando de nós.

— Vamos para um lugar mais tranquilo. Quero me despedir dela.

O espírito de Laudicéia e o espírito de Iolanda seguiram Ângelo e Agnes para um recanto mais afastado da algazarra dos convidados.

Diante de Ângelo, Laudicéia abaixou-se e beijou a face do menino, que ficou emocionado. O garotinho, então, repetiu as palavras de Laudicéia para a mãe após vê-la beijar Agnes.

— A vovó está dizendo que sentirá saudades de todos nós, mas que está feliz em partir. Ela pediu para dizer à tia Aline que tenha força e não se deixe levar pela tristeza. Disse também que o melhor da vida é descomplicar as coisas e ser feliz. Ela também pediu a tio

Atílio para cuidar de tia Aline, está mandando um beijo para a vovó Magda e pediu para agradecê-la pela prece. A vovó deixou um beijo no ar para todos nós e se foi, mamãe.

Agnes secou as lágrimas e abraçou Ângelo, que também ficou emocionado.

— Não chore, querido! Seu dom é maravilhoso! Você permitiu que eu me despedisse de minha amiga. Obrigada, filho.

Vendo Agnes e Ângelo com os olhos marejados, Murilo perguntou:

— Então, é verdade? Minha avó realmente morreu?

— Eu sinto muito, Murilo! A vovó Laudicéia esteve aqui e se despediu de todos nós. Não precisa chorar, querido! Ela estava bem, feliz em partir e deixou um recado para sua mãe. Nós sabíamos que ela estava muito doente. Agora, ela seguiu de volta para casa para ficar junto com o vovô César.

— Queria que os dois estivessem aqui comigo. Quero minha mãe, tia Agnes. Me leva até ela?

— Eu o levarei, querido, mas não seria melhor aproveitar mais um pouquinho da festa? Já viu a mesa do bolo? Há muitos docinhos diferentes. Temos que esperar o hospital entrar em contato com seu pai e notificá-lo do desencarne de sua avó.

Atílio percebeu que algo estava errado e deixou a pista de dança após ver Agnes conversando com os meninos na varanda da casa. Ele chamou Ricardo, e os dois foram até eles.

— Filho, eu o estava procurando. Você deixou a vovó Cristina dançando sozinha na pista de dança.

Murilo levou as mãozinhas à cabeça e disse:

— Papai, ela não sabe dançar e fica me agarrando! Não gosto desse grude. Pai, seu celular está ligado?

— Não, filho. Desliguei durante a cerimônia e me esqueci de religá-lo. Hoje é dia de festa, e acredito que ninguém ligará para mim.

— Meu irmão, ligue seu celular e verifique se há alguma chamada perdida do hospital.

— O que está acontecendo aqui? Os três andaram chorando? — perguntou Ricardo.

— Papai, a vovó Laudicéia esteve aqui para se despedir. Ela estava coberta por uma luz clara e deixou um beijo.

Ricardo olhou para a esposa, que confirmou com a cabeça. Atílio, então, ligou o celular e constatou que havia várias chamadas perdidas do hospital e mensagens de Beatriz. Ao ler o recado que ela deixara, ele disse:

— Beatriz deixou muitos recados e no último ela escreveu que Laudicéia faleceu.

— Tenho que avisar Aline! Não sei como ela reagirá, pois está deprimida! Até tirou uma licença médica do colégio.

— É melhor falar com o doutor Carlos. Pergunte a ele o que devemos fazer.

Atílio ligou para o hospital, e notificaram-no oficialmente do falecimento de Laudicéia. Em seguida, ele foi conversar com doutor Carlos, que também estava na festa e recomendou que Atílio desse um calmante suave para Aline para que ela se mantivesse acordada para se despedir da mãe.

Agnes deixou os meninos aos cuidados da mãe, pois Cristina não tinha condições de ficar com eles. Ela havia tomado várias taças de vinho e estava levemente embriagada.

Magda ficou triste ao saber do desencarne da amiga. Ela levou os meninos para dentro do casarão, pediu para um dos garçons servir uma bandeja de doces e bolo para as crianças e depois tentou fazê-los dormir um pouco.

Magda pediu a todos que não falassem sobre o desencarne de Laudicéia para os noivos, pois não queria estragar a noite especial dos nubentes, que, pela manhã, partiriam para a lua de mel no Caribe. Ela também ligou para o piloto do jato particular da família e pediu-lhe que cancelasse o voo devido ao falecimento de Laudicéia.

Atílio, Ricardo e Agnes entraram no sítio de Carlos Alberto tomando cuidado para não fazerem barulho, pois sabiam que precisavam ser cautelosos para dar a notícia para Aline.

Agnes entrou no quarto e deitou-se na cama ao lado de Aline, que acordou e perguntou:

— Terminou a festa? Onde estão os meninos?

— Ficaram lá com minha mãe. Você sabe como é a vovó Magda! Ela quer os meninos sempre por perto.

— Atílio veio com você?

— Sim, ele está na sala conversando com Ricardo.

— Diga a ele que preciso de um remédio para dor de cabeça. Tive um sonho com minha mãe. Que ela estava se despedindo e me deu um beijo na testa! Foi tão real!

— Deixe que eu pego o comprimido em sua bolsa de remédio.

Agnes acendeu a luz e tirou da bolsa de Aline dois comprimidos: um era o calmante suave que ela tomava quando se sentia muito angustiada e o outro era um comprimido para dor de cabeça. Ela fez Aline tomar os dois medicamentos dizendo:

— Quando fico com dor de cabeça forte, tomo dois comprimidos. Tome. Você ficará bem.

— Agnes, está acontecendo alguma coisa? Você está estranha e não é boa atriz!

— Tome os comprimidos que lhe direi tudo o que quiser.

Aline tomou os comprimidos com um grande gole de água e pediu:

— Agora me conte o que aconteceu nessa festa! Atílio dançou com outra mulher?

Neste momento, Atílio entrou no quarto e disse:

— Eu não dançaria com nenhuma mulher daquela festa. A única mulher que me interessa não estava lá. Amor, você está melhor?

— O enjoo passou, mas a dor de cabeça ainda não. Tomei o segundo comprimido essa noite. Logo passará.

— Eu a ouvi dizer lá da sala que você sonhou com sua mãe. Foi isso mesmo?

— Sim, e foi tão real! Senti o toque do beijo dela. Mamãe me disse para eu ser forte e se foi.

— Querida, ela realmente esteve aqui... Ligaram do hospital avisando que...

— Minha mãe morreu?!

Aline abraçou Atílio e chorou copiosamente. Neste momento, Agnes deixou os dois sozinhos e aproveitou para trocar de roupa no quarto de Roberta, onde deixara uma pequena mala com as roupas da família.

Atílio consolou Aline até que ela pegasse no sono e voltou para Curitiba com Ricardo para tomar as providências para o sepultamento de Laudicéia.

Agnes ficou cuidando de Aline, e Carlos Alberto retornou ao sítio trazendo Cristina, que estava embriagada. Prestativa, Agnes foi ajudá-lo a colocar a mulher debaixo do chuveiro, e, depois de lhe darem um café quente e forte, contaram a Cristina sobre o desencarne de Laudicéia.

A festa terminou quando amanheceu, e Magda finalmente contou aos noivos sobre o falecimento da amiga. Apesar de estar em lua de mel, Roberta fez questão de comparecer ao velório e ao enterro de Laudicéia. Pedro acompanhou e agradeceu a madrasta por avisar o piloto do jatinho, e todos se reuniram na mesma sala de velório onde César fora velado anteriormente.

CAPÍTULO 65

Apesar de já esperar pelo desencarne da mãe, Aline chegou à sala do velório muito debilitada, sentindo profundamente a partida de Laudicéia. Ela ficou sentada ao lado do caixão da mãe, com a cabeça baixa, deixando as lágrimas rolarem por sua face. Às vezes, ela levava um lenço de papel até o nariz para secá-lo, mantendo-se alheia a tudo. Aline não registrava a presença dos amigos e vizinhos de Laudicéia.

Renê chegou ao velório e foi cumprimentar Aline. A vizinha tocou-lhe o ombro suavemente e chamou-a, retirando-a do vazio em que sua mente imergira.

— Aline, eu sinto muito... Laudicéia fará muita falta.

Aline levantou a cabeça lentamente e, sem compreender o que Renê dizia, perguntou:

— O que faz aqui?

Renê estranhou o olhar duro e a força que Aline usou para fazer aquela pergunta.

— O que faço aqui?! Foi isso que você perguntou?

— Sim, Renê! O que faz aqui?

— Estou aqui para me despedir de Laudicéia, minha amiga querida e vizinha de tantos anos! Vi sua mãe nascer, crescer e se tornar uma mulher forte. É uma pena que não venceu a doença. Sentirei falta dela.

— Sua velha fofoqueira! Você sempre falou mal de minha mãe pelas costas! Eu te conheço! Gosta de fazer maldades!

— Aline, o que há com você? — perguntou Renê assustada.

— Saia da minha frente! O que você fez à minha família é imperdoável! Não se faça de boazinha agora, sua velha alcoviteira! Deixe minha família em paz! Ficarei aqui para defender Aline e meu neto de sua presença desagradável!

Atílio e Ricardo aproximaram-se das duas mulheres, pois Aline levantara a voz para falar com Renê. Atílio segurou as mãos da esposa e perguntou:

— O que está acontecendo, amor? Não trate dona Renê dessa forma.

— Essa velha alcoviteira não deveria estar diante do caixão de minha mulher!

Atílio olhou para Ricardo, que imediatamente procurou por Ângelo na sala, mas o menino estava com Magda no jardim. Os dois sabiam que Aline não estava falando por si mesma. Ricardo, então, tirou Renê rapidamente da sala dizendo:

— Não leve a sério o que ouviu de Aline, Renê. Ela não está bem! Está sob efeito de calmantes — pediu Ricardo.

— Parece que ela não perdoou meus erros passados! Sei que acusei a família pelo desencarne de seu irmão Rômulo, mas achei que essa história tivesse ficado no passado. Por que ela está me acusando agora, Ricardo? Justamente neste dia triste de despedida? Que estranho! Aline não parece ser ela mesma. Está com a voz grossa. Por alguns segundos, parecia César falando. Parecia que ele estava me acusando.

— César?!

— Foi minha impressão. Deixe-me sentar um pouco. Quero esquecer essas acusações, que já deveriam ter sido esquecidas... afinal, quem não erra? Não é verdade?

— Descanse um pouco e não leve a sério o que ela disse. Aline está fora de si. Quer tomar uma xícara de café?

— Eu aceito, pois estou precisando refazer minhas forças. Senti meu estômago se revirar com a força que Aline usou nas palavras para me acusar.

Ricardo chamou Agnes para conversar e explicou o que ocorrera na sala do velório. A moça levou Renê para a lanchonete que havia dentro do cemitério, enquanto Ricardo pegava Ângelo pela mão e levava-o para a sala onde Aline estava. Ele perguntou:

— Filho, poderia me dizer se há algum espírito ao lado da tia Aline?

Concentrando-se para ver a outra dimensão, o menino fechou os olhos, respirou fundo e disse abrindo os olhos:

— Vovô César está ao lado dela e está nervoso por não encontrar a vovó Laudicéia aqui.

— O espírito dela não está aqui? Não é comum quem desencarna assistir ao próprio velório e sepultamento?

— É comum isso correr, mas espere um pouco, papai. Senti a presença dela. Agora compreendi! Vovó Laudicéia está iluminada e vibra em uma dimensão acima, por essa razão, o vovô César não está conseguindo vê-la. Ela está jovem e bonita.

— E como está o vovô César?

— Nervoso!

— Como está a aparência dele? Consegue ver luz à sua volta?

— Não. O vovô aparentemente está bem, no entanto, está muito bravo por não conseguir encontrá-la.

— Obrigado, filho. Você pode brincar lá fora. Fique com a vovó Magda e com Arthur.

— Posso tomar um sorvete na lanchonete? Hoje está uma manhã quente, não acha?

— Tudo bem, garoto. Tome um sorvete e depois fique quietinho e obediente com seus avós. Logo, logo meus pais chegarão do sítio, e você ficará com a vovó Cristina.

— Ela não gosta muito de brincar comigo! Ela só dá atenção ao Murilo. Ela ainda pensa que ele é o filho dela! Eu já disse que ele não é mais meu tio Rômulo, mas ela não me dá ouvidos.

— Sua avó sente saudades de meu irmão, querido. Não implique com ela, pois não foi fácil enfrentar a saudade do filho, que partiu ainda muito jovem.

Ângelo foi correndo para a lanchonete, quando percebeu que Magda e Arthur haviam levado Murilo para lá. Ricardo ficou parado perto da porta observando Aline. Os movimentos que ela fazia realmente lembravam os de César quando estava nervoso. Ele esfregava uma mão na outra, demonstrando sua impaciência.

Ricardo aproximou-se e disse baixinho para Atílio:

— Aline está sob a influência do pai. Ângelo viu César ao lado dela.

— Essa não! O que faremos para ele deixar Aline em paz?

— É melhor falar com o doutor Carlos. Ele disse que compareceria ao velório mais tarde.

— E até ele chegar? Aline destratou mais da metade dos amigos que vierem cumprimentá-la.

— É melhor ficarmos ao lado dela para impedir a manifestação nervosa do espírito de César.

— Imaginei que ele estivesse em um lugar melhor. Ângelo me contou sobre o resgate de César no dia do sepultamento. O que Ângelo disse a respeito de meu sogro?

— Ele falou que, aparentemente, César está bem, mas que não existe luz à sua volta. Ele está nervoso, pois deseja encontrar a amada, mas ainda não conseguiu.

— O espírito de Laudicéia não está aqui?

— Ângelo disse que ela está em uma dimensão diferente da que César está, e, por essa razão, ele não registra a presença da esposa. Ele disse que Laudicéia está iluminada e com a aparência mais jovem.

— Compreendo. Laudicéia sempre demonstrou estar em um nível evolutivo acima de nós. Pobre César! Não encontrar a amada o deixou nervoso! Até mesmo com a velha Renê ele voltou a implicar.

— Renê ficou chocada quando Aline começou a revirar o passado e acusá-la rudemente.

— Aprendemos que, quando alguém desencarna, os sentimentos do espírito se intensificam. César sempre teve leves restrições a respeito de dona Renê, contudo, estando agora do outro lado, o que era leve se tornou intenso.

— Melhor não mantermos rixas com as pessoas. Não quero ter que administrar esses sentimentos negativos depois do meu desencarne. Não deve ser agradável fazer de uma gota d'água uma tempestade.

— Pelo olhar de Aline, essa tempestade ainda não passou. Nós temos que fazer César enxergar o espírito de Laudicéia.

— E como faremos isso, Ricardo?

— Não sei. Acho que seria melhor esperarmos o doutor Carlos nos orientar. Quando ele chegar, perguntarei o que fazer para resolver essa situação. Até lá, é melhor que fiquemos de olho em Aline.

— Mas não posso ficar o tempo todo ao lado dela, pois as pessoas estão chegando ao velório e muitas querem conversar. Não posso me negar a fazer companhia a elas — disse Atílio.

— Ficarei ao lado dela quando você tiver de sair. Chamarei Agnes para nos ajudar nesta situação estranha.

Eram quatro da tarde quando doutor Carlos chegou com a esposa. Até então, não estava sendo fácil controlar a raiva de César, que, naquele momento, manipulava a filha.

Quando doutor Carlos entrou na sala, bastou olhar para Aline para perceber que ela não estava só. Ele aproximou-se e convidou-a para dar uma volta no jardim. Por fim, disse ao ouvido dela:

— Sei que você está com sua filha. Acalme-se, César. Você terá o que deseja. Acompanhe-me.

Agnes e Ricardo, que estavam ao lado de Aline, não precisaram falar nada para Carlos. Ele cumprimentou o casal e disse:

— Compreendi o que se passa aqui. Darei um jeito de César enxergar Laudicéia para que consiga se despedir de todos nós e, se for possível, seguir com ela.

— Ele se tornou um espírito perdido, doutor Carlos?

— Não, Agnes. Nosso irmão está atravessando um período de limpeza da negatividade que ele permitiu entrar em sua vida. Você se recorda de como ele era agitado e nervoso?

— É verdade. Ele nunca foi um homem calmo e tranquilo.

— Podem nos acompanhar até um recanto mais tranquilo lá fora? Não queria conversar com ele diante de todos os amigos de Laudicéia. Não sabemos a reação que César terá ao longo desta conversa, e eu não gostaria de chamar a atenção das pessoas que não aceitam ou não acreditam que os espíritos possam intervir em nossas vidas.

— Claro, doutor. Nós o acompanharemos. Chamarei Atílio e encontrarei com vocês lá fora. Poderíamos seguir para o estacionamento. Lá deve ser um lugar mais tranquilo para termos essa conversa, não acha? — perguntou Agnes.

— Não sei se um estacionamento seria um bom lugar para isso. Vocês sabem se existe uma capela neste cemitério?

— Há sim. Sei onde fica, mas não tenho certeza se está aberta. Sigam para lá com Aline. Pedirei à administração que abram a capela. Levarei meu irmão assim que encontrá-lo — disse Agnes.

Fernanda e Carlos seguraram o braço de Aline, e Ricardo seguiu na frente. As pessoas que haviam ido ao velório de Laudicéia olhavam admirados para Aline, que estava estranha.

O grupo distanciou-se dos olhares curiosos e encontrou Agnes e Atílio, que estavam na frente da capela com a chave do local na mão. Assim que os três aparecerem na pequena alameda, Agnes abriu a porta e rapidamente todos entraram. Ela, por fim, fechou a porta para evitar que fossem incomodados.

Carlos pediu ajuda aos espíritos e proteção para todos, pois sabia que aquele não era um lugar apropriado para estabelecer uma conversa com espíritos, contudo, era necessário. Ele confiava nos amigos espirituais que faziam a escolta do grupo e pediu concentração e atenção.

Quando todos se acomodaram na capela, Carlos conversou com César e o fez afastar-se de Aline. Fernanda permitiu ser o aparelho de transmissão para essa conversa, pois possuía mais controle sobre sua mediunidade, e assim o casal conduziu o esclarecimento do espírito. César contou o que acontecera com ele após seu resgate, salientou que estava ansioso para levar Laudicéia para casa, mas que não a encontrara no velório.

Com calma, Carlos explicou a César por que ele não conseguia visualizar a esposa e o fez acalmar-se. Vibrando mais alto, César finalmente pôde ver o espírito de Laudicéia, que visivelmente dera um passo a mais que ele no caminho da evolução. Ele tentou aproximar-se da esposa, mas foi impedido pelos espíritos que estavam ao lado dela.

César não compreendia o que estava acontecendo, e Carlos prometeu-lhe que ele se encontraria com sua amada assim que ela pudesse visitá-lo. César, então, lançou um beijo no ar para Laudicéia e recebeu de volta o carinho da esposa. Ele retornou para a vibração compatível ao seu estágio evolutivo e foi escoltado de volta ao local que condizia com sua vibração. Pouco depois, todos voltaram para a sala do velório, e Aline já se mostrou mais cordata e calma.

CAPÍTULO 66

Após o sepultamento do corpo de Laudicéia, Carlos e Fernanda convidaram Aline e Atílio para seguirem ao centro espírita. Carlos sentia que Aline precisava de um banho de energia positiva para reequilibrar-se, pois, naquele momento, ela cogitava novamente suicidar-se. Estava muito triste e sentia-se órfã.

Aline agradeceu o convite, contudo, recusou-o alegando estar muito cansada. Ao notar a necessidade daquele atendimento pela expressão desenhada no rosto de Carlos, Atílio insistiu.

— Nós iremos, amor. Será rápido. Depois, voltaremos para casa, e você finalmente descansará.

— Vamos, mamãe. Ângelo me disse que está vendo duas sombras ao seu lado. Ele disse que será melhor orientá-las para depois descansar em casa.

— Seu primo fala demais! Vocês não percebem que preciso dormir um pouco?!

— Querida, não gostaria de discutir esse assunto. Doutor Carlos pediu, e nós iremos. Ponto final.

— Não quero, Atílio!

Aline alterou o tom de voz, o que fez Cristina e Agnes, que estavam a poucos metros do grupo, se virarem e olharem na direção dela. Doutor Carlos não gostava de escândalos, então, se posicionou diante de Aline, segurou a mão da moça e disse com voz firme olhando nos olhos da paciente:

— Entre em meu carro e não fale nada. Eu a levarei para a clínica, e você ficará internada. As sombras a que Ângelo se referiu são de dois suicidas, Aline. Sua vibração baixa os atraiu. Você quer que eles fiquem colados em você? Por seu filho e pela paz em seu lar, me acompanhe agora.

Aline arregalou os olhos, pois sentiu medo de ter uma recaída. Ela, então, entrou no carro de Carlos e ajeitou-se no banco traseiro sem dizer uma só palavra para os seus. Carlos disse para Atílio:

— Nos dê meia hora e depois siga para o centro espírita com seu filho. Nós cuidaremos de Aline.

— Farei o que me pede, doutor. Obrigado por cuidar dela.

— Sua mulher é determinada quando coloca um pensamento na mente, mas não percebeu que esse pensamento não é dela. Aline precisa mandar os espíritos embora.

Carlos entrou no carro e acomodou-se no banco do passageiro ao lado de Fernanda, que conduzia o carro.

Atílio foi se despedir das pessoas que tinham ido ao velório e que conversavam em uma rodinha na calçada do cemitério. Ele aproximou-se segurando a mão de Murilo, que correu para os braços da avó. Magda perguntou:

— Está tudo bem, meu amor?

— Não está, vovó. Minha mãe não está bem! Doutor Carlos levou minha mamãe para... para onde, papai?

— Para o centro espírita. Aline conseguiu companhia por baixar a vibração. Ela está deprimida.

— Não fique preocupado, querido. Doutor Carlos cuidará bem de sua mamãe. Você quer ir para a casa da vovó?

— Não, eu quero ficar com a mamãe.

O menino fez um biquinho para chorar, e Atílio levantou-o e colocou-o no ombro dizendo:

— Vamos ficar ao lado da mamãe. Não precisa chorar. Ela está bem, filho. Ricardo, você poderia levar dona Renê para casa? Eu seguirei direto para o centro.

— Claro! Meus pais passarão o fim de semana em minha casa. Sem a presença de Roberta, eles dizem que o sítio ficará muito vazio.

— Senti um ponto de ciúmes em suas palavras.

— Impressão sua, meu amigo. Sou tão querido por meus pais! Eles passam semanas sem entrarem em contato por telefone. E, quando ligam, perguntam primeiro de Ângelo.

— Que calúnia, meu filho! Você sabe que eu o amo! Assim como amo Roberta e como sempre amei Rômulo.

— Nós temos que seguir para o aeroporto. Atílio, deixe meus sentimentos para Aline. O piloto está nos esperando impaciente.

— Obrigado por ter comparecido ao sepultamento de minha sogra, Pedro. Agradeço a você também, Roberta. Obrigado por adiar sua lua de mel para nos dar essa força.

— Família é para todas as ocasiões! Estamos todos juntos, uns apoiando os outros. Quando você tiver notícias de Aline, me mande uma mensagem — pediu Roberta.

— Enviarei a mensagem para deixá-la tranquila. Parabéns pela união! Que ela seja sempre abençoada. Desejo-lhes uma boa viagem. Fiquem todos em paz. Eu preciso ir.

— Quer que eu vá com você, Atílio?

— Não precisa, Arthur. Pelo olhar cansado de minha mãe, ela precisa dormir um pouco.

— Realmente, estou cansada! Já são duas noites seguidas sem descansar. Fiquem bem, meus queridos. Se precisar de algo, ligue para mim, filho. Nós ficaremos mais um tempo no Brasil.

Todos se despediram e entraram em seus carros. Estavam cansados e precisando colocar o sono em dia.

Atílio chegou ao centro e tocou a campainha. Ainda era cedo para os trabalhos, que se iniciariam depois das sete horas da noite. Fernanda abriu o portão, e os dois entraram. Murilo estava dormindo aninhado no ombro do pai. Fernanda comentou:

— O pequeno estava tão cansadinho. Não há ninguém que possa cuidar dele em casa?

— Não, todos estavam cansados. Espero que o tratamento de Aline não demore muito. Como ela está, Fernanda?

— Está melhorando. Tenho certeza de que ela sairá da sala dos cristais mais fortalecida e equilibrada.

Atílio sentou-se em um banco no salão principal com Murilo adormecido em seus braços e olhou para o relógio, que marcava cinco e meia da tarde. Ele desejava que a esposa saísse rapidamente do tratamento antes que os frequentadores do centro chegassem. Atílio também estava muito cansado e desejava tomar um banho e dormir até o dia seguinte.

Faltavam dez minutos para as sete horas da noite quando Aline deixou a sala. Doutor Carlos realizaria a palestra daquela noite e despediu-se da amiga e paciente dizendo: "Amanhã, às oito, em meu consultório".

Quando entrou em casa, Atílio notou que Aline estava mais calma e equilibrada. Ele preparou um sanduíche na pequena cozinha do apartamento, deu banho em Murilo, fez o menino comer um lanche e colocou-o na cama. Depois do banho, o menino acabou despertando e não quis mais dormir. O garotinho, então, foi para o quarto da mãe, deitou-se ao lado dela e começou a acariciar os cabelos de Aline até ela dormir. Atílio deitou-se na cama do filho e dormiu ali mesmo.

Na segunda-feira, somente por volta do horário do almoço, a família despertou. Atílio recordou-se de que Carlos marcara um horário para Aline e foi falar com a esposa.

— Perdemos a hora com seu analista, amor! Dormimos demais.

— Não se preocupe, querido. Carlos ligou, e eu disse que estávamos exaustos para irmos à consulta. Expliquei a ele que precisávamos dormir até mais tarde hoje.

— E como você está?

— Melhor. Ainda estou triste por ter perdido meus pais, mas a vida continua. Tenho de superar a distância e a dor da minha saudade.

— O tempo será seu aliado, querida. Só não baixe demais sua vibração. Os dois espíritos foram afastados ontem?

— Sim, eles se foram. Não quero ninguém me colocando para baixo. Tenho de ser forte! Mas tudo isso é difícil sem minha mãe ao meu lado. Você sabe o quanto essa mulher lutou para me manter viva?

— Não fique pensando nos acontecimentos tristes de sua vida, querida. Deixe o passado ficar onde deve ficar. Viva o hoje.

— Hoje! Sim! Estou melhor e ficarei melhor a cada segundo deste dia. Atílio, o que acha de aceitarmos o convite de sua mãe para passarmos o dia na casa dela com Arthur? Queria ficar dentro daquela piscina de água quentinha, relaxando.

— Minha mãe nos convidou? Quando?

— Ela deixou uma mensagem em meu celular essa manhã nos convidando. Disse que não sairá de casa hoje. Vamos? Poderíamos levar Ângelo conosco. Tenho certeza de que Murilo e ele adorariam passar algumas horas dentro daquela piscina.

— Que bom vê-la mais alegrinha. Ligarei para minha mãe avisando que iremos para lá.

— Pedirei a Agnes que deixe Ângelo nos acompanhar neste passeio.

Aline e a família tiveram uma tarde agradável. Ela tentava esquecer a tristeza que apertava seu peito, brincando com os meninos na piscina.

O mentor de Ângelo aproximou-se e explicou sobre o resgate de César e sua purificação no umbral. Arthur mostrou-se cético em relação a um espírito usar uma criança para se manifestar e questionou a "invasão mental" — como ele classificou a comunicação espiritual por meio de Ângelo. O menino respondeu ao avô:

— Vovô Arthur, sou eu, Ângelo, quem está falando agora. Eu escolhi essa forma de ajudar meus irmãos encarnados. Não desejei esperar crescer para dar início ao meu trabalho de divulgação sobre a melhor forma de viver. Vovô, eu não estou sendo usado pelos espíritos. Escolhi essa forma de ser útil às pessoas. Meu espírito já passou pelo caminho evolutivo e deu passos largos, conquistando por mérito a luz que todos buscam alcançar. Naturalmente, tenho muito a aprender ainda, mas digo que não sou ignorante das leis que regem o universo. Sou uma criança diamante, da Nova Era. Pesquise a respeito do assunto, vovô Arthur.

— Ângelo sempre assustou as pessoas que não estão acostumadas com sua desenvoltura para explanar sobre diversos temas, Arthur. Está tudo bem. Meu neto é um pequeno sábio que veio nos ensinar — disse Magda.

— Será um prazer ouvi-lo. Desculpe-me por imaginar que os espíritos estivessem abusando de sua inocência infantil na comunicação. Estou disposto a aprender sobre a espiritualidade com meu neto de cinco anos.

— Vovô, o senhor poderia pedir a seu mordomo para nos servir uma taça de sorvete? A água está quente, e fiquei com calor. Depois, conversaremos sobre o que aconteceu com o vovô César.

Todos riram, e Magda tocou o sino, chamando um dos criados da mansão.

Uma mesa foi posta ao lado da piscina com muitas guloseimas que os meninos adoravam. O requinte com que tudo foi servido animou Aline, que tentava ficar calma e manter sua mente no presente e esquecer sua dor.

Dentro da piscina havia degraus em um dos lados, e Ângelo posicionou-se em um deles para começar a falar, atraindo, assim, a atenção dos empregados. Arthur estava curioso, pois, desde o desencarne de sua primeira esposa, ele tornara-se um estudioso da espiritualidade. Alguns fenômenos ocorreram dentro da mansão e chamaram a atenção de Arthur e de Pedro para estudarem o assunto. Ele ficou encantado ao ouvir Ângelo usar palavras que normalmente uma criança de cinco anos não usaria.

O que Arthur e todas as pessoas ali presentes não conseguiam ver era a luz que iluminava o espírito de Ângelo, dando ao seu campo de energia o brilho reluzente, parecido com o de um diamante.

CAPÍTULO 67

César estava em tratamento e fora-lhe concedida a liberdade de conhecer a cidade que habitava. Após seu resgate no cemitério, ele foi conduzido por um velho amigo e cicerone. Os raios de sol não penetravam o local, e havia uma grande comunidade habitando aquele lugar. Não se tratava de uma cidade planejada por arquitetos do astral superior. Lá, só havia um pequeno posto de atendimento com um médico e dois enfermeiros. César e o amigo caminharam um pouco mais e encontraram uma construção de madeira com dois andares onde funcionava uma escola. Não havia movimento de alunos entrando e saindo das aulas, mas, quando César foi convidado a entrar, deparou-se com meia dúzia de estudantes dentro de uma sala assistindo à aula. Na sala ao lado, também havia movimento, e ele perguntou ao instrutor:

— Observei que pelas ruas há uma grande circulação de espíritos. Onde estão os alunos desta escola?

— Você é bom observador, César. Aqui, nós não forçamos nada. Nada é imposto à população, contudo, a maioria dos espíritos infelizmente não tem interesse em aprender.

— O que vocês ensinam não é bom para os espíritos desta comunidade?

— Seria de grande proveito para todos, mas, infelizmente, muitos não querem aprender. O fato é que, quando um espírito deseja buscar conhecimento, mais aprende e mais é cobrado. Afinal, a vida não cobra de quem ainda não tem conhecimento das coisas.

— Vida?

— César, você não se sente vivo?

— Muito vivo! A morte realmente não existe. Gostaria muito de estar ao lado de minha esposa. Quando poderei vê-la?

— Ainda não percebeu que não é mais um homem casado? Você não é mais comprometido com Laudicéia, César. Acabou seu compromisso. Você agora é um homem solteiro e deveria estar com a aparência mais jovem, afinal, o espírito não envelhece. Esqueça um pouco a aparência que tinha quando estava encarnado. Você não tem mais aquela idade.

— Posso ficar jovem como você?

— Claro que sim! Isso acontecerá quando você tirar de sua mente que é um homem da terceira idade. Aquele corpo gasto pelo tempo ficou no passado. Aqui tudo funciona de acordo com o pensamento. Você pode criar o que desejar. Mas cuidado com que deseja, pois será responsabilizado por tudo o que criar.

— Sempre imaginei que seria acolhido depois do meu desencarne em um lugar bonito, numa cidade banhada de luz, cheia de flores e de bela arquitetura. Esta comunidade, contudo, não tem um fiapinho de grama, muito menos flores! Nas viagens astrais que eu realizava quando trabalhava no socorro dos desencarnados, eu notava a presença de luz. Afinal, onde estou?

— Está onde precisa estar, César: no umbral.

— E onde está Laudicéia?

— Quando Laudicéia desencarnou, ela habitou a colônia Renascer.

— Por que não posso habitar essa colônia? O que terei de fazer para ficar ao lado de minha esposa?

— Se esforce, César. Em breve, você estará com sua Laudicéia. Depois de assistir ao registro de todas as suas encarnações, você certamente descobrirá um novo sentimento por nossa irmã Laudicéia. Desapegue-se, César. Aqui tudo é novo, e sua dependência precisa terminar. Soube que ela foi habitar a cidade de nível três. Existe certa distância evolutiva entre vocês.

— Sempre soube que ela era uma pessoa mais lúcida e mais evoluída que eu. Ela teve garra para lutar como uma leoa para manter nossa filha viva.

— As mulheres costumam ser mais fortes quando se trata dos filhos. É como na natureza! A fêmea da espécie protege o filhote. Quem sabe não era isso que ela precisava vivenciar na última encarnação?

— Eu não sei se Laudicéia precisava mostrar sua força nesse sentido. Ela sempre foi uma mulher cordata e obediente aos meus caprichos. Devo reconhecer que fui intolerante com ela e não percebia que necessitava da presença de minha esposa para ficar bem.

— Vamos deixar as muletas para lá! Ainda não existe na Criação Divina um ser que nunca tenha errado, César. Venha ver onde fica seu alojamento.

— Não me diga que ficarei em uma das casas desta comunidade.

— É melhor do que ser um interno no sanatório de dementados, não? Você quer ir para lá expurgar sua energia densa?

— Não quero! Vamos para minha pequena casa, então! Apesar de não gostar de pobreza, prefiro ir para lá.

— Cada um recebe de acordo com o mérito, César. Se você tivesse maior mérito, poderia estar na cidade do terceiro nível evolutivo. Nós temos o que merecemos. Quer uma dica? Não se queixe. Agradeça e estude para ter mérito para deixar este nível. Se estudar e viver de acordo com o que aprendeu, evoluirá.

— Estudar! Todos que vivem aqui sabem disso? Eles não querem evoluir e deixar este lugar sem luz?

— Como lhe disse, César, o saber acarreta cobranças. Não basta apenas o saber. É preciso agir de acordo com o que aprendeu. A visão da maioria dos que vivem aqui não é ampla. Eles desconhecem que existem lugares floridos e banhados pela luz do sol. Não tiveram um aprendizado como o seu no centro espírita e ignoram que podem melhorar. Como lhe disse, ninguém cobra nada. Se nos procuram querendo informações, nós aconselhamos, contudo, a maioria não quer sair da zona de conforto. Viver nesta pobreza e desorganização não faz diferença para esses espíritos, pois eles desconhecem que o Criador tem muito a oferecer.

— Você já tentou subir para deixar o ciclo das reencarnações?

— Sim. Temos três oportunidades para subir a escada e passamos por sessões com psicólogos, que analisam nosso comportamento e as memórias que despertam erros e desavenças do passado. Toda uma catarse é gerada por nossas lembranças.

— Você não conseguiu deixar o ciclo?

— Para conseguir transpor os degraus da escada, terei de estar com a mente leve e purificada. Olhando para os registros de minha vida, que mostram os desafios que enfrentei, percebo que esses desafios são como vírus nocivos que contaminam a mente. Se não for controlada, uma emoção gerada nos tira da pureza inicial. Nós perdemos o equilíbrio de nossas emoções e os degraus se tornam intransponíveis.

— Penso que não conseguirei ultrapassar esse ponto em minha evolução, pois carrego mágoas do passado mais recente, sem falar das outras experiências pretéritas de que ainda não me recordo.

— Não julgue os degraus como um caminho intransponível. As palavras têm força em qualquer lugar em que você esteja. Cuidado! Sugiro que diga que você consegue e se esforce para isso. Eu mesmo farei a última tentativa em breve.

— Se conseguir, você sairá do ciclo? Tenho certeza de que nunca mais voltará a este lugar para auxiliar os espíritos recém-chegados.

— Engano seu, César! Descerei sempre que minha presença se fizer necessária. O trabalho de auxílio ao próximo faz que eu me sinta útil. É nesse setor que existem espíritos que precisam de ajuda! O trabalhador chega aonde é necessário.

— Sou o seu necessitado da vez. Você poderia me mostrar minha humilde residência? — César apontava para o lado que aparentava estar mais tranquilo, sem tantos transeuntes agitados e nervosos.

— Não é bem naquele setor tranquilo que você ficará. Sua casa fica do outro lado, César, onde seus irmãos estão mais agitados pelas ruas. Tenha cuidado. Aqui existem espíritos que, com uma boa conversa, poderão colocá-lo em uma grande enrascada. Não se aventure fora dos limites da cidade. Existem grupos de vingadores que estão sempre à procura de escravos para servi-los. Seja esperto! Quando a proposta for irrecusável, boa demais, desconfie e me chame. Nós daremos um susto no aliciador de espíritos ingênuos.

Quando Anízio entregou a César a chave de sua nova morada, ele abriu a porta e encontrou uma mesa tosca, dois bancos de madeira velhos e uma cama com um colchão de palha coberto por um lençol amarelado. Uma lâmpada iluminava o ambiente, onde havia também uma espécie de pia sem torneira e algumas louças dispostas em uma prateleira. No canto havia uma cortina que escondia algo parecido com um banheiro. César olhou para lá e não precisou perguntar. Anízio abriu a cortina e disse:

— Se considere um espírito privilegiado! A maioria dos moradores não tem banheiro. Eles fazem fila no banheiro coletivo, que é onde fica o poço. É preciso trazer a água em baldes.

— E para minhas necessidades básicas? Onde está o assento sanitário?

— Levante o ralo no fundo do banheiro. Pode usá-lo para defecar.

— Eu estava brincando com você! Tenho consciência de que sou um espírito e que não tenho mais um corpo físico para ter necessidades fisiológicas. Diga que está brincando, comigo!

— César, responda-me: seu corpo tem a mesma aparência daquele que você deixou ao desencarnar?

— Tem! Mas... não estou mais encarnado!

— Não está, mas ainda continua muito ligado às necessidades do corpo físico. Você tem a necessidade de se alimentar, César. Obviamente que aqui não comemos nada que venha de animais, e, como pode ver, nada cresce neste solo longe da luz do sol. Então, você receberá seu alimento, que é energia para manter seu corpo lúcido e em movimento.

— De onde vem esse alimento? O que coloco nessas panelas e no prato?

— A cidade recebe um abastecimento de energia orgânica semanalmente. Os alimentos vêm das cidades onde a luz do sol faz morada. Novamente, você tem sorte.

— Alimentos orgânicos?! O que devo compreender com isso?

— Que você receberá sua cota de verduras e legumes para preparar sua sopa. A energia desse tipo de alimento sustenta praticamente todos os espíritos dentro do ciclo reencarnatório.

— Sopa?!

— Quando aprender a se alimentar de luz, você ficará abastecido de energia positiva e não precisará mais dessa sopa semanal. Não se preocupe, César. Você não sentirá muita fome e, assim, não usará o ralo de seu banheiro.

— Preciso me habituar a viver deste lado. Ainda sinto dor em meu peito, e o ferimento em minha cabeça ainda não cicatrizou.

— Onde está sua positividade para aliviar a dor e realizar a cicatrização rápida? Você desconhece o poder que tem, César. Vibre na positividade, mesmo estando em um lugar de vibração mais densa.

— Eu posso vibrar positivamente?

— Você deve vibrar, César. Mude sua vibração e se abasteça de boa energia. Viver na zona umbralina neste momento não significa que você tenha de ser um espírito perdido e ignorante. Descanse, meu amigo. Amanhã, se desejar, pode me procurar na escola. Existem muitos cursos bons que os novatos deveriam fazer para não caírem em armadilhas. Bom descanso, César.

— Obrigado. Nos veremos na escola amanhã. Espere... como saberei que já é amanhã?

— Não se preocupe com o tempo, pois ele não existe aqui. Eu lhe garanto que o sol não nascerá no horizonte trazendo a luz do dia. Sinto muito. Quando despertar e estiver bem, siga para a escola.

César fechou a porta, deitou-se na cama e tentou dormir. Ele ouviu um barulho estranho e gritos ao longe até que, vencido pelo cansaço, acabou adormecendo.

CAPÍTULO 68

Três anos passaram-se acelerados. Aline e Atílio curtiram o nascimento de mais um menino, que veio trazer luz para a vida de todos. Murilo estava prestes a completar nove anos e vivia encantado com a beleza e a alegria de Ana Júlia, filha de Roberta e Pedro. A pequena estava com três anos, e o menino gostava de carregá-la no colo, mostrando-lhe os animaizinhos no sítio de Carlos Alberto. Ângelo afirmava que Murilo e Ana Júlia se casariam quando se tornassem adultos.

Agnes e Ricardo tiveram outro bebê, e Ângelo cuidava do irmãozinho com muito carinho e muita paciência. O pequeno chorava em demasia e calava-se nos braços ainda pequenos de Ângelo, que entoava canções infantis e lançava sobre ele energias positivas.

Atílio e Murilo começaram a se entender melhor. Pai e filho curtiram bastante a gestação de Aline, e, quando Nicolas nasceu, eles ficaram sozinhos no apartamento por dois dias inteiros. Murilo sentiu ciúmes do pai com o nascimento do irmão e passou a tratar Atílio com mais carinho, tornando mais fácil a relação dos dois.

Magda e Arthur voltaram da Itália para conhecer o novo neto. Na maternidade, ao pegar Nicolas nos braços, Magda sentiu algo diferente. Foi como se aquela criança já tivesse feito parte de sua vida. Ângelo estava no quarto ao lado de Agnes, que também fora visitar Aline e o bebê. O menino olhou para a avó e disse:

— Não o rejeite, vovó Magda. Ele está de volta à família.

— O que você está falando, querido? Quem está de volta à família?

— Aquele que foi seu marido e pai de seus filhos. Ele voltou para aprender o que é o amor de uma família.

— Ângelo, você deve estar enganado! O pai de Atílio e Agnes deve estar vivo em algum lugar do Nordeste do país.

— Ele desencarnou faz mais de vinte anos, vovó. A senhora não ficou sabendo do desencarne dele? Ele estava sozinho quando aconteceu. Saiu para nadar à noite no mar, sentiu câimbras e desencarnou. O corpo dele foi encontrado após uma tempestade a muitos quilômetros do hotel em que estava hospedado. Ninguém identificou o corpo dele, e ele foi sepultado como indigente. O espírito de seu ex-marido foi resgatado e retornou como seu neto, vovó. Não o despreze por isso, pois ele precisa de nosso amor e aprender a dar valor à família. Agora é outra vida, outra história Prometam que guardarão segredo do que lhes disse aqui.

Aline, Agnes, Arthur e Magda prometeram para Ângelo que não revelariam o segredo, principalmente para Atílio, que chegara a odiar o pai por ele ter desaparecido sem dar notícias. Apesar de ter sido traída pelo marido, Magda não guardou rancor. Ela criou os filhos sozinha, fez tudo o que pôde para que nada faltasse a eles e só não conseguiu substituir a figura do pai para os filhos.

Carregando o pequeno neto nos braços, Magda sentiu uma lágrima rolar de seus olhos ao descobrir o motivo de o ex-marido nunca mais ter dado notícias. Arthur secou o rosto da esposa, depositou nele um beijo suave e convidou Ângelo para acompanhá-lo até a lanchonete da maternidade. O menino deixou a janela onde estava, aproximou-se da porta e falou:

— Vamos, vovô. Lá eu contarei detalhes sobre essa história. Sei que o senhor ficou muito curioso com o que eu lhes disse.

— Arthur, não dê muita confiança às histórias de meu filho. Ele gosta de brincar.

— Mamãe, eu não brinco com a verdade! Meu primo é a reencarnação de meu avô, pai de minha mãe e de tio Atílio. Foi ele quem voltou. Não conte para o tio Atílio, pois ele precisa aprender a amar quem um dia odiou. Aprender a lidar com o abandono e a traição. Vovô, queria um sorvete de chocolate com cobertura de caramelo.

Os dois deixaram o quarto, e Magda entregou o bebê para Aline e depois se sentou no sofá com certa palidez na face. Agnes apressou-se a oferecer um copo de água gelada para a mãe.

— Fique calma, mamãe. Ângelo deve estar enganado! Meu pai deve estar vivo no Nordeste, em uma das belas cidades que existem por lá.

— Não creio nisso, filha. Eu mantive contato com a irmã dele por todos esses anos e nunca soube onde seu pai estava. A família até hoje busca notícias dele.

— A senhora não me contou nada sobre o desaparecimento de meu pai. Será que Ângelo não está enganado?

— Agnes, desde que seu filho passou a entrar em sintonia com os seres de luz, ele nunca cometeu um engano. Meu pequeno Nicolas foi seu pai e está de volta como seu sobrinho. É uma nova história! Sabemos que Murilo também foi Rômulo, meu ex-noivo. Ele não falou nada sobre o irmãozinho Lucas ser a reencarnação de alguém que conhecemos? Me parece que é comum o reencarne de espíritos que de alguma forma fizeram parte de nossa história.

— Ângelo não disse nada sobre Lucas — respondeu Agnes para Aline, sem prestar muita atenção nas palavras da cunhada. Ela estava preocupada com o estado de saúde de Magda e perguntou:

— Mamãe, a senhora está melhor?

— Estou, filha. A sensibilidade mediúnica de Ângelo me deixa agitada. Fui pega de surpresa! Quando segurei Nicolas em meus braços, senti algo especial. Parecia que já o conhecia de algum lugar... por essa razão, creio que Ângelo não mentiu. Pobre homem! Morreu sozinho e foi enterrado como indigente! Será que a mulher que fugiu com meu marido não deu queixa do desaparecimento dele?

— Não sabemos como se deram os fatos, mamãe. Não julgue sem conhecer a verdade. Talvez ela não estivesse mais com ele na época em que ele desencarnou.

— Quero saber a verdade sobre o que aconteceu. Esperem aí.

Magda saiu do quarto e seguiu até o jardim da maternidade. Chegando lá, ligou para sua casa na Itália e pediu para a governanta procurar um número em uma velha agenda de telefones. Pouco depois, a mulher passou para Magda o número que ela procurava.

Ao discar o número que tinha nas mãos, Magda não tinha certeza de que ele ainda pertencia à mesma pessoa. Ela achava que a irmã de seu ex-marido havia se mudado da velha casa da família de

Agenor, o pai de Atílio e Agnes, e, no primeiro toque, seu coração acelerou. Não era agradável revirar o passado.

Do outro lado da linha, uma moça atendeu à ligação e passou o novo número da antiga moradora do endereço. Magda anotou-o e ligou novamente. Agora, tinha certeza de que falaria com Rose, a irmã mais nova de Agenor. Pouco depois, Rose reconheceu a voz do outro lado da linha e disse:

— Finalmente você entrou em contato, Magda! Como vai?
— Bem, e você?
— Seguindo em frente. Meus sobrinhos estão bem?
— Estão ótimos.
— Você me ligou para saber do paradeiro de meu irmão?
— Exatamente. Você tem notícias dele?
— Você não ficou sabendo que há muito tempo é viúva? Após fugir com sua vizinha, Agenor sofreu um grave acidente no mar do Nordeste.
— O que aconteceu?
— Ele abusou do álcool, entrou no mar durante a noite e se afogou. Meu irmão foi enterrado como indigente.
— Que coisa triste! E como a família ficou sabendo do afogamento?
— A amante de meu irmão acabou se envolvendo com uma pessoa de má índole e foi presa por agumas questões que não vêm ao caso. Em um determinado momento, não aguentou a pressão do interrogatório e acabou contando para a polícia sobre esse assunto. Queríamos fazer a remoção dos restos mortais de Agenor, mas, depois de cinco anos, as ossadas de indigentes são enviadas para o incinerador. Era tarde demais. Já haviam se passado quinze anos.
— Sinto muito, Rose!
— Nós também sentimos! O que ele fez com você não foi certo, mas meu irmão não merecia um final triste como esse. Espero que o tempo tenha cicatrizado a ferida que ele deixou em seu coração. Magda, lhe peço que o perdoe pelo erro.
— Não se preocupe com isso. Essa ferida já cicatrizou. Enfrentei meus desafios, venci e me tornei uma mulher forte e independente. Criei meus filhos com dignidade e hoje tenho muito orgulho deles. Tenho quatro netos lindos e saudáveis.
— É muito bom ouvir que perdoou meu irmão. Parabéns pela bela família que você formou. Fique em paz, Magda.

— Obrigada. Que Deus ilumine seus caminhos.

Magda desligou o celular e guardou-o na bolsa. Ela estava emocionada e sentia no fundo do seu ser que não havia mais rancor em seu coração pela traição de Agenor. Ela passou a mão nos cabelos para alinhá-los melhor e levantou-se para retornar ao quarto de Aline, desejando segurar o netinho novamente nos braços.

Agnes surgiu ansiosa diante de Magda e perguntou:

— Conseguiu descobrir se meu filho disse a verdade, mamãe?

— Conversei com sua tia Rose, e ela confirmou a história de Ângelo. Seu pai morreu afogado e foi enterrado como indigente.

— Ele está de volta, mamãe, e nós o amaremos como um novo ser que nasceu em nossa família. Nicolas é um bebê lindo e merece nosso amor e nossa atenção.

— Amo meu pequeno! Ele é bem-vindo, filha. Não se preocupe por eu conhecer a verdade. Nicolas deixou de ser Agenor quando desencarnou. Quem nasceu ontem foi Nicolas. O espírito pode ser o mesmo, mas o corpo é novo e será criado com todo o nosso amor. Vamos ensiná-lo o que é pertencer a uma família! Conto com você para isso, pois passo muito tempo na Itália.

— Farei o que puder para ajudar, mamãe.

— Agora, vamos subir! Quero ficar um pouco mais com meu neto. Adoro o cheirinho de bebê.

As duas seguiram em direção ao elevador, e Arthur e Ângelo juntaram-se a elas.

CAPÍTULO 69

Laudicéia estava muito feliz, pois concluíra mais uma etapa de sua formação intelectual. Ela descobrira que adorava estudar e que o saber preenchia e alimentava seu espírito. Laudicéia sentia que chegara a hora de colher novas experiências por meio da encarnação e seguiu para a sala dos espíritos sábios para planejar seu aprendizado em sua próxima vida.

César estudou incansavelmente e controlou seus instintos mais nocivos. Nesse período, ele habitava a cidade de primeiro nível e pôde excursionar com um grupo de alunos para diversos níveis evolutivos, conhecendo belíssimas cidades dentro do ciclo reencarnatório. A sensação era de leveza, paz e alegria.

Depois dessa excursão, César, junto com espíritos sábios, ajudou a planejar mais uma experiência terrena. Ele fez promessas em demasia, que não foram computadas pelos espíritos, pois se esquecera de que reencarnar é ficar sob o véu do esquecimento.

Os espíritos impediram-no de se impor desafios fortes, pois, quando estivesse encarnado, não conseguiria ultrapassar os desafios que desejava abraçar para seu aprendizado. Ele tinha a esperança de que, quando retornasse, conseguiria deixar o ciclo reencarnatório.

César debatia suas ideias na sala de planejamento reencarnatório, quando a porta se abriu e uma moça entrou. Ele ficou encantado e ouviu com clareza seu superior dizer que lá estava o espírito que reencarnaria ao lado dele. Por alguns segundos, César não a reconheceu até que ela tomou assento ao lado dele e segurou sua mão dizendo:

— Senti saudades. Como você está, querido?

— Laudicéia, é você?!

— Mudei um pouquinho neste período. Você também está ótimo! A juventude nos faz bem, César.

— Tem razão! Passamos tanto tempo juntos na Terra que nos esquecemos de que fomos jovens lá. Que bom saber que teremos mais uma aventura juntos!

— Mas, desta vez, não seremos um casal. A experiência anterior foi válida para nós dois. Creio que reencarnaremos como irmãos.

— Sabe quem nos receberá como filhos?

— Fui informada de que nossos pais ainda são crianças, então, teremos tempo para nos preparar para esta nova aventura terrena. Murilo e Ana Júlia nos receberão no futuro com todo o amor que merecemos.

— Eu gosto muito de Murilo e Ana Júlia.

Os dois deixaram a sala de mãos dadas e foram conversar no jardim. Eles sentaram-se à beira de um lago e ficaram apreciando os pássaros coloridos que sobrevoavam o local.

César acariciou os cabelos de Laudicéia e disse com voz branda e terna:

— Ei, senti sua falta! Gosto de conversar com você. Recorda-se de quando éramos jovens na última experiência?

— Foram agradáveis as primeiras lembranças juntos. Nós tivemos uma vida agitada ao lado de Aline! Tenho certeza de que fizemos o melhor que podíamos.

— Você tem razão, minha querida. Aline venceu seus obstáculos. Ela aprendeu que não vale a pena escolher o caminho do suicídio. Quando ela retornar, terá uma jornada mais leve. Ela não é mais uma devedora e aprendeu que a vida é uma bênção do Criador. Aline colherá frutos mais doces pelos caminhos de sua evolução.

— César, suas palavras são bálsamo aos meus ouvidos. Espero que, nesta nova aventura, você e eu sejamos melhores do que fomos!

— Aprendi muito depois que desencarnei. Tornei-me mais paciente e tentarei ser mais calmo desta vez — disse César sorrindo.

— Que bom que você aproveitou bem seu tempo, meu querido. Estou pronta para voltar, afinal, sempre é tempo de recomeçar!

FIM

GRANDES SUCESSOS DE
ZIBIA GASPARETTO

Com 20 milhões de títulos vendidos, a autora tem contribuído para o fortalecimento da literatura espiritualista no mercado editorial e para a popularização da espiritualidade. Conheça os sucessos da escritora.

Romances
pelo espírito Lucius

A força da vida
A verdade de cada um
A vida sabe o que faz
Ela confiou na vida
Entre o amor e a guerra
Esmeralda
Espinhos do tempo
Laços eternos
Nada é por acaso
Ninguém é de ninguém
O advogado de Deus
O amanhã a Deus pertence
O amor venceu
O encontro inesperado
O fio do destino
O poder da escolha
O matuto
O morro das ilusões
Onde está Teresa?
Pelas portas do coração
Quando a vida escolhe
Quando chega a hora
Quando é preciso voltar
Se abrindo pra vida
Sem medo de viver
Só o amor consegue
Somos todos inocentes
Tudo tem seu preço
Tudo valeu a pena
Um amor de verdade
Vencendo o passado

Sucessos
Editora Vida & Consciência

Amadeu Ribeiro

A herança
A visita da verdade
Juntos na eternidade
Laços de amor
Mãe Além da vida
O amor não tem limites
O amor nunca diz adeus

O preço da conquista
Reencontros
Segredos que a vida oculta vol.1
A beleza e seus mistérios vol.2
Amores escondidos vol. 3
Seguindo em frente vol. 4
Doce ilusão vol. 5

Amarilis de Oliveira

Além da razão (pelo espírito Maria Amélia)
Do outro lado da porta (pelo espírito Elizabeth)
Nem tudo que reluz é ouro (pelo espírito Carlos Augusto dos Anjos)
Nunca é pra sempre (pelo espírito Carlos Alberto Guerreiro)

Ana Cristina Vargas
pelos espíritos Layla e José Antônio

A morte é uma farsa
Almas de aço
Código vermelho
Em busca de uma nova vida
Em tempos de liberdade
Encontrando a paz
Escravo da ilusão

Ídolos de barro
Intensa como o mar
Loucuras da alma
O bispo
O quarto crescente
Sinfonia da alma

Carlos Torres
A mão amiga
Passageiros da eternidade
Querido Joseph (pelos espírito Jon)
Uma razão para viver

Cristina Cimminiello
A voz do coração (pelo espírito Lauro)
As joias de Rovena (pelo espírito Amira)
O segredo do anjo de pedra (pelo espírito Amadeu)

Eduardo França
A escolha
A força do perdão
Do fundo do coração
Enfim, a felicidade
Um canto de liberdade
Vestindo a verdade
Vidas entrelaçadas

Floriano Serra
A grande mudança
A outra face
Amar é para sempre
A menina do lago
Almas gêmeas
Ninguém tira o que é seu
Nunca é tarde
O mistério do reencontro
Quando menos se espera...

Gilvanize Balbino
De volta pra vida (pelo espírito Saul)
Horizonte das cotovias (pelo espírito Ferdinando)
O homem que viveu demais (pelo espírito Pedro)
O símbolo da vida (pelos espíritos Ferdinando e Bernard)
Salmos de redenção (pelo espírito Ferdinando)

Jeaney Calabria
Uma nova chance (pelo espírito Benedito)

Juliano Fagundes
Nos bastidores da alma (pelo espírito Célia)
O símbolo da felicidade (pelo espírito Aires)

Lucimara Gallicia
pelo espírito Moacyr
Ao encontro do destino
Sem medo do amanhã

Márcio Fiorillo
pelo espírito Madalena
Lições do coração
Nas esquinas da vida

Maurício de Castro
Caminhos cruzados (pelo espírito Hermes)
O jogo da vida (pelo espírito Saulo)
Sangue do meu sangue (pelo espírito Hermes)

Meire Campezzi Marques
pelo espírito Thomas

A felicidade é uma escolha
Cada um é o que é
Na vida ninguém perde
Uma promessa além da vida

Rose Elizabeth Mello

Como esquecer
Desafiando o destino
Livres para recomeçar
Os amores de uma vida
Verdadeiros Laços

Sâmada Hesse
pelo espírito Margot

Revelando o passado

Sérgio Chimatti
pelo espírito Anele

Lado a lado
Os protegidos
Um amor de quatro patas

Thiago Trindade
pelo espírito Joaquim

As portas do tempo
Com os olhos da alma
Maria do Rosário

Conheça mais sobre espiritualidade com outros sucessos.

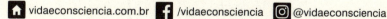
vidaeconsciencia.com.br /vidaeconsciencia @vidaeconsciencia

ZIBIA GASPARETTO
Eu comigo!

"Toda forma de arte é expressão da alma."

Zibia Gasparetto convida você a mergulhar no seu mundo interior. Deixe os problemas de lado, esqueça o negativismo e libere o estresse do dia a dia. Passeie por entre as figuras, inspire-se com cada mensagem e coloque cor em seu mundo. Use suas tonalidades preferidas, libere o potencial criativo que existe dentro de você.

Eu comigo! é um livro para quem quer fugir da rotina e buscar aquela sensação de paz que a arte pode proporcionar. Inspire sua alma com as frases de Zibia Gasparetto criadas especialmente para você e ricamente ilustradas com desenhos encantadores.

Bem-vindo ao seu mundo interior.

www.vidaeconsciencia.com.br

Rua das Oiticicas, 75 — SP
55 11 2613-4777

contato@vidaeconsciencia.com.br
www.vidaeconsciencia.com.br